LESLEY BREMNESS
Duft & Sinnlichkeit

*»Sträucher, die die wohlriechendsten
und intensivsten Blüten hervorbringen,
vermögen die Luft selbst in großer
Entfernung mit ihren sanften Düften
zu schwängern ... als da sind
Schottische Zaunrose, Jasmin, Flieder
und alle Rosen, Lavendel ...
doch vor allem Rosmarin.«*
JOHN EVELYN (1620–1706)

Duft & Sinnlichkeit
Kräuter · Aromen · Öle

Haus & Garten
Schönheit & Entspannung
Essen & Trinken

Lesley Bremness
Fotos Clay Perry und Pia Tryde

Rezepte Marie-Pierre Moine
Fotos Jean Cazals

Die Deutsche Bibliothek – CIP-Einheitsaufnahme

Ein Titeldatensatz für diese Publikation ist bei
Der Deutschen Bibliothek erhältlich

BLV Verlagsgesellschaft mbH
München Wien Zürich
80797 München

Zweite, durchgesehene Auflage, Sonderausgabe

Titel der englischen Originalausgabe:
Crabtree & Evelyn FRAGRANT HERBAL
1998 erschienen bei Quadrille Publishing Limited,
Alhambra House 27-31 Charing Cross Road
London WC2H OLS

© Text & Gartenpläne Lesley Bremness 1998
© Rezepte Marie-Pierre Moine 1998
© Design und Layout Quadrille Publishing Ltd 1998
© Fotos Jean Cazals, Clay Perry, Pia Tryde 1998

Deutschsprachige Ausgabe:
© 2002 BLV Verlagsgesellschaft mbH, München

Das Werk einschließlich aller seiner Teile ist urheberrechtlich geschützt. Jede Verwertung außerhalb der engen Grenzen des Urheberrechtsgesetzes ist ohne Zustimmung des Verlages unzulässig und strafbar. Das gilt insbesondere für Vervielfältigungen, Übersetzungen, Mikroverfilmungen und die Einspeicherung und Verarbeitung in elektronischen Systemen.

Übersetzung aus dem Englischen: Susanne Bunzel-Harris
Herstellung: Peter Rudolph
DTP: Satz + Layout Fruth GmbH, München
Einbandgestaltung: Studio Schübel, München
Einbandfotos: Titelseite: Clay Perry, Einklinker Titelseite:
Jean Cazals (r), Clay Perry + Pia Tryde (M), Clay Perry (l),
Buchrücken: Clay Perry, Rückseite: Clay Perry (l),
Pia Tryde (M), Clay Perry + Pia Tryde (r)

Printed in China

ISBN 3-405-16331-5

Hinweis
Dieses Buch enthält viele Informationen über Kräuter und Pflanzen und ihre ätherischen Öle sowie Kosmetik- und Kochrezepte. Bevor Sie diese Zubereitungen ausprobieren, sollten Sie eine kleine Menge davon auf Unverträglichkeit oder allergische Reaktionen testen. Für die Unverträglichkeit bestimmter Rezepte, Empfehlungen und Anleitungen in diesem Buch kann niemand verantwortlich gemacht werden. Die Verwendung von Pflanzen oder ätherischen Ölen geschieht ausschließlich auf eigene Gefahr des Lesers. In Zweifelsfällen sollten Sie fachkundigen Rat einholen.

Inhalt

EINFÜHRUNG
Eine aromatische Stimmung schaffen 6

KAPITEL EINS
Mit frischen Kräutern in den Tag 14

KAPITEL ZWEI
Arbeit & Konzentration 46

KAPITEL DREI
Entspannung & Erholung 82

KAPITEL VIER
Gäste & Feste 110

KAPITEL FÜNF
Liebe & Romantik 150

KAPITEL SECHS
Ruhe, Meditation & Schlaf 178

A–Z der Kräuter & Düfte 200

Die sichere Anwendung ätherischer Öle 250

Register 252

Danksagung 256

Einführung

Eine aromatische Stimmung schaffen

Kräuter sind wunderbare Pflanzen, die der Menschheit einen ganzen Korb voller Geschenke darbieten. Ein »Herbarium« oder Kräuterbuch »nennt und beschreibt die Eigenschaften von Kräutern«, und das vorliegende Kräuterbuch beschäftigt sich mit dem Aschenputtel unter diesen Eigenschaften – Duft. Köstlicher Duft, gestärkt durch gute Kräuteraromen, kann unsere Gedanken und Gefühle wie ein Balsam durchdringen. In diesem Buch erkunden wir die unzähligen Wege, auf denen die verschiedenen Düfte – von leicht und prickelnd bis voll und erdig – zur Schaffung einer erwünschten Stimmung eingesetzt werden können.

Das Wort »Kraut« wird hier in seinem weitesten Sinne verstanden: eine nützliche Pflanze. Diese Auffassung geht bereits auf die ältesten Stammestraditionen zurück, die lange vor der Botanik und der zweiten Bedeutung von »Kraut« (d. h. Pflanzen, die im Herbst bis zum Boden absterben und im folgenden Frühjahr wieder wachsen) entstanden sind. Die Düfte, die wir hier besprechen, kommen von den verschiedensten »Kräutern«: einjährige Pflanzen wie Basilikum, zweijährige wie Nachtkerzen, Gräser wie Vanillegras, Sträucher wie Rosen und Bäume wie Lorbeer sowie viele »Kräuterpflanzen«.

Der Duft von Kräutern beeinflußt uns auf unterschiedliche Weise, manchmal sehr subtil, manchmal offensichtlich. Unwiderstehlich wie die Musik, kann Duft eine Reihe von Emotionen hervorrufen und unsere Lebensqualität verbessern. Unsichtbar, ungreifbar überwindet er Grenzen und beeinflußt unsere Stimmung, wird zu einer Brücke zwischen der greifbaren Welt und dem Abstrakten. Diese aromatischen Auswirkungen werden in Kategorien unterschieden. Manche Kräuter wirken anregend, andere beruhigend. Die Folgen, die das Einatmen von Düften auf das Gehirn hat, wurden durch viele Tests nachgewiesen. Doch dieser Zweig der Wissenschaft steckt erst in den Kinderschuhen und kann die feinen Unterschiede, die der einzigartige Duft verschiedener Pflanzen innerhalb derselben Gruppe hervorruft, noch nicht messen. Minze wirkt beispielsweise anregend, doch innerhalb dieser Familie gilt Pfefferminze als besonders stimulierend, während Apfelminze nur einen zarten Schub versetzt. Solche Nuancen können Sie durch persönliches Experimentieren herausfinden. Dieses Buch gibt Ihnen die Anleitungen und Rezepturen für Ihre Entdeckungsreise ins Reich der Düfte.

Die Macht der Düfte

Der Duftsinn entwickelte sich als erster Sinn und hat daher eine besonders enge Verbindung zum Gehirn. Ein Ende des Geruchsorgans sitzt in der Nase, das andere im Gehirn. Botschaften der anderen Sinne – Seh-, Tast-, Geschmacks- und Gehörsinn – werden auf Nervenbahnen

RECHTS UND UNTEN:
Frische Kräuter erfreuen Geist und Sinne in den wohlriechenden Gärten von Wollerton Old Hall, Shropshire, England.

Eine aromatische Stimmung schaffen

UNTEN: *In Congham Hall, Norfolk, England, verströmen verschiedene Pflanzen Düfte für jede Stimmungslage: von hell und belebend bis entspannend und schlaffördernd.*

zur Schranke zwischen Blut und Gehirn, einer schützenden Membran, die das Gehirn umgibt, geleitet, wo sie dann auf ein anderes Nervenbündel im Gehirn gelenkt werden. Das bedeutet, daß dabei gewisse Korrekturen vorgenommen werden können, was beim Geruchssinn allerdings nicht passiert. Deshalb sind Aromen so wirkungsvoll. Ein Geruch kann im Nu Gedanken an Großmutters Garten, eine alte Besteckschublade, Vaters alten Ledermantel – und oft die dazu gehörenden Emotionen – hervorrufen.

WIE WIR DUFT EMPFINDEN

Wie Düfte im Gehirn aufgenommen werden, ist nur unzureichend bekannt. Der Fortschritt wird nicht zuletzt behindert durch das begrenzte Vokabular, das uns zur Beschreibung von Düften zur Verfügung steht. Es vergleicht doch meist einen Duft mit anderen, bekannten Düften. Menschliche Duftrezeptoren sind zwar viel kleiner und längst nicht so ausgeprägt wie die von Hund oder Katze, aber immer noch bemerkenswert empfindlich.

Einführung

Eine Durchschnittsperson kann rund 10 000 verschiedene Gerüche unterscheiden, 0,000000005 g Vanille in einem Liter Luft erkennen und zuvor unbekannte Gerüche, die im Labor erzeugt wurden, wahrnehmen. Geschmacksknospen erkennen dagegen nur die vier Empfindungen süß, sauer, salzig und bitter. Die ganzen wunderbaren Aromen in Essen und Getränken werden mit der Nase wahrgenommen.

Eine Substanz duftet, weil aromatische Moleküle von ihrer Oberfläche entweichen. Einige dieser Moleküle dringen in unsere Nase ein und erreichen die Rezeptoren im hinteren, oberen Teil der Nasenhöhle. Durch das Schnuppern und Einatmen gelangen noch viel mehr Duftmoleküle auf die Riechfelder. Wenn die Duftmoleküle sich mit den passenden Nervenenden verbinden, lösen sie eine Reaktion aus, die ihre Duftbotschaft an das Gehirn übermittelt. Da unser Geruchssinn einst unser wichtigster Schutzmechanismus war, werden unsere Geruchszellen ständig erneuert; geschädigte Nerven im Auge, Ohr oder Gehirn werden dagegen nicht repariert.

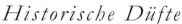

UNTEN: *Moderne Kräutergärten haben der elisabethanischen Zeit viel zu verdanken. Damals wurde in den nach Verwendungszweck unterteilten Gärten erstmals auch der ästhetische Aspekt berücksichtigt.*
RECHTS: *Der frische, beruhigende Lavendelduft ist seit Jahrhunderten beliebt.*

DIE INDIVIDUELLE REAKTION AUF DUFT

Die individuelle Reaktion auf Duft hängt von der Verteilung der Rezeptoren in der Nase ab, die bei jedem vermutlich anders ausfällt. Wenn wir an einer Rose riechen, atmen wir eine komplexe Mischung von Duftkomponenten ein. Der eine riecht mehr von der Zitronenkomponente, ein anderer mehr vom Teegeruch und ein dritter einen Hauch Zimt, so daß wir alle denselben Duft mit leichten Unterschieden wahrnehmen.

Reaktionen auf Gerüche sind auch von kulturellen Normen bestimmt. Der Geruch von Gorgonzola wird beispielsweise Menschen erfreuen, die diesen Käse schätzen gelernt haben, andere aber anwidern. Reaktionen auf Düfte sind schließlich von der Erinnerung geprägt. Wenn eine verabscheute Lehrerin ein bestimmtes Parfüm benutzte, kann diese Assoziation sogar die verführerischste Werbung zunichte machen.

Da die Reaktion auf Duft bei jedem Menschen anders ausfällt, können Sie Ihre eigenen Reaktionen nur durch vergnügliches Experimentieren kennenlernen.

Historische Düfte

Die Geschichte der Düfte beginnt mit den frühesten Lagerfeuern, wo das harzhaltige Holz beim Verbrennen einen stimmungsaufhellenden Weihrauch erzeugte und unsere darumsitzenden Vorfahren harmonisch einte. Sie führt weiter zur Sage der Venus, die als erste Parfüms zum Betören eingesetzt haben soll; viele Duftbezeichnungen kommen denn auch aus griechischen Sagen von verwandelten Nymphen oder Freiern wie Mentha, Narcissus und Artemisia. Die Königin von Saba brachte König Salomon exotische Harze und Gewürze dar, um ihm die Erlaubnis abzuringen, ihre Handelsrouten weiterhin durch sein Land verlaufen zu lassen; die Heiligen Drei Könige brachten dem Jesuskind die Düfte der Erkenntnis, Weihrauch und Myrrhe, dar; und Kleopatra ließ die Segel ihres Nilschiffes in ihren Lieblings-

Eine aromatische Stimmung schaffen

duft Cyprinum tauchen, damit die Duftbotschaft Antonius ihre Ankunft melde.

Stätten des Altertums bestätigen die Bedeutung von Düften. Reliefs in den Pyramiden zeigen die Zubereitung von Duftölen und den häufigen Gebrauch von Weihrauch und Parfüms bei alltäglichen Ritualen. Infolge dieser ägyptischen Extravaganzen wurden täglich ganze Karawanen auf der berühmten Weihrauchstraße importiert. In der Römersiedlung Capua nahmen die Parfümeure eine ganze Straße ein. In En Gedi in Israel entdeckte man in den Überresten einer Tempelanlage ein Parfümlabor aus dem 6. Jh. n. Chr. Unter den »Düften des Paradieses« schätzten die Anhänger Mohammeds Safran und Moschus so sehr, daß sie diese unter den Mörtel der Tempelwände mischten; der Duft ist so anhaltend, daß man ihn heute noch erkennen kann.

Der Kräuterraum

Die Verwendung von Kräuterdüften erreichte in England zur Zeit Elisabeths I. ihren Höhepunkt. Der beschauliche Kräuterraum war das Reich der Dame des Hauses. Hier sammelte und trocknete sie ungestört wohlriechende Kräuter und Blumen aus dem Garten, Hölzer und Hecken zur Herstellung von Lebensmitteln, Likören, Duftkerzen und Seifen, Potpourris, Leinensäckchen, Kissen, Parfüms, Arzneien, Kosmetik, Girlanden und Sträußchen. Sie folgte dabei vermutlich einem vertrauten Rezept oder probierte Anregungen eines angesehenen Besuchers aus. Die besten Rezepte wurden in einem »Rezeptbuch«, einem wertvollen Erbstück, von der Mutter an die Tochter weitergegeben. In Teilen Nordamerikas und Australiens waren diese Bücher viel länger von Bedeutung, da aufgrund der Geographie und Entfernungen viele Gemeinschaften isoliert lebten.

Diese vergnüglichen Aktivitäten können Sie heute mit wenigen einfachen Gerätschaften und Ingredienzen in einem kühlen, trockenen Raum nachahmen.

Ätherische Öle

Der größte Unterschied zu damals liegt heute in der Verfügbarkeit von ätherischen Ölen – wundervolle Substanzen, die aus aromatischen Pflanzen extrahiert werden.

WAS IST EIN ÄTHERISCHES ÖL?

Wenn eine Pflanze als aromatisch eingestuft wird – das kann ein beliebiger Teil der Pflanze sein, z. B. Lorbeer-

Einführung

OBEN: *Den zarten Duft der üppigen Pfingstrosen kann man nur in den Blüten genießen. Die Extraktion des ätherischen Öls ist zu schwierig und zu teuer.*

blätter, Fliederblüten, Zimtrinde, Dillsaat, Baldrianwurzeln, Zedernholz –, dann bedeutet das, daß sie eines oder mehrere ätherische Öle enthält. Der Orangenbaum besitzt drei: Neroli, das Blütenöl; Petitgrain, das Zweig- und Blattöl; und Orangenöl aus der Schale. Die Öle sind »autonome« Komponenten im Kreislaufsystem der Pflanze. Ihre Funktion ist noch nicht völlig geklärt, doch man weiß, daß sie antiseptische Wirkung haben; manche schützen vor Pilz- und Virusbefall, vertreiben Ungeziefer und locken Bestäuber an. Bei warmem Wetter verdampfen sie in die Luft und umgeben die Pflanze mit einer duftenden Schutzhülle. Manche Forscher vermuten sogar, daß diese Öle das Kommunikationssystem oder die Seele der Pflanzen seien.

Ätherische Öle sind extrem stark konzentriert. Man braucht 30 000 Rosen, um 15 Gramm Rosenöl herzustellen. Die Öle wirken nicht »ölig«, sondern eher wäßrig und werden »flüchtige Öle« genannt, weil ihre Moleküle schnell verdampfen. Jedes Öl besteht aus vielen Komponenten mit einer winzigen Molekularstruktur, mit der sie die Haut durchdringen können. Mineralöle haben im Gegensatz dazu große Moleküle, die eine Barriere auf der Haut bilden.

Die Moleküle ätherischer Öle erreichen unser Körperinneres auf vier verschiedenen Wegen. Erstens durch den Geruch: Der Geruchsimpuls erreicht das Gehirn, wo er limbisches System, Emotionen und Hormonproduktion beeinflußt. Zweitens durch die Nasenschleimhäute in das Kreislaufsystem. Drittens wird es in die Lungen inhaliert und gelangt von dort in den Blutkreislauf. Viertens durch die Haut via Lymph- und Kapillargefäße. Öle, die auf die Haut aufgetragen werden, erreichen den Blutkreislauf in 20–70 Minuten.

DIE EXTRAKTION ÄTHERISCHER ÖLE
Öle werden auf unterschiedliche Weise aus Pflanzenteilen extrahiert.

RECHTS: *Rosenöl ist immer noch das Lieblingsöl der Parfümeure, obwohl es sehr teuer ist.*

DESTILLATION: Durch Hitze und Wasser oder Dampf das gebräuchlichste Verfahren, bei dem als Nebenprodukt Blütenwasser anfällt. Hydrodiffusion oder Perkolation ist eine neuere und schnellere Destillationsmethode, wird aber selten angewendet. Therapeuten bevorzugen destillierte Öle, da das Verfahren ohne zusätzliche Chemikalien auskommt, Parfümeure dagegen ziehen die Extraktion mit Lösungsmitteln oder Enfleurage vor, da das Öl dann stärker dem ursprünglichen Pflanzenduft ähnelt.

PRESSEN: Die Öle werden von Hand oder mechanisch aus der Schale von Zitrusfrüchten gepreßt.

EXTRAKTION MIT LÖSUNGSMITTELN: (Auslaugung) wird bei Pflanzen (hauptsächlich Blüten) angewendet, die für das Destillieren zu empfindlich sind. Das Lösungsmittel, meist Hexan, löst das ätherische Öl sowie Wachse oder Harze von der Pflanze. Das Lösungsmittel wird dann verdampft und das sogenannte »Konkret« oder »Resinoid« bleibt zurück. Die ätherischen Öle werden mit reinem Alkohol extrahiert, der verdampft. Somit bleibt nur das reine Endprodukt oder »Absolue« zurück, das sehr teuer ist.

ENFLEURAGE: Blüten werden zwischen gefetteten Rahmengestellen gestapelt und ruhen, bis das Fett mit ätherischen Ölen gesättigt ist, die dann mit Alkohol extrahiert werden. Wird heute meist durch die Extraktion mit Lösungsmitteln (Auslaugung) ersetzt.

GASEXTRAKTION: Ist eine teure Methode mit Stickstoff- oder Kohlendioxid-Lösungsmitteln und Hochdruck, die ohne Alkohol auskommt.

PHYTONIK: Ist ein neues und ebenfalls teures Verfahren, das bei Zimmertemperatur und mit »umweltfreundlichen« Lösungsmitteln Öle mit ausgezeichnetem Aroma hervorbringt.

DUFT UND QUALITÄT DES ÖLS
Viele Faktoren beeinflussen den Duft eines ätherischen Öls, so daß das Öl einer Art viele feine Duftunterschiede aufweisen kann. Geographische und saisonbedingte Klimaunterschiede, Bodenbeschaffenheit, Pflanzenart, Anbau-, Ernte- und Destilliermethoden sowie die Qualität der Extraktionsapparate wirken sich auf das Ergebnis aus. Die daraus resultierenden feinen Differenzen in der Zusammensetzung können lebensrettende Folgen haben. Winzige Unterschiede in den antiseptischen Eigenschaften der einzelnen Portionen genügen, damit Bakterien nicht mutieren und resistent werden – was man derzeit bei Antibiotika beobachten kann.

Einführung

Eine aromatische Stimmung schaffen

Eine Duftfibel

In diesem Buch untersuchen wir die ganze Bandbreite an Reaktionen, die man mit Düften hervorrufen kann: Stimulierende Noten regen morgens unseren Körper an. Deutliche und klare Kräuterdüfte erleichtern uns Arbeit und Konzentration. Entspannende Aromen bauen Streß ab. Wenn wir Freunde erwarten, können wir unser Zuhause mit den richtigen Düften warm und einladend gestalten. Romantische Parfüms versprechen Wirkung in Herzensangelegenheiten, und wenn wir unsere Gedanken beruhigen und uns auf Schlaf einstimmen wollen, versetzen uns harzige Kräuter in friedvolle Meditation und zufriedene Träume.

Die Düfte von Kräutern und ätherischen Ölen, die wir hier vorstellen, können mit einer Vielzahl von angenehmen Aktivitäten in unseren Tag eingewoben werden. Köstliche Speisen vom erfrischenden Frühstück bis zum verführerischen Dinner; Körperpflege vom belebenden Duschgel bis zum entspannenden Traumbad; Duftsäckchen, Potpourris und Ölzerstäuber können jeden Raum beleben; und schließlich spiegeln wohlriechende Gartenvignetten die Stunden des Tages wider und erlauben uns, die wertvollen Düfte direkt an der Quelle einzuatmen.

DER PERFEKTE DUFT

Lebende Pflanzen schenken uns Duft in seiner vollkommensten Form, und nach einem Regen fällt er meist am kräftigsten aus. Die Luft scheint leichter, wenn die Spannung des Sturms vorbei ist. Die Verteilung von Duftstoffen wird erleichtert, wenn die Regentropfen die Dufthülle, die jede Blüte umgibt, aufgebrochen und den Duft versprüht haben. Kalte Nachtluft duftet weniger stark, weil sie die Verteilung von Duft durch Kälte beeinträchtigt und durch Frost ganz unterbrochen wird. Doch dann wärmt die Morgensonne die Blätter und Blüten, um den Tag mit einem besonderen Duft zu beginnen, was der Schriftsteller Thomas Gray »Weihrauchatmen« genannt hat. In der Tat ist die Symphonie sonnenwarmer und sauerstoffangereicherter Pflanzendüfte, die wir »frische Luft« nennen, das wertvollste aller Parfüms.

OBEN: *Wicken sind hübsche und pflegeleichte Pflanzen, und ihr zarter Duft schafft eine einladende Atmosphäre in Ihrem Heim.*

LINKS: *Von Freundschaft bis Leidenschaft – mit Rosenduft kann man jede Nuance der Liebe zum Ausdruck bringen.*

13

Erstes Kapitel

Morgenfrische

Morgenfrische

Das prickelnde, schwungvolle Konzert von Kräuterdüften mit anregender und belebender Wirkung ist von unschätzbarem Wert für das morgendliche Erwachen des Körpers und eine erfrischende Stärkung in den späteren Stunden des Tages.

Diese erfrischenden Aromen schenken Ihnen eine großzügige Ladung Optimismus, mit der Sie die Herausforderungen des Tages bestehen können.

Ganz oben auf der Liste der belebenden Kräuter steht die Minzefamilie – Grüne Minze, Pfefferminze, Apfelminze und viele andere mehr –, die kühle, klare und prickelnde Aromen mit der Frische eines Wasserfalls vermittelt. Menschen, die mit Minze arbeiten, berichten von einer unbeschwerten Heiterkeit, die mehrere Stunden anhalten kann. An zweiter Stelle folgen die wunderbaren sonnengeküßten Zitrusaromen. Denken Sie nur, wie alle die Köpfe drehen, wenn jemand in einer Menschenmenge eine Orange zu schälen beginnt, und lächeln, sobald der erfrischende Duft die Nase erreicht. Die fröhlichen orangefarbenen, gelben und limettengrünen Schalen und ihre sauren, belebenden Säfte, die reich an Vitamin C sind, warten morgens nur darauf, Ihre Vitalität freizusetzen.

Der gleichfalls köstliche Duft nach frischer Luft, den knackige Äpfel besitzen, belebt Geist und Geschmacksknospen, während das Obst den Körper entgiftet. Zusammen mit den nach Apfel duftenden Blättern der mehrjährigen Kamille und der Schottischen Zaunrose sind sie Champagner für den Geist. Ein Waldspaziergang ist ein klassisches Beispiel für die Wirkung belebender Aromen. Atmen Sie zwischen den harzigen, immergrünen Bäumen wie Kiefern, Zedern, Zypressen und Eukalyptus tief ein, um Körper und Geist zu erquicken. Selbst im Winter beleben sie die Sinne, wenn die Äste der Bäume im Schnee glitzern, bis sie dann der Energie des Frühlings Platz machen, der von fröhlichen Blumen und dem leichten, luftigen Duft von Schneeglöckchen, Primeln und Schlüsselblumen angekündigt wird.

Dieses Kapitel zeigt Ihnen, wie Sie diese belebenden Düfte geschickt einsetzen können.

BELEBENDE KRÄUTER & ÖLE • AROMATISCHE KRÄUTER FÜR DRINNEN UND DRAUSSEN • KRÄUTER IM WINTERGARTEN • KLEINE KRÄUTERGÄRTEN • ERFRISCHENDE KOSMETIKREZEPTUREN • KÖSTLICH LEICHTES FRÜHSTÜCK & BRUNCH

Morgenfrische

Die belebende Wirkung von Minze- und Zitrusaromen kommt meist in unserer pfefferminzhaltigen Zahncreme und unserer Orangenmarmelade zum Tragen. Wir erweitern hier die Liste erfrischender Kräuter und zeigen Ihnen, wie Sie die Pflanzen und ätherischen Öle als Muntermacher einsetzen können.

Belebende Kräuter & Öle

Minze

Minze ist kaum zu übertreffen, wenn Sie ein Gefühl erfrischender Heiterkeit wünschen. Sie wird weltweit in Zahnpasta, Mundwasser, Kaugummi und Süßigkeiten genossen und ist wegen ihres erfrischenden Geschmacks und ihrer kühlenden Wirkung der beliebteste Tee in den heißen, staubigen arabischen Ländern und wird wegen des sauberen und prickelnden Gefühls, das sie auf frisch geputzten Zähnen hinterläßt, geschätzt.

Minze ist nach der griechischen Nymphe Menthe benannt, die von Plutos eifersüchtiger Frau zerquetscht, von ihm aber in dieses Kraut mit dem lebhaften Duft verwandelt wurde. Die Juden streuen Minze auf den Boden ihrer Tempel, damit sie während des Gebets ihren reinen und erfrischenden Duft verströmte. Im alten Athen rieben die Männer wegen der säubernden und belebenden Wirkung mit Minze parfümiertes Öl auf ihre Arme. Die müßiggehenden Japaner trugen Parfümkugeln mit Minze an den Schärpen ihrer Kimonos, weil bei jeder Bewegung frisch duftende Luft aufstieg, die sie beim Dichten und Malen geistig wach hielt.

Angesichts der über 600 verschiedenen Minzearten haben Sie eine große Auswahl. Konzentrieren Sie sich bei der Wahl der zerstoßenen Blätteraromen auf stark duftende Sorten wie Marokkanische Minze, die den saubersten und stechendsten Minzeduft besitzt, oder Rote Raripila Minze, die einen reinen und süßen Minzgeschmack hat, der sich besonders gut für Desserts und Konfekt eignet.

LINKS: *Von allen Minzesorten besitzt die Marokkanische Grüne Minze den saubersten, schärfsten und reinsten Minzegeschmack. Die lebhafte grüne Farbe und das gesunde Wachstum sind ein augenscheinlicher Hinweis auf die belebende und anregende Wirkung ihres hervorragenden Dufts.*

GRÜNE MINZE UND PFEFFERMINZE

Die Blätter dieser Minzearten schmecken intensiv und besitzen eine leicht anästhetische Wirkung, die den kühlen und erfrischenden Geschmack vieler Zubereitungen bewirkt, z. B. bei Tee, Konfekt (vor allem mit Schokolade), Saucen, Getränken, Eis, Kuchen und Likören. Sie beleben und fördern die Verdauung. Die verschiedenen Pfefferminzsorten (schwarz, weiß und gekraust) und die korsische Minze *(Mentha requienii)* haben einen starken und klaren Geschmack, während der medizinische Duft der Poleiminze und die stechende Wasserminze für den Hausgebrauch, nicht aber für den Verzehr geeignet sind.

MINZE MIT FRUCHT- UND GEWÜRZDUFT

Die Apfelminze vereint einen zarten Minzeduft mit einem Hauch von Apfel. Die cremeweiß gesprenkelte Form hat einen ähnlichen, aber schwächeren Duft. Die hübsche goldgesprenkelte Ingwerminze und zwei Formen der Wasserminze – die Basilikumminze *(M. × aquatica)* mit dem dunklen Stiel und die Zitronen- oder Zitrusminze *(M. × aquatica Citrata)* – haben eine Gewürz- oder Zitrusnote. Der beliebteste Duft für Parfüms ist die Kombination von Minze mit der süßen und leichten Indianernessel, wie man sie in den jungen, lila-braunen Blättern der Eau-de-Cologne-Minze findet, die auch Obstsalaten eine elegante Note verleiht.

Kräuter & Öle

ÄTHERISCHE ÖLE

Die ätherischen Öle der belebenden Minze erfreuen nicht nur unsere Nase mit ihrer Frische; einige von ihnen fördern die Durchblutung, verbessern die Energie und stärken den Widerstand gegen Ermüdung, zeitigen reinigende Wirkung und unterstützen das Atmungssystem. Der Duft von Pfefferminze gilt allgemein als Tonikum für junge, ältere und genesende Menschen. Schnuppern Sie in Phasen der Trägheit oder Lethargie an einem Tropfen Pfefferminzöl oder Öl der Grünen Minze, um Fröhlichkeit, Klarheit, Optimismus und das Gefühl, quicklebendig zu sein, zu fördern. Diese Öle werden auch in der sanften Aromatherapie angewendet, um emotionale Regeneration und positiven Wechsel zu fördern.

Andere Kräuter mit Minzeduft

Marienblatt besitzt heitere, margeritenähnliche Blüten und balsamische Blätter, die nach Spearmintkaugummi duften und stechend-scharf schmecken. Sie wurden einst im Brauereiwesen eingesetzt, um das englische Ale zu klären, zu aromatisieren und zu konservieren. Heute dienen sie in starken Aufgüssen zum Parfümieren von Haar und Wäsche.

Die Blätter des australischen Minzebuschs (*Prostanthera*-Arten) klären den Kopf. Sie duften nach Kampfer und Minze und besitzen eine keim- und pilztötende Wirkung, die die Aborigines zur Linderung von Erkältungskrankheiten nutzten. Die Blätter des nach Pfefferminz duftenden Blaugummibaums (*Eucalyptus coccifera*) zeitigen ähnliche Wirkung bei Dampfinhalationen und Raumerfrischern und können wie Pfefferminzpelargonie (*Pelargonium tomentosum*) in kräftige Potpourris gemischt werden.

Grüne Äpfel

Duft und Konsistenz von knackig grünen Äpfeln wirken Wunder, erfreuen sie doch den Geist und beleben die Sinne, während die Frucht Körpergifte abbaut. Dr. John Caius, Tudorarzt unter Königin Elisabeth I., riet seinen Patienten, »an einem alten süßen Apfel zu riechen, um wieder ... zu Kräften zu gelangen«. In der skandinavischen Edda-Sage hält Iduna eine Kiste mit duftenden Äpfeln für die Götter bereit, die dadurch ihre Jugend erneuern. Vielleicht wußten die Wikinger bereits, was jüngere Studien bestätigen: Äpfel können den Cholesterinspiegel im Blut senken.

Kamille

Der frische Apfelduft der mehrjährigen Kamillenblätter besitzt auch belebende Wirkung. Am meisten nützt die Kamille mit ihrem Duft und pflegeleichten Blüten im Garten. Ein Handbuch von 1638 schreibt, daß »breite, weite und lange Spazierwege wie an den Tempeln in Thessalien mit Kies und Sand aufgeschüttet werden und mit Sitzen und Bänken aus Kamille gesäumt sind«. Für ein durch und durch belebendes Bad sammeln Sie eine Handvoll Blätter, binden sie in ein Mulltuch und schwenken sie kurz im Badewasser.

OBEN: *Früher Morgennebel hebt sich in Congham Hall und gibt den Blick auf ein Beet erfrischender Minze und Rosen frei.*

Morgenfrische

OBEN: *Tropische Kulturvarietäten der Zitrone formen diese dicke und knotige Schale, die sich wunderbar anfühlt und auf langen, heißen Reisen köstlich duftet.*

Die Zitrone stammt ursprünglich aus Persien und wurde im antiken Griechenland wegen ihres erfrischenden Dufts, der Männern und Frauen gefällt, angebaut. Zitronenduft veranlaßte griechische Parfümeure, sich von den schweren Weihrauchnoten zu lösen und leichtere, schwungvollere Körperdüfte zu komponieren.

Zitrus

Die Zitrusfamilie präsentiert eine Vielfalt an allgemein beliebten »Aufwach«-Blüten und Düften. Frisch gepreßter Orangen-, Zitronen-, Grapefruit- und Limettensaft ist der perfekte Zündstoff für gute Laune. Pomelos – die großen Vorgänger der Grapefruit –, Mandarinen, kernlose Minolas und Uglifrüchte gehören ebenfalls zu den Zitrusfrüchten. Jeder Saft besitzt einen ganz eigenen »Pep« und eignet sich daher zum Mischen, bis für jeden Geschmack das richtige Verhältnis von Säure und Süße erreicht ist. Traditioneller Orangensaft, der zu zwei Dritteln mit Wasser verdünnt wird, erhöht den Kohlenhydratpegel und wird dadurch zur idealen Erfrischung nach dem Sport.

Der stärkste Zitrusduft steckt in der Schale, die Marmeladen Aroma und Säure verleiht, und ist nicht ohne Grund eine belebende Frühstückstradition. Saft und Schale eignen sich gut für Marinaden, weil die darin enthaltene Säure Fisch zart macht; Zitrussaucen passen gut zu üppigem Fleisch und fettem Fisch. Die erfrischende Seite von Zitronen ist in Sorbets beliebt, die den Gaumen reinigen und zwischen den Gängen einer Mahlzeit zur Belebung der Geschmacksknospen gegessen werden.

Die festliche Stimmung von Zitrusfarben und -aromen spürt man vor allem in der Weihnachtszeit. Eine Schale mit Mandarinen, Satsumas und Klementinen läßt uns freudig an die Sommersonne denken. Winterrezepte zeigen immer wieder die Vielseitigkeit von erfrischenden Orangen, z. B. mit dunkler Schokolade in einer reichhaltigen Mousse, mit exotischen Gewürzen in Duftkugeln und im Punsch. Zu den traditionsreichen Orangenlikören gehören Cointreau, Grand Marnier und Curaçao.

ZITRONE

Trinken Sie eine Tasse warmes Wasser mit dem Saft einer frisch gepreßten Zitrone als morgendliches Reinigungsritual. Sie verbessern dadurch auch ihre Haut, weil Giftstoffe leichter ausgeschieden werden; dieselbe Wirkung erzielen Sie ebenso mit einem Zitrusbad, in das sie geviertelte Zitronen, Mandarinen oder Orangen werfen. Äußerlich angewendet eignet sich verdünnter Zitronensaft als adstringierendes Gesichtswasser; er reduziert geplatzte Äderchen, bleicht Zähne und Haar. Seife und Körperlotionen mit anregender Zitrone wirken leicht antiseptisch und belebend, während das ätherische Öl anregend auf den Kreislauf und das Selbstvertrauen wirkt. Wenn Sie durch heiße und trockene Gegenden reisen, kaufen Sie sich eine Zitrone und reiben Sie ab und zu daran, um die Luft zu erfrischen.

GRAPEFRUIT UND LIMETTEN

Grapefruitsaft ist ein tonisierendes Mittel gegen Depressionen und macht das Abnehmen leichter, während der Extrakt aus Grapefruitsamen fungizide, antibiotische und desinfizierende Wirkung besitzt. Das ätherische Öl der Grapefruit reduziert Cellulitis und berufsbedingten Streß.

Limettensaft wird in Sri Lanka zur Anregung des Stoffwechsels und zur Vorbeugung gegen Fettleibigkeit getrunken. Er verleiht erfrischenden Fruchtsalaten und besonders Papayas – die zum Frühstück hervorragend schmecken – eine verführerische Note. Wie bei der Zitrone spendet auch das ätherische Öl der Limette Energie, verbessert die Durchblutung und stärkt das Immunsystem.

ORANGE

Forschungen haben ergeben, daß das Samenöl der Bitterorangen Linolensäure enthält, die übermäßiges Cholesterin im Blut reduziert. Mit dem Öl der Apfelsinenschale kann

Kräuter & Öle

OBEN: *Zitronenbäume lassen sich ganz einfach ziehen. Diese Pflanze dient im Sommer als optischer Glanzpunkt im Garten und wird vor dem Frost in den Wintergarten gebracht.*

RECHTS: *Der stärkste Orangenduft steckt in der Schale, aus der das ätherische Orangenöl gepreßt wird. Blätter und Zweige ergeben das Petitgrainöl, während die Blüten zur Gewinnung des Neroliöls dienen.*

man Fettleibigkeit und matten Teint behandeln, während das der Mandarinenschale die Verdauung fördert und Schlaflosigkeit lindert. Die Schalen der unreifen Santaro-Orange *(Citrus reticulata blanco)* und der Pomeranze beleben die Körperenergie Chi und tonisieren den gesamten Organismus. In Japan verwendet man sie in Pulverform als Badezusatz oder gibt eine ganze Zitronatzitrone *(C. medica,* eine längliche, hocharomatische Frucht mit knotiger Haut) in die Badewanne, weil sie die Haut glänzend und seidig aussehen läßt.

DÜFTE UND ÖLE

Belebende Zitrusdüfte sind derzeit die Stars der Parfümindustrie, die auf die sauberen und lebhaften Noten von Unisexdüften setzt. Der scharfe, saubere Geruch von Grapefruit (die französische Duftnote *Pamplemousse*) gibt Ihnen zusammen mit Limette und Mandarine den ganzen Tag über ein Gefühl wie bei einer leichten und frischen Brise. Bergamottenschale besitzt einen klaren Eau-de-Cologne-Duft, der zum Parfümieren von Earl und Lady Grey Tee verwendet wird. Der erfrischende, blumig-grüne Zitrusduft vertreibt Depressionen und gehört in viele leichte, belebende Parfüms für Männer und Frauen. Fast alle Menschen mögen Zitrusdüfte, wie Tests gezeigt haben. In Krankenhäusern, wo man Raumsprays mit dem fröhlichen Duft versprühte, konnte man die Depressionen der Patienten lindern.

Die unbehandelten ätherischen Öle einiger Zitrusfrüchte, vor allem Bergamotte, machen die Haut lichtempfindlicher und sind daher nur mit Vorsicht zu genießen, weil die geölte Haut nicht der Sonne ausgesetzt werden darf. Inzwischen gibt es aber einige Zitrusöle auf dem Markt, deren schädliche Substanz Furocumarin entfernt wurde. Sie tragen die Bezeichnung FCF (furocumarinfrei). Alle Öle von Zitrusschalen müssen innerhalb von sechs Monaten nach dem Öffnen verbraucht werden. Zum Glück sind sie verhältnismäßig preisgünstig, und es gibt mehr und mehr FCF-Produkte.

Pflanzen mit Zitronenduft

Der erfrischende Zitronenduft, der den Blättern einiger Pflanzen entströmt, die nicht zur Zitrusfamilie gehören, geht auf das in ihren ätherischen Ölen enthaltene Zitral zurück.

ZITRONENSTRAUCH

Die aromatischste unter diesen Pflanzen ist der Zitronenstrauch, der im 17. Jahrhundert aus Argentinien und Chile nach Europa gebracht und zur Parfümölgewinnung angebaut wurde. Der Blattduft hält lang an; selbst nach Jahren können die Krümel getrockneter Blätter noch den Duft von Zitronenbonbons verströmen. Stellen Sie eine Topfpflanze an eine Stelle, an der Sie morgens vorbeistreifen – ein absoluter Muntermacher! Kochen Sie aus den Blättern einen belebenden und zugleich beruhigenden Tee, der die Küche mit süßem Zitronenaroma erfüllt, oder verleihen Sie an einem heißen Sommertag kaltem Mineralwasser mit ein paar Blättern einen erfrischenden Zitronengeschmack. Sie können die Blätter büschelweise ernten und ihren kräftigen und angenehmen Duft genießen.

Morgenfrische

OBEN: *Kiefern verströmen einen harzigen Waldgeruch, der Körper und Geist stärkt. Die Bäume werden seit alters her wegen ihres belebenden Dufts geschätzt und wurden deshalb sogar im Schweizer Benediktinerkloster St. Gallen gezogen. Kiefernduft vertieft den Atem und wird oft bei Inhalationen zur Unterstützung der Atmung und als wirksames Antiseptikum bei Infektionen der Atemwege eingesetzt.*

ZITRONENMELISSE

Zitronenmelisse entspannt und erfrischt. Das Kraut wirkt auf Bienen genauso anziehend wie auf Menschen, und wenn Sie einen leeren Bienenstock damit einreiben, können Sie neue Bewohner anlocken. Zitronenmelisse läßt sich leicht im Garten ziehen und wird daher von Kräuterfans oft als erstes gekauft. Sie sollten die Pflanze aber nicht vernachlässigen, denn regelmäßiges Abknipsen der Blattspitzen füllt erstens Ihre Teekanne und sorgt zweitens für ordentliches Wachstum der Pflanze. Und dann können wir es eines Tages genau wie der 108 Jahre alte Prinz von Glamorgan, der im 13. Jahrhundert lebte, dem regelmäßigen Genuß von frischem Zitronenmelissentee zuschreiben, wenn wir ein hohes Alter erreichen. Das fröhliche Öl ist ein allgemeines Tonikum und ein hervorragendes Mittel gegen den Montagmorgenfrust.

ANDERE KRÄUTER MIT ZITRONENDUFT

Der leichte, würzig-köstliche und frische Geschmack der Thai-Küche kommt oft von Zitronengras. Blätter und Stengel, in den Wok geschnitten, verleihen dem ganzen Gericht einen frischen Zitronengeschmack und verströmen einen Duft, der einem das Wasser im Munde zusammenlaufen läßt. Zitronengras wird in Mexiko als Tee gegen Magenverstimmungen getrunken.

Pelargonien stammen vom Kap Südafrikas. Ihre Blätter sind in Orangen- und Zitronenversionen erhältlich und duften auch noch im getrockneten Zustand. *Pelargonium citronellum* und *P. crispum* riechen nach Zitrone, *P.* ›Prinz von Oranien‹ besitzt einen würzigen Orangenduft, *P. radens* einen Zitronen-Rosen-Duft, und *P. tomentosum* hat einen Pfefferminzodeur. Es gibt viele verschiedene Kreuzungen, riechen Sie an den Blättern und wählen Sie die Sorte, die Ihnen am besten gefällt.

Zitronenminze, ein erfrischendes Badekraut, und Zitronenbasilikum, ein munteres Salatkraut und Hähnchengewürz, stellen die interessante Zitronenvariante eines allgemein verbreiteten Küchenkrauts dar. Sie verströmen einen wohltuenden Duft in den Kirchen des Mittelmeerraums und verfeinern Potpourris. Zitronenthymian hat einen sauberen, klaren Duft, der die Frische der Zitrone mit dem antiseptischen Aroma von Thymian vereint – perfekt für einen kraftvollen Start in den Tag. Zitroneneukalyptusblätter kann man einfach in die Tasche stecken, in ein Potpourri oder in einen Raumbefeuchter geben.

Bäume mit anregender Wirkung

Harzige Nadelbäume wirken vor allem in ihrer natürlichen Umgebung im Wald stärkend und belebend. Denn sie besitzen einen sauberen und kräftigen holzig-grünen Duft und geben frischen Sauerstoff an die Luft ab. Wenn jetzt noch unberührter Neuschnee und blauer Himmel hinzukommen, ist das beschwingende Schauspiel perfekt. Jeder Baum stellt eine andere Facette der Vitalität dar.

KIEFER

Der reine Duft von Kiefern vertieft die Atmung, verbessert Durchblutung und Stoffwechsel, reduziert geistige Ermüdung und fördert eine positive Selbsteinschätzung. Für einen belebenden Tee sammeln Waldbewohner junge Frühjahrsnadeln und süßen den Trank mit Birkensaft oder Honig. Kiefernharz verleiht griechischem Retsinawein seinen typischen, erfrischenden Geschmack.

22

Kräuter & Öle

OBEN: *Mit den ersten Frühlingssäften erwacht die Natur wieder zu neuem Leben. Neue aromatische Blätter erfrischen die Luft, während der zarte Babyduft von Primeln und Schlüsselblumen die Lebensfreude der Jahreszeit, die durch die leuchtend grünen Blätter und sonnengelben Blüten noch betont wird, zum Ausdruck bringt.*

Das antiseptische Kiefernnadelöl wird häufig für Inhalationen für die Atemwege verwendet und ist ein beliebter geruchsvernichtender Zusatz für Haushaltsreiniger und Badeprodukte. Streuen Sie die Nadeln einer beliebigen Kiefernart auf ein Holzfeuer oder in den Holzkohlengrill, und geben Sie sie in Kräuterkissen oder in ein heißes Bad, um Muskelschmerzen und Rheuma zu lindern. Kiefernnadeln fördern die Zellregeneration, erfrischen die Haut und beschleunigen den Abbau von Giftstoffen. Ein Kiefernnadelbad ist so erfrischend und stärkend, daß es einen guten Start in den Morgen ermöglicht oder vor einem Fest die Körperbatterie wieder auflädt.

ZEDER

Die herrliche Zeder ist berühmt für ihr aromatisches und haltbares Holz. Der Duft wirkt stärkend und motivierend und gibt das nötige Selbstvertrauen, mit dem Sie den neuen Tag angehen können. Die Baumeister der Antike schätzten diese Eigenschaften und verwendeten beim Bau der Hängenden Gärten von Babylon und des Salomontempels so viele Libanonzedern, daß die Bäume fast vom Aussterben bedroht waren. Truhen aus dem Insekten vertreibenden Holz geben viele Jahre lang ihren süßen, balsamischen Duft ab.

WACHOLDER

Der scharfe, doch warme und harzige Duft von Wacholder wirkt anregend und gleichzeitig klärend auf die Gefühle. Wacholderöl erfrischt den Körper durch seine entgiftende Wirkung. In vielen Legenden gilt Wacholder als Schutzpflanze, und manche Kräuterheilkundige reiben einen Tropfen davon auf ihre Handgelenke, um sich gegen die negative Ausstrahlung ihrer Patienten zu schützen. Wacholder bildet außerdem eine wirksame Hürde für schwarze Hexen, weil diese erst die vielen kleinen Blättchen zählen müssen, ehe sie weitergehen dürfen – was so lange dauert, daß sie erwischt werden!
Bei vielen Naturvölkern gilt Wacholder als heilig, und einige Indianerstämme verbrennen die Nadeln. Vita Sackville-West beschreibt, wie sie abgestorbene Wacholderzweige sammelte, um sie »als glimmende Schürhaken in ein Holzfeuer in meinem Ofen zu schieben, im Raum hin- und herzuwedeln, wie man es mit alten Zweigen von Lavendel und Rosmarin macht, weil sie duften wie Weihrauch, doch in der Luft weitaus frischer und weniger schwer sind«.

FICHTE, TANNE UND THUJE

Weißtanne (*Abies alba*) und Fichte (*Picea abies*) verströmen den nostalgischen und belebenden Waldduft des Weihnachtsbaums und heben unsere Stimmung. Lebensbaum oder Thuje liefert eine verführerische Vielfalt an erfrischenden Duftnoten. Die Sprays der *T. occidentalis* duften fruchtig nach Apfel und Harz, während *T. plicata* den harzigen Duft nach Nadelgehölz mit einer leichten Grapefruitnote begleitet.

EUKALYPTUS

Eukalyptusbäume mit ihrem starken, sauberen und balsamischen Duft nach Kampfer gedeihen in warmen und trockenen Ländern. Es gibt mehr als 500 verschiedene Arten mit einer Vielfalt faszinierender Rinden, aromatischer Blätter, Gummiharze und Öle, darunter auch Pfefferminze und Zitrone. Das aromatische Öl wirkt nicht nur anregend, schützend, schleimlösend und reinigend, sondern auch gegen Keime und Viren und unterstützt das Atemsystem. Da es als eines der sichersten Öle gilt, gehört es in der Erkältungszeit in jede Hausapotheke. Bettlägrige können ein paar Tropfen davon aufs Bett träufeln und so ein frisches und sauberes Raumklima erzeugen.

Morgenfrische

Aromatische Kräuter sind ideale Topf- und Kübelpflanzen. Die Töpfe können mit dem Wechsel der Jahreszeiten umgestellt werden. Sie schmücken jeden Raum.

OBEN: *Töpfe mit erfrischendem Rosmarin, Lorbeer, Heiligenkraut und Wermut sehen hübsch aus, sind nützlich und duften gut.*

Kräutergärten auf kleinem Raum

Topfkräuter

Eine Sammlung gesunder Topfkräuter und duftender Blumen weckt sofort das Bild eines aufmerksamen Gärtners, der seine Pflanzen liebevoll pflegt, mit dem Nachbarn plaudert und dabei Gartentips und Blumen austauscht.

Kräuter im Topf vergrößern die Vielfalt und verlängern die Vegetationsperiode. Dank ihrer Mobilität können Sie saisonbedingte Lücken im Garten mit Farbe oder Duft füllen oder unschöne Stellen verbergen. Die Töpfe kann man auch umstellen, damit sie mehr Sonne abbekommen oder vom Barbecue-Koch gesehen werden. Zarte Pflanzen stellt man zum Überwintern ins Haus, während hübsche Kräuter als Tischdekoration dienen oder ein Krankenzimmer aufheitern.

Bei der Anlage Ihres Kräuterbalkons oder Ihrer Terrasse sollten Sie alle »Dimensionen« im Auge behalten. Setzen Sie duftende Pflanzen zu Ihren Füßen (Polei, Korsische Minze, Wiesenkamille und kriechender Thymian); in Kniehöhe (Indianernessel, Brautmyrte und Artemisia); in Nasenhöhe (Engelwurz, Fenchel, Dill und Rosen); und darüber in Hängeampeln und an Spalieren (Akebie, Rosen, Geißblatt und Jasmin). Wenn Sie nach schattigen und sonnigen Stellen suchen, sollten Sie auch nach oben schauen. Höher gelegene Plätze bekommen vielleicht noch Sonne, während die niedrigeren Stellen eines Balkons oder einer Terrasse bereits im Schatten liegen. Verschiedene Stellhöhen erreichen Sie durch übereinandergestellte Blöcke, hohe Töpfe und durch verbundene Töpfe, die eine Wand bilden, Ausleger oder Spaliere, an denen Sie duftende Kletterpflanzen, die in einen Trog gepflanzt werden, emporranken lassen können. Spalier und Trog lassen sich in eine bewegliche Wand verwandeln, wenn sie auf Rollen gestellt werden.

DIE PFLANZEN

Unter geeigneten Bedingungen können Sie die meisten aromatischen Pflanzen erfolgreich in Töpfen ziehen. Große Pflanzen wie Engelwurz oder Fenchel brauchen tiefe oder schwere Gefäße oder müssen an einer Mauer verankert werden, damit sie nicht umfallen. Kräuter wie Petersilie, Minze und Kerbel, die einen kühleren Boden vorziehen, dürfen nicht in der heißen Sonne verdorren; setzen Sie Ihre Pflanzen nach Möglichkeit in gefiltertes Sonnenlicht, oder sorgen Sie dafür, daß ihre Erde im Schatten steht. Kräuter mit weichen Blättern wie Basilikum und große Pflanzen sind empfindlich gegen Wind; schützen Sie sie mit dichten Netzen, Spalieren oder immergrünen Sträuchern; hochwachsende Pflanzen oder Hängeampeln gehören nicht auf ungeschützte Dachgärten oder in »Windkanäle«, die zwischen Gebäuden und Mauern entstehen.

DIE GEFÄSSE

Tontöpfe sehen schön aus, sind stabil und lassen einerseits überschüssige Feuchtigkeit durch ihre Poren entweichen, andererseits aber die Pflanzen leichter austrocknen. Tauchen Sie neue Tontöpfe vor dem ersten Gebrauch 24 Stunden in Wasser. Plastiktöpfe sind billiger, einfacher zu reinigen und zu lagern und leichter, was bei Balkonen und Dachterrassen wichtig ist. Alle Pflanzgefäße brauchen Löcher, aus denen das Wasser abfließen kann; geben Sie außerdem eine Schicht Kiesel oder Tonscherben auf den Boden des Gefäßes, damit sich kein Wasser staut. Denken Sie bei Ihrer Kräutersammlung auch einmal an ungewöhnliche Übertöpfe: Probieren Sie Weidenkörbe und Holztröge, verzierte Vogelkäfige, Kupferkessel, Suppenterrinen, bunt bemalte Dosen und moderne Keramik.

Allgemein gilt: je größer der Topf, um so besser das Wachstum, besonders bei so üppig grünen Pflanzen wie Basilikum. Einjährige Pflanzen, die man wegen der Blätter zieht, samen rasch aus, wenn sie keinen Platz zum Wachsen haben, und fühlen sich – genauso wie Kräuter mit Pfahlwurzeln wie Borretsch und Dill – in tiefen Töpfen wohler. Kräuter können zunächst in 8–11,5 cm weiten Gefäßen gezogen und dann schrittweise in 15–30 cm weite Töpfe umgesetzt werden. Halbsträucher wie Lavendel und Rosmarin sollten in 25–30 cm weiten Gefäßen enden. Rosen, Lorbeerbäumchen, Zitrusbäume, Liebstöckel, Fenchel und Engelwurz gedeihen gut in einer Versaillesbox oder einem Halbfaß, in dem auch ein Zitronenstrauch zu seinen wunderbaren 3 m heranwachsen wird.

Kräutergärten auf kleinem Raum

Kräuter können in verschiedenen Gefäßen und ansprechenden Kombinationen für die unterschiedlichsten Zwecke gezogen werden. Oben links eine Mischung aus Küchenkräutern mit Majoran, Thymian und Salbei, die »in süßer Pracht« aus einem Erdbeerfaß quillt. Das helle Grün von Krauspetersilie und Minze, das lebhafte Grün und Gold der gesprenkelten Zitronenmelisse und die fröhlichen orangegoldenen Blüten der Ringelblume heitern die Frühstücksterrasse auf (oben rechts). Verschiedene Kräuter, darunter glatte Petersilie, grüner und bunter Salbei, Minze und Majoran wachsen in der Nähe von Küche und Gartengrill, und goldenes Mutterkraut sorgt das ganze Jahr über für Farbe (unten links). Ein lackiertes Blumenregal beherbergt Küchenkräuter, unter anderem Petersilie, dunklen Salbei, Schnittlauch, Basilikum und verschiedene Minzesorten (unten rechts).

25

Morgenfrische

Ein Kräutergarten im Fenster. Für diesen lebendigen Duftvorhang ist selbst im kleinsten Reihenhaus Platz. Da die Pflanzen so dicht stehen, können Sie mit den individuellen Düften der Kräuter, Blätter und Blüten experimentieren. Die meisten Kräuter lieben den hellen Sonnenschein und können hier leicht alle zwei oder drei Tage gedreht werden, damit sie rundum gleichmäßig Licht abbekommen. Hier sehen Sie eine Sammlung Küchenkräuter, darunter Süßdolde, goldblättrige Zitronenmelisse, Koriander und Lorbeer, die auf einen begeisterten Koch schließen lassen; Poleiminze dagegen hält die Ameisen aus der Küche fern. In diesem Kräutergarten am Fenster können Sie leicht eine Reihe von Potpourri-, Tee- oder Kosmetikkräutern oder die Pflanzen aus beliebten Volkssagen unterbringen.

Kräutergärten auf kleinem Raum

Anbau und Pflege

KOMPOST

Kräuter – vor allem buschige Mittelmeerpflanzen wie Rosmarin, Salbei, Thymian, Bohnenkraut und Lavendel – bevorzugen einen offenen, leicht alkalischen und sehr durchlässigen Boden. Geben Sie daher extra Sand in Ihren Kompost. Ein Kompost auf Humusbasis eignet sich für die meisten Pflanzen, ist leicht zu bewässern, hält Nährstoffe lange und ist relativ schwer, was für hochwachsende Kräuter gut, für Hängeampeln oder Balkontöpfe aber weniger vorteilhaft ist.

Kompost aus Torf oder Torfersatz ist leichter, verliert seine Nährstoffe jedoch schneller und trocknet rascher aus. Wenn der Kompost völlig vertrocknet, tauchen Sie den Topf über Nacht bis unter den Rand ins Wasser. Torf ist nicht erneuerbar, weshalb Sie Alternativen in Betracht ziehen sollten. Es gibt besonders behandeltes Coir, ein Kokosfasergarn, und kompostierte Rinden, die meist mit Humus oder Torf vermischt sind. Mischen Sie Holzkohlengranulat unter das untere Drittel des Komposts (1 EL auf einen 11,5 cm-Topf), damit der Boden nicht säuert.

UMTOPFEN

Wenn die Wurzeln unten aus dem Topf herauswachsen, topfen Sie die Pflanze mit derselben Kompostmischung in einen Topf um, der eine Nummer größer ist. Holen Sie sie vorsichtig heraus, entfernen Sie das Unkraut an der Oberfläche, und lockern Sie die äußeren Wurzeln. Geben Sie etwas Kompost in das neue Gefäß und pflanzen Sie die Pflanze auf dieselbe Höhe wie zuvor. Füllen Sie locker Erde ein, drücken Sie sie sanft fest, und wässern Sie gut. Wenn die maximale Topfgröße erreicht ist, ersetzen Sie jedes Frühjahr die oberste Schicht Pflanzerde mit frischem Kompost und einem Depotdünger.

Stellen Sie sehr große Gefäße bereits vor dem Bepflanzen an ihren neuen Standort oder auf einen Rollwagen. Füllen Sie das untere Drittel von Balkontöpfen mit einer Mischung aus Kompost und Perlit zu gleichen Teilen, damit sie nicht so schwer werden. Geben Sie Kompost bis an den unteren Rand des Topfes oder bis 7 cm unter den Rand eines Fasses.

GIESSEN UND DÜNGEN

Gießen Sie bei trockener Witterung, im Sommer meist täglich. Guter Kompost enthält genügend Nährstoffe für 4–6 Wochen, danach können Sie im Frühjahr und Sommer alle 2–3 Wochen und einmal im Monat gegen Ende der Wachstumsperiode flüssigen Beinwell oder einen anderen Biodünger verwenden. Während der Ruhephase wird nicht gedüngt. Kräuter, die Sie häufig ernten, wie Basilikum, Schnittlauch und Petersilie, brauchen mehr Dünger als andere. Der Kompost setzt sich, und die Füllhöhe sinkt mit jeder Saison, wenn Regen und Gießwasser Erde und Nährstoffe ausschwemmen. Mehrjährige Pflanzen müssen daher jedes Jahr mit frisch gedüngtem Kompost aufgefüllt werden.

PFLANZENKOMBINATIONEN

Wenn Sie mehrere Kräuter zusammen anpflanzen, sollten Sie Pflanzen mit unterschiedlicher Höhe, Blattfarbe, Form und Struktur wählen. Pflanzen Sie mehr von den Kräutern an, die Sie häufiger brauchen. Geben Sie nur Sorten mit denselben Ansprüchen an Sonnenlicht, Boden und Feuchtigkeit in ein Gefäß.

Ziehen Sie sonnenhungrige Pflänzchen von Basilikum, Zitronenbasilikum und Majoran in einem 30 cm Topf und Kerbel, Koriander und Petersilie in einem anderen, da sie gefiltertes Sonnenlicht, kühlere und feuchtere Bedingungen vorziehen. Ein altes Waschbecken oder Faß mit eher trockenem, gut entwässertem Kompost in praller Sonne eignet sich für goldenen Salbei, blau-grünen Estragon, Zwergrosmarin, hellgrünen Majoran, goldgesprenkelten Zitronenthymian, dunkles Basilikum, Schnittknoblauch und orangefarbene Ringelblumen. Verschiedene Minzesorten können in einzelnen Plastiktüten im Kompost um eine gewaltige Engelwurz herum gedeihen, da sie alle Sonne, aber einen kühlen und feuchten Boden brauchen. Lorbeer, Rosmarin und Zitronenstrauch machen sich einzeln besonders gut.

Kräuter im Haus ziehen

Die meisten Kräuter brauchen einen sonnigen oder hellen Standort, etwas Feuchtigkeit und vertragen weder extreme Temperaturen noch Trockenheit. Wenn Sie Kräuter im Haus ziehen, achten Sie auf ihren Standort. Pflanzen in Gruppen sehen großzügiger aus, sind leichter zu gießen, duften stärker und schaffen ein wohltuendes Miniklima.

OBEN: *Selbst auf dem Wasser können Sie sich mit frischen Gewürzkräutern versorgen und zusammen mit Ihren Freunden denkwürdige Mahlzeiten genießen. Diese Reise-Kombination aus intensiv aromatischen Salatkräutern umfaßt glatte Petersilie, Basilikum, Majoran, Mizuna, Senf (Brassica japonica) und Gartenmelde (Atriplex hortensis).*

Morgenfrische

RECHTS: *Eine Hängeampel begrüßt Sie am Morgen mit kühlen, erfrischenden Farben und sauberen Düften von Minze, Rosmarin und Basilikum sowie gekraustem Goldmajoran und goldenem Mutterkraut.*

LICHT UND WÄRME

Nutzen Sie den Platz am Fenster so gut wie möglich aus. Wählen Sie Hängeampeln, die von der Decke baumeln, Blumenampeln und Glasregale neben dem Fenster, Spaliere für Kletterpflanzen und Blumenregale an sonnigen Wänden gegenüber dem Fenster.

Sonnenhungrige Pflanzen wie Basilikum brauchen täglich mindestens 6 Stunden direktes Sonnenlicht, um richtig zu gedeihen. Thymian, Salbei, Majoran, Duftpelargonien und Zwerglavendel fühlen sich in direktem Sonnenlicht ebenfalls wohl. Dill, Bohnenkraut und Schnittlauch mögen einen sonnigen Standort, bevorzugen aber kühlere Temperaturen. Rosmarin liebt Helligkeit (auch von reflektiertem Licht), blüht im Frühjahr aber nur bei einer Temperatur von 15 °C. Koriander, Bibernelle und Petersilie fühlen sich in dieser hellen und kühlen Umgebung am wohlsten. Estragon und Zitronenmelisse vertragen direkte Sonne, aber auch etwas Schatten. Minze und Kerbel halten ein wenig Sonne aus, ziehen aber gefiltertes Licht und kühlen, feuchten Kompost vor. Zitronenstrauch und Lorbeer wollen gefiltertes Sonnenlicht an einem kühlen Standort mit nährstoffhaltigem Boden. Ein dekorierter Teewagen ist die beste Lösung, wenn Sie Ihre Kräuter an die Sonne stellen wollen. Kräuter auf der Fensterbank sollten Sie jeden Tag etwas drehen, damit alle Seiten dieselbe Menge Licht erhalten. Das reflektierende Glas kann den Lichteinfall um 30–50 Prozent senken. Streichen Sie Außenwände gegenüber einem schattigen Fenster weiß, damit das Licht reflektiert wird; helle, glänzende Farben im Raum helfen ebenfalls.

KÜNSTLICHES LICHT

Im Winter, in einem schattigen Haus, oder wenn Sie das Keimen von Saatgut beschleunigen wollen, können Sie auch künstliches Licht einsetzen. Zwei Leuchtstoffröhren – eine mit »Tageslicht« oder »kaltem weißem Licht« (hoher Anteil an blauwelligem Licht) und eine mit »natürlichem weißem Licht« oder »warmem Weiß« (hoher Anteil an rotwelligem Licht) – versorgen die Pflanzen mit dem notwendigen Lichtspektrum. Regulieren Sie die Entfernung zwischen Pflanzen und Licht mit Blöcken, damit die Pflanzen nicht verbrennen oder spindeldürr auswachsen. Die Lampen sollten 15–25 cm über kleinen und 30–45 cm über größeren Kräutern hängen. Bringen Sie die Lampen höher an, oder setzen Sie die Pflanzen tiefer, wenn sie wachsen.

TEMPERATUR

Kräuter fühlen sich bei 15–21 °C am wohlsten, nachts sollte die Temperatur wie im Freien um 5 °C sinken. An warmen Tagen schätzen sie frische Luft von einem offenen Fenster, vertragen aber keine kalte Zugluft (zum Beispiel durch ein Feuer im Kamin, das kalte Luft durch Ritzen und Spalten hereinzieht).

Kräuter vertragen Temperaturen von 7–24 °C, gedeihen aber vor allem bei niedrigen Temperaturen nicht mehr gut. In kühleren Klimazonen brauchen Sie doppelte Fenster. Fensterbänke an einfachen Fenstern sind in Winternächten – vor allem hinter Vorhängen oder Fensterläden – zu kalt; nehmen Sie Ihre Kräuter dann ins Zimmer. Holen Sie Ende des Sommers Ihre Pflanzen herein, bevor Sie die Zentralheizung anschalten. Wenn die Heizung nur abends läuft und das Haus somit wärmer ist als tagsüber, ist das für eine Pflanze höchst verwirrend!

Kräutergärten auf kleinem Raum

RECHTS: *Die elegante Komposition aus Veilchen, Zitronenthymian, Lavendel und Rosmarin verströmt einen einladenden Hauch im Eingangsbereich.*

UNTEN: *Pflücken Sie als erste Erfrischung des Tages eine süße Erdbeere aus diesem bunten Korb mit eßbaren Blüten und pikanten Blättern.*

GIESSEN

Sämlinge und Kräuter unter Lampen, Pflanzen, die in Ampeln oder kleinen Töpfen wachsen und große weiche Blätter haben, Pflanzen in der prallen Sonne oder stark wachsende Pflanzen müssen regelmäßig (d. h. im allgemeinen täglich) gegossen werden. Im Winter gießen Sie weniger. Nehmen Sie lauwarmes, gefiltertes und damit entkalktes Wasser, eine Gießkanne mit langem und dünnem Schnabel oder eine Teekanne. Gießen Sie direkt die Pflanzerde, nicht die Blätter. Ein Zerstäuber oder Schüsseln mit Wasser halten die Räume feuchter, was vor allem bei Zentralheizung wichtig ist.

Stellen Sie die Töpfe auf ein Abtropfbrett, das mit Kies ausgestreut wurde. So schaffen Sie eine feuchtere Atmosphäre, ohne daß die Pflanze im Wasser steht und fault. Zu starkes Gießen ist die häufigste Ursache für Probleme. Basilikum sollten Sie tagsüber gießen oder besprühen, damit es nachts nicht zu feucht wird und umfällt. Großblättrige Kräuter in der Küche wischen Sie gelegentlich ab, um den Küchenschmauch zu entfernen.

Blumenampeln

Es gibt eine Anzahl von kriechenden oder rankenden Kräutern, die sich für Blumenampeln eignen und hübsch aussehen.

An einem sonnigen Standort können Sie verschiedene kriechende Thymianarten mit unterschiedlichen Blatt- und Blütenfarben, rankende Kapuzinerkresse, Katzenminze oder Efeu *(Glecoma hederacea)* ziehen. Setzen Sie niederwachsenden Rosmarin und blaublättrigen Salbei dazu. Der kleinere Wintermajoran, das goldene Pfennigkraut *(Lysimachia nummularia)* und purpurfarbener oder goldgesprenkelter Günsel *(Ajuga)* sehen dekorativ aus.

An einem schattigen Standort können Sie die stechende Poleiminze, Waldmeister und blau blühendes Immergrün *(Vinca major)* pflanzen. Kleiner Wiesenknopf *(Sanguisorba minor)* hat rankende Blätter, während Frauenmantel *(Alchemilla mollis)* langgebogene Blütenrispen hervorbringt, die hübsch über den Rand eines Topfes oder Korbes herabhängen.

Morgenfrische

Im Wintergarten

In einem Wintergarten mit mindestens 10 °C können Sie noch viel mehr aromatische Pflanzen ziehen, die die Stimmung verbessern. Nutzen Sie den Wintergarten mit Blumenständern, Regalen, Töpfen an der Wand und Blumenampeln.

Stellen Sie Töpfe und Kübel mit Zitronenstrauch, Zitronengras, Australischem Minzebusch, Zitronen- und Pfefferminzpelargonien so in Ihre sonnige Frühstücksecke, daß Sie sie beim Vorbeigehen berühren. Geben Sie hellgrünen Zitronenthymian, miniziges Marienblatt und goldenes Mutterkraut mit den hübschen weißen Blüten sowie ein paar herrlich orangerote Ringelblumen oder kräftige Kapuzinerkresse dazu, die Ihnen morgens fröhlich entgegenleuchten.

Kleine Zitrusbäumchen eignen sich mit ihren sauren Früchten, dem glatten, eleganten und würzigen Laub und den sinnlich-würzigen weißen Blüten für drinnen wunderbar. Wir empfehlen Ihnen die immergrünen Zitronenbäumchen *Citrus meyeri* (wird 1,20 m hoch) und den widerstandsfähigen *C. limon* ›Eureka‹ sowie die berühmte Pomeranze *(C. aurantium)*, die Sie auch in einem großen Kübel ziehen können. Alle drei Sorten werden durch regelmäßiges Ausschneiden schöner. Reizvoll sind außerdem die Miniorange Calamondin *(× Citrofortunella microcarpa)*, die 1,5 m hoch wird, mit ihren Sorten ›Tiger‹ und ›Variegata‹ sowie die leicht zu ziehende Otaheite-Orange *(Citrus × limonia)*, die kleine blaßlila und wohlriechende Blüten und süße, aber ansonsten geschmacklose Früchte hervorbringt.

UNTEN: *Die Wärme eines Treibhauses erweitert die Palette der Kräuter, die Sie selber ziehen können. Die sinnlichen Weinranken werfen in der Sommerhitze einen willkommenen, leichten Schatten.*

RECHTS: *Ein Sommerhaus oder Gartenraum wird in den kühleren Monaten zu einem angenehmen Duftspender. Gärtner und Pflanzen profitieren, wenn die schönsten Kübelpflanzen ins Haus gebracht werden. Diese Ansammlung von Gefäßen hält für alle Pflanzen die richtige Größe bereit. Die formale Symmetrie von zwei Lorbeerbäumchen ergänzt die wild wuchernde Üppigkeit ihrer Gesellen.*

Im Wintergarten

Morgenfrische

Kleine Kräutergärten

Klare, einfache Formen, die Sie durch Wege und Umrandungen in der Nähe des Hauses erzielen, lassen den ganzen Garten ordentlich und gepflegt aussehen. Besonders in der Nähe des Frühstückstisches fördert ein geordneter Anblick die klaren Gedanken, mit denen Sie den Tag beginnen können. Außerdem haben Sie dann das ganze Jahr über einen schön gestalteten Garten und einen interessanten Blick von den Fenstern im Obergeschoß. Sie können ein einfaches oder überschwengliches Muster wählen – pflegeleicht für die, die wenig Zeit haben, oder für den Kräuterfan eine bunte Mischung aus Küchen-, Hobby- und Teekräutern.

Der Kräutergarten sollte mindestens zu drei Vierteln in der Sonne liegen, Ihr Frühstückstisch windgeschützt in der Morgensonne stehen. Sie brauchen kein kompliziertes Design, doch sollten Sie klare Formen wählen. Dichte Gartenpflanzen wie Buchsbaum, Lavendel, Heiligenkraut, Ysop, Gamander, Strohblume, Bohnenkraut oder Zwergrosmarin machen sich gut als Beeteinfassung oder dienen in geometrischen oder geschwungenen Linien als zusätzliches Schmuckelement. Die strenge Form können Sie durch die Bepflanzung in bestimmten Farbtönen erhöhen oder etwas aufweichen, indem Sie die Pflanzen sanft bis auf den Weg hinaus wuchern lassen.

Wege bilden die Struktur dieser Gärten. Es ist also wichtig, daß Sie dafür interessante Materialien wählen, die auch Raum für Ihre persönliche Kreativität lassen. Setzen Sie Gras, Stein, Ziegel und Kies einzeln oder kombiniert ein; Steinchen, Fliesen, Porzellanscherben oder Metallteile können in Beton eingegossen werden, während Sie die Wege, die Sie nur selten begehen, mit kriechendem Thymian oder Kamille überwuchern lassen können. Nackte Betonplatten machen das Design von allein schlicht, aber Sie können sie mit schmalen Ziegeln einfassen oder effektvoll mit anderen Materialien kombinieren (und dabei Geld sparen). Die Beete zwischen den Wegen sollten nicht breiter als 1,20–1,50 m sein, damit Sie nicht weiter als 75 cm zum Pflanzen, Jäten und Ernten haben.

RECHTS: *Strenge geometrische Formen machen auch einen neu angelegten Garten interessant.*

Gartenplanung

Designvorschläge für kleine Gärten

Hier zeigen wie Ihnen die Möglichkeiten, die sich selbst auf kleinem Raum bieten. Lassen Sie sich von einem keltischen Kreuz, einem persischen Wandschirm, einem hinduistischen Mandala, einer Schneeflocke oder einem Computerchip inspirieren. Vermeiden Sie ein »Durchgangsmuster«, das den Blick ablenkt.

OBEN LINKS: Bei diesem traditionellen Design sind die Kräuterbeete nach ihrem Verwendungszweck voneinander getrennt und mit Buchs umfaßt.

MITTE LINKS: Die ineinander verschränkten Vs lassen das Muster der Ziegel verknotet wirken.

UNTEN LINKS: Ein kreisrunder Weg mit vier kreisrunden Beetumrandungen. Dort, wo die Pflanzenkreise den Weg kreuzen würden, liegen Kiesel in einer anderen Farbe, so daß der optische Eindruck von ineinander verschlungenen und verknoteten Formen entsteht.

UNTEN MITTE: Der rautenförmige Weg ist mit 10 cm großen Pflastersteinen ausgelegt und begrenzt vier Beete mit verschiedenen Thymian-, Salbei-, Rosmarin- und Majoransorten.

UNTEN RECHTS: Die abstrakte Geometrie entsteht durch 30 cm große Platten und paßt in eine moderne Umgebung. Seien Sie bei der Farbwahl vorsichtig, denn viele Platten sehen im nassen Zustand knallbunt aus. Testen Sie diese mit Wasser.

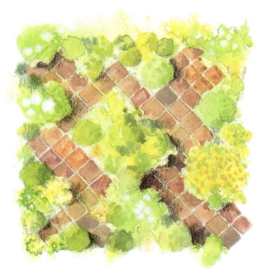

Morgenfrische

Verzeichnis der Pflanzen auf dem Plan

1. Zwergbuchs
2. Goldblättrige Zitronenmelisse
3. Weiße Moschusmalve
4. Primel
5. Ringelblume
6. Sonnenblume
7. Grüner Fenchel
8. Gesprenkelte Ingwerminze
9. Korsische Minze
10. Kamille
11. Goldenes Mutterkraut
12. Poleiminze
13. Kletterrose ›Gloire de Dijon‹ (gelb-apricot)
14. Kletterrose ›Mme. Alfred Carrière‹ (weiß)
15. Gesprenkelte Apfelminze
16. Marienblatt
17. Schlüsselblume
18. Kübel mit Zitronenstrauch
19. Apfelspalier ›Worcester Pearmain‹ (interessante Blüten und Früchte und auch für kühlere Klimazonen geeignet) oder Holzäpfel: ›Dartmouth‹ oder ›Montreal‹ mit duftenden Blüten und Früchten zum Einmachen.
20. Kletternde Kapuzinerkresse

34

Gartenplanung

Ein Garten mit erfrischenden Morgenpflanzen

Frühstück in einem hellen und erfrischenden Garten ist ein wunderbarer Start in den Tag. Diese einfache Anlage paßt in die Stadt und aufs Land und wurde durch dekorative Kieswegmuster und ein Mosaik aus edelsteingleichen Schwimmbadkacheln aufgewertet. Der belebende Duft von Minze, Zitrone und Apfel wird durch leuchtend goldene und grüne Blätter, buttergelbe Primeln, goldorangene Ringelblumen und das Sinnbild für Sonnenschein, die hohe und freundliche Sonnenblume *(Helianthus annuus)* verstärkt. Die Helligkeit des Morgens zeigt sich in den Moschusmalven *(Malva moschata alba)*, die den ganzen Sommer über blühen. Klassischer hochwachsender Bambus verstärkt das Gefühl von Leichtigkeit, schafft Sichtschutz und ergänzt das strahlende Licht und den erfrischenden Klang des plätschernden Wassers. Schaffen Sie mit deutlichen Linien und offenen Räumen Klarheit und pflanzen Sie pflegeleichte Kräuter in einfachen Formen, doch halten Sie sich mit komplizierten Mustern zurück. Atmen Sie dann tief ein und genießen Sie den neuen Tag.

UNTEN: *Der Kräutergarten des Geffrye-Museums wurde von der Autorin angelegt. Im geschäftigen Londoner East End schafft er eine Oase der Ruhe.*

35

Morgenfrische

Verwenden Sie die belebenden Kräuter und ihre ätherischen Öle bei Ihrer Toilette. Sie erwecken morgens Ihre Sinne und schenken Ihnen zu jeder Tageszeit Frische und Energie.

Erfrischende Rezepturen für die Körperpflege

Die »Powerdusche«

Eine wohlriechende, belebende Dusche oder ein Bad ist der beste Start in den Tag.

BADE- UND DUSCHÖLE

Geben Sie insgesamt 4–6 Tropfen Öl von Grapefruit, Bergamotte FCF, Zitrone FCF, Eukalyptus oder Zypresse oder bis zu 4 Tropfen Rosmarinöl oder 2 Tropfen ätherisches Pfefferminzöl allein oder in Kombination mit anderen Ölen ins warme Wasser. Die Öle können mit nährstoffhaltigem Mandel- oder Traubenkernöl (1 Tropfen pro ml Pflanzenöl) vorgemischt und als traditionelles Badeöl verwendet werden. 1 TL davon im Badewasser macht die Haut weich und zart glänzend. Legen Sie sich 10 Minuten ins Wasser und atmen Sie tief.

Mit den Ölen können Sie auch duschen. Geben Sie 1 Tropfen pro ml in ein unparfümiertes Duschgel (mit einem Eßstäbchen umrühren) oder nach der Hautreinigung direkt auf einen nassen Waschlappen. Reiben Sie sich mit dem Waschlappen ab, solange Sie unter der laufenden Dusche stehen, und atmen Sie den Duft ein.

GRAPEFRUIT-KÖRPERSHAMPOO

Dieses prickelnde »Aufwach«-Rezept für Bad oder Dusche reicht für zweimal Duschen. Mischen Sie in einem Schraubglas 3½ TL Mandelöl mit 4 Tropfen ätherischem Öl von Grapefruit, Rosmarin oder Petitgrain. ½ TL Lezithin (unterstützt die Aufnahme durch die Haut), ¾ TL Hamamelis und 4 TL Grapefruitsaft (oder Ananas, Orange, Apfel) hinzufügen und gut schütteln. Auf die nasse Haut geben und unter der laufenden Dusche oder in der Badewanne in den Körper massieren, damit die Haut mit Nährstoffen versorgt und glatt wird. Das restliche Shampoo im Kühlschrank aufbewahren und innerhalb einer Woche aufbrauchen.

OBEN UND RECHTS: *Waldfrisches Kiefernnadelbad.*

GEGENÜBERLIEGENDE SEITE: *Die starken Düfte von frisch geschnittener Grüner Minze und Ingwerminze, Ringelblume, Mutterkraut und Majoran bringen Sie morgens in Schwung.*

MATSUBA-YU (KIEFERNNADELBAD)

Dieses kräftigende, waldfrische Bad verbessert die Durchblutung und entschlackt. Ein paar frische Kieferntriebe in ein Mulltuch wickeln und unter den heißen Wasserhahn hängen, dann in der Badewanne schwenken.

YIN- UND YANG-BÄDER

Gurken erfrischen an heißen Tagen im Bad und im Gesicht. Eine Gurke entsaften und den Saft in ein Gefäß mit warmem Wasser schütten. Stellen Sie sich in die Badewanne oder Dusche, und gießen Sie mehrmals eine Tasse Gurkenwasser über Ihren Körper. Mit einem Handtuch trockentupfen oder verdunsten lassen. Dieses Tonikum lindert auch Sonnenbrand, Entzündungen und verbessert fettige Haut.

Wenn es kalt ist, bringen Sie Ihren Kreislauf mit einem warmen, belebenden Ingwerbad in Schwung. Reiben Sie ein walnußgroßes Stück frischen Ingwers in ein Mullsäckchen, geben Sie es unter den heißen Wasserhahn und wirbeln Sie es dann im Badewasser herum.

DUFTWASSER FÜR KÖRPER UND GEIST

Dieses belebende Duftwasser spricht Geist und Körper an. Mischen Sie die ätherischen Öle wie folgt: 7 Tropfen Bergamotte FCF, je 2 Tropfen Zitrone FCF, Petitgrain und Lavendel; je 1 Tropfen Rosmarin und schwarzer Pfeffer. 2 Tage ziehen lassen. Mit 1 TL Gin und 10 TL

Morgenfrische

Apfelessig in ein Schraubglas geben und eine Woche ruhen lassen. 250 ml stilles Mineralwasser hinzufügen und gut schütteln. Nach dem Baden oder Duschen den Körper damit besprengen oder an einem heißen Tag als belebendes Tonikum verwenden.

Körper

Körperpuder am Morgen macht die Haut den ganzen Tag über seidig und duftend.

EAU-DE-COLOGNE-KÖRPERPUDER
Dieser Körperpuder hat einen wirklich erfrischenden Duft. Geben Sie 2 EL Pfeilwurzpulver oder 1 EL Pfeilwurz und 1 EL unparfümierten Talkumpuder in ein Schraubglas. Schneiden Sie 5 Streifen Löschpapier à 8×1 cm zurecht und träufeln Sie nach dem folgenden Schema auf jeden Streifen ein anderes ätherisches Öl: 10 Tr. Bergamotte, 5 Tr. Zitrone, 3 Tr. Lavendel, 2 Tr. Neroli, 1 Tr. Rosmarin. Die Streifen im Puder vergraben, verschließen und 1–2 Wochen ziehen lassen, dann herausnehmen und den Körperpuder verwenden.

PFEFFERMINZ-FUSSPUDER
Mit diesem beruhigenden Puder bleiben Ihre Füße den ganzen Tag frisch und kühl. 2 EL Pfeilwurz oder 1 EL Pfeilwurz und 1 EL unparfümierten Talkumpuder mit je 2 Tr. ätherischem Öl von Pfefferminze und *Eucalyptus citriodora* in einem Schraubglas vermischen.

Mund und Zähne

Mundreinigung, die Frische zurückläßt, ist ein wichtiges Morgenritual.

MINZ-ORANGEN-MUNDWASSER
10 Gewürznelken und die Schale einer unbehandelten Orange 5 Minuten in 250 ml Wasser auskochen. Abkühlen lassen und abgießen. 4 Tr. ätherisches Orangenöl oder 3 Tr. Orange und 1 Tr. Pfefferminze oder Grüne Minze hineingeben. In einem Schraubglas im Kühlschrank aufbewahren. Vor dem Gebrauch gut schütteln. Innerhalb einer Woche aufbrauchen.

UNTEN: *Wassermelone und Zitrone erfrischen die Haut.*

DREI-KRÄUTER-MUNDWASSER
4 EL frische Minzeblätter, 1 1/2 TL Anis und 1 Prise frischen oder getrockneten Rosmarin in 1/2 l kochendem Wasser ziehen lassen. Abkühlen lassen und über Nacht in den Kühlschrank stellen. Abgießen und in einem Schraubglas im Kühlschrank aufbewahren. Innerhalb einer Woche aufbrauchen.

Gesicht

Erfrischende Gesichtsmasken für die Tage, an denen Sie etwas mehr Zeit haben oder etwas mehr Glanz brauchen.

ERFRISCHENDE GESICHSTMASKE
Diese Mischung entfernt stumpfe, abgestorbene Hautzellen. Das Getreide enthält Pflanzenhormone, die die Haut verbessern. 1 TL Hafergrütze und 1 TL gemahlene Mandeln mit 1/2 TL Apfelsaft (bei normaler Haut) oder 1/2 TL Apfelessig (bei fettiger Haut) mischen. Nach Belieben 1 Tropfen hautberuhigendes ätherisches Geraniumöl hinzufügen. Die Mischung auf die feuchte Haut auftragen und mit feuchten Fingern sehr leicht und ohne Ziehen und Rubbeln in das Gesicht einmassieren. Die Augenpartie aussparen. Mit warmem Wasser abspülen.

ERFRISCHENDE MELONENMASKE
Für diese kühlende und erfrischende Mischung eine Scheibe Wassermelone schälen und entkernen. Das Fruchtfleisch mit einer Gabel zerstoßen. Den überschüssigen Saft in ein Glas abgießen und zur Erfrischung trinken. Den Saft einer halben Zitrone oder Limette über das Melonenfleisch träufeln. Einen kühlen und feuchten Waschlappen oder feuchte Wattepads zur Entspannung und zum Schutz vor dem Zitrussaft auf die Augen legen. Geben Sie die Melone im Liegen auf Gesicht und Hals, und entspannen Sie sich 10–20 Minuten. Mit kühlem Wasser abspülen.

KRÄUTERMIX
2 Handvoll frische Kräuter mit 2 EL stillem Mineralwasser in eine Küchenmaschine geben. Gut vermischen und überschüssige Flüssigkeit abgießen (oder nach Bedarf mehr hinzufügen). In einer dicken Schicht auf die gereinigte, feuchte Haut auftragen und 20 Minuten entspannen. Mit warmem Wasser abspülen. Es eignen sich Fenchel, Minze, Brennessel und Lindenblüte. Bei trockener Haut nehmen Sie Hauslaubwurz oder Eibischwurzel, bei fettiger Haut empfiehlt sich Salbei.

Kosmetikrezepte

Rasiererlebnis

Gönnen Sie sich eine angenehme Überraschung mit einem individuellen Rasieröl, einem Aftershave und einem Gesichtswasser, die erfrischen und beruhigen.

RASIERÖL

Die ätherischen Öle wie folgt mischen: 10 Tr. Weihrauch; je 6 Tr. Lavendel und Bergamotte FCF; 3 Tr. Eukalyptus; 1 Tr. Teebaumöl; die Mischung 1–2 Tage durchziehen lassen. Mit 10 TL Traubenkernöl vermischen. 3 Tropfen über den Bart oder die Stellen, die rasiert werden sollen, massieren und wie gewohnt rasieren. Die ätherischen Öle duften gut, machen die Haut weich, wirken gegen Entzündungen, Viren- und Pilzbefall und beschleunigen die Heilung von Hautproblemen und Schnittwunden.

WÜRZIGES AFTERSHAVE

Die ätherischen Öle wie folgt mischen: je 5 Tr. Lavendel und Bergamotte FCF; 4 Tr. Weihrauch, 3 Tr. Petitgrain; je 2 Tr. Grapefruit und Limette; je 1 Tr. schwarzer Pfeffer, Patschuli und Basilikum. 2 Tage ziehen lassen; 2 TL Lemon Vodka hinzufügen und noch einmal 2 Tage ziehen lassen; 4 TL Orangenblütenwasser untermischen. 1 Woche ruhen lassen. Vor dem Gebrauch schütteln.

GRAPEFRUIT-GESICHTSWASSER

Der Extrakt von Grapefruitsamen besitzt vielfach heilende Wirkung, hilft bei Bakterien-, Virus- und Pilzbefall und ist desodorierend. Geben Sie 3 Tr. in 1 EL reines Wasser, und tragen Sie es täglich auf die Haut auf; dabei Augenpartien und offene Wunden aussparen. Für eine gesunde Kopfhaut 5–10 Tr. Extrakt in eine Portion Shampoo geben, in die nasse Kopfhaut und das Haar einmassieren, 2 Minuten einwirken lassen und dann gründlich ausspülen. In der ersten Woche zweimal wiederholen, danach einmal alle 2 Wochen anwenden.

Augen

Diese erfrischenden Kräuterrezepturen machen müde Augen munter und glänzend.

AUGENRINGE ADÉ

Dunkle Ringe unter den Augen klingen mit Pfefferminz- oder Kamillenteebeuteln ab. Die Teebeutel aus dem Tee heben und abkühlen lassen. Den Tee trinken und die Beutel auf die Augen legen. Lehnen Sie sich zurück und entspannen Sie 5–10 Minuten.

EISIGES ERWACHEN
Pfefferminz- oder Kamillentee im Eisfach einfrieren. Die Augenpartie mit einem Eiswürfel massieren.

OBEN: *Morgenfrische mit Rasieröl und würzigem Aftershave.*

Morgenfrische

OBEN: *Ein Rosen- und Zitruspotpourri fängt die Atmosphäre eines warmen Sommermorgens ein.*

Haare

Sauberes, wohlriechendes Haar hat einen zweifachen Nutzen: Sie sehen gut aus und fühlen sich voller Elan für den neuen Tag.

MORGENSHAMPOO

Dieses Shampoo gibt Ihrem Haar einen zarten Duft und macht es frisch und sauber. 1 EL unparfümiertes oder Babyshampoo in einen Becher geben. Insgesamt 3-4 Tropfen von einem oder mehreren ätherischen Ölen hinzufügen: Bergamotte FCF, Kamille (Römische oder Echte Kamille für blondes Haar), Eukalyptus, Geranium, Minze, Petitgrain, Rosmarin (für dunkles Haar), Teebaum oder Thymian. Das Haar wie gewohnt waschen. Rosmarin und Thymian beugen Schuppen vor und verleihen fettigem Haar Glanz. Kamille beruhigt gereizte Kopfhaut. All diese Öle bleiben als Shampoo stabil, wenn Sie gleich größere Mengen herstellen wollen.

BERUHIGENDE ESSIGSPÜLUNGEN

Diese Spülung verleiht Ihrem Haar Glanz und einen zarten Duft und beruhigt juckende Kopfhaut. 125 ml Apfelessig mit 3 Tropfen Rosmarin- oder Geraniumöl mischen, dann 2 EL Apfelsaft und 1/2 l stilles Mineralwasser hinzufügen. Das Haar wiederholt damit ausspülen und die Spülung in einer Schüssel auffangen. Sie können auch 4 EL frischen (oder 2 EL getrockneten) Rosmarin, Zitronenmelisse oder Salbei mit 1/2 l kochendem Wasser aufgießen (mindestens 10 Minuten ziehen lassen). Abschütten, Apfelsaft und Essig hinzufügen und wie beschrieben verwenden. Wenn Sie Ihr Haar zum Schluß kalt ausspülen, liegen die äußeren Haarzellen flach und lassen das Haar glatt und glänzend aussehen.

TIEFREINIGENDES FRUCHTSODA

Die Rückstände von handelsüblichen Haarpflegemitteln können Ihr Haar stumpf und leblos aussehen lassen. Entfernen Sie diese Rückstände einmal im Monat, damit Ihr Haar wieder glänzt. 4 EL Natriumbikarbonat (Soda) mit 1–2 Tropfen ätherischem Limetten- oder Zitronenöl mischen. In 125–250 ml warmem Wasser auflösen und gründlich umrühren. Haare wie gewohnt shamponieren und ausspülen, dann diese Mischung 1–2 Minuten sanft einmassieren und ausspülen.

Kleiderdüfte

Damit Ihre Kleider morgens frisch und sauber duften, nähen Sie aus einem Stück Stoff kleine Duftsäckchen. Füllen Sie sie mit getrockneten Kräutern: z. B. Grüne Minze, Pfeffer-, Ingwer-, Basilikum-, Apfel- oder Eau-de-Cologne-Minze, Lavendel, Eberraute, Zitronenstrauch, Duftpelargonien, Marienblatt, Römische Kamille, Zitronenthymian oder Basilikum; Engelwurzsamen, Zitrusschalen, Eukalyptus, Thuje, Wacholder, Kiefernnadeln oder Zedernstückchen, zerstoßener Sternanis, Piment, Kardamom, Gewürznelken oder Zimt. Binden Sie die Beutel mit einem Band oder Gummiring zu, und geben Sie sie in Socken, Handschuhe, Taschen und zu den Hemden, oder legen Sie sie in Schubladen, Wäscheschränke und Schachteln.

Kräutersäckchen mit Thymian, Minze, Pfefferminze und Poleiminze sorgen in Turnschuhen, Schuhen und Stiefeln für frischen Duft. Bewahren Sie Ihre Winterschals mit Gewürz- und Zitrusschalensäckchen auf. Wickeln Sie sich an kalten Tagen darin ein, und genießen Sie den fröhlichen, »wärmenden« Duft. Sommerschals und Taschentücher duften leicht und munter, wenn Sie Minze, Marienblatt oder Zitronenstrauch dazwischengeben.

SCHWUNGVOLLES POTPOURRI MIT MINZE UND ZITRUS

Mischen Sie zu gleichen Teilen Zitronenstrauch, Marienblatt, Grüne und Pfefferminze, goldene Zitronenmelisse, Zitronenthymian und junge Blätter der Indianernessel; getrocknete Orangen-, Zitronen-, Zedrat- und Limettenschalen; einige Blütenblätter von Ringelblumen, die margaritenähnlichen Blüten von Mutterkraut und Wacholderbeeren; je 2 Tropfen Zitronen-, Limetten-, Grapefruit- und Bergamotteöl auf 3/4 l Mischung. Richten Sie das Potpourri in hübschen Schalen an oder geben Sie es in Kleidersäckchen.

RECHTS: *Duftsäckchen für Schuhe sind mit den erfrischenden Blättern von Pfefferminze und Marienblatt gefüllt.*

GANZ OBEN RECHTS: *Säckchen und Kleiderbügel sind mit Zitronenstrauch ausgeschlagen und erfrischen morgens die Hemden.*

MITTE: *Größere Säckchen parfümieren einen ganzen Schrank.*

UNTEN: *Bewahren Sie Winterschals mit warmen Gewürzmischungen auf.*

Morgenfrische

Leichtes Frühstück

Mit den sanft prickelnden Aromen einiger Kräuter wie Minze, Zitronenmelisse und Liebstöckel können Sie den Gaumen schon am frühen Morgen erwecken.

Obstsalat

Ein hübscher Teller mit frischen Obstscheiben, der mit Minzeblättchen dekoriert wird, ist ein köstlicher und gesunder Start in den Tag.

Mischen Sie verschiedene Melonensorten, rosa Grapefruit, Trauben und Kiwischeiben, Mango, Kirschen und saftige, getrocknete Aprikosen. Träufeln Sie einige Tropfen Zitronen- oder Limettensaft über Apfel, Birne und ähnliches Obst, damit es nicht braun anläuft. Geröstete Haselnüsse, Pinienkerne oder Pekannüsse, Joghurt, etwas Honig, ein paar Tropfen Limettensaft und etwas abgeriebene Limettenschale sowie kleine Zweige Apfelminze darübergeben.

Quark mit Aprikosen und Ingwer

Probieren Sie statt Ingwerwurzel auch einmal Ingwerminze mit ihrem wunderbar zarten Aroma.

Zubereitungszeit: 10 Minuten

6 reife Aprikosen
einige Zweige von Pfefferminze, Zitronenmelisse oder Süßdolde
225 g Quark (Magerstufe)
1 TL geriebene Ingwerwurzel
Kastorzucker (sehr feiner Zucker)

So viel Wasser zum Kochen bringen, daß die Aprikosen davon bedeckt sind. Aprikosen mit einer Handvoll Kräuter nach Wahl (s. o.) 3–4 Minuten simmern. Abgießen, abkühlen lassen und häuten, dann halbieren und entsteinen. Die Kräuter wegwerfen.
Die Aprikosen mit Quark, Ingwer und Zucker in die Küchenmaschine geben. Ein paar Kräuter hinzufügen und pürieren. Kalt servieren.

JOGHURTDRINKS
Genießen Sie diese köstlichen Drinks als schnelles Frühstück oder als Erfrischung zu jeder Tageszeit.

Nehmen Sie Magermilchjoghurt, den Sie mit Wasser oder halbfetter Milch verdünnen und dann nach Geschmack aromatisieren. Für cremigere, dickere und luxuriösere Drinks lassen Sie den Joghurt in einem Sieb, das mit einem Mulltuch ausgeschlagen wurde, abtropfen.

SÜSSER JOGHURTDRINK MIT ZITRONENMELISSE
600 ml Joghurt, 6 EL Eiswasser, 4 EL Honig und 1 TL Orangenblütenwasser vermischen, dann einige gehackte Blätter Zitronenmelisse unterrühren.

WÜRZIGER JOGHURTDRINK MIT LIEBSTÖCKEL
600 ml Joghurt mit 6 EL Eiswasser vermischen, dann 6–8 zerzupfte Liebstöckelblätter unterziehen. Mit Meersalz und schwarzem Pfeffer würzen.

Leichtes Frühstück

Marokkanischer Pfefferminztee

Marokkanischer Pfefferminztee wird traditionsgemäß süß und heiß aus hohen Gläsern getrunken, kann aber auch kalt serviert werden.

Ergibt 600 ml

1 knapper EL grüne Teeblätter
2 großzügig gehäufte EL marokkanische oder andere Minzeblätter
Zucker oder Honig zum Süßen

600 ml Wasser zum Kochen bringen. Eine Teekanne vorwärmen. Den grünen Tee und die Minze in die Kanne füllen. Mit kochendem Wasser aufgießen. Nach Wunsch Zucker oder Honig einrühren. 3–5 Minuten ziehen lassen, abgießen und servieren.
Wenn Sie den Tee kalt anbieten wollen, ein Sieb mit einem Mulltuch ausschlagen und den Tee nach 5 Minuten abgießen. Abkühlen lassen und dann in den Kühlschrank stellen.

LINKS: *Obstsalat fürs Frühstück und Süßer Joghurtdrink.*
OBEN: *Marokkanischer Minzetee.*

Morgenfrische

SCHNITTLAUCH-BROUILLADE

Das französische Wort »Brouillade« heißt einfach »Mischung«, doch der Begriff wird auch oft für »Rühreier« verwendet.

Zubereitungszeit: 5 Minuten, Brot toasten und Eier kochen: 10 Minuten, Garnieren: 5 Minuten

Pro Portion:
3 ganz frische, zimmerwarme Eier (Größe M)
25 g Butter
Meersalz und schwarzer Pfeffer aus der Mühle
1 EL Frischkäse
1 kleines Bund Schnittlauch
dünne Scheiben leicht geröstete Baguette zum Servieren

2 frische Eier in der Butter zu Rühreiern braten, vom Herd nehmen und würzen. Das dritte Ei und den Frischkäse einrühren und reichlich gehackten Schnittlauch unterheben. Auf den Brotscheiben verstreichen und zimmerwarm servieren.

Frühstück & Brunch

Zu Eiern, Käse und Sahne in diesen Gerichten passen Schnittlauch, Kerbel, Petersilie und Estragon besonders gut, weil sie die vollen Aromen der Milchprodukte erst richtig zur Geltung bringen.

Tomaten-Estragon-Omelett

Cremiges Ei, süß-säuerliche Tomate und stechender Estragon machen dieses einfache Omelett unwiderstehlich.

Zubereitungszeit: 10 Minuten pro Portion

2 kleine bis mittelgroße, reife Strauchtomaten
ca. 15 g Butter + etwas zum Servieren
1 knapper EL gehackter Estragon
2 frische Eier aus Freilandhaltung
1 TL Milch
1 Spritzer Tabascosauce
Meersalz und schwarzer Pfeffer aus der Mühle

Tomaten halbieren, entkernen und das weiße Fleisch entfernen. Das Fruchtfleisch grob hacken.

Die Hälfte der Butter in einer kleinen Pfanne mit Antihaftbeschichtung sanft erhitzen. Die Tomatenstückchen mit einem Drittel Estragon weich dünsten. Leicht würzen und beiseite stellen.

Die Eier schaumig schlagen. Die Pfanne ausreiben und wieder auf den Herd setzen. Die Hälfte der restlichen Butter bei mittlerer Hitze zerlassen. Milch und Tabasco unter die Eier ziehen und in die Pfanne gießen. 2–3 Minuten garen, dann mit fast dem ganzen Estragon (etwas zum Garnieren aufheben) bestreuen.

Mit einem Spatel die restliche Butter unter das Omelett schieben. Sobald das Omelett fast gar aussieht, 30 Sekunden auf größter Hitze fertigbraten. Auf einen vorgewärmten Teller gleiten lassen und leicht würzen.

Die Tomaten über eine Omeletthälfte verteilen und so zusammenklappen, daß sie ein wenig herausschauen. Etwas Butter auf dem Omelett verstreichen, damit es schön glänzt. Mit dem restlichen Estragon bestreuen.

Pilzbrioches mit Kerbel

Pilze und Brioche besitzen eine verführerische Konsistenz und stecken voller Aroma. Mit Schnittlauch schmecken sie noch intensiver als mit Kerbel.

Zubereitungszeit: 10 Minuten, Garzeit: 15 Minuten

4 Brioches
1 Knoblauchzehe, halbiert
1/2 EL Sonnenblumenöl
350 g gemischte Pilze, vorzugsweise auch wilde Pilze (große Pilze blättrig aufschneiden)
45 g Butter + etwas für die Brioches (nach Wunsch)
1/2 Schalotte, fein gehackt
2 gehäufte EL fein gehackter Kerbel + Zweige zum Garnieren
2 gehäufte EL Quark, Mascarpone oder Crème double
Meersalz und schwarzer Pfeffer aus der Mühle

Die Brioches in einem temperierten Ofen anwärmen.

Eine Pfanne mit der Schnittseite der Knoblauchzehe einreiben, dann leicht mit Öl überziehen. Die Pilze hineingeben, etwas salzen und pfeffern und 5 Minuten dünsten. Sie können die Pilze auch auf einem mikrowellenbeständigen Teller ausbreiten, abdecken und 4 Minuten auf höchster Stufe garen. Die Pilze auf einen mit zwei Lagen Küchenkrepp ausgelegten Teller häufen und abtropfen lassen.

Die Hälfte der Butter in der Pfanne zerlassen. Schalotte und einen Eßlöffel Kerbel hinzufügen. 2 Minuten rührbraten, dann die Pilze hineingeben. Auf großer Flamme 3–5 Minuten dünsten. Quark, Mascarpone oder Crème double, die restliche Butter und den gehackten Kerbel einrühren. Abschmecken.

Die Brioches halbieren. Nach Belieben buttern. Die Pilzmischung auf der unteren Hälfte verteilen und etwas überstehen lassen. Mit Kerbelzweiglein garnieren, die obere Briochehälfte schräg aufsetzen und zu Tisch bringen.

Zweites Kapitel

Arbeit & Konzentration

Arbeit & Konzentration

Aromatische Pflanzen können Ihre Arbeit und täglichen Aufgaben leichter, sicherer und vergnüglicher gestalten.

In diesem Kapitel zeigen wir Ihnen zwei verschiedene Einsatzmöglichkeiten für Duftstoffe. Manche Pflanzen helfen dem Geist, sich auf eine Sache zu konzentrieren, während andere mit ihrem Geruch Ungeziefer fernhalten, die Hygiene verbessern oder die Luft reinigen.

Während anstrengender geistiger Tätigkeit klärt eine aromatische Atempause den Geist, entspannt den Körper und »ordnet« die Gehirnzellen. Kräuter wie Engelwurz, Ysop und Oregano besitzen einen erfrischend grünen Kräuterduft sowie eine leicht stechende Note oder Schärfe statt eines süßen oder blumigen Dufts und eignen sich daher gut für diese Zwecke. Der Duft der Blätter erfrischt, entspannt oder belebt Ihren Geist, manche Düfte stärken auch Ihr Gedächtnis und steigern Ihre Kreativität. Die Forschung bestätigt die gedächtnisfördernden Eigenschaften, die Rosmarin und Basilikum und vor allem ihren ätherischen Ölen seit langem zugeschrieben werden. Träufeln Sie davon etwas auf ein Taschentuch, und schnuppern Sie regelmäßig daran, damit die Duftsubstanz direkt ins Gehirn geht, oder mischen Sie sie zusammen mit anderen konzentrationsfördernden Ölen in ein Raumspray.

Aromatische Kräuter, die bei der Hausarbeit helfen, stehen seit elisabethanischer Zeit im Mittelpunkt des Kräuterraums. Viele davon, wie Poleiminze, Rainfarn, Heiligenkraut und Eberraute vertreiben Insekten, während Thymian, Salbei und Rosmarin starke Desinfektionsmittel abgeben.

Die moderne Forschung bietet heute spezielle Zimmerpflanzen für Büroräume an, die Luftverschmutzung, Computerstrahlung und Lärm eindämmen. Ätherisches Grapefruit-, Geranium- und Lavendelöl können die Umweltgefahren, die von Brandschutzmitteln und Industriereinigern ausgehen, reduzieren, während ein erfrischendes Spray aus antiseptischen Ölen wie Bergamotte, Wacholder, Eukalyptus, Teebaum und Thymian für alle von Nutzen ist. Eine Mischung erfrischt den Raum, schützt vor vielen Bakterien und Viren und verströmt einen leichten, sauberen und leistungsfördernden Duft.

FRISCHE DÜFTE FÜR DIE KONZENTRATION • HAUSHALTSKRÄUTER & -ÖLE • NÜTZLICHE GARTENKRÄUTER • KRÄUTERGÄRTEN IM ELISABETHANISCHEN STIL • ERNTEN UND TROCKNEN • POTPOURRIS – VERFAHREN UND REZEPTE • AROMATISCHES FÜR VIERBEINER • ÖLE, ESSIGE & KONSERVEN • WÜRZIGE SUPPEN & SANDWICHES

Arbeit & Konzentration

In neuerer Zeit setzt man Aromastoffe auch zur Förderung von geistiger Arbeit und Konzentration ein. Der Duft von scharfen und belebenden frischen Kräutern kann den Wert einer Ruhepause für die Augen verdoppeln und ist daher für alle, die am Computer, am Mikroskop, an einer Kasse oder als Fluglotse arbeiten, besonders wertvoll.

Duft für die Konzentration

Frische Kräuter

Die lebhaften Grüntöne frischer Kräuter wirken beruhigend. Beim Verdunsten oxidieren die flüchtigen aromatischen Öle und schaffen eine so erfrischende Atmosphäre, daß man sich an einen Wasserfall versetzt fühlt. Jede Pflanze hat eine etwas andere Wirkung auf den Geist, was teilweise auch von persönlichen Erinnerungen und Vorlieben abhängt. Im Versuch finden Sie die Pflanzen heraus, die für Sie am besten »funktionieren«.

Für eine Ruhepause, in der Sie Ihre Gedanken sammeln wollen, stellen Sie eine Vase mit frischen Kräutern in Reichweite auf. Kneifen Sie bei jeder Pause in ein anderes Kraut und atmen Sie den Duft ein. Wählen Sie je nach Angebot Basilikum, Bergminze, Bohnenkraut, Engelwurz, Fenchel, Gagel, Gamander, Heiligenkraut, Katzenminze, Kiefer, Lavendel, Lorbeer, Majoran, Marienblatt, Minze, Myrte, Oregano, Rosmarin, Thymian, Wermut, Ysop, Zeder, Zitronenmelisse, Zitronenstrauch, Zitrusblätter, Zypresse.

LUFTREINIGENDE PFLANZEN

Gesundheit, Leistung und Konzentration werden durch die verschiedenen Umweltschadstoffe in vielen modernen Häusern und Büroeinrichtungen beeinträchtigt. Diese Einflüsse können durch Pflanzen eingedämmt werden. So filtern zum Beispiel *Dieffenbachia*-Arten eine Anzahl von schädlichen Baustoffen und sind besonders wirksam, wenn sie in kohlehaltige Pflanzerde gesetzt werden. Verschiedene Zimmerpflanzen reduzieren Schadstoffe, die in Heim und Büro auftreten. Formaldehyd wird abgebaut durch Grünlilien (*Chlorophytum elatum*), Philodendren (*Philodendron oxycardium*), Azaleen (*Rhododendron indicum*), Bogenhanf (*Sanseveria laurentii*), Weihnachtsstern (*Euphorbia pulcherrima*) und Ficus (*Ficus moraceae*), Benzol durch Efeu (*Hedera helix*), Drachenbaum mit rotgeränderten Blättern (*Dracaena marginata*) und Efeutute (*Scindapsus aureus*). Trichloräthylen wird minimiert durch *Spathiphyllum* (*S.* ›Mauna Loa‹) und Drachenbaum (*Dracaena deremensis* ›Janet Craig‹ und ›Warnecker‹). Gesellen Sie Rosmarin, Thymian und Lavendel dazu, da sie trockene Luft vertragen und antiseptische Aromastoffe beisteuern.

Der peruanische Kaktus *Cereus uruguayanus* hat duftende weiße Blüten und scheint die elektromagnetische Verschmutzung durch Computer einzudämmen. Er wird daher im New Yorker Börsengebäude gepflanzt. Stellen Sie diese langsam wachsende Zimmerpflanze neben Ihren Fernseher oder Computer.

LINKS: *Der saubere, lebhafte Duft von Rosmarin kann die Denkfähigkeit steigern.*

RECHTS: *Der stechend scharfe Geruch von Rosmarin, Gartenraute und Wermut, die hier vor dem Fenster eines Arbeitszimmers wachsen, erfrischt die Luft und fördert die geistige Konzentration.*

Duft für die Konzentration

Ätherische Öle

Mit ätherischen Ölen unterstützen Sie geistige Arbeit am besten. Träufeln Sie 5 Tropfen auf ein Taschentuch, und schnuppern Sie regelmäßig daran. Halten Sie das Tuch ansonsten gut verschlossen, damit der Duft nicht ausraucht. Rosmarinöl hat die stärkste konzentrationsfördernde Wirkung, und fast jeder mag den belebenden Duft. Ein Hauch Basilikumöl ist wie frische Luft für das Kleinhirn. Andere Düfte mit derselben Wirkung sind Pfefferminze, schwarzer Pfeffer und Grapefruit. Damit Sie einem Duft gegenüber nicht abstumpfen, sollten Sie auch andere stimulierende Öle verwenden, die ebenfalls die Konzentration verbessern: Eukalyptus, Zitroneneukalyptus, Thymian, Zitrone, Fenchel, Bergamotte, Zedernholz, Zypresse, Wacholder, Zitronengras, Ingwer, Zimt, Gewürznelke, Lindenblüte, Muskat, Kardamom, Koriander, Petitgrain, Limette und Orange. Diese Öle können auch in einem Raumspray verdünnt werden oder im Rahmen eines Bades oder einer Massage den Kopf freimachen.

ERMÜDUNG UND ERSCHÖPFUNG

Atmen Sie bei Überarbeitung das Öl von Rosmarin, Basilikum, Pfefferminze, schwarzem Pfeffer, oder Eukalyptus ein, um geistige Ermüdung zu lindern. Geraniumöl, Thymian, Majoran, Kiefer und Muskat helfen bei allgemeiner Erschöpfung. Diese Duftöle können Ruhepausen jedoch nicht ersetzen.

GEDÄCHTNISSTÜTZEN

Geben Sie beim Lernen als Gedächtnisstütze jeweils einen Tropfen unterschiedlicher ätherischer Öle in Ihre Bücher. Vermeiden Sie Öle, mit denen Sie andere starke Assoziationen verbinden. Zur Stützung Ihres Gedächtnisses träufeln Sie dasselbe Öl wie im Buch auf Ihren Ärmel und schnuppern während einer Prüfung diskret daran. Am besten verwenden Sie ein Öl aus den allgemein gedächtnisfördernden Ölen: Basilikum, Grapefruit, Ingwer, Kardamom, Koriander, schwarzer Pfeffer, Rosmarin, Thymian, Zitrone.

KOMMERZIELLE ANWENDUNG

Japanische Firmen nehmen diese Entdeckungen ernst und greifen die Ergebnisse von Dr. Shizuo Torii, der die entspannende oder anregende Wirkung verschiedener ätherischer Öle auf das Gehirn nachwies, und anderen Forschungsarbeiten auf, die zeigten, daß Luft mit Zitronenduft die Leistungsfähigkeit im Büro steigert und Tippfehler um 50 Prozent verringert. Zwei große Baufirmen beziehen integrale Aromasysteme in ihr »intelligentes« Gebäudedesign mit ein und benutzen je nach Arbeitsbereich unterschiedliche Düfte. Empfangsbereiche duften da vielleicht nach Lavendel oder Rose; Computerräume bekommen Rosmarin- oder Eukalyptusduft, der die Konzentrationsfähigkeit erhält; und allgemeine Büroräume riechen morgens anregend nach Zitrone oder Minze, am Vormittag nach Lavendel, um Streß zu verringern, nach dem Mittagessen belebend nach Grapefruit, nachmittags entspannungsfördernd nach holzigen Aromen, und am Ende des Tages wieder kräftig nach Zitrone, damit man für den Berufsverkehr gewappnet ist. Ätherische Öle werden entsprechend dem Anteil an männlichen und weiblichen Arbeitskräften kombiniert und regelmäßig ausgetauscht, um die Aromasensibilität zu erhalten.

Solche Praktiken werden immer häufiger angewendet, doch ist es wichtig, das Personal an der Aromastoffwahl zu beteiligen. Außerdem sollten nur echte, ungefährliche ätherische Öle und keine synthetischen Stoffe verwendet werden. Denn sie sollen ja unsere Gesundheit fördern und nicht auch noch zur allgemeinen Luftverschmutzung beitragen.

Arbeit & Konzentration

Die meisten aromatischen Blätter enthalten natürliche Antiseptika und vertreiben Insekten, während ihr Duft die Haushaltsarbeit angenehmer macht.

OBEN: *Lila und grüne Salbeiblätter sehen toll aus und riechen gut – der Geruch bleibt bei langsamem Trocknen erhalten. Mit schwelenden getrockneten Blättern läßt sich unangenehmer Küchengeruch vertreiben.*

Kräuter & Öle für den Haushalt

Zu den Kräutern, die mit ihrem Duft Insekten vertreiben, gehören Lavendel, die angenehm balsamische Eberraute und der würzige Echte Gagelstrauch. Nützliche Thymianaromen kommen vom süßen *Thymus* ›Fragrantissimus‹ und dem nach Kiefern duftenden *T. azoricus*, doch auch von Zitronenthymian, dem fruchtigen *T. odoratissimus* und dem stechenden Kümmelthymian und natürlich dem vertrauten gemeinen Thymian. Der saubere Geruch von Pfefferminze, der stechende Duft von Heiligenkraut, Rainfarn, Beifuß und Wermut, die Würze von Zitronenschale, Zimtrinde und Gewürznelken, der holzige Duft von Sandelholzspänen, Zedern- und Kampferholz vertreibt Motten, Ameisen und anderes Ungeziefer. Fliegen können Sie fernhalten, wenn Sie die Blätter von Basilikum, Kamille, Holunder, Minze, Pfefferminze, Beifuß, Gartenraute, *Nicandra physaloides*, Gänsefingerkraut, Wermut und Poleiminze an Fenster- und Türrahmen reiben.

Zwei starke pflanzliche Insektenvernichter sind Pyrethrum oder »Dalmatinisches Insektenpulver«, d.h. die zu Pulver zerstoßenen Blütenköpfe der dalmatinischen Insektenblume *Chrysanthemum cinerariifolium*, die man (mit Handschuhen und außerhalb der Reichweite von Haustieren und Menschen) gegen Fliegen, Ameisen, Kakerlaken, Wanzen und Flöhe ausstreut, sowie das Samenöl des indischen Nimbaums *(Azadirachta indica)*, das wie Pyrethrum bereits fertig angeboten wird und mehr als 200 Insektenarten vernichtet.

Lorbeerblätter in den Vorratsbeuteln von Mehl, Reis oder getrockneten Hülsenfrüchten halten Getreidekäfer fern. Legen Sie ein paar Poleizweige an die Stellen, die von Ameisen besucht werden, und kneifen Sie die Blätter regelmäßig, um den Duft freizusetzen. Reiben Sie frische Blätter entlang der Ameisenstraßen, an Türschwellen und Tischbeinen und in Schränken. Pfefferminze und Rainfarnblätter vertreiben Mäuse. Verwenden Sie die getrockneten Kräuter im Haus, und pflanzen Sie sie frisch im Freien um Hühner-, Enten- oder Kaninchenställe an.

AUSRÄUCHERN

Der bittere, auch für Menschen und Haustiere nicht ungefährliche Geruch von Flohkraut *(Pulicaria dysenterica)*, Alant *(Inula conyzae)*, Beifuß und Wermut tötet Flöhe und Läuse. Legen Sie eine Maske an, damit Sie den Rauch nicht einatmen, und verbrennen Sie die Blätter über einer schwachen Glut. Den Raum mehrere Stunden verschlossen halten. Die glimmenden getrockneten Blätter von Wasserdost *(Eupatorium cannabinum)* vertreiben Fliegen und Wespen.

BÜCHERSCHUTZ

Kleine Säckchen mit Kräutern, die Insekten vertreiben, schützen Ihre Bücher. Waldmeister vertreibt den modrigen Geruch alter Bücher, wenn Sie die sternförmigen Blätter zwischen die Seiten pressen. Regalbretter und Kisten aus Zedernholz eignen sich für die sichere Aufbewahrung von Büchern, Wäsche und Aussteuer. Die antiseptischen Blätter des Nimbaums werden in Indien zum Schutz für Bücher in Bibliotheken eingesetzt.

(Oben) Lebendig angeordnete Beete mit silbrigem Heiligenkraut und Einfassungen aus Buchsbaum – die Kräuter galten in Tudor-Herbarien als seltene Neuheit und elegantes Mottenabwehrmittel.

(Unten) *Artemisia ludoviciana* gilt wegen ihrer faszinierenden silbrigen Blätter als dekorativste Vertreterin aller Beifußgewächse.

Arbeit & Konzentration

Kräuter mit stechendem Duft sind ein Segen für den Biogärtner, weil ihre chemische Zusammensetzung viele Gartenprobleme einschränken oder beseitigen kann. Einige liefern Dünger, während andere Ungeziefer und Krankheiten vertreiben oder nützliche Insekten anlocken.

Nützliche Gartenkräuter

Grüne Düngemittel

Für einen Vielzweckdünger mit hohem Pottaschegehalt gehackte Beinwell- oder Brennesselblätter in einen Behälter füllen, mit Wasser bedecken und einen Deckel aufsetzen (die Jauche stinkt erbärmlich). 4 Wochen ziehen lassen. Den flüssigen Dünger 20:1 mit Wasser verdünnen und nach Bedarf verwenden. Er eignet sich besonders gut für Tomaten, Kartoffeln und Zimmerpflanzen. Schafgarbe ist auch ein guter Vielzweckdünger mit hohem Kupfergehalt.

Dillspitzen sind reich an Mineralstoffen, Kalium, Schwefel und Natrium. Die Keimlinge von Bockshornklee liefern Nitrate und Kalzium. Die Blätter von Rainfarn enthalten Kalium und verschiedene Mineralien, während gebraute Teeblätter Stickstoff, Schwefelsäure, Mangan und Pottasche liefern. Für einen Gartendünger 1 l kochendes Wasser über 1 Tasse (ca. $^1/_4$ l) frische oder $^1/_2$ Tasse getrocknete Kräuter gießen, abdecken und 10 Minuten ziehen lassen. Abgießen und die Pflanzen damit düngen.

GRÜNDÜNGER

Eine Saison Gründüngerpflanzung verbessert die Fruchtbarkeit und Konsistenz des Bodens. Büschelschön *(Phacelia tanacetifolia)*, eine einjährige Pflanze mit blauen Blüten, eignet sich hervorragend dafür. Den Samen dünn streuen und zur Blütezeit umgraben.

KOMPOSTIERHILFE

Wenn Sie Ihren Komposthaufen mit frischem Grünzeug aufstocken, hilft Schafgarbe auf homöopathische Weise, die Rotte zu aktivieren. Ein fein gehacktes Blatt pro Schubkarrenladung Kompostmaterial genügt.

Pflanzliche Schädlingsbekämpfung

Unter den Pflanzen, die schädliche Insekten vernichten, kommt dem Nimbaum weltweite Bedeutung zu. Die Samen seiner duftenden weißen Blüten geben das starke, ungiftige, nach Knoblauch riechende Margosaöl ab. Dieses Öl kann über 200 Insektenarten, darunter Heuschrecken, Kakerlaken und Reiskäfer sowie Milben, Fadenwürmer, Pilze, Bakterien und einige Viren vernichten. Fragen Sie beim Kauf gezielt nach Nim-Erzeugnissen.

Das Pulver der *Derris elliptica* (nur mit Gebrauchsanweisung kaufen) hält beißende und saugende Insekten und insbesondere Blattläuse in Schach, darf aber nicht in der Nähe von Teichen angewendet werden, weil es für Frösche und Fische schädlich ist. Pyrethrumpulver aus der hübschen, leicht stechenden dalmatinischen Insektenblume können Sie ebenfalls gegen saugende Insekten einsetzen. Kaufen Sie es bereits fertig, oder stellen Sie es selbst her. Trocknen und mahlen Sie die Blütenköpfe zu Pulver, und streuen Sie es (mit Handschuhen) gegen Fliegen, Ameisen, Kakerlaken, Wanzen und Flöhe auf die befallenen Stellen. Für die Verwendung im Garten 55 g Pulver in 75 ml Methylalkohol ziehen lassen, mit 27 l Wasser verdünnen und versprühen.

Wenden Sie diese Schädlingsbekämpfungsmittel abends an, damit Sie nützliche Insekten, Bienen und Schmetterlinge so wenig wie möglich beeinträchtigen.

UNTEN: *Beinwell ergibt einen ausgezeichneten Pottaschedünger; er enthält außerdem Kalzium, Kalium, Phosphor und Spurenelemente. Schafgarbe liefert einen guten Allzweckdünger mit hohem Kupfergehalt.*

Nützliche Gartenkräuter

BLATTLAUSBEKÄMPFUNG
Gegen Blattläuse 1 l kochendes Wasser über 4 zerstoßene Knoblauchzehen gießen, abdecken und 10 Minuten ziehen lassen. Abseihen, abkühlen lassen und 1 TL Spülwasser hinzugeben, damit die Lösung an den Blättern haftet. Noch am gleichen Tag verwenden.

TREIBHAUS-UNGEZIEFER
Verstreuen Sie Zweige von antiseptischen Kräutern wie Thymian, Rosmarin, Salbei, Wermut, Ysop, Bohnenkraut und Lorbeer, um Ungeziefer von Ihrem Treibhaus fernzuhalten.

»BIOLOGISCHER« PFLANZENSCHUTZ
Die Larven der Florfliegen fressen gewaltige Mengen grüner Blattläuse. Holen Sie sie durch den Anbau von Büschelschön, Buchweizen, Dill, Fenchel, Geranien *(Geranium-*Arten), Heliotrop, Kamille, Kapuzinerkresse, Minze, Mohn, Petersilie, Rauke, Schafgarbe, Sonnenblume und Tagetes in den Garten.

Kräuter gegen Pilzbefall

Gegen Pilzbefall an Setzlingen 1 Tasse (ca. 1/4 l) frische oder 1/2 Tasse getrocknete Kamillenblüten mit 1 l kochendem Wasser überbrühen, abdecken und 10 Minuten ziehen lassen. Abgießen, abkühlen lassen und die Setzlinge am selben Tag damit gießen.
Mehltau und Pilzkrankheiten können Sie mit einem Aufguß nach obigem Schema bekämpfen. Nehmen Sie aber Rhizome der Gemeinen Quecke statt Kamillenblüten.

Begleitpflanzen

Die Kamille ist die Ärztin unter den Pflanzen, da sie die Gesundheit der meisten Gewächse in ihrer Nähe verbessert. Vermutlich gibt sie über ihre Wurzeln ein Pflanzentonikum ab. Fingerhut besitzt eine ähnliche Wirkung.
Einige Gerüche verwirren oder vertreiben geruchsempfindliche Insekten. Die weibliche Möhrenfliege kann beschädigte Möhrenblätter über eine Entfernung von 6,5 km riechen, sie gezielt anfliegen und dort ihre Eier ablegen. Streuen Sie Stengel von stechend riechendem Wermut zwischen die Möhren, und treten Sie beim Gärtnern darauf – der Geruch übertönt den der Möhren. Knoblauch vertreibt viel Ungeziefer, ebenso Tagetes, die sich zwischen Tomaten besonders gut machen, während Rainfarn in Obstgärten nützt.

**(Oben) Treten Sie beim Unkrautjäten auf die stark duftenden Wermutzweige, um die Möhrenfliege abzuwehren.
(Unten) Die Wurzelsekrete der Tagetes vertreiben Kartoffelwürmer.**

Pflanzen in guter Nachbarschaft

Halten Sie sich beim Bepflanzen Ihres Gartens an diese Tabelle. »Freunde« fördern entweder das Pflanzenwachstum oder vertreiben Schädlinge. »Feinde« verhindern ein gesundes Wachstum.

Apfel
FREUNDE: Minze, Kapuzinerkresse – *am und um den Stamm herum gegen Wolläuse pflanzen*; Lauchgewächse (v. a. Schnittlauch) *schützen gegen Schorf*; Bartfaden *kann Blattwespen vertreiben*, Rainfarn *Motten*

Artischocke
FREUND: Petersilie
FEIND: Knoblauch

Basilikum
FREUND: Petersilie
FEIND: Gartenraute, Rainfarn, Artemisia-Arten

Birne
FREUNDE: Rainfarn, Minze, Kapuzinerkresse

Bohnen
FREUNDE: Bohnenkraut, Borretsch, Buchweizen, Büschelschön *locken Florfliegen an*; Holunder – *belaubte Zweige vertreiben die Schwarze Blattlaus*
FEIND: Lauchgewächse

Dill
FREUND: Kohl
FEIND: Mohrrübe

Eberraute
FREUND: Kohl

Engelwurz
FREUND: Petersilie
FEIND: Sellerie, Liebstöckel

Erdbeere
FREUNDE: Borretsch, Katzenminze – *kann Schäden durch Vögel verringern; wenn Sie Katzen in der Nachbarschaft haben, müssen Sie jedoch eine Menge davon in die Sonne pflanzen und den Vierbeinern opfern*
FEIND: Kohlgewächse

Estragon
FREUND: Kartoffel
FEINDE: Fenchel, Gartenraute

Feige
FREUND: Gartenraute

Fenchel
FREUNDE: Zucchini, Kürbisgewächse
FEINDE: fast alle anderen Pflanzen

Gurke
FREUND: Borretsch
FEINDE: Thymian, Salbei

Himbeere
FREUNDE: Knoblauch, Gartenraute, Rainfarn, Tagetes

Indianernessel
FREUNDE: Minze, Petersilie, Kohlarten

Kamille
FEIND: Gartenraute

Kartoffel
FREUNDE: Bohnen, Mais, Kapuzinerkresse, Sommerbohnenkraut, Flachs; Beinwell – *verwelkte Blätter, die mit den Saatkartoffeln gepflanzt werden, schützen vor Schorf*; Meerrettich, *vertreibt Fadenwürmer, wenn Sie ihn in durchlöcherten Töpfen eingraben (damit er seine Schärfe behält)*; Tagetes *vertreibt Fadenwürmer*
FEINDE: Nachtschattengewächse (Solanum, S. nigrum)

Katzenminze
FREUNDE: Thymian, Radieschen

Kerbel
FREUNDE: Radieschen, Bohnen
FEIND: Gartenraute

Knoblauch
FREUNDE: rote Bete, Erdbeere
FEINDE: Hülsenfrüchte

Kohl
FREUNDE: Minze, Ysop, Salbei, Thymian, Dill, Kümmel – *ihr starker Geruch verwirrt Raubinsekten*; Bergamotte, *vertreibt, zwischen junge Kohlpflanzen gestreut, Erdflöhe*; Kapuzinerkresse *vertreibt weiße Fliegen*
FEINDE: Bohnen, Tomaten

Kopfsalat
FREUND: Kerbel, *vertreibt Blattläuse, Ameisen und manchmal auch Nacktschnecken*

Lavendel
FREUNDE: Thymian, Majoran
FEINDE: Gartenraute, Petersilie

Majoran
FEIND: Lauchgewächse

Minze
FREUND: Brennessel

Mohrrübe
FREUNDE: Zwiebel, Knoblauch, Wermut, Salbei, Rosmarin, Schnittlauch, Koriander, Tomaten, Radieschen, Kopfsalat – *die stark duftenden Kräuter verwirren die Möhrenfliege, die anderen fördern die Gesundheit der Mohrrüben*

Paprika
FREUND: Basilikum

Petersilie
FREUND: Lavendel

Pfirsich
FREUNDE: Lauchgewächse (auch bei Aprikosen); Erdbeere – *Wirtspflanze für Parasiten, die orientalische Fruchtfalter fressen*

Pflaume
FREUNDE: Hülsenfrüchte *sorgen für Mineralstoffzufuhr;* Knoblauch *fördert die allgemeine Gesundheit des Baumes*

Radieschen
FREUNDE: Kapuzinerkresse, Kerbel

Rose
FREUNDE: Schnittlauch *hält Schwarzfleckigkeit in Schach, wirkt manchmal aber erst nach drei Jahren;* Salbei, Knoblauch, Petersilie *vertreiben Blattläuse (Knoblauch darf aber nicht blühen);* Grüne Minze *vertreibt die »Blattlausbesitzer«, d. h. Ameisen*

Rosmarin
FREUNDE: Salbei, Kohl, Bohnen

Salbei
FREUNDE: Kohl, Mohrrübe, Rosmarin

Schafgarbe
FEIND: Gartenraute

Sommerbohnenkraut
FREUND: Bohnen
FEIND: Radieschen

Thymian
FREUNDE: Rose, Kohl
FEIND: Gartenraute

Tomate
FREUNDE: Minze, Basilikum, Zwiebel, Schnittlauch *vertreiben Insekten;* Tagetes *vertreibt weiße Fliegen, die Wurzeln scheiden eine Substanz aus, die Fadenwürmer tötet; mit Basilikum anpflanzen;* Spargel, *die Ausscheidungen der Wurzeln töten die Fadenwürmer, die die Tomatenwurzeln beschädigen, während Tomaten Spargelkäfer vertreiben. Mit Petersilie anpflanzen;* Löwenzahn *dünstet eine Säure aus, die die Tomaten vor einer Welkkrankheit schützen;* Brennessel *macht die Tomaten haltbarer;* Borretsch *kann den Befall durch Tomatenwürmern reduzieren;* Andorn *regt die Fruchtbildung an;* Kapuzinerkresse *vertreibt weiße Fliegen aus Treibhäusern und lenkt die schwarze Blattlaus von den Tomaten ab*
FEINDE: Kohl, Kartoffeln

Trauben
FREUNDE: Brombeeren, Salbei, Senf; Ysop *steigert den Ertrag*

Winterbohnenkraut
FREUND: Bohnen
FEIND: Radieschen

Wermut
Pflanzen Sie Wermut und andere Artemisia-Arten in einem eigenen Beet, da sie das Wachstum vieler Pflanzen beeinträchtigen und sogar Regenwürmer vertreiben

Ysop
FREUND: Kohl

Zitronenmelisse
FEINDE: Gartenraute, Fenchel

Zucchini
FREUNDE: Kapuzinerkresse, Borretsch, Fenchel
FEIND: Gartenraute

Arbeit & Konzentration

Bienen- und Schmetterlings- pflanzen

Nach dem Muster eines Klostergartens kann man einen Garten in Teilbereiche für Bienen und Schmetterlinge, Gewürzkräuter, Färberkräuter, Reinigungskräuter, Blumenarrangements und so weiter gliedern. Mit aromatischen Sorten wird das Gärtnern noch schöner.

UNTEN: *Holen Sie sich das geschäftige Summen bestäubender Bienen mit speziellen Bienenpflanzen in Ihren Garten.*

Ein Bienengarten

Locken Sie Bienen in Ihren Garten, denn sie sind nützlich für die Befruchtung der Pflanzen und die Honigproduktion; außerdem wirken sie entspannend, wenn sie leise durch die Luft fliegen. Duft ist für Bienen wichtig, Farbe jedoch noch mehr. Bienen bevorzugen Gelb, Blaugrün bis Blau, Violett, Lila und Rot mit UV-Anteil. Setzen Sie Bienenpflanzen in Fünfer- oder größere Gruppen an einen geschützten und sonnigen Standort (Spaliere aus Stechlorbeer oder Efeu eignen sich gut). Wählen Sie Pflanzen, die vom zeitigen Frühjahr bis in den Spätherbst blühen, was vor allem den immer selteneren Hummeln nützt. Bienenkörbe sehen hübsch aus, eignen sich aber nur für größere Gärten. Denn die Bienen ignorieren Pflanzen im Umkreis von 15 m von ihrem Stock, weil sie durch die Reinigungsflüge kontaminiert sein könnten.

AROMATISCHE PFLANZEN
Anis-Ysop, Baldrian, Basilikum, Bohnenkraut, Borretsch, Fenchel, Kamille, Kapuzinerkresse, Katzenminze, Klee, Lauchgewächse, Lindenblüten, Mädesüß, Majoran, Minze, Obstbaumblüten, Reseda, Salbei, Schlüsselblumen, Senf, Steinklee, Thymian, Veilchen, Waldmeister, Zitronenmelisse

NICHTAROMATISCHE PFLANZEN
Efeu *(Hedera helix)*, Färberwaid *(Isatis tinctoria)*, Jakobsleiter *(Polemonium caeruleum)*, Karde *(Dipsacus fullonum)*, Königskerze *(Verbascum thapsus)*, Krokus, Lein *(Linum usitatissimum)*, Mohn, Ringelblume, Sonnenblume *(Helianthus annuus)*, Vergißmeinnicht *(Myosotis sylvatica)*, Winterling *(Eranthis-*Arten*)*

Pflanzen für Schmetterlinge

Schmetterlinge und Nachtfalter helfen die Pflanzen in unseren Gärten bestäuben und beeindrucken durch die Farben und Muster ihrer Flügel. Da der natürliche Lebensraum vieler Schmetterlingsarten dramatisch zurückgeht, sind Nektarpflanzen im Garten eine wertvolle Hilfe. Schmetterlinge reagieren stärker auf Duft als Bienen, haben aber auch ihre Lieblingsfarben: Safrangelb, Lila, Karminrot, tiefes Rosa und Blau. Nachtfalter mögen blasse, duftende Blüten wie Maiglöckchen, die im Mondlicht leuchten. Setzen Sie auch Pflanzen, auf denen die Schmetterlinge ihre Eier ablegen können und die Nahrung für die Raupen liefern. Nesseln, Disteln, Hundsveilchen *(Viola canina)* und Wiesenschaumkraut *(Cardamine pratensis)* eignen sich am besten. Schmetterlinge und Falter brauchen Plätze zum Überwintern. Es gibt hübsche Schmetterlingsboxen zu kaufen, die man an einer geschützten und sonnigen Mauer aufhängen kann. Dichte Efeuranken erfüllen denselben Zweck.

AROMATISCHE PFLANZEN
Schmetterlingsflieder, Flieder, Geißblatt, Jasmin, Lavendel, Narzissen, Ysop

NICHTAROMATISCHE PFLANZEN
Aster *(Aster-*Arten*)*, Greiskraut *(Ligularia-*Arten*)*, Mauerpfeffer

RECHTS: *Kräuter, die nach Verwendungszweck angepflanzt werden, ergeben einen hübschen Lehrgarten für Schulen, Museen und öffentliche Parks. Im Londoner Museum für Gartengeschichte bilden die Pflanzen aus dem 16. und 17. Jh. ein lebendes Denkmal für die Tradescants, die sich als königliche Naturforscher, Botaniker und Gärtner verdient gemacht haben.*

Bienen - und Schmetterlingspflanzen

Arbeit & Konzentration

Ein traditioneller Garten im elisabethanischen Stil

Der unter Königin Elisabeth I. erreichte Frieden ließ die Gärten Englands wieder erblühen. Der Adel hatte mehr Zeit, Gärten anzulegen und zu genießen, und führte den Gartenbau zu einem neuen Höhepunkt. Die wichtigen eßbaren Pflanzen und Heilkräuter wurden nach wie vor angebaut, doch fügte man nun auch Pflanzen allein wegen ihrer Schönheit oder ihres Dufts hinzu, und es entwickelte sich ein ganz neuer Sinn für Ästhetik. Das typische Beispiel für einen kultivierten Kräutergarten stammt denn auch aus jener Zeit.

Die Anlage zeigt die Begeisterung für den Gartenbau, die sich in elisabethanischer Zeit breitmachte. Gärten wurden oft angelegt, um einen großen Haushalt zu versorgen. Aus praktischen Gründen zog man die Pflanzen in Beeten, die einen bestimmten Zweck erfüllten. So konnte die Hausherrin beispielsweise sehen, welche Pflanzen im »Färbebeet« oder welche Heilpflanzen im »Medizinbeet« gerade ihre optimale Reife erreicht hatten und geerntet werden konnten. Sie sorgte dafür, daß sie richtig getrocknet wurden, und fügte sie dann den Schätzen ihres Kräuterraums hinzu, um sie eines Tages verarbeiten zu können.

Auf einmal wurden sehr viel mehr neue Pflanzen angebaut. Man tauschte Saatgut mit Reisenden aus Europa, aus Nordamerika und dem Orient gelangten neue Arten ins Land.

Der Garten war in der Regel umfriedet und gewährte Schutz vor Blicken und Eindringlingen. Die Eibenhecke ist hier oben etwas abgerundet, wodurch der Garten heller und offener wirkt. An der sonnigen Südseite werden die sanften Rundungen durch Pfosten und Girlanden wiederholt. Sie bieten Kletterrosen, Geißblatt und Clematis eine Stütze und lassen genügend Sonnenlicht durchscheinen. Die rosenüberwucherte Pergola betont den Eingang und vermittelt einmal mehr das Gefühl, einen besonders duftenden Raum zu betreten.

Liste der Pflanzen auf dem Plan

Beet in der Mitte

1. Kugelförmig geschnittener Lorbeerbaum
2. Buchsbaum (*Buxus sempervirens*)
3. Niedriger Buchs (*B.s. ›Suffruticosa‹*)
4. Silbriges Heiligenkraut (*Santolina chamaecyparissus*)
5. Weidengrünes Heiligenkraut (*S.c. ›Lemon Queen‹*)
6. Hellgrünes Heiligenkraut (*S. viridis*)
7. Veilchen (zum Füllen)
8. Formschnitt-Rosmarin ›Miss Jessop's Upright‹

Eingang

9. Echter Lavendel
10. Geißblatt (*Lonicera caprifolium* & *L. japonica* var. *repens*)
11. Alte Rosen, u.a. ›New Dawn‹ und ›Evelyn‹

12. **HEILKRÄUTER**, darunter Alant (*Inula helenium*), Baldrian (*Valeriana officinalis*), Beinwell (*Symphytum officinale*), Braunelle (*Prunella vulgaris*), Eisenkraut (*Verbena officinalis*), Grüne Minze, Hagebutten, Hauswurz (*Sempervivum tectorum*), Heilziest (*Stachys officinalis*), Helmkraut (*Scutellaria lateriflora*), Huflattich (*Tussilago farfara*), Kamille, Mutterkraut, Ringelblume, Salbei, Schafgarbe

13. **HAUSHALTSKRÄUTER**, darunter Acker-Schachtelhalm (*Equisetum arvense*), Majoran, Marienblatt, Minze, Polei, Rainfarn, Rosmarin, Seifenkraut, Süßdolde, Thymian, Wermut

14. **FÄRBERPFLANZEN**, darunter Echtes Labkraut (*Galium verum*), Färberginster (*Genista tinctoria*), Färberkamille (*Anthemis tinctoria*), Färberröte (*Rubia tinctorum*), Färberwaid (*Isatis tinctoria*), Färberwau (*Reseda luteola*), Ochsenzunge (*Anchusa officinalis*)

15. **POTPOURRIKRÄUTER**, darunter Apfelminze, Eau-de-Cologne-Minze, Eberraute, Iris, Lavendel, Myrte, Nelken, Reseda, Rosen, Thymian, Waldmeister, Zitronenstrauch

16. **TEEKRÄUTER**, darunter Anis-Ysop, Indianernessel, Kamille, Katzenminze, Odermennig, Pfefferminze, Ziest, Zitronenmelisse

17. **SALATKRÄUTER**, darunter Gänseblümchen (*Bellis perennis*), Kapuzinerkresse, Klee (*Trifolium pratense*), Kleiner Wiesenknopf (*Sanguisorba minor*), Lauchhederich (*Alliaria petiolata*), Löwenzahn, Melde (*Atriplex hortensis*), Portulak (*Portulaca oleracea*), Schnittlauch, Schnittsalate, Senfkohl (*Brassica nigra* & *B. hirta*)

18. **KÜCHENKRÄUTER**, darunter Basilikum, Bohnenkraut, Borretsch, Engelwurz, Estragon, Fenchel, Kerbel, Knoblauch, Liebstöckel, Luftzwiebel, Majoran, Minze, Oregano, Petersilie, Safran, Salbei, Sauerampfer, Süßwurzel (*Sium sisarum*), Thymian, Wacholder, Ysop

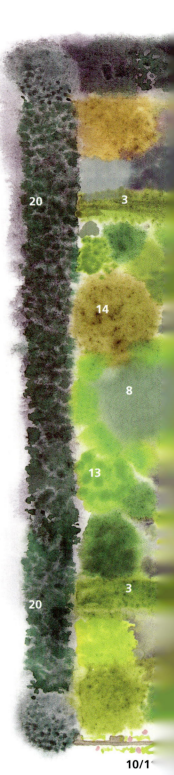

19. **KOSMETIKKRÄUTER**, darunter Dill, Eau-de-Cologne-Minze,

Gartenplanung

Echter Eibisch (*Althea officinalis*), Fenchel, Frauenmantel (*Alchemilla mollis*), Kamille, Madonnenlilie, Ringelblume, *Rosa gallica* var. *officinalis*, Walderdbeeren

20. EIBENHECKE

OBEN: *In elisabethanischer Zeit versorgten streng unterteilte Kräutergärten den Haushalt mit allen notwendigen Pflanzen.*

Arbeit & Konzentration

Genießen Sie die Aromenvielfalt Ihres Kräutergartens das ganze Jahr über. Ernten und trocknen Sie die besten Kräuter für Haus, Büro, Potpourris und Ihre Vierbeiner.

OBEN: *Wohlriechender Thymian in üppiger Blütenpracht.*

UNTEN RECHTS: *Wenn der Tau verdunstet ist, können Sie einen geruhsamen Morgen mit der Ernte von Lavendel und Majoran verbringen.*

Kräuter ernten & trocknen

Erntezeit

BLÄTTER

Die Blätter von Kräutern erntet man in der Regel, kurz bevor die Pflanzen blühen. Sie können aber während der gesamten Wachstumsperiode, die bei immergrünen Pflanzen das ganze Jahr andauert, für den Bedarf geerntet werden. Sammeln Sie unversehrte Blätter, sobald der Morgentau verdunstet ist. Von kleinblättrigen Kräutern wie Majoran und Thymian schneiden Sie Zweige ab.

BLÜTEN

Pflücken Sie unbeschädigte Blüten auf ihrem Höhepunkt, also wenn sie sich gerade voll geöffnet haben. Sammeln Sie sie bei trockener Witterung morgens in einem großen Korb, sobald der Tau verdunstet ist und die Sonne die Blüten zu erwärmen beginnt. Achten Sie darauf, daß die Blütenblätter beim Pflücken nicht beschädigt werden. Vom Lavendel ganze Stengel abschneiden.

SAMEN UND FRÜCHTE

Reifer Samen ist papiertrocken und dunkelbraun bis schwarz. Sammeln Sie diesen an einem warmen und trockenen Tag. Sie müssen den Samen erwischen, wenn er ganz trocken ist, aber noch nicht verstreut wird. Geben Sie Samenkapseln nach Sorten getrennt in beschriftete Papiertüten, die Sie leicht ins Haus tragen können. Reife Früchte ernten Sie, bevor sie zu weich werden. Beeren und Hopfen mit den Ranken ernten und erst im teilgetrockneten Zustand abstreifen.

WURZELN UND RHIZOME

Wurzeln und Rhizome im Herbst ausgraben, wenn die überirdischen Pflanzenteile welken und absterben. Die Wurzeln von mehrjährigen Pflanzen werden im zweiten oder dritten Jahr geerntet. Achten Sie darauf, ob das Ausgraben bestimmter Wurzeln gestattet ist. In Großbritannien zum Beispiel darf man ohne Genehmigung nur Wurzeln auf dem eigenen Grundstück ausgraben.

Trocknen

Kräuter sollte man langsam an einem trockenen und dunklen Ort trocknen, damit sie ihre besonderen Eigenschaften bewahren. Geben Sie sie in einen gut gelüfteten Trockenschrank. Die ideale Temperatur beträgt in den ersten 24 Stunden 32 °C, dann 24–26 °C. Kühlere Temperaturen verlängern die Trocknungszeit. Bewahren Sie die Kräuter in dunklen, luftdichten Gläsern auf. Diese mit Namen der Kräuter und Datum beschriften und nicht in der Sonne lagern. Die meisten Kräuter sollte man innerhalb eines Jahres aufbrauchen.

BLÄTTER

Erde sollten Sie von den Blättern wischen, nicht waschen. Stengel von kleinblättrigen Kräutern mit einem Faden zu kleinen, lockeren Bündeln binden. Für größere Blätter ein Mulltuch oder durchlöchertes braunes Packpapier über ein Kuchengitter breiten und die Blätter darauf verstreuen. Stechend scharfe Blätter getrennt trocknen, damit sie ihren Geruch nicht auf andere übertragen. Die getrockne-

Kräuter ernten und trocknen

Hängen Sie lockere Büschel stark duftender Kräuter im ganzen Haus auf, damit sich an Wochenenden und Feiertagen die ganze Familie und Ihre Freunde daran erfreuen können. Trocknen Sie die Kräuter dann an einem dunklen, trockenen und gut gelüfteten Ort.

ten Blätter von den Stengeln zupfen und in luftdichten Gläsern aufbewahren. Bildet sich Beschlag, sind sie nicht vollständig trocken und müssen erneut getrocknet werden; vielleicht schließt das Gefäß auch nicht richtig.

BLÜTEN

Kleine Blüten wie Kamille ganz trocknen, bei größeren die Blütenblätter abzupfen und wie Blätter trocknen. Kleine Mengen können Sie in der Mikrowelle trocknen: eine Lage auf einen Teller geben und auf kleiner oder mittlerer Stufe in zwei- bis dreiminütigen Intervallen trocknen. Nach jedem Durchgang etwas drehen. Je nach Dicke der Blütenblätter dauert dieser Vorgang 6–10 Minuten. Auf diese Weise können Sie auch testen, ob Blüten für Potpourris ihre Farbe behalten oder ausbleichen.

SAMEN UND FRÜCHTE

Samen aus den Samenkapseln lösen und in den Deckeln von Schuhschachteln (nach Sorten beschriftet) ausbreiten. In einem Trockenschrank oder einem warmen, trockenen Raum trocknen lassen. Dolden können Sie kopfüber am Stiel aufhängen, damit die Samen in die Schachteln fallen, oder locker gebunden in Papiertüten geben. Die Samen trocknen meist innerhalb von 2 Wochen und werden dann in luftdichten Gefäßen aufbewahrt. Saatgut sollten Sie in beschrifteten Papiertüten an einem kühlen, dunklen und frostfreien Ort aufbewahren. Hagebutten und andere Früchte trocknet man am besten in einem luftigen Schrank. Sie müssen häufig gewendet werden.

WURZELN UND RHIZOME

Wurzeln oder Rhizome reinigen; große Exemplare zerkleinern. Wurzeln trocknen bei 50–60 °C im Ofen; regelmäßig wenden, bis sie brüchig werden. In dunklen, luftdichten Gefäßen aufbewahren; wenn die Wurzeln weich werden, werfen Sie sie weg. Iriswurzeln müssen ab und zu gewendet werden und mindestens 3 Jahre in einem Trockenschrank lagern, bis sie ihren Duft richtig entfalten.

Arbeit & Konzentration

Potpourri

Den Duft des Sommers mit einem selbstgemachten Potpourri einzufangen ist eines der großen Vergnügen, die ein Kräutergarten schenkt. Selbst auf kleinem Raum hat vielerlei Rohmaterial Platz, von luxuriösen Rosenblättern bis zu heufrischem Waldmeister, von weihrauchähnlichen Knospen der Balsampappel zu den stechend scharfen Samenkapseln des Eukalyptus. Bei der Wahl der Blütenfarben steht das ganze Spektrum zur Verfügung, während die Farbtöne der Blätter von cremig gesprenkelter Apfelminze und goldenem Thymian bis zu vollem, rubinrotem Basilikum reichen; oder von hellgrüner Marokkanischer Minze bis zum dunkelglänzenden Lorbeer. Die Zutaten zu drehen und zu wenden, bis sie absolut trocken sind, ist allein schon ein aromatischer Genuß. Dann kommt der kreative Teil. Experimente mit einer Symphonie duftender Zutaten ergeben Potpourris für jede Stimmungslage – schwungvoll und erfrischend oder süß und beruhigend. Ein trockenes Potpourri ist leicht gemacht und kann in Kleidersäckchen, Schlafkissen und Sofasäckchen gegeben werden. Damit sich der Duft entfaltet, wird es regelmäßig gewendet und nach einigen Monaten mit ätherischen Ölen aufgefrischt. Ein feuchtes Potpourri ist nur ein Genuß für die Nase, nicht für die Augen, duftet dafür aber jahrelang.

UNTEN: *Süß duftende Blütenblätter von Rosen, Lavendel und Wicken aus einem englischen Garten.*

BLÜTEN
In klassischen Potpourris nehmen Rosenblütenblätter und Lavendel den Löwenanteil ein, da sie ihren Duft lange behalten. Heutzutage bietet sich eine enorme Auswahl an Materialien, doch Blüten bestimmen nach wie vor die Mischungen. Geruchlose Blüten, die Sie wegen ihrer Farbe ausgewählt haben, können Sie in ein Gefäß geben und einige Wochen mit einem in ätherisches Öl getauchten Papierstreifen parfümieren.

BLÄTTER
Der Geruch von Blättern ist oft stärker als der Duft von Blüten; man verwendet daher geringere Mengen und achtet bei der Auswahl der Duftnoten besonders darauf, daß sie zueinander und zu den Blüten passen. Zerstoßen Sie einige Blätter gleich zu Anfang, damit sie stark duften, andere erst später; so verlängern Sie die Lebensdauer Ihres Potpourris. Geben Sie gepreßte und getrocknete Herbstblätter als zusätzliche Farbtupfer dazu.

EXTRAS AUS DEM LADEN
Gewürze lassen sich im Verhältnis von etwa 1 EL auf 1 l Blüten- und Blättervolumen sparsam einsetzen. Sie verleihen dem Potpourri eine Moschus- oder orientalische Note und vermitteln ein »maskulines« oder warmes »winterliches« Aroma. Zitrusschalen duften gut und sehen hübsch aus. Dünne Streifen mit einem Zestenschäler abschälen und an der Luft oder rasch im Ofen trocknen. Trockene Kräutertees können Sie ebenfalls in die Potpourrischüssel geben.

FIXIERMITTEL
Fixiermittel verlängern die Lebensdauer eines Potpourris, indem sie einen Teil der Duftmoleküle einfangen und festhalten. Jedes Mittel hat seinen eigenen Duft, der in die aromatische Gleichung eingebracht werden muß. Die Iriswurzel *(Iris florentina)* ist am leichtesten erhältlich und wegen ihres zarten Veilchendufts, der das Potpourri nicht zu stark beeinflußt, auch sehr beliebt. Geben Sie 1 EL auf $1/2$–1 l Potpourrimischung.

TROCKENE METHODE
Düfte, Farben und Potpourrischale zusammenstellen. Zutaten, Fixiermittel und ätherische Öle mischen und 6 Wochen in einem luftdicht verschlossenen Behälter an einem trockenen, dunklen und warmen Ort ziehen lassen. Regelmäßig leicht schütteln, um das Potpourri zu mischen und zu intensivieren.

Potpourri

FEUCHTE METHODE

Die ursprüngliche Methode beginnt mit stark duftenden Rosenblütenblättern. Sie werden nur teilgetrocknet, bis sie ledrig aussehen und ihr Volumen auf die Hälfte geschrumpft ist.

3 Teile Rosenblätter (dicht gepackt) mit einem Teil Salz (halb grobes Meersalz, halb feineres, nicht jodiertes Salz) vermischen. Jeweils eine 1 cm hohe Lage Blütenblätter in einen Krug oder eine Schüssel schichten, mit Salz bestreuen, wieder Blütenblätter darüber geben, bis das Gefäß zu zwei Dritteln gefüllt ist. 10 Tage an einem trockenen, dunklen und gut gelüfteten Ort (damit kein Moder ansetzen kann) ziehen lassen. Die Blütenblätter und das Salz backen zusammen. Diesen »Kuchen« brechen und mit einem Fixiermittel und anderen getrockneten und aromatischen Zutaten vermischen. In einen luftdicht verschlossenen Behälter geben und mindestens 6 Wochen ziehen lassen; regelmäßig umrühren. Das Potpourri kommt in ein lichtundurchlässiges Gefäß mit gut sitzendem Deckel. Den Deckel abheben, um den Duft freizusetzen, dann aber wieder verschließen, damit das Potpourri nicht ausraucht. Gelegentlich umrühren.

Zutaten für das Potpourri

BLÜTEN FÜR DEN DUFT

Akazie, Bartnelken, Holunder, Flieder, Fresien, Geißblatt, Geißklee *(Cytisus battandieri* duftet nach Ananas), Goldlack, Heliotrop, Hyazinthen, Jasmin, Jonquille, Lavendel, Lindenblüten, Madonnenlilie, Mädesüß, Maiglöckchen, Mexikanische Orangenblüte *(Choisya ternata)*, Moschusmalven, Narzissen, Nelken, Tabakpflanze, Orangenblüte, Reseda, Rosen (Blütenblätter und Knospen), Sommerjasmin, Stockrosen, Veilchen, Wicken.

BLÜTEN FÜR DIE FARBE

Borretsch, Fingerhut, Gänseblümchen, Hundszunge *(Cynoglossum officinale)*, Indianernessel, Kornblume, Lobelien *(L. syphilitica)*, alle roten Mohnarten, Mutterkraut, Natternkopf, Rainfarn, Ringelblume, Rittersporn, Salbei, Tulpen, Vergißmeinnicht, Zichorie, Zinnie und die kleinen, »unvergänglichen Blumen« sowie Weidenkätzchen und Brautmyrtenknospen, die für Struktur sorgen.

AROMATISCHE BLÄTTER

Falscher Balsamstrauch (Knospen), Basilikum, Brautmyrte, Duftpelargonien (Rose, Zitrone, Apfel, Orange, Pinie, Muskat, Pfefferminze), Eberraute, Estragon, Indianernessel, Kapuzinerkresse, Kiefernnadeln, Echtes Labkraut, Lorbeer, Majoran, Marienblatt, Minze (Apfelminze, Pfefferminze, Grüne Minze und besonders Eau-de-Cologne-Minze), Patschuli, Rosmarin, Salbei (besonders Ananas), Schottische Zaunrose, Steinklee, Süßdolde, Thymian (Zitrone und Kiefer), Walderdbeere, Waldmeister, Zitronenmelisse, Zitronenstrauch.

OBEN: *Leuchtend blaue Kornblumen verschönern jedes Potpourri.*

Arbeit & Konzentration

GEWÜRZE, SAMEN, WURZELN UND HOLZSPÄNE

Anis, Dillsaat, Eukalyptus (Samenkapseln), Kiefernzapfen (klein), Gelbdolde, Gewürznelken, Ingwerwurzel, Kardamom, Koriander, Muskat, Piment, Sternanis, Vanilleschoten, Wacholderbeeren, Zimt, Zitrusschale (Orange, Zitrone, Limette, Bergamotte), die aromatischen Wurzeln von Alant, Angelika, Baldrian, Gemeinem Kalmus, Schlüsselblume, Vetivergras, Späne von Zedern- und Sandelholz, Raspel von der Kassiarinde.

FIXIERMITTEL

Iriswurzel – Veilchenduft (1 EL auf $1/2$–1 Potpourri); Benzoeharz – süßer Vanilleduft (15 g auf 1–$1 1/2$ l); Tonkabohne *(Dipterix odorata)* – stechender Vanilleduft (1–2 Bohnen pro Rezept); Storax *(Liquidambar orientalis)* – wie Benzoeharz verwenden. Veilchenwurzel, Angelikawurzelharz, die zerstoßenen Samen von Süßdolde und Hibiskus *(Abelmoschus moschatus)*, Sandelholz, Zimt, Gewürznelken, Patschuli, Vetivergras, Weihrauch und Myrrhetränen sowie Eichenmoos.

ÄTHERISCHE ÖLE

Ätherische Öle erweitern die Duftpalette, können eine fehlende Zutat ersetzen oder den nachlassenden Duft eines Potpourris neu beleben. Sie riechen jedoch so stark, daß wenige Tropfen genügen. Geben Sie sie einzeln hinzu, damit sie den zarteren Blütenduft nicht übertönen.

Potpourrirezepte

FAMILIENPOTPOURRI (TROCKENE METHODE)

Beginnen Sie mit einer traditionellen Mischung aus Rosenblütenblättern, Lavendelblüten, Lorbeerblättern, gemahlenem Piment und Iriswurzelpulver. Bei jeder Familienfeier mit Blumen – der erste Blumenstrauß, Brautstrauß, Geburt eines Kindes und so weiter – trocknen Sie dann die schönsten Blüten und geben sie ins Potpourri. Wenn der Duft nachläßt, mit Rosenblütenblättern oder ätherischen Ölen auffrischen. Der Duft entwickelt sich mit der Familiengeschichte, und jede Blüte kann eine Geschichte erzählen.

WÜRZIGE ROSE (FEUCHTE METHODE)

Auf 1 l Volumen »fermentierte« Rosenblüten, $1/4$ l Rosenknopen, 1 Handvoll Myrtenblätter, je 4 EL zerstoßene Lorbeerblätter, Zitrusschalenmischung (Orange, Limette, Zitrone), Iriswurzelpulver; je 2 EL gemahlener Zimt, Macisblüte, Piment; 1 EL Nelkenpulver; 1 geriebene Muskatnuß.

SÜSSER BECHER (FEUCHTE METHODE)

1 l »fermentierte« Rosenblüten, je $1/4$ l Lavendel, Bartnelken und Jasmin; je 1 Handvoll Goldlack und Rosmarin; die Schale einer halben Orange, mit 20 Gewürznelken besteckt und getrocknet; 3 EL Iriswurzelpulver; je 1 TL gemahlener Zimt, Piment und Sternanis; ätherische Öle: 4 Tropfen Bergamotte; je 3 Tropfen Neroli, Rose und Lavendel.

WALDMISCHUNG (TROCKENE METHODE)

Je 1 Handvoll Kiefernnadeln, Thujentriebe, Zedernspäne, Eukalyptusblätter, Balsampappelknospen, Walderdbeerblätter, Veilchenblüten und Blütenspitzen vom Waldmeister; je 4 EL Lorbeer und Romarin; je 2 EL Angelikawurzel und Veilchenwurzel; 2 EL zerstoßene Wacholderbeeren. Ein paar kleine Kiefernzapfen hinzufügen, die mit den folgenden ätherischen Ölen beträufelt wurden: je 2 Tropfen Zedernholz, Zypresse, Ysop, Wacholder, Weihrauch und Eichenmoos.

ENGLISCHER GARTEN (TROCKENE METHODE)

Je $1/2$ l Rosenblütenblätter und Lavendel; je $1/4$ l Rosenknospen, Brautmyrtenblätter, Sommerjasmin, Veilchen, Geißblatt und blauer Rittersporn; je 1 Handvoll Bartnelken ›Mrs. Sinkins‹, Blütenblätter von Pfingstrosen, Madonnenlilie, Mädesüßblüten, Kamille, Schleierkraut oder andere kleine weiße Blümchen; 2 EL Iriswurzelpulver; 1 EL Gewürzmischung aus gemahlenen Nelken, Zimt und Piment.

RECHTS: *Dieses Familienpotpourri steckt voller Erinnerungen, denn es enthält die Blütenblätter eines Brautbouquets, eines Taufsträußchens, Valentins-Rosenknospen und den Blumenstrauß von einem erfolgreichen Schulabschluß.*

Potpourri

Arbeit & Konzentration

Aromatische Rezepte für Heim & Büro

Ein Raumspray aus ätherischen Ölen kann vier Funktionen erfüllen. Manche Öle schützen desinfizierend vor Bakterien und Viren, andere vertreiben Insekten, erfrischen die Zimmerluft oder fördern eine bestimmte Stimmung.

Raumsprays zum Desinfizieren und Erfrischen

Eine Kombination verschiedener ätherischer Öle vernichtet die meisten bekannten schädlichen Bakterien. Eukalyptus, Rosmarin, Teebaum und Wacholder kämpfen während Epidemien gegen die meisten Bakterien an und stärken angeblich auch das körpereigene Immunsystem.

OBEN: *Raumsprays schaffen eine erfrischende Atmosphäre und bekämpfen Viren und Bakterien.*

PROFESSIONELLES RAUMSPRAY

Diese Mischung hilft bei der Vernichtung der meisten schädlichen Bakterien, vieler Viren und einiger Pilze. Bergamotte und Eukalyptus sind zum Desodorieren eines Zimmers am besten geeignet. Bergamotte, Lavendel, Pfefferminze, Zitrone und Mandarine vertreiben Insekten, während Ameisen den Duft von Gewürznelken nicht mögen. Die ersten 4 Öle, die wir unten anführen, sind die wichtigsten Ingredienzen des klassischen Kölnisch Wassers und erinnern denn auch an diesen berühmten und erfrischenden Duft.

Das Rezept ist ausreichend für eine 50 ml Sprühflasche und rechnet 200 Tropfen ätherische Öle auf 50 ml Endvolumen. Kombinieren Sie die ätherischen Öle nach Ihrem Geschmack in den jeweils empfohlenen Mengen: 60 Tropfen Bergamotte; 20 Tropfen Lavendel; je 15 Tropfen Zitrone, Rosmarin, Thymian, Teebaum, Zitroneneukalyptus; je 10 Tropfen Eukalyptus, Wacholder und Mandarine; je 5 Tropfen Gewürznelke, Sandelholz und Pfefferminze. Jede beliebige Kombination tötet die meisten schädlichen Keime. Die Öle in eine saubere Glasflasche füllen, verschließen und gut schütteln, damit sich die Öle verbinden. 24 Stunden ziehen lassen. 25 ml Isopropylalkohol oder Wodka hinzufügen. Flasche wieder verschließen und schwenken. 24 Stunden ziehen lassen. 25 ml destilliertes Wasser hinzufügen und erneut durchmischen. In einen Zerstäuber dekantieren und nach Bedarf versprühen. Das Spray hält sich an einem kühlen und dunklen Ort mehrere Monate, es erfrischt und reinigt jeden Raum.

SCHNELLES RAUMSPRAY

Ein Spray zum sofortigen Gebrauch wird aus einem oder mehreren ätherischen Ölen und Wasser, aber ohne Alkohol gemischt. Diese Sprays halten sich jedoch nicht sehr lange und müssen vor jedem Gebrauch kräftig geschüttelt werden. Mit 5 Tropfen Öl auf 50 ml können Sie einen Raum erfrischen oder Insekten vertreiben, mit 10 Tropfen auf 50 ml können Sie Infektionskrankheiten behandeln. Eine saubere Plastikflasche genügt zum Zerstäuben, aber nicht zum Aufbewahren, weil Plastik die Öle kontaminieren kann.

UMWELTSPRAY

Erste Forschungsergebnisse legen nahe, daß ein Spray mit Lavendel, Patschuli, Petitgrain, Geranium, Muskatellersalbei, Grapefruit, Zitrone, Rosmarin und Teebaum die schädlichen Auswirkungen von Chemikalien, die vor allem in Bürogebäuden durch Zigarettenrauch, Reinigungslösungen, Brandschutzmittel und Möbelpolituren freigesetzt werden, vermindern kann. Folgen Sie den o. g. Rezepturen.

Die positiven Ionen, die durch geschlossene Lüftungssysteme, Computerbildschirme und einige in modernen Baustoffen enthaltene Metalle und Fasern erzeugt werden, können vermutlich durch ein Spray aus ätherischen Baumölen (u. a. Zypresse, Zitrus, Kiefer, Zeder, Sandelholz und Wacholder) reduziert werden, da sie die Wirksamkeit der wohltuenden negativen Ionen steigern.

FETTLÖSENDES KÜCHENSPRAY

Ein Spray aus insgesamt 5–6 Tropfen ätherischen Ölen von Eukalyptus, Rosmarin, Lavendel, Zitrone oder Limette und 50 ml Wasser beseitigt Fettgeruch.

Aromatische Rezepte für Heim & Büro

Frische im Haus

Für allgemeine Erfrischung sorgen wohlriechende getrocknete Kräuter an Stellen, wo sie berührt werden und ihren Duft abgeben können.

DUFTPOLITUR

Parfümierte Möbelpolitur war zu viktorianischer Zeit Mode und ist auch heute schnellt hergestellt: eine Politur auf Wachsbasis im Wasserbad schmelzen, ein paar Tropfen Lavendelöl oder Majoranöl oder ein anderes ätherisches Öl einrühren. In den Originalbehälter zurückgießen und fest werden lassen.

ZAUBERTEPPICHE

Verleihen Sie Ihrem Wohnzimmer oder dem Gästezimmer einen sauberen und süßen Duft mit einer Technik aus georgianischer Zeit: Lavendelblüten mit einer harten Bürste über den Teppich und wieder zurück bis zur Schwelle bürsten, wo sie aufbewahrt werden. Täglich wiederholen, solange die Blüten duften (ca. 2 Wochen). Teppicherfrischer hinterläßt einen zarten Duft und ist besonders nach einem Fest zu empfehlen, wenn Sie die Raumluft auffrischen wollen. 20 Tropfen ätherische Öle unter 100 g Natriumbikarbonat (Soda) mischen. Über Nacht oder länger in einem verschlossenen Plastikbeutel ziehen lassen, dann über den Teppich streuen und einbürsten. Nach einer Stunde absaugen.

PFEFFERMINZKISSEN

Säckchen mit getrockneter Grüner Minze oder Pfefferminzblättern füllen und in Kissenüberzüge stopfen. Bei Berührung geben sie einen kühlen, erfrischenden Duft ab und halten Fliegen fern.

LEINENSÄCKCHEN

»Ich sehne mich nach einem Gasthof, in dem die Wäsche nach Lavendel duftet«, schrieb Izaak Walton 1653 in *Der vollkommene Angler*. Kein gekauftes Produkt läßt sich mit dem köstlich frischen Duft von Wäsche vergleichen, die in der Sonne getrocknet und dann mit duftenden Bündeln insektenabwehrender Kräuter wie Lavendel und Eberraute in einem warmen Schrank aufbewahrt wird. Geben Sie Rosmarin, Marienblatt, Alantwurzel, Iriswurzel, Rosenwurz *(Rhodiola rosea)* und Gemeinen Kalmus dazu. Würziger duften Muskat, Zimt, Kümmel, Zedernspäne oder Vetiverwurzeln mit getrockneter Zitrusschale oder Benzoeharzpulver, das nach Vanille riecht. Legen Sie die Kräuterzweige direkt zwischen die Wäsche.

OBEN: *Ein Wäschesträußchen aus Lavendel, Gagel, Eberraute und Minze parfümiert Schränke und wehrt Insekten ab.*

Arbeit & Konzentration

OBEN: *Kochen Sie antiseptische Rosmarinzweige in Wasser aus, und machen Sie ein frisches Fußbodenpflegemittel daraus.*

KÜCHENPOTPOURRI

Diese Mischung vertreibt Küchenduft und wehrt Ameisen, Fliegen und Getreidekäfer ab. Nach der trockenen Methode auf Seite 64/65 wie folgt mischen: 1/2 l Volumen Zitronenstrauchblätter; je 1/4 l Basilikum und Lorbeer; je 1 Handvoll Eberraute, Polei, Rosmarin, Heiligenkraut und Wermut (Blätter); je 4 EL Kapuzinerkresse und Rainfarn (Blätter und Blüten); ein paar Tomatenkelche; 4 EL Zedernspäne oder Zimtrindenstückchen; 1 TL zerstoßene Gewürznelken; 1 EL Iriswurzelpulver. Je 3 Tropfen Bergamotte- und Eukalyptusöl hinzufügen. Das Potpourri häufig berühren, damit es seinen reinigenden Duft abgibt.

HAUSHALTSHYGIENE

Thymian, Rosmarin, Ysop (»wasche mich mit Ysop, und ich werde rein sein«), Wacholder, Eukalyptus, Kiefer, Salbei und Angelikawurzel wirken desinfizierend. Wenn Sie reichlich Reiser haben, eine Portion davon in einen Topf geben, knapp mit Wasser bedecken und im verschlossenen Topf 30 Minuten leise auskochen. Abgießen und die Flüssigkeit zum Reinigen von Arbeitsflächen, Böden und Armaturen verwenden. Ein kleiner Spülmittelzusatz löst Fett. Reste im Kühlschrank aufbewahren und binnen einer Woche aufbrauchen. Sie können auch 20–30 Tropfen ätherisches Öl einer der o. g. Pflanzen in einen Eimer Wasser geben. Handschuhe tragen, um Hautreizungen zu vermeiden.

Kräuter für Haustiere

Das Interesse an natürlichen Behandlungsmethoden für Haustiere wird immer größer. Denken Sie aber daran, daß Haustiere empfindlich und sich nur beschränkt verständlich machen können. Die Fehlertoleranz bei ihrer Behandlung ist entsprechend gering. Wenn Sie nur wenig Erfahrung haben, bringen Sie Ihren Vierbeiner lieber zu einem Tier-Heilpraktiker oder einem Tierarzt.

Hunde und Katzen

Das ätherische Öl von Lavendel, Poleiminze (nicht bei jungen und trächtigen Tieren anwenden) und Rosenpelargonie vertreibt Flöhe. Die Kräuter oder Leinensäckchen ins Körbchen legen.

FLOHHALSBAND

Flohhalsband für drinnen: Aus dünnem Baumwollstoff einen Schlauch nähen und mit Poleiblättern (manche Haustiere mögen den Geruch nicht) oder Lavendelblüten füllen und 2 Tropfen ätherisches Geraniumöl darüberträufeln. Flohhalsband für draußen: 1 TL Apfelessig mit 3 Tropfen Lavendelöl und 1 Tropfen Geraniumöl oder Zedernholzöl mischen. Mit einem weichen Halsband aus der Tierhandlung in einen Plastikbeutel geben, schütteln, gut verschließen und 24 Stunden durchziehen lassen.

FLOHBEFALL

Das ätherische Öl von Lavendel, Zedernholz oder Kiefer in eine Schüssel warmes Wasser geben – 4 Tropfen für große Hunde, 2 Tropfen für kleine Hunde und Katzen. Einen Lappen oder Kamm ins Wasser tauchen und das Tier sanft mit und gegen den Strich striegeln. Mit einem sauberen, nassen Lappen abreiben. Nicht zu viel Öl ins Wasser tropfen, die Tiere nehmen es beim Striegeln auf. Täglich 1–2 Knoblauchkapseln (je nach Größe des Tieres) im Futter macht das Blut für Flöhe ungenießbar.

TRAUMA

Katzenminze hilft Katzen über das Trauma eines Umzugs hinweg. Sperren Sie Ihre Katze vor dem Umzug 1–2 Tage ein und danach eine Woche lang ins neue Haus. Belohnen Sie sie mit einem Spielzeugsäckchen voll Katzenminze im neuen Körbchen.

Kräuter für Haustiere

RECHTS: *Mit Katzenminze können Sie Ihrer Katze den Umzug erleichtern und den Kratzbaum interessanter machen.*

UNTEN: *Lavendel ist gut gegen Flöhe, und an heißen Tagen hält Minze Fliegen vom Körbchen fern.*

KRATZBAUM
Erfreuen Sie Ihre Katze, und schonen Sie gleichzeitig Ihre Möbel, indem Sie den Kratzbaum mit Blättern von Katzenminze oder Baldrianwurzel einreiben.

Kleintiere
Kaninchen- und Hamsterkäfige mit einem Desinfektionsmittel aus 1 Tropfen Teebaumöl, Lavendel- oder Eukalyptusöl auf 1 l Wasser auswaschen. Getrocknete Blätter von Rainfarn, Rosmarin oder Thymian in der Streu unterbinden die Vermehrung von Fliegen.

Pferde
Beträufeln Sie an heißen Tagen einen feuchten Lappen mit 2 Tropfen ätherischem Öl von Zitronengras, Pfefferminze oder Lavendel, und reiben Sie damit das Fell Ihres Pferdes ab, um Fliegen fernzuhalten. Pflanzen Sie Pfefferminze oder Polei vor der Stalltür, und geben Sie einen starken Pfefferminzaufguß oder 10 Tropfen Pfefferminzöl in einen Eimer Wasser, wenn Sie den Stallboden nach dem Ausmisten waschen. Das hält Stallmäuse in Schranken.

Arbeit & Konzentration

Butter, Essige & Öle mit Kräuteraromen

Butter, Essige und Öle mit Kräuteraromen sind einfach herzustellen und schenken Ihnen jederzeit die volle Kraft frischer Kräuter.

Kräuterbutter

Eine Rolle Kräuterbutter, in Haushaltsfolie gewickelt und tiefgefroren, ist vielseitig einsetzbar. Schneiden Sie jeweils so viel ab, wie Sie gerade brauchen. Nehmen Sie dafür stets ungesalzene Butter.

Schnittlauchbutter

Nach demselben Rezept können Sie Estragon- und Petersilien- butter herstellen.

100 g weiche Butter
2 TL Zitronensaft
3 gehäufte EL fein gehackter Schnittlauch
Meersalz und schwarzer Pfeffer aus der Mühle

Mit einer Gabel (oder in einer kleinen Küchenmaschine) weiche Butter, Zitronensaft und Schnittlauch verrühren. Leicht salzen und kräftig pfeffern. Kalt stellen.

Die Butter auf mikrowellengeeignete Haushaltsfolie strei- chen, zu einer langen Rolle formen, einwickeln und bis zu 2 Wochen im Kühlschrank oder bis zu 2 Monaten in der Gefriertruhe aufbewahren. Butterscheiben nach Bedarf abschneiden.

Oreganobutter

Mittelmeerkräuter wie Oregano, Majoran, Salbei und Rosmarin lassen sich gut mit heißem Öl verarbeiten.

1/2 EL Pflanzenöl
100 g weiche Butter
2 EL fein gehackter, frischer Oregano
1 Knoblauchzehe, zerstoßen
Meersalz und schwarzer Pfeffer aus der Mühle

Das Öl und 2 Teelöffel Butter in einer kleinen Pfanne erhitzen. Oregano und Knoblauch auf kleiner Flamme 1 Min. dünsten. Auf Küchenkrepp abtropfen lassen.

In einer kleinen Küchenmaschine oder mit einer Gabel Oregano, Knoblauch und die restliche weiche Butter ver- mischen. Leicht salzen und kräftig pfeffern. Abdecken und mindestens 1 Stunde durchkühlen. Die Butter hält sich im Kühlschrank bis zu 2 Wochen.

Montpellier-Butter

Die Butter wird traditionsgemäß zu gegrilltem Fleisch und Fisch serviert.

1 Schalotte, gehackt
85 g möglichst viele verschiedene Kräuter: junge Spinat- oder Sauerampferblätter, Brunnenkresse, Petersilie, Kerbel oder Koriandergrün, Estragon oder Schnittlauch
4 Sardellenfilets, abtropfen lassen und hacken
2 kleine Essiggürkchen, gehackt
1 EL abgetropfte Kapern
1 1/2 Knoblauchzehen, geschält und zerstoßen
100 g weiche Butterflöckchen
1 hartgekochtes Ei, geschält und gehackt
3 EL Olivenöl
1 knapper EL Weinessig (Estragonessig, wenn Sie Estragon in der Kräutermischung verwenden)
Meersalz und schwarzer Pfeffer aus der Mühle

Schalotten, Blätter und Kräuter mit kochendem Wasser überbrühen und 1 Minute blanchieren. Abgießen, unter kaltem Wasser abschrecken und abtropfen lassen. Zwi- schen 2 doppelten Lagen Küchenkrepp ausbreiten und trockenpressen.

Die getrocknete Mischung zusammen mit Sardellen, Gürkchen, Kapern, Knoblauch und Butter in die Küchenmaschine füllen und pfeffern. Pürieren und dabei die Creme immer wieder von den Gefäßwänden schaben. Das Ei hinzufügen und mit einigen Umdrehungen unter- mischen. Die Creme wieder von den Gefäßwänden scha- ben. Das Öl in die laufende Küchenmaschine träufeln. Sobald das ganze Öl eingearbeitet ist, die Maschine ab- schalten.

Nachwürzen und den Essig einrühren. Abdecken und mindestens eine Stunde durchkühlen, damit sich die Aro- men entfalten können. Die Butter hält sich im Kühl- schrank bis zu 2 Wochen frisch.

GEWÜRZESSIGE

Nehmen Sie für Ge- würzessige Kräuter mit einem deutlichen Aroma wie Estragon, Minze oder Dill (ein- schließlich Samen). Der Essig muß von erstklassiger Qualität sein. Am besten eig- nen sich Weißwein- oder Apfelessige.

ESTRAGON- ODER DILLESSIG
Einfach 3 Zweige fri- schen Estragon oder ein paar Dillsamen und 2–3 Dillspitzen in 600 ml Essig geben. 4–5 Pfefferkörner und eine geschälte Knob- lauchzehe hinzufü- gen. Abdecken und mindestens 24 Stun- den (oder bis die Kräuter verblassen) an einem temperier- ten Ort ziehen lassen. Ab und zu schütteln. Durch ein Sieb gießen und Gewürze weg- werfen. 2–3 Estragon- zweige (oder Dill- spitzen und einige Samen) in eine Fla- sche geben, mit dem Essig übergießen und verschließen. Nach 48 Stunden ist der Essig gebrauchsfertig. Er hält sich an einem kühlen und dunklen Ort 2–3 Monate.

Butter, Essige & Öle mit Kräuteraromen

GEWÜRZÖLE

Mischen Sie Kräuter mit feinem Aroma mit zarten oder neutralen Ölen; das kräftige Olivenöl verträgt auch Basilikum, Rosmarin und Knoblauch. Stellen Sie nur kleine Mengen her, denn die selbstgemachten Öle müssen innerhalb weniger Wochen aufgebraucht werden. Ein intensiveres Aroma erhalten Sie mit der u. g. »heißen« Methode.

KNOBLAUCH- UND MAJORANÖL

*2 Knoblauchzehen
einige Zweige frischer Majoran, gehackt
125 ml fruchtiges Olivenöl*

Knoblauch 3 Minuten in kochendem Wasser blanchieren. Abgießen und wiederholen. Kalt abschrecken, dann schälen und trockentupfen. Majoran, Knoblauch und Öl in einen Topf füllen und zum Köcheln bringen. Knoblauch und Majoran zerdrücken, damit sie so viel Aroma wie möglich abgeben. Das Öl schwenken, dann durch einen Trichter in eine sterilisierte Flasche füllen. Oregano, Rosmarin, Salbei und Thymian können Sie genauso verarbeiten.

Arbeit & Konzentration

PERSILLADE UND GREMOLADA

Fein gehackte Petersilie und Knoblauch sorgen in einem Schmorgericht für ein durchdringendes Aroma und einmalig würzige Frische. Rühren Sie die Kräuter in allerletzter Minute vor dem Servieren in den Topf, den Sie bereits vom Herd genommen haben. Für die traditionelle französische Persillade ein kleines Büschel glattblättrige Petersilie hacken und eine Knoblauchzehe zerstoßen. Leicht vermischen und verwenden. Für italienische Gremolada einen gehäuften Teelöffel abgeriebene Zitronen- und/oder Orangenschale hinzufügen. Wenn Sie in Zeitnot sind, können Sie die abgeriebene Schale auch durch haarfeine Streifen (Zesten) ersetzen.
Mischen Sie Persillade oder Gremolada mit Semmelbröseln zum Überbacken von Gratins und Aufläufen. Über das Gericht streuen, mit Olivenöl beträufeln oder mit Butterflöckchen bestreuen und 15–20 Minuten im Ofen überbacken.

PETERSILIENWÜRZE

Unmittelbar vor dem Servieren grobkörniges Meersalz und sehr gut abgetropfte, fein gehackte Krauspetersilie vermischen. Paßt zu gesottenem Fleisch, Geflügel und Bauernsuppen und sieht hübsch aus.

Kräutersalsas & Gewürzbeigaben

Seien Sie bei der Zubereitung einer Kräutersalsa großzügig. Verwenden Sie mehr Kräuter und Gewürze, als Sie als ausreichend empfinden. Sie werden dann mit intensivem Geschmack, dicker Konsistenz und hocharomatischer Salsa belohnt. Wenn Sie diesen Trick einmal beherrschen, können Sie experimentieren und variieren. Ein bißchen Koriandergrün oder gemahlener Bockshornklee passen zur Petersilien-Walnuß-Salsa. Haselnüsse und Kerbel vertragen sich bestens (nehmen Sie ein mildes Öl), ebenso Dill (oder Estragon) und Mandeln. Eine kleine Menge Petersilie paßt in fast alle Kombinationen, so auch in den klassischen Basilikumpesto.

Petersilien-Walnuß-Salsa

Für einen erstklassigen Brotaufstrich können Sie die Walnüsse durch 2 Eßlöffel Kapern, 2 abgetropfte und gehackte Sardellen und 2 Teelöffel Balsamessig ersetzen.

Zubereitungszeit: 10 Minuten

1 dickes Büschel glattblättrige Petersilie
1–2 Knoblauchzehen, zerstoßen
45 g frisch geschälte Walnußkerne, gehackt
1/2 kleine unbehandelte Zitrone
30 g Parmesanraspel
3 EL Walnußöl
2 EL Erdnuß- oder Sonnenblumenöl
Meersalz und schwarzer Pfeffer aus der Mühle

Petersilienblättchen und einige dünnere Stengel in die Schüssel der Küchenmaschine schnipseln. Knoblauch und Walnußkerne hinzufügen. Mit einem Zestenschneider dünne Streifen Zitronenschale ablösen und in die Rührschüssel geben, dann den Saft hinzupressen. Die Masse zu einem groben Püree zerkleinern.

Die Hälfte des Parmesans hinzufügen und pürieren. Bei laufendem Motor die Öle hineinträufeln. Die Salsa nicht zu fein pürieren. Abschmecken.

Abdecken und bis zur Verwendung beiseite oder einige Stunden kühl stellen. (Die Salsa hält sich im Kühlschrank über Nacht, aber höchstens 2–3 Tage.)

Dill- und Senf-Dip

Dieser Dip und die Kräutercreme unten passen gut zu hartgekochten Eiern, geräuchertem Fisch, kaltem Hähnchen und Schweinefleisch.

Zubereitungszeit: 5 Minuten + Kühlzeit
Ergibt ca. 250 ml

200 ml gute Mayonnaise
2 EL Crème fraîche oder saure Sahne
1 EL grobkörniger Senf
einige Dillspitzen

Sahne und Senf in die Mayonnaise rühren. Die Dillspitzen abzupfen und unterheben. Bis zum Servieren kalt stellen.

Frischkäse mit Kerbel und Schnittlauch

Servieren Sie die Kräutercreme als erfrischendes Dessert oder als »Käsegang« mit einem bunten Blattsalat oder mit kleinen neuen Kartoffeln als Beilage zu gedünstetem Fisch.

Zubereitungszeit: 10 Minuten + Kühlzeit
Ergibt ca. 300 ml

100 g Frischkäse (mindestens 8 % Fett) oder sehr frischer, milder Ziegenkäse
100 g Ricotta
2 EL Mascarpone
1 Schalotte, sehr fein gehackt
2 EL fein gehackter Kerbel
2 EL fein gehackter Schnittlauch
Meersalz und schwarzer Pfeffer aus der Mühle

Die Käsesorten vermischen, leicht salzen und etwas großzügiger pfeffern. Schalotte, Kerbel und Schnittlauch portionsweise einstreuen und sanft verrühren.

Mindestens 30 Minuten kühl stellen, damit sich die Aromen voll entfalten können. Vor dem Servieren erneut abschmecken.

KNOBLAUCHCREME

Servieren Sie die Creme heiß zu Lamm, gegrilltem Fisch oder Gemüse. Ofen auf 190° (Gas Stufe 2–3) vorheizen. 4 ungeschälte Knoblauchknollen mit Olivenöl beträufeln oder bepinseln. Etwa 30 Minuten backen, etwas abkühlen lassen, dann das Mark herauspressen. Das Knoblauchmark mit je 1 EL Olivenöl, Milch und Sahne (oder Joghurt) und nach Wunsch mit einem knappen Eßlöffel Semmelbrösel verrühren. Salzen und pfeffern.

SCHALOTTEN-KONFIT

Geschälte Schalotten kann man wie Knoblauchknollen backen. Nach dem Backen erneut mit Olivenöl beträufeln oder bepinseln und mit etwas grobkörnigem Meersalz und schwarzem Pfeffer aus der Mühle würzen. Zu gebratenem oder gegrilltem Fleisch und Brathähnchen servieren.

Arbeit & Konzentration

Kräuter zum Einmachen

Aromatische Marmeladen, Gelees und Kompotts schmecken köstlich, bieten Ihnen die Möglichkeit, Kräuteraromen zu bewahren, und verleihen Ihrer Alltagsküche den letzten Schliff. Probieren Sie Marmelade aus roten Zwiebeln und Lorbeer zu gegrillter Entenbrust oder unter dem Käse eines Welsh Rarebit (eine Art Käsetoast). Das Fruchtkompott mit Borretsch und Rum macht sich auf einem frischen Obstsalat oder als Grundlage einer Crème brûlée besonders gut. Hübsch verpackt sind diese Konserven auch tolle Geschenke.

Marmelade aus roten Zwiebeln und Lorbeer

Zubereitungszeit: 10 Minuten,
Garzeit: ca. 1 Stunde + Kühlzeit
Ergibt ca. 450 g

4 EL Sonnenblumenöl oder 60 g Butter
900 g rote Zwiebeln, in dünne Ringe gehobelt
3 Lorbeerblätter
75 g Zucker
3 EL Sherryessig
2–3 Salbeiblätter, gehackt
Meersalz und schwarzer Pfeffer aus der Mühle

Das Öl oder die Butter in einer weiten Pfanne erhitzen. Zwiebelringe und Lorbeerblätter hineingeben. Leicht würzen und umrühren. Abdecken und auf sehr kleiner Flamme weich dünsten.

Nach etwa 30 Minuten die Wärmezufuhr ein wenig erhöhen. 2 gehäufte EL Zucker, den Essig und die gehackten Salbeiblätter einstreuen. Erneut würzen, 4 EL Wasser einrühren und ohne Deckel 15 Minuten bei mäßiger Hitze weitergaren.

Zum Schluß den restlichen Zucker einstreuen und die Mischung 1–2 Minuten auf lebhafter Flamme durchkochen, bis der Zucker leicht karamelisiert. In sterilisierten Einmachgläsern im Kühlschrank mehrere Wochen haltbar.

Fruchtkompott mit Borretsch und Rum

Zubereitungszeit: 10 Minuten,
Einwirkzeit: 2 Wochen
Ergibt 850 ml–1 l

450–575 g gemischte Früchte, darunter entsteinte und geviertelte Pfirsiche, Aprikosen, Nektarinen, Kirschen, kernlose grüne und blaue Trauben, Lampionfrüchte (ohne Hülle)
115 g Kastorzucker (sehr feiner Zucker)
einige Streifen unbehandelte Orangenschale
einige Borretschblätter, fein gehackt
ca. 400 ml Rum

Das Obst mit Zucker, Orangenschale und Borretsch in ein sterilisiertes Einmachglas mit einem Fassungsvermögen von 850 ml–1 l füllen. Die Früchte ganz mit Rum bedecken. Sanft schütteln. Abdecken und 2 Wochen bis 4 Monate an einem kühlen, dunklen Ort ziehen lassen. Das Einmachglas ab und zu sanft schütteln.

Kräuter zum Einmachen

VON LINKS NACH RECHTS:
Fruchtkompott mit Borretsch und Rum, Marmelade aus roten Zwiebeln und Lorbeer, Apfelgelee mit Ananassalbei, Birnenkonfit mit Koriander.

Apfelgelee mit Ananassalbei

Wenn Sie keinen Ananassalbei bekommen, verwenden Sie gewöhnlichen Salbei. Das Apfelgelee können Sie nach demselben Rezept mit Thymian, Rosmarin oder Minze aromatisieren.

Zubereitungszeit: 20 Minuten, Garzeit der Früchte: 20 Minuten, Abtropfen: 12 Stunden, Marmelade einkochen: 20 Minuten + Kühlzeit, Gelieren: 48 Stunden
Ergibt ca. 1,5 kg

2 kg Äpfel (vorzugsweise die Sorte Bramley)
15 Blätter Ananassalbei mit Stengeln
600 ml Apfelsaft
ca 1 kg Einmachzucker oder Kastorzucker
Saft einer Zitrone
Saft einer Orange
Salbeizweiglein zum Dekorieren

Die ganzen, ungeschälten Äpfel zerkleinern. Mit ungefähr 850 ml Wasser und 10 Salbeiblättern (mit Stengel) in einen Topf geben. Aufkochen lassen und etwa 15 Minuten weich kochen. Die Äpfel mit einem Holzlöffel zermusen.

Apfelmasse in ein sauberes Mulltuch geben und 12 Stunden über einer großen Schüssel abtropfen lassen. Das Tuch nicht auspressen, weil das Gelee sonst eintrübt.

Den abgetropften Saft abmessen und in einen Topf gießen. Den Apfelsaft hinzufügen und zum Kochen bringen. Stellen Sie Zucker an einen warmen Ort (450 g Zucker auf 600 ml Saft).

Zitronensaft, Orangensaft und die übrigen Salbeiblätter in den Topf geben. Zucker einrühren, bis er sich aufgelöst hat. Die Flüssigkeit dabei langsam zum Kochen bringen.

Bei starker Hitze 15 Minuten durchkochen, bis der Gelierpunkt erreicht ist (104 °C auf einem Zuckerthermometer – die Oberfläche des Sirups zieht Falten, wenn Sie einen Teelöffel davon auf einen kalten Teller geben). Den Salbei entfernen.

Das Gelee in vorgewärmte, sterilisierte Gläser füllen und mit frischen Salbeizweiglein dekorieren. Nach 48 Stunden können Sie das Gelee essen. Es hält sich bis zu 6 Monate frisch.

Birnenconfit mit Koriander

Zubereitungszeit: 10 Minuten, Kochzeit: ca. 40 Minuten + Kühlzeit, Gelieren: 48 Stunden
Ergibt ca. 1,5 kg

1 unbehandelte Zitrone
1 unbehandelte Limette
1,3 kg feste Birnen
1 kg Einmachzucker oder Kastorzucker (sehr feiner Zucker)
2 TL leicht zerstoßene Korianderkörner
3 frische Korianderzweige

Mit einem Zestenschneider einige Streifen Zitronenschale ablösen und beiseite stellen. Die Zitrone halbieren und den Saft in einen großen Topf pressen. Die Zitronenhälften zerkleinern, die Kerne aufheben. Die Limette genauso vorbereiten.

Die Birnen schälen und entkernen. Schale und Kernhaus weglegen. Die Birnen in hübsche Spalten schneiden. Birnenspalten in einen Topf setzen und knapp mit Wasser bedecken. Dann die Zitronen- und Limettenzesten hinzufügen. Den Zucker an einen warmen Ort stellen.

Die Zitronen- und Limettenkerne, die zerkleinerten Früchte, die Birnenschalen und Kernhäuser, die Korianderkörner und -stengel zwischen zwei feuchte Mulltücher schichten. Zu einem Beutel zusammenbinden und zu den Birnenspalten in den Topf geben. Langsam zum Kochen bringen und 12–15 Minuten sanft durchköcheln, bis die Birnen gerade weich werden. Mit einer Schaumkelle vorsichtig herausheben und über dem Topf abtropfen lassen. Beiseite stellen.

Die Flüssigkeit nun auf großer Flamme 15 Minuten auf die Hälfte einkochen lassen. Das Mullsäckchen entfernen.

Den erwärmten Zucker in die Flüssigkeit rühren und bei sanfter Hitze auflösen. Dabei ständig umrühren. Durchkochen, bis der Gelierpunkt (s. vorhergehendes Rezept) erreicht ist. Die Birnen wieder in den Topf setzen, den Sirup aufkochen lassen und sofort vom Herd nehmen.

In vorgewärmte, sterilisierte Gläser füllen, verschließen und beschriften. Bis zu 6 Monate an einem kühlen Ort aufbewahren. Das Konfit ist nach 48 Stunden gebrauchsfertig.

Arbeit & Konzentration

Suppen

Suppen profitieren von getrockneten und von frischen Kräutern. Kerbel-, Petersilien-, Minze- oder Sauerampferblättchen lassen selbst eine Fertigsuppe wie hausgemacht schmecken.

Soupe au Pistou

Die französische Antwort auf Minestrone mit Pesto.

**Zubereitungszeit: 10 Minuten;
Garzeit: 30 Minuten**

*2 EL Olivenöl
1 Gemüsezwiebel, fein gehackt
1 Knoblauchzehe, zerstoßen
850 ml Gemüse- oder Hühnerbrühe
575 g Tomaten, blanchiert, entkernt, gehäutet und gehackt (oder eine große Dose Tomatenstückchen)
2 EL frisch gehacktes Basilikum
1 TL eines oder mehrerer getrockneter Kräuter: Thymian, Salbei, Oregano, Majoran, Bohnenkraut
1 große, fest kochende Kartoffel, gewürfelt
4 kleine weiße Rübchen, gewürfelt
1 Mohrrübe, gewürfelt
1 Fenchelknolle, geputzt und gewürfelt
4 kleine Zucchini, gewürfelt
350 g frische junge Bohnenkerne
Meersalz und schwarzer Pfeffer aus der Mühle*

*Für den Pistou:
1 Ei
1 TL scharfer Senf
1 Knoblauchzehe, zerstoßen
1 TL Weinessig
175 ml Olivenöl
3–4 EL frisch zerzupftes Basilikum (oder kleine ganze Blätter)
5 EL geriebener Parmesan oder Pecorino*

Das Öl in einem großen Topf erhitzen. Zwiebel und Knoblauch bei mäßiger Hitze 3–5 Minuten andünsten. Die Brühe in einem zweiten Topf zum Kochen bringen. Die Tomaten mit ihrem Saft, die Hälfte des Basilikums und die getrockneten Kräuter zu den Zwiebeln in die Pfanne geben. Würzen, dann Kartoffel, Rübchen und Möhre hinzufügen. Die kochende Brühe dazugießen, umrühren und aufkochen lassen. Die Wärmezufuhr sofort wieder drosseln, Fenchel und Zucchini hineingeben und leicht würzen. Abdecken und rund 15 Minuten simmern. Ab und zu umrühren. Die Bohnenkerne hineinwerfen und mitkochen, bis das Gemüse weich ist.

In der Zwischenzeit den Pistou zubereiten. Das Ei 4 Minuten kochen, den Eidotter herauslösen und in eine Schüssel geben. Das Eiweiß beiseite stellen. Das Eigelb mit einer Prise Salz, Senf, Knoblauch und Essig aufschlagen. Das Öl wie für Mayonnaise langsam hinzugießen. Das Eiweiß zerstoßen und zusammen mit Basilikum und Käse in die Sauce rühren. Kräftig würzen.

Zum Servieren eine Terrine oder einzelne Suppenteller mit etwas Pistou benetzen. Die Suppe darübergießen, mit dem restlichen Pistou abdecken und sehr heiß servieren. Mit dem übrigen Basilikum bestreuen.

Tarator

Diese Walnußsauce aus dem Mittleren Osten wird zu Fisch und Gemüse oder verdünnt als erfrischende Suppe gegessen.

Zubereitungszeit: 15 Minuten + Kühlzeit

*1 Handvoll gehackte Walnußkerne
2 mittelgroße Gurken (schälen, längs halbieren, entkernen und zerkleinern)
1–2 Knoblauchzehen, zerstoßen
600 ml Naturjoghurt
1 EL Boursin naturel, Frischkäse oder Sahne
3 EL frisch gehackte Minzeblättchen + einige ganze Blätter zum Garnieren
2 EL frisch gehackte, glattblättrige Petersilie + einige ganze Blätter zum Garnieren
1¹/₂ EL kräftiges Olivenöl
Meersalz und schwarzer Pfeffer aus der Mühle*

Die Nüsse in der Küchenmaschine grob hacken. Gurken und Knoblauch hinzufügen, dann Joghurt, den Käse oder die Sahne, die Hälfte der Minze, die Petersilie und das Öl einarbeiten. Salzen und pfeffern; die restlichen Zutaten dazugeben und untermischen. Durchkühlen.

Vor dem Servieren die Suppe mit etwas Eiswasser verdünnen. Abschmecken, mit Minze und Petersilie garnieren und mit einem Eiswürfel servieren.

Suppen

Verwenden Sie getrocknete Kräuter in den Wintermonaten, wenn frische Kräuter selten und teuer sind. Heute werden getrocknete Kräuter oft zu Unrecht vernachlässigt. Dabei brauchen sie nur ein bißchen Zeit, um ihr volles Aroma zu entfalten: Thymian, Rosmarin, Oregano, Majoran, Bohnenkraut und Dill wirken Wunder in Suppen, Saucen, Braten und Aufläufen, wenn Sie sie gleich von Anfang an mitkochen. Frische Kräuter verleihen zum Schluß noch eine saubere und lebhafte Note.

OBEN: *Soupe au Pistou; Avocadosuppe mit Rucola und Koriander*

Avocadosuppe mit Rucola und Koriander

Zubereitungszeit: 15 Minuten + Kühlzeit
Für 2–3 Personen

2 reife Avocados
Saft einer Limette + einige feine Streifen von der Schale
1 dickes Büschel Rucola
einige frische Korianderzweige
1 Spritzer grüne Tabascosauce (mit Jalapeño-Chillies)
ca. 300 ml gekühlte Gemüsebrühe
Meersalz und schwarzer Pfeffer aus der Mühle

Die Avocados schälen und entkernen. Das Fleisch grob zerkleinern und zusammen mit Limettensaft und -schale in der Küchenmaschine mischen. Rucola und Koriandergrün zerzupfen und dazugeben. Salzen, pfeffern und mit einigen Tropfen grüner Tabascosauce abschmecken. Pürieren. Das Püree von den Wänden der Rührschüssel schaben, die Brühe hinzugießen und zu einer glatten Suppe verarbeiten. Ungefähr 150 ml kaltes Wasser hinzufügen und gut einrühren. Würzen und durchkühlen.

Vor dem Servieren erneut abschmecken. Nach Wunsch 2–3 Korianderblättchen aufrollen und über die Suppe schnipseln. Wenn die Suppe nicht kalt genug oder zu dick ist, mit ein paar Eiswürfeln anrichten.

Arbeit & Konzentration

Ein paar frische Kräuter machen aus einem einfachen Sandwich im Handumdrehen einen Genuß:

- sehr leicht getoastetes Brot hat mehr Biß
- mit Butter, Olivenöl oder Mayonnaise bestreichen
- einen Hauch grobkörnigen Senf darübergeben
- mit gebratenem Hähnchenfleisch (ohne Haut), Truthahn, Schinken usw. oder mit Hüttenkäse belegen
- entweder 1 Frühlingszwiebel oder 4 Schnittlauchhalme, 2 Basilikumblätter, 1 Estragonzweig, ein paar Rucola-, Sauerampfer- oder Babyspinatblätter klein hacken und darüber streuen
- mit in Streifen geschnittenen Salatblättern dekorieren und würzen

Salate & Sandwiches

In Salaten kommen die schön kräftigen Aromen frischer Kräuter am besten zur Geltung. Trauen Sie sich ruhig, große Mengen zu verwenden. Ihr Salat mundet dann nicht nur wunderbar, sondern steckt auch noch voller Nährstoffe. Mit Kräuterbutter (s. Seite 72) schmeckt Ihr Sandwich im Handumdrehen nach mehr.

Frühsommersalat

Die jungen Blättchen in diesem Salat bersten geradezu vor Geschmack. Vor allem Sauerampfer mit seinem vollen, leicht zitronigen und zartbitteren Geschmack macht die Verwendung anderer Kräuter überflüssig. Die Erdbeeren erscheinen vielleicht etwas exzentrisch, passen aber gut dazu.

Zubereitungszeit: 10 Minuten, Garzeit: 5 Minuten

1 kleines Bund dünne Spargelspitzen
1 Handvoll Baby-Blattspinat
1 Handvoll Rucola
1 kleiner Eichblattsalat, zurechtgezupft
1 kleiner Kopfsalat, in Streifen geschnitten
1 Handvoll Sauerampfer, in schmale Streifen geschnitten
12 kleine Erdbeeren, mit 1 TL gutem Balsamessig beträufelt

Für das Dressing:
2 EL Sonnenblumenöl oder Traubenkernöl
3 EL saure Sahne (oder 2 EL süße Sahne + 1 EL Joghurt)
1 EL Weißweinessig
Meersalz und schwarzer Pfeffer aus der Mühle

Den Spargel 3–4 Minuten in leicht gesalzenem Wasser blanchieren. Abgießen und mit Küchenkrepp abtrocknen.

Salate & Sandwiches

LINKS: *Wintersalat.*
RECHTS: *Pan Bagna mit Majoran.*

Die Zutaten für das Dressing mit einem Schneebesen gut verrühren. Mit Salz und Pfeffer abschmecken.

Die Blattsalate in einer weiten und flachen Schüssel vermischen. Die Spargelspitzen und die kleinen Erdbeeren darüber verteilen. Sehr sachte durchmischen. Mit Dressing beträufeln, nochmals leicht vermischen und rasch servieren.

Pan Bagna mit Majoran

Anstelle von oder zusätzlich zu den unten angegebenen Zutaten können Sie grüne Bohnen, Sardellenfilets, schwarze Oliven, glattblättrige Petersilie, gekochte dicke Bohnen, Thunfisch, hartgekochtes Ei in dieses herrlich saftige Sandwich geben. Der frische Majoran verträgt sich gut mit Käse und Marinade. Zu Bohnen paßt Bohnenkraut, zu Thunfisch Dill oder Fenchel, zu Eiern Estragon.

**Zubereitungszeit: 10 Minuten,
Einwirkzeit: 20 Minuten**

*4 große Strauchtomaten
3 EL Knoblauch- und Majoranöl (s. Seite 73)
einige frische Majoranzweige
60 g Feta oder eher trockener Ziegenkäse
1 große helle milde Zwiebel
4 Brötchen oder Minibaguettes
einige Blätter Eichblattsalat
Meersalz und schwarzer Pfeffer aus der Mühle*

Die Tomaten halbieren, die Kerne herauspressen und das wäßrige Fruchtfleisch entfernen. In Spalten oder Halbmonde schneiden.

Mit dem Knoblauchöl, den Majoranzweiglein, Salz und Pfeffer bestreuen. Den Käse darüberkrümeln. Die Zwiebel in dünne Ringe hobeln und über der Tomatenmischung verteilen. Mindestens 20 Minuten bei Zimmertemperatur durchziehen lassen.

Die Brötchen oder Minibaguettes aufschneiden und nach Bedarf etwas Teig entfernen. Die unteren Hälften mit dem Saft der Marinade bestreichen. Ein paar Salatblätter in Streifen schneiden und darüber verteilen, dann die Tomatenmischung darauf häufen. Mit den oberen Hälften abdecken und leicht zusammendrücken.

Wintersalat

Sie können diesen Salat mit Rotkohl, Orangen, Haselnüssen (nehmen Sie dann Haselnußöl), Pekannüssen (50 % Walnußöl verwenden) variieren und statt Pancetta geraspelten Greyerzer nehmen. Sahne und Joghurt bringen die feine Schärfe des Schnittlauchs schön zur Geltung.

Zubereitungszeit: 10 Minuten, Garzeit: 5 Minuten

*2 Köpfe Krausendivie
1 kleiner Kopf Radicchio
1 kleiner Kohlkopf oder 1/4 Wirsing
1 kleiner Kopf Romanasalat
1 knackiger Apfel
1 TL Zitronensaft
1 Handvoll saftige Rosinen oder getrocknete Kronsbeeren
1/2 EL Öl
175 g Pancetta, Speck oder Schinkenspeck, gewürfelt
2 gehäufte EL Pinienkerne*

*Für das Dressing:
2 EL Erdnußöl
1 EL Sahne oder Frischkäse
1 EL Joghurt
1 EL Rot- oder Weißweinessig
1 kleines, weichgekochtes Ei (nach Wunsch)
1 Bund Schnittlauch
Meersalz und schwarzer Pfeffer aus der Mühle*

Krausendivie in mundgerechte Stücke zupfen, Radicchio und Kohl feinstreifig aufschneiden, den Romanasalat zerkleinern. Den Apfel in dünne Scheiben schneiden und mit Zitronensaft beträufeln. Diese vorbereiteten Zutaten mit den Rosinen oder Kronsbeeren in eine flache Schüssel geben. Leicht salzen und pfeffern.

Eine Pfanne mit Öl ausreiben und die Speckwürfel knusprig ausbraten. Zum Schluß die Pinienkerne kurz mitrösten. Abtropfen lassen und über den Salat streuen.

Das Dressing vorbereiten: Öl, Sahne oder Frischkäse, Joghurt und Essig vermischen, dann 1 Eßlöffel Wasser einrühren. Nach Wunsch das weiche Ei dazugeben. Den Großteil des Schnittlauchs hacken und unterziehen (6–8 Halme aufheben). Gut verrühren und abschmecken.

Das Dressing über den Salat gießen und gut durchmischen. Mit dem restlichen Schnittlauch garnieren und zu Tisch bringen.

Drittes Kapitel

Entspannung & Erholung

Entspannung & Erholung

Süßer Kräuterduft ist ein wunderbares Mittel gegen Überarbeitung und Streß.

Ein Spaziergang im Kräutergarten nach einer anstrengenden Fahrt durch den Berufsverkehr beruhigt mit seinem kühlen grünen Duft Ihren Geist. Eine zarte Symphonie besänftigender Düfte erklingt, sobald Sie an den Blättern vorbeistreichen und den Duft der Blüten einatmen. Die sanft entspannende Wirkung von Lavendel, die wolkigen Blüten von Mädesüß mit ihrem Mandelduft und der unschuldige Geruch von Wicken schaffen eine beruhigende Atmosphäre, in der Sie Ihr Gleichgewicht wiederfinden können. Der harmonisierende Einfluß wird noch gesteigert durch die wohltuenden Pastelltöne, die samtigen Blätter und die vielen Schmetterlinge, Libellen, Bienen und Singvögel, die von diesen Pflanzen angelockt werden.

Die Entspannung wird vollkommen, wenn Sie sich Zeit zum Tagträumen oder Lesen nehmen, einen Klee- oder Lavendeltee trinken, um »die Melancholie zu vertreiben«, oder Ihre Laune mit einem Schluck Veilchenwein verbessern. Genießen Sie einen schwülen Sommernachmittag in der Hängematte zwischen dem Heuduft von Waldmeister, Vanillegras und Honigklee vor einer Monet-Kulisse aus blauen Kornblumen, rotem Mohn und weißen Kamillen oder Margeriten. Oder entspannen Sie sich bei einem geruhsamen Spaziergang durch den lichten Schatten von Bäumen, und atmen Sie den frischen Frühlingsduft von Apfelblüten oder die honigsüßen Schwaden von Lindenblüten tief ein.

Nehmen Sie am Ende des Tages ein entspannendes Aromabad mit ätherischem Lavendel-, Geranium- oder Sandelholzöl. Eine Massage mit aromatischen Pflanzenölen steigert die Heilkraft der Natur bei Muskelschmerzen, starkem Streß, oder wenn Sie sich einfach einmal etwas Gutes tun wollen. Verschiedene ätherische Öle lindern körperlichen, geistigen oder seelischen Streß. Bergamotte hilft beispielsweise bei Depressionen, Muskatellersalbei lindert nervöse Erschöpfungszustände, während Majoran Spannungskopfschmerz beruhigt. Die Öle lassen sich auch nach individuellen Bedürfnissen und Vorlieben mischen.

Bei den ersten Anzeichen von Streß können beruhigende Kräuterdüfte das innere Gleichgewicht wieder herstellen. Bei ernsteren Problemen gewähren sie zumindest eine wohlriechende Atempause, in der Sie sich einen Lösungsweg zurechtlegen können.

KRÄUTER & ÖLE GEGEN STRESS • THERAPEUTISCHE KRÄUTERGÄRTEN • ENTSPANNENDE HEILGÄRTEN IN REGENBOGENFARBEN • AROMATHERAPIE • ENTSPANNENDE MASSAGEMISCHUNGEN • KRÄUTER & ÖLE FÜR REISE & URLAUB • LEICHTE MAHLZEITEN IM FREIEN

Entspannung & Erholung

Aromatische Kräuter beschenken uns mit entspannenden, ausgleichenden Düften, die wir in einem frischen Strauß, in ätherischen Ölen oder direkt im Kräutergarten genießen können.

Entspannende Kräuter & Öle

Lavendel

In jedem klassischen Kräutergarten wächst Lavendel mit seinen silbrigen Blättern, zartblauen und lila Blüten und seinem süßlich-scharfen Duft, der die Stimmung hebt und Sorgen vertreibt. Die Blüten ergeben einen eleganten Tee oder ein beruhigendes Bad, während ein Lavendelsäckchen bettlägrigen Patienten heiteren Wohlgeruch beschert. Das vielseitige und beliebte ätherische Öl des Lavendels wirkt beruhigend, schlaffördernd und ist bei der Behandlung von seelischem oder geistigem Streß oft die erste Wahl für Aromatherapeuten. Lavendelöl lindert außerdem Muskelschmerzen, die durch geistige oder körperliche Anstrengung hervorgerufen wurden.

Kamille

Die Blätter der Kamille entfalten ihren zarten Apfelduft, wenn man an einem Sommertag barfuß daran vorbeistreift. Legen Sie gebrauchte Kamillenteebeutel auf die Augen, um Reizungen und dunkle Ringe abklingen zu lassen. Die ätherischen Öle von drei Kamillearten (Echte, Römische, Marokkanische) beruhigen und wirken gegen Depressionen, lindern Streßsymptome wie Reizbarkeit, Spannungskopfschmerz und Beklemmung. Fast alle anderen legendären Heilkräfte der Kamille sind jedoch nur im Öl der Echten und Römischen Kamille enthalten und hauptsächlich auf das Azulen zurückzuführen, das beim Destillieren entsteht. Diese kräftigblaue Substanz ist in den frischen Blüten nicht enthalten (möglicherweise aber in den getrockneten); sie tritt in höchster Konzentration in der Echten Kamille auf, geringfügig weniger im Öl der Römischen Kamille.

Die medizinisch-chemische Forschung hat die weiten Anwendungsbereiche der Kamille in der Volksmedizin bestätigt und neue erschlossen. Die streßabbauenden Eigenschaften von Echtem und Römischem Kamillenöl beruhigen reizbare und übermüdete Kinder, wirken entzündungshemmend und lindern Muskelkater; sie erhöhen außerdem die Widerstandsfähigkeit gegen streßbedingte Magengeschwüre und unterstützen die Zellerneuerung, vor allem nach dem Sonnenbad und bei Sonnenbrand. Das Öl der Echten Kamille hilft bei der Erneuerung der Leberzellen und wirkt ähnlich wie Antihistamin: Je ein Tropfen unter den Nasenlöchern kann heuschnupfengeplagten Menschen sofortige Linderung verschaffen, die zwischen 30 Minuten und – selten – ein ganzes Leben lang anhält.

Echtes Kamillenöl hat einen starken, erdig-grünen Duft, wird aber nur in winzigen Mengen verwendet, was den seltsamen Geruch und den hohen Preis wieder wettmacht. Es kann mit Lavendel oder Muskatellersalbei kombiniert werden, um das Aroma zu verbessern und die beruhigenden Eigenschaften zu verstärken. Das Öl der Römischen Kamille duftet etwas zarter und wird daher von manchen Menschen bevorzugt. Aromatherapeuten versuchen damit bei ihren Patienten emotionalen Streß abzubauen. Marokkanische Kamille *(Ormenis)* gilt oft als »die arme Verwandte«, weil sie preiswerter ist und andere Bestandteile enthält. Mit ihrem intensiven balsamischen Duft besitzt sie jedoch

LINKS: *Im umfriedeten Chelsea Physic Garden blühen lange und lockere, aromatische, staubigrosa bis lilafarbene Blüten des Muskatellersalbeis hinter lilafarbenem Ziest, dessen Blätter als Tee ein leicht sedatives Nerventonikum ergeben.*

Entspannende Kräuter & Öle

OBEN: *Die frühe Morgensonne wärmt die Lavendelfelder, die zur Mittagszeit hocharomatisch duften, bunt leuchten und vom sanften Summen der Bienen erfüllt sein werden.*

ebenfalls ausgleichende Wirkung. Sie bringt Gelassenheit, die einem überaktiven Geist gegen die Angst vor Veränderungen hilft und es ihm erlaubt zu entspannen.

Muskatellersalbei

Die Blüten von gedecktem Rosa bis Lila und die großen strukturierten Blätter des Muskatellersalbeis geben einen durchdringenden, warmen, nussigen und stechenden Geruch ab, der einst die Atrien römischer Villen durchzog. Dort wurde die Pflanze als medizinisches »Wunderkraut« gezogen. Heute kommt man mit dem ätherischen Öl wieder darauf zurück, besitzt es doch stark entspannende Wirkung und vermittelt Wohlgefühl, indem es Angstzustände, nervöse Erschöpfung und Reizbarkeit abzubauen hilft. Es wirkt Wunder bei Schlaflosigkeit, die von Überarbeitung stammt. Das Öl kann ein leichtes Gefühl von Trunkenheit hervorrufen und wurde früher deshalb als braunes Färbemittel für »Arme-Leute-Bier« verwendet. Das Öl ist so entspannend, daß Aromatherapeuten ihren Patienten abraten, nach der Massage Auto zu fahren.

Zitronenmelisse

Die leichte Frische der Blätter ergibt einen Tee, der Depressionen und Unruhezustände lindert. Alte Texte sprechen von der Zitronenmelisse als Herzelixier, weil es die Lebensgeister weckt und trübe Gedanken vertreibt. Der Tee wurde traditionsgemäß aus Weinbechern und Likörgläsern getrunken, und der berühmte Arzt Paracelsus nannte die Zitronenmelisse im 16. Jahrhundert sein »Lebenselixier«. Er glaubte, daß sie einen Menschen wieder vollständig zum Leben erwecken könne, eine Ansicht, die auch vom London Dispensary aus dem Jahr 1696 geteilt wurde: »Zitronenmelisse, in Weißwein eingenommen, erneuert die Jugend, stärkt den Geist und kräftigt eine schlaffe Verfassung.« Damit wurde der Ruf der Zitronenmelisse, langes Leben zu verschaffen und Melancholie zu vertreiben, noch gefestigt. Das ätherische Öl ist ein Tonikum und Antidepressivum, baut Spannung ab und wird in der Aromatherapie als Puffer gegen emotionale Überempfindlichkeit eingesetzt. Es bietet eine nützliche Kombination aus beruhigenden und stimmungsaufhellenden Wirkstoffen.

Duftpelargonien

Pelargonien *(Pelargonium)* sind zarte Pflanzen mit verschiedenartig duftenden Blättern. *P. radens* und *P. graveolens* duften nach Rosen und sind ein entspannender Genuß in Garten und Büro. Ihr ätherisches Öl (Geraniumöl) bessert die Stimmung und lindert Depressionen. Es wird bei Streß, Angstzuständen und Aggressivität eingesetzt.

87

Entspannung & Erholung

OBEN: *Zart duftende Apfelblüten.*

Lindenblüten

Lindenblütentee und Madeleines versetzten Proust augenblicklich in seine Kindheit zurück. Der Tee wird in Frankreich vor allem nach aufwendigen Mahlzeiten als Digestif getrunken und außerdem gegen Schlaflosigkeit und nervöse Anspannung verabreicht. Lindenblütenwasser ist ein beruhigender Badezusatz.

Süße Wiesendüfte

Die Blütenspitzen von Majoran besitzen einen würzigen Duft, der Männern und Frauen gleichermaßen gefällt. Stecken Sie Majoran zusammen mit Lavendel als entspannendes Duftsträußchen ins Knopfloch. Das ätherische Öl wirkt schmerzlindernd und beruhigend und verhindert, daß sich mentaler Streß in körperlichen Symptomen zeigt. Das Öl kann jedoch nur über einen kurzen Zeitraum angewendet werden. Majoranöl verbessert streßbedingte Kurzatmigkeit und wirkt bei einer Massage als Antioxidantium, das freie Radikale reduziert und die lokale Durchblutung und Entschlackung fördert.
Waldmeister hat wie Vanillegras, Echtes Labkraut und Steinklee einen leicht beruhigenden Duft nach frisch gemähtem Gras und ruft damit die Zufriedenheit entspannter Sommertage und reicher Ernte hervor. Der Duft wird durch das Cumarin erzeugt, ein Stoff, der einige Stunden nach dem Schneiden gebildet wird und auch in den getrockneten Gräsern und Kräutern vorkommt. Daher eignen sich diese Kräuter hervorragend für Wäscheschränke. Vanillegras wird geflochten und bei verschiedenen nordamerikanischen Indianerzeremonien eingesetzt.

Ganzjährige Ausgewogenheit

Da uns natürliche Riechstoffe tief mit der Natur verbinden, wirkt der Duft vieler Kräuter und Blumen entspannend. Der Frühling schenkt uns süßaromatischen Besenginster, Seidelbast und Goldlack sowie die jungen Blätter der krautigen Indianernessel mit ihrem Duft nach Kölnisch Wasser. Im späten Frühjahr erfreuen uns der volle Honig-Vanille-Duft der rankenden Akebie mit ihren dichtgedrängten lila Blüten, der traditionelle Duft von Flieder und die sinnliche Üppigkeit der Pfingstrosen. Im Hochsommer atmen wir die Duftschwaden von Sommerjasmin, Brautmyrte und Choisya (Mexikanische Orangenblüte), den würzigen und schokoladenähnlichen Duft von Nelken (die im Mittelalter als Nerventonikum eingesetzt wurden) und den sinnträchtigen Duft von Wicken ein. Die Jahreszeit bringt uns auch den zarten Mandelton von blühendem Mädesüß mit seinen wintergrün duftenden Blättern und das süße Japanische Geißblatt, die beide die Vorstufe des Schmerzmittels Aspirin – Salicylsäure – enthalten. Im Spätsommer erfreut die beruhigende Honigsüße der Buddleia Menschen und Schmetterlinge. Und dann beschert uns das Wintergeißblatt einmal mehr einen duftenden Start ins neue Jahr.

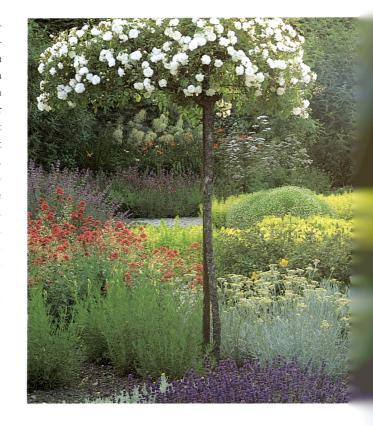

Entspannende Kräuter & Öle

Ätherische Öle gegen Streß

Die ätherischen Öle verschiedener Blumen können uns helfen, streßbedingte Probleme abzubauen. Das exquisite und teure Rosenöl wirkt leicht entspannend bei emotionalem Streß und wird eingesetzt, um männlich/weibliche Angstzustände auszugleichen. Jasmin ist ebenfalls teuer, aber hochwirksam. Das Öl beruhigt und belebt das Nervensystem und ist bei Beklemmungen und Depressionen mit psychologischer Ursache von unschätzbarem Wert. Der preiswertere, üppig blumige Duft von Ylang-Ylang ist ebenfalls ein beruhigendes und entspannendes Antidepressivum. Das Öl wirkt regulierend auf das Nervensystem und baut Schlaflosigkeit, Spannung und zornigen Frust ab. Manche Menschen empfinden den Duft anziehend, andere abstoßend; für die zweite Gruppe mischt man Ylang-Ylang daher am besten mit einem Zitrus- oder Lavendelduft. Der erfrischende Eindruck verschiedener Zitrusöle kann selbst ein durch Zwietracht entstandenes Stimmungstief durchdringen. Neroli (Orangenblütenöl) besitzt einen verführerischen, klaren und starken Geruch, der an grüne Setzlinge in Neuschnee erinnert, im Gegensatz dazu aber von anhaltender Üppigkeit ist. Der Duft ist ein natürliches Beruhigungsmittel und bei vielen Arten von Streß wie Panikanfällen, Schock, Überarbeitung, Schlaflosigkeit, Darmreizungen und prämenstrueller Anspannung bemerkenswert wirksam. Neroli hilft auch zur Beruhigung vor anstrengenden Ereignissen wie Prüfungen, Bewerbungsgesprächen oder einem öffentlichen Auftritt.

Das ätherische Öl der Bergamotte durchdringt Angst- und Spannungszustände, lindert das Gefühl, in einer geistigen oder emotionalen Falle zu sitzen, und wird von manchen Fachleuten zur Unterstützung von Entziehungskuren angewandt. Petitgrainöl aus den belaubten Zweigen des Orangenbaums ist die leichte, holzige grüne Version des Neroliöls und lindert Spannungskopfschmerz sowie Neuralgien und kann bei weniger ernsten Depressionen und Angstzuständen anstelle des teuren Neroliöls angewendet werden.

Zwei aufsteigende Sterne am Himmel der Antidepressiva sind Mandarinenöl, das sanft und sicher streßbedingte Angstzustände ausgleicht und die Rekonvaleszenz nach einem emotionalen Zusammenbruch unterstützt, und Grapefruitöl, das mit seinem heiteren und überbordenden Duft einen neuen Anfang verkündet und deshalb bei Depressionen und geistiger Erschöpfung eingesetzt wird.

Aus Australien kommen die Blätter des Zitroneneukalyptus mit einem sauberen, scharfen und erfrischenden Duft. Aromatherapeuten behandeln damit Depressionen, krankhafte Zurückgezogenheit und »Weltuntergangsstimmung«. Da Zitroneneukalyptus viele Bakterien, Viren und einige Pilze angreift, das Immunsystem stärkt und ähnliche elektrische Eigenschaften wie der menschliche Körper besitzt, ist das Öl hervorragend geeignet, den vielen potentiellen Nebenwirkungen von Streß zu begegnen.

Am Ende eines anstrengendes Tages nützen Sie die entspannende Wirkung dieser ätherischen Öle am besten in einem ausgedehnten Bad. Mischen Sie 4–6 Tropfen ins Badewasser. Wählen Sie aus Lavendel, Kamille, Geranium, Neroli, Jasmin, Rose oder Sandelholz Ihren Lieblingsduft. Wollen Sie nachher ausgehen, entspannen und erfrischen Sie sich mit einer Mischung aus den o. g. Ölen plus 2 Tropfen Grapefruit- oder Mandarinenöl. Angesichts einer so großen Vielfalt an weichen, süßen, grünen und blumigen Düften mit entspannender und ausgleichender Wirkung hängt Ihre Wahl hauptsächlich von Ihren persönlichen Vorlieben ab, die sich mit den äußeren Umständen ändern können. Lassen Sie sich wie immer von der Freude am Experimentieren leiten.

UNTEN: *Sanft entspannende Düfte und Farben und auffällig weiße Rosenbäumchen im umfriedeten Kräutergarten von Congham Hall.*

OBEN: *Das Laub der Schottischen Zaunrose duftet zart nach süßen Äpfeln.*

Entspannung & Erholung

Das größte Geschenk, das uns ein Garten heute machen kann, ist vielleicht ein verändertes Zeitgefühl. Wenn wir uns gehetzt und überlastet fühlen, erlaubt der Besuch eines Kräutergartens den Pflanzen, ihren Zauber zu entfalten und das anstrengende Gefühl von Eile und Hast in uns abzubauen.

Duftende Gärten zum Entspannen

Schon das erste Einatmen der sanften, natürlichen Duftstoffe vermittelt dem Gehirn Sicherheit und Ruhe, was die Entstehung Adrenalin erzeugender Gedanken hemmt und die Atmung verlangsamt und vertieft. Die beruhigenden Düfte, Farben und Töne helfen das Knäuel aus streßbedingten Gedanken, Sorgen und Muskelanspannungen zu entwirren. Der Geist fällt in einen neutralen Zustand der Betrachtung, bemerkt Wolkenbilder, ein Schmetterlingspaar, das durch den Garten gaukelt, eine Biene, die sich den Nektar aus einer Fingerhutblüte holt, oder einen faszinierenden Tautropfen, der sich im Blatt eines Frauenmantels fängt und von den Alchimisten so geschätzt wurde.

Doch das ist nur die erste Wohltat eines Kräutergartens. Wenn sich der Geist entspannt und öffnet, steigt unsere schöpferische Energie an die Oberfläche, und wir sprühen vor neuen und interessanten Ideen – philosophische Gedankenblitze, geistige Abenteuer und Problemlösungen treten zutage. Ich spüre das immer dann, wenn die Sonne hinter einer Wolke hervortritt und das Licht auf jedem Blatt und jeder Blüte verstärkt und den Garten buchstäblich erhellt. Wenn sich die Augen den neuen Lichtverhältnissen angepaßt haben, hat man das Gefühl, die Wahrnehmung verändere sich. Dieser Prozeß vertreibt angstvolle Denkmuster, holt neutrale Gedanken hervor und pumpt schließlich – mit Hilfe der aromatischen Kräuter – frische Energie durch das System, stellt das innere Gleichgewicht wieder her und eröffnet neue Perspektiven. Dieser wohltuende Effekt wird bei jedem Besuch des Gartens verstärkt, da uns die Erinnerung an frühere Entspannung rascher in einen ruhigen und harmonischen Zustand versetzt.

Gestaltungselemente

Ein deutlich abgesetzter Eingang, z. B. eine Eibenhecke, die zu einem Bogen zurechtgeschnitten wurde, oder ein rundes chinesisches Mondtor verstärken das Gefühl, einen besonderen Ort zu betreten. Eine bequeme Sitzgelegenheit an der richtigen Stelle ist sehr wichtig. Überlegen Sie, ob Sie lieber im Morgenlicht oder in der Abendsonne sitzen. Sicht- und Windschutz sind ebenfalls von Bedeutung. Eine Hecke, ein Zaun oder eine Wand halten den Pflanzenduft länger und schirmen Sie gegen Windstöße, Straßenlärm und Eindringlinge ab. Eiben sind klassische Heckenpflanzen, weil sie sich schön schneiden lassen und den perfekten dunkelgrünen Hintergrund für das ganze Spektrum der Blütenfarben bilden. Schottische Zaunrose bildet eine dichte Barriere, deren Blätter nach Apfel duften, während sich Weiden ineinander verweben lassen und einen lebendigen Zaun mit Pflanzbuchten, Sitzen, Bögen und sogar Lauben bilden können.

Vermutlich wollen Sie auch einige Schandflecke jenseits Ihrer Grundstücksgrenze ausblenden. Pflanzen Sie einen Baum an der richtigen Stelle, ziehen Sie ein Spalier, an dem sich Kletterrosen, Geißblatt oder Akebie emporranken, oder hängen Sie eine Blumenampel davor. Setzen Sie sich in den Garten, und probieren Sie aus, was sich ausblenden läßt.

UNTEN: *Rosen und Katzenminze säumen den harmonischen Weg.*

Duftende Gärten zum Entspannen

Harmonische Kombinationen

Die meisten Kräuter haben eine einfache, natürliche Erscheinung, die sich gut in einen entspannenden Garten einfügt. Zu den traditionellen Düften und Bildern gehört Lavendel, der hinter Katzenminze hübsch aussieht oder sich mit hochroter Indianernessel, weißen Moschusmalven und blauem Borretsch mischen läßt, die alle etwa zur gleichen Zeit blühen. Das Rosa von Rosen wird durch die Pelargonie ›Johnson's Blue‹ betont, während Rosenduft durch Petersilie unter den Rosen verstärkt wird. Rosa Nelken bilden einen schönen Kontrast zu zartblauen Glockenblumen, während die violetten Spitzen von Anis-Ysop elegant zwischen würzigem, silbrigem Wermut oder süßlich duftender, gefiederter Eberraute emporwachsen. Muskatellersalbei besitzt eine einzigartige Vielfalt an Farbstufen und Düften. Und verschiedene grün-, grau-, silber- und goldblättrige Thymianarten, die nach Thymian oder Zitrone, Kümmel, Obst, Zitrus und Pinien duften und weiß, rosa oder lila blühen, sehen zusammen einfach hübsch aus. Hochwachsender Fingerhut *(Digitalis lutea)* über den farnähnlichen Blättern von knackigem Rainfarn ist ein wunderbarer Anblick, während die üppige Größe von Pfingstrosenblüten durch zartweißen Wiesenkerbel *(Anthriscus sylvestris)* oder die Blüten der Süßdolde noch betont wird. Sie können leicht mit verschiedenen Kombinationen experimentieren, da sich Kräuter gut umpflanzen lassen.

OBEN: *Der unschuldige Duft von Wicken erfüllt alle Passanten mit einem Lächeln.*

Entspannung & Erholung

Klostergärten

Die ewige Beliebtheit umfriedeter Gärten zeugt von der weitreichenden Wertschätzung ruhiger Abgeschiedenheit. In den Klostergärten wurde das Wissen um Kräuter das ganze Mittelalter hindurch bewahrt. Reisende Kleriker und Pilger tauschten neue Pflanzensamen und Gartentips aus. In diesen selbstgenügsamen Gemeinschaften waren die Gärten nach ihrem jeweiligen Zweck unterteilt. Es gab Beete für Gemüse, Salate, Gewürzkräuter und die Abteilung für Heilpflanzen, die einzeln oder im Verbund mit anderen verwendet wurden. Außerdem pflanzte man Beete für Bienen, Färbepflanzen, Altarblumen und Haushaltskräuter. Der Kräutergarten diente als geistiger und körperlicher Balsam, als Ort der Besinnung und der Genesung. So wurden die Heilgärten oft unter den Fenstern der Krankenstation angelegt, damit die Patienten in den Genuß der heilenden Aromen kamen. In der Nähe der Kapelle pflanzte man als »Paradiesgärten« Teppiche aus Thymian oder Kamille und hübsche Wiesenblumen.

Weniger fromm, aber genauso entspannend waren die Kräuter, die in den Klostergärten zum Brauen von weltberühmten Elixieren, Likören und Schnäpsen angebaut wurden, die dann als Balsam, Tonikum oder Arznei dienten. Obwohl die Kräutermischungen für Benedicitine, Drambuie, Chartreuse und andere Liköre immer noch streng geheim gehalten werden, sind sie großenteils bekannt. Bauen Sie ein paar davon an, und würzen Sie sich Ihren eigenen entspannenden Likör. Alantwurzel, Anis, Ehrenpreis, Engelwurz, Fenchel, Kalmuswurzel, Koriander, Kümmel, Liebstöckelsamen, Mädesüß, Marienblatt, Minze, Süßdolde, Thymian, Veilchen, Waldmeister, Ysop, Zitronenmelisse gehören dazu.

Heilgärten

In Arzneigärten zieht man Kräuter ebenfalls in Beeten; sie sind aber nicht nach Verwendungszweck, sondern nach Grundsätzen der Botanik unterteilt. Obwohl sie hauptsächlich für Forschungszwecke angelegt werden, schafft der Charakter der Kräuter dennoch eine harmonische und ausgeglichene Atmosphäre.

Andere aromatische Landschaften

Obstgärten mit der zarten Frühjahrsblüte von Apfel, Pfirsich und Kirsche oder dem betörenden Duft von Orangenblüten in wärmeren Gegenden, der sinnliche Sommerduft reifer Früchte und das nach Moschus riechende, verfaulende Fallobst im Herbst strömen eine Zufriedenheit aus, die Anspannung wie Schnee in der Sonne schmelzen läßt. Pflanzen Sie Geißblatt, Schlüsselblumen, Mädesüß, Primeln, Seifenkraut, Odermennig, Alant, Süßdolde und Kräuter mit Heuduft als zusätzliche Duftpflanzen, die sich im Gras behaupten können, und spannen Sie dann eine Hängematte zwischen die Bäume, wo Sie an Sommertagen entspannt träumen und Ketten aus Gänseblümchen knüpfen können.

Duft und Weitläufigkeit alter Waldlandschaften stellen eine Verbindung zu den ältesten menschlichen Erfahrungen her und wirken deshalb sehr entspannend. Ehrwürdige Bäume schaffen ein tiefes Gefühl von Frieden und Schutz, während der süße und saubere Geruch von feuchter Erde, Laub und Moos, der Duft von Primeln, Schlüsselblumen, Veilchen und Walderdbeeren, das sanfte Rauschen der Blätter und die unendlich vielen Grüntöne sowie das gefilterte Sonnenlicht Geist und Seele stärken und ein Gefühl der Kontinuität und Einheit hervorrufen, das uns wunderbar friedlich stimmt.

OBEN LINKS: *Fenchel in einem deutschen Klostergarten.*

LINKS: *Das Samenöl der Nachtkerze kann den Blutdruck senken.*

RECHTS: *Riesenfenchel* (Ferula communis).

Duftende Gärten zum Entspannen

Entspannung & Erholung

Ein entspannender Heilgarten in Regenbogenfarben

Der Grundriß dieses Aromagartens entspricht einer »Blüte« mit acht »Blütenblättern«. Ein Blütenblatt bildet den Eingang und bietet Platz für eine Massage im Freien, während die anderen sieben Minigärten darstellen. Den Mandelbaum in der Mitte umgibt eine Sitzgruppe mit Blick auf die einzelnen Segmente. Jedes Segment enthält eine oder mehrere Aromatherapie-Pflanzen sowie andere Pflanzen in der passenden Farbe. Pflanzen Sie die Kräuter der Größe nach; beginnen Sie mit den kleinsten in der Mitte und setzen Sie die höchsten an den Rand.

Pflanzvorschläge

Code

A Pflanzen, aus denen ätherische oder Preßöle gewonnen werden können
B Andere aromatische Pflanzen mit der passenden Blüten- oder Blattfarbe
C Heilkräuter und andere Pflanzen mit der passenden Blüten- oder Blattfarbe

Rot
(SCHARLACHROT BIS ROSA)

A Alte Rosen: ›Guinée‹, ›Mme Isaac Pereire‹, ›Souvenir du Docteur Jamain‹, ›Empereur du Maroc‹, ›Prince Charles‹, ›Duke of Wellington‹; Rosenpelargonien, scharlachrote Nelken; Geißblatt *repens*; Lavendel ›Hidcote Pink‹
B Magnolienranken (*Schisandra chinensis*), Seifenkraut, Indianernessel, scharlachrote Pfingstrosen; rosa Moschusmalven; rosa Hyazinthen. In wärmeren Klimazonen Kalifornischer Gewürzstrauch (*Calycanthus occidentalis*)
C Roter Schlaf- oder Klatschmohn, dunkelroter Inkarnatklee (*Trifolium incarnatum*); rote Lupinen; Mauergamander; Wiesenschaumkraut (*Cardamine pratensis*), Prachtscharte (*Liatris spicata*), Heilziest (*Stachys officinalis*)

Orange
(WARME, GOLDENE ORANGETÖNE)

A Rose ›Elizabeth of Glamis‹, Rose ›Alchemist‹, ›Sweet Magic‹, ›Geraldine‹, ›Heaven Scent‹, ›Southampton‹
B Geißblatt (*L. × tellmanniana*); rankende Kapuzinerkresse; *Buddleia globosa*; *Lilium henryi*; Madonnenlilie; Eßbare Chrysantheme; Reseda; Tagetes ›Tangerine Gem‹; Kapuzinerkresse; Goldlack (*Cheiranthus cheiri*); Pfingstrose ›Souvenir de Maxime Cornu‹
C Kalifornischer Goldmohn (*Eschscholzia californica*), Ringelblume

Gelb
(SONNIGES BUTTERGELB UND GELBGESPRENKELTE BLÄTTER)

A Goldener Hopfen, Nachtkerze, goldgesprenkelte Zitronenmelisse, goldener Zitronenthymian, Kamille, gelber Jasmin; *R. primula*, Rosen ›Canary Bird‹, ›Fresia‹, ›Leverkusen‹, ›Cloth of Gold‹
B Japanisches Geißblatt, Ingwerminze, gelbe Narzissen und Jonquillen, Reseda, goldenes Mutterkraut, gesprenkelte Apfelminze, Steinklee, Odermennig, Rainfarn, *Paeonia lutea*, Alant (*Inula helenium*)
C Sonnenblume, Fingerhut (*Digitalis lutea*), Schlüsselblume (*Primula florindae*), Winterjasmin (*Jasminum nudiflorum*), Frauenmantel, Färberkamille, Königskerze, Goldrute (*Solidago virgaurea*), *Iris pseudacorus*, Arnika

Grün
(GRÜNE UND WEISSE BLÄTTER UND BLÜTEN)

A Fenchel, Pfefferminze, Zitronenmelisse, Pelargonie, *Lavandula viridis*, Majoran, Minze, Basilikum, Rosmarin, Thymian, Brautmyrte, Engelwurz, Hopfen
B Glockenwinde (*Codonopsis pilosula*), Süßdolde, Tabakpflanze (*Nicotiana alata* ›Lime Green‹), Waldmeister, Petersilie, korsische Minze, Kamille ›Treneague‹, Poleiminze, Kerbel, Salomonssiegel
C Yamswurzel (*Dioscorea discolor*), Efeu ›Parsley Crested‹

Blau
(GRÜNE UND BLAUE BLÄTTER UND HELLBLAUE BLÜTEN)

A Borretsch, Rosmarin, kriechender Salbei, Lavendel ›Munstead‹, Lein
B *Crocus thomasinianus*
C *Clematis alpina* ›Frances Rivis‹, Ackerwinde ›Heavenly Blue‹, *Lobelia siphilitica*, *Camassia quamash*, Traubenhyazinthe, Vergißmeinnicht, Scilla, Glockenblume, Lein, Virginia-Helmkraut, Komfrey (*Symphytum asperum*), Jungfer im Grünen, Immergrün (*Vinca major*), Jakobsleiter (*Polemonium caeruleum*), Büschelschön, Lungenkraut, Kornblume (*Centaurea cyanus*), Stranddistel (*Eryngium maritimum*), Gartenraute ›Jackman's Blue‹, Iris ›Mary Frances‹

Indigoblau
(DUNKELBLAUE BLÜTEN UND GRÜNE BLÄTTER)

A Steinysop, dunkelblauer Lavendel (›Folgate‹, ›Twickle‹ oder ›Sawyers Selection‹)
B Katzenminze
C Clematis ›Jackmanii Superba‹, Blauregen ›Violaceoplena‹, Eisenhut (*Aconitum napellus*), dunkelblauer Rittersporn, *Lobelia syphilitica*, *Scilla siberica*, Günsel (*Ajuga reptans*) ›Atropurpurea‹, Braunelle (*Prunella vulgaris*), Rittersporn (*Consolida ambigua*), Ochsenzunge (*Anchusa officinalis*), Ballonblume (*Platycodon gradiflorum*), Iris ›Matinata‹

Duftende Gärten zum Entspannen

Violett
(VIOLETTE UND LILA BLÜTEN, GRÜNE UND LILA BLÄTTER)

A Bronzefenchel, Muskatellersalbei, Eau-de-Cologne-Minze, lila Salbei, lila Basilikum, Veilchen, Lavendel ›Hidcote‹ & Schopflavendel, dunkelblättrige Minzesorten

B Akebie, lila Wicken, Anis-Ysop, Safrankrokus, *Heliotropium arborescens*, Flieder, Buddleia, Nachtviole, Katzenminze, Geißblatt var. *repens*

C Lilablättrige Traube ›Teinturier‹, Mariendistel (*Silybum marianum*), Eselsdistel (*Onopordum acanthium*), Echinacea, lila Melde, lila Wegerich, Artischocke, lilablättrige Hasel, violette Passionsblume, dunkellila Stockrose (*Alcea rosea*), lila Akelei, lila Bartfaden, Iris ›Paradise Bird‹

OBEN: *Dieser Garten besteht aus sieben Segmenten, die die sieben Tage der Woche, die sieben Chakras oder die sieben Farben des Regenbogens symbolisieren können.*

95

Entspannung & Erholung

Sämtliche Methoden, die die Entspannung fördern und das innere Gleichgewicht wiederherstellen helfen – sei es nun Yoga oder Meditation – profitieren von harmonischen, duftenden Kräutern und Ölen.

Zeit zum Entspannen

UNTEN: *Lassen Sie während eines unangenehmen Telefonats die Lavendelblüten mit ihrem entspannenden Duft durch Ihre Finger rieseln und senden Sie damit eine beruhigende Botschaft ans Gehirn.*

Süße Düfte verlangsamen und vertiefen unsere Atmung und ermutigen uns, uns Zeit zum Entspannen zu nehmen. Die Duftmoleküle werden eingeatmet und im Gehirn direkt neben dem Bereich, der Streßhormone produziert, registriert und können daher Angstbotschaften entgegenwirken. Halten Sie sich Ihren Lieblingsduft in Reichweite, damit Sie in Streßsituationen sofort darauf zurückgreifen können.

Die Forschung zeigt, daß Lavendelduft eine beruhigende Botschaft ans Gehirn schickt und adrenalinerzeugenden Streßsignalen entgegenwirkt. Reiben Sie einen Tropfen ätherisches Öl auf Ihre Schläfen, um Spannungskopfschmerz zu lindern; massieren Sie einen Tropfen über Ihren Hals, um Reizhusten zu beruhigen; und bei Schlaflosigkeit (vor allem bei Kleinkindern) geben Sie einen Tropfen auf das Kopfkissen.

WIESENPOTPOURRI

An trüben und trostlosen Tagen sollten Sie süße Aromastoffe in einem Potpourri genießen. In dieses Rezept kommen Kräuter, die nach frisch gemähtem Gras duften, und bunte Wiesenblumen. Mischen Sie nach der trockenen Methode (s. Seite 64) je einen Teil Waldmeister, Steinklee, Echtes Labkraut, Mädesüßblätter und -blüten und Majoran; je $1/2$ Teil roten Mohn und blaue Kornblume; $1/4$ Teil Kamillenblüten; geben Sie auf $1/2$ l Potpourrivolumen 1 EL Iriswurzel.

Aromatherapie

Wenn Sie keinen Garten haben, ist die Aromatherapie – eine Massage mit verdünnten ätherischen Ölen – die sinnvollste und am meisten verbreitete Methode, mit Duftkräutern Harmonie und Gleichgewicht wiederherzustellen. Obwohl Aromatherapeuten eine fundierte Ausbildung absolvieren müssen, können Ihnen auch Freunde mit einer höchst entspannenden und wohltuenden Massage helfen.

Wählen Sie einen warmen, ruhigen und ungestörten Raum mit sanfter Beleuchtung. Statt einer Massageliege, die bis zum Oberschenkel reicht, nehmen Sie ein schmales und hartes Bett oder legen eine Futonmatratze oder gepolsterte Decken auf den Boden. Decken Sie die Fläche mit Handtüchern ab, um Ölflecken zu vermeiden, und bedecken Sie die Körperteile, die nicht massiert werden, ebenfalls mit Handtüchern. Wählen Sie die Öle nach ihren entsprechenden Eigenschaften aus, und fragen Sie die Person, die massiert werden soll, nach ihren persönlichen Vorlieben.

Massageöle mischen

Für eine Massage werden ätherische Öle immer in einem Basis- oder Trägeröl verdünnt (s. Seite 98). Dafür nimmt man meist aus Samen gepreßtes Pflanzenöl. Mischen Sie die Öle in einer sauberen Flasche aus dunklem Glas. In den Rezepten auf Seite 98 mischen wir Tropfen von ätherischem Öl mit 50 ml Trägeröl, was für 3–4 Ganzkörpermassagen ausreicht. Mischen Sie nur soviel, wie Sie in 2–3 Monaten aufbrauchen können, da diese Mischungen mit der Zeit verderben.

Geben Sie zunächst die Tropfen des/der ätherischen Öls/Öle in die leere Flasche. Bei mehr als einem Öl die Flasche verschließen und energisch zwischen den Händen hin- und herrollen, damit sich die Duftmoleküle vermischen. Dann mit Trägeröl bis zum oberen Rand der Flaschenschulter auffüllen. Flasche verschließen und erneut einige Male hin- und herrollen. Massageöl beschriften und datieren. Die Flasche dicht verschlossen an einem kühlen und dunklen Ort aufbewahren.

RECHTS: *Der lichte Schatten eines Obstgartens und zarte Wiesendüfte laden zum Tagträumen ein.*

Entspannung & Erholung

OBEN: *Eier aus Sandelholz verströmen ihr angenehmes Aroma, wenn man sie in der Hand hält.*

Trägeröle

Ein gutes Trägeröl dient als weiches und geruchloses »Gleitmittel« und läßt die ätherischen Öle besser in die Haut eindringen. Es muß 100 Prozent rein sein (nach Möglichkeit aus Bioanbau, ohne Pestizidrückstände und kalt gepreßt) und einen vernünftigen Preis haben. Einige Öle besitzen selbst auch therapeutische Eigenschaften.

MANDELÖL ist ein sehr beliebtes, nahezu geruchloses, beruhigendes und nahrhaftes Öl, das nur langsam ranzig wird. Aprikosen- und Pfirsichkernöl besitzen dieselben Eigenschaften, sind aber teurer.

TRAUBENKERNÖL ist ebenfalls sehr beliebt. Das feine, helle und geruchlose Öl verleiht einen seidenglatten Glanz, enthält Vitamin F und ist preiswert.

HASELNUSSÖL dringt tief ein, regt den Kreislauf an und versorgt die Haut mit Nährstoffen.

AVOCADOÖL ist nahrhaft und dringt vor allem an Fettstellen tief ein. Wird beim Massieren aber klebrig und sollte daher nur zusammen mit anderen Trägerölen verwendet werden. Geben Sie 1 TL auf 30 ml Massagemischung, damit das Öl besser eindringt. Es ist reich an Vitamin A, B, D und Lezithin und fördert die Heilung von Hautverletzungen. Nicht kühlen, da sonst einige Bestandteile ausgefällt werden.

OLIVENÖL wirkt beruhigend und lindernd, hilft bei Rheuma, Schwangerschaftsstreifen und Juckreiz, besitzt aber kräftiges Aroma.

MAIS-, SOJA- UND SONNENBLUMENÖL sind als Trägeröle akzeptabel. Soja fühlt sich angenehm an und wird auch unter Druck nicht klebrig. Sonnenblumenöl enthält Vitamin F, verdirbt aber relativ leicht.

JOJOBAÖL ist eigentlich ein flüssiges Wachs und sehr stabil (für Bakterien und Menschen unverträglich). Wegen seiner talglösenden Eigenschaften ist es bei Akne angezeigt und verleiht der Haut einen glatten Glanz.

MACADAMIANUSSÖL Das relativ neue und teure Öl ist nahrhaft und weich. Es enthält Palmitolsäure, die auch in der Haut enthalten ist und für das Speichern von Feuchtigkeit und für Geschmeidigkeit sorgt, die nach dem 20. Lebensjahr rapide abnimmt. Es wird bei trockener und alternder Haut für die Gesichtsmassage geschätzt, weil es Gesichtsfalten glättet.

Verdünnung

Die normale Verdünnung beträgt 0,5–3 % ätherisches Öl auf 99,5–97 % Trägeröl. Das bedeutet ungefähr 5–30 Tropfen ätherisches Öl für eine 50-ml-Flasche. Bei Kindern und reinen Gesichtsmassagen genügen 5 Tropfen auf 50 ml. Bei Schwangeren und stillenden Müttern, Menschen, die empfindliche Haut haben, regelmäßig Medikamente, Drogen, Beruhigungsmittel oder Alkohol einnehmen, reichen 5–10 Tropfen auf 50 ml. Bei emotionalen Beschwerden beginnen Sie mit 10 Tropfen, da eine niedrigere Dosierung wirksamer sein kann. Sehen Sie sich auch die Sicherheitshinweise auf Seite 250 f. an, da bestimmte Öle unter bestimmten Voraussetzungen nicht angewendet werden dürfen.

Massagerezepturen

Die folgenden Rezepturen nennen die Tropfenanzahl der ätherischen Öle, die in 50 ml Trägeröl gemischt werden.

TIEF ENTSPANNEND
Zum Abschalten nach einem anstrengenden oder frustrierenden Tag: 7 Bergamotte FCF; je 6 Lavendel und Echte Kamille; 5 Muskatellersalbei

ENTSPANNEND UND ERFRISCHEND
Das Mittel gegen einen stressigen Tag: je 7 Petitgrain, Geranium und Mandarine; 5 Lavendel

ENTSPANNEND UND BELEBEND
Abends vor dem Ausgehen: 9 Bergamotte; je 7 Geranium und Zitroneneukalyptus; 4 Jasmin

AUSGLEICHEND
Nach emotionalem Streß: 8 Bergamotte; 7 Geranium; 5 Rose; 4 Sandelholz

BERUHIGEND UND AUFBAUEND
Vor einer Prüfung oder einem Bewerbungsgespräch: 10 Grapefruit; 7 Lavendel; 5 Neroli; 4 Ylang-Ylang

Aromatherapie

ÖL-INFO
Die meisten ätherischen Öle werden in Flaschen zu 10 ml oder 20 ml angeboten. Teure Öle gibt es in 2,5-ml- oder 5-ml-Fläschchen zu kaufen. Wenn Sie nur geringe Mengen mischen wollen, halten Sie sich an folgende Faustregel:
1–3 Tropfen in 5 ml (1 TL) Trägeröl,
4–12 Tropfen in 20 ml (4 TL) Trägeröl,
10–30 Tropfen in 50 ml (10 TL) Trägeröl.
Größere Mengen nach diesen Verhältnissen mischen.

SICHERES MASSAGEVERGNÜGEN
Als Laie sollten Sie niemanden massieren, der unter Herzbeschwerden, akuten Rückenschmerzen, Krebs oder Infektionskrankheiten leidet. Meiden Sie außerdem die Zonen um Frakturen (Brüche), offene Wunden, Verbrennungen, Blutergüsse, Prellungen und Quetschungen, Krampfadern, Muskelzerrungen und alle Stellen, an denen die Massage unangenehm wirkt.

Entspannung & Erholung

OBEN: *Ätherische Öle sollten Sie am besten in dicht verschlossenen Fläschchen aus dunklem Glas und vor Sonnenlicht und extremen Temperaturen geschützt aufbewahren.*

Eine entspannende Massage

Bei einer Aromamassage gelangen die ätherischen Öle auf dreierlei Weise in den Körper. Über Geruch und Nase beeinflussen sie die Chemie im Gehirn, über Atmung und Lunge gelangen sie in den Blutkreislauf, und über die Haut dringen sie in das Lymphsystem ein. In Verbindung mit einer herrlich wohltuenden Massage wirken sie äußerst entspannend.

Grundzüge der Massage

Für die hier beschriebenen Massagen müssen Sie drei Grundtechniken beherrschen.

STREICHMASSAGE

Die lange Bewegung mit gleichmäßigem Druck entspannt die Muskeln zu Beginn, während und am Ende einer Massage. Streichen Sie mit beiden Händen offen und entspannt die Körperform entlang. Bei kleineren Flächen massieren Sie in rhythmischen Bewegungen; wechseln Sie beide Hände ab.

KNETMASSAGE

Diese langsame, sanfte und rhythmische Behandlung angespannter Muskeln folgt auf die Streichmassage. Die Hand auf den Muskel legen und den Daumen abspreizen. Dann den Muskel sanft aufheben und zwischen Fingern und Daumen drücken und rollen, dabei die Hand zum Daumen bewegen. Beide Hände abwechselnd einsetzen. Diese Technik regt die Durchblutung an und fördert den Abtransport von Schlacken, die Muskelschmerzen verursachen.

DRUCKKREISE

Mit dieser tieferen, statischen Technik bauen Sie Spannung ab. Beide Hände mit abgespreiztem Daumen auflegen, still halten und entweder mit den Handinnenflächen oder dem Daumenballen mit leichtem Druck kleine kreisende Bewegungen ausführen.

Beginn der Massage

Die zu massierende Person liegt auf dem Bauch, die Arme befinden sich bequem seitlich oder unter dem Kopf. Wärmen Sie Ihre Hände, und atmen Sie tief ein, damit Sie Ihre Mitte finden. Massieren Sie jeweils nur eine Körperzone. Geben Sie 1/2–1 TL Massageöl auf eine Handfläche, reiben Sie die Hände gegeneinander, und streichen Sie dann über die Massagezone.

RÜCKEN

Beide Hände offen zu beiden Seiten der Wirbelsäule anlegen, nach oben, außen, unten und wieder zur Mitte streichen. Dabei immer Hautkontakt halten. Arbeiten Sie nun in eßtellergroßen Kreisen die Wirbelsäule entlang, und machen Sie anschließend zu beiden Seiten der Wirbelsäule vorsichtig kleine Druckkreise. Kneten Sie über die Hüften, die äußeren Seiten des Rückens, die Schultern. Mit rhythmischen Streichbewegungen schließen.

BEINE

Nehmen Sie die Handtücher von den Beinen und bedecken Sie damit den Rücken. Beginnen Sie mit der Rückseite der Beine. Streichen Sie zunächst leicht vom Herzen weg und dann stärker wieder zum Herzen hin, um den Kreislauf anzuregen. Erarbeiten Sie sich einen Rhythmus, lassen Sie aber die Kniekehlen aus. Kneten Sie die Schenkel durch (vor allem bei Cellulitis). Schließen Sie mit Streichbewegungen. Massieren Sie die Füße, lockern Sie jedes Gelenk, und ziehen Sie sanft an jedem Zeh. Drehen Sie Ihren Partner um, und halten Sie ihn mit Handtüchern warm. Massieren Sie die Vorderseite der Beine: zuerst mit kräftigen Bewegungen zur Seite, nach oben und dann sanft nach unten.

VORDERSEITE

Den Nabel abwechselnd mit beiden Händen sanft im Uhrzeigersinn umkreisen. Den Handballen auf den Tan-Dien-Punkt (zweifingerbreit unter dem Nabel) legen und zum Spannungsabbau den Bauch wiegen. Streichen Sie nun die Körpermitte entlang nach oben, über die Rippen nach außen und an den Seiten wieder nach unten.

ARME

Knetmassage für den Oberarm, dann Streichmassage für den ganzen Arm bis zum Handgelenk. Die Hand auf den Fingern abstützen und mit beiden Daumen massieren. Nacheinander alle Finger sanft ziehen. Den anderen Arm genauso massieren.

Aromatherapie

KOPF

Gehen Sie hier sanft vor. Stellen Sie sich vor den Kopf, lehnen Sie sich nach vorn, legen Sie eine Hand auf jede Schulter, und drücken Sie nach unten. Den Kopf auf eine Seite rollen und mit einer Hand abstützen. Mit der anderen Hand an der gegenüberliegenden Seite von der Schulter bis zum Schädelansatz eine sanfte Streichmassge ausführen. Die andere Seite genauso massieren. Den Kopf wieder in die Mitte rollen, die Hände auf den oberen Brustkorb legen und über die Schultern zum Nacken gleiten lassen; zum Spannungsabbau den Kopf halten. Rhythmisch wiederholen. Das Öl von den Händen wischen und nur mit den Fingerspitzen die Kopfhaut massieren; dann mit den Fingern durchs Haar fahren. Kopf- und Gesichtsmassage ist eine entspannende Wohltat für alle, die keine Ganzkörpermassage vertragen.

GESICHT

Die Stirn zum Haaransatz streichen, dann die Hände leicht ölen und das Gesicht mit sanften Streichbewegungen vom Kinn nach oben massieren. Die Augen in der Richtung umkreisen, in der die Augenbrauen wachsen. Mit kleinen Kreisbewegungen vom Kinn den Kiefer entlang, dann vom Mund zum Ohr, zu beiden Seiten die Nase hinauf und entlang der Brauen und Schläfen zum Haaransatz massieren. Schließen Sie mit kreisenden »Gesichtswäsche«-Bewegungen. Die Ohren mit kleinen kreisenden Bewegungen bearbeiten, den äußeren Rand von oben nach unten kneifen und dreimal sanft an den Ohrläppchen ziehen. Legen Sie Ihre Handflächen 20 Sekunden lang auf die Augen, um Erschöpfung zu lindern. Die Hände langsam abheben und den Massierten in seinem Kokon der Ruhe entspannen lassen.

FUSSBAD

Für ein Fußbad glatte Kiesel in eine Wanne geben. Für eine *kühlende Wirkung* knöcheltief kühles Wasser und 2 Tropfen Pfefferminzöl hineingießen. *Entspannende Wirkung* erzielen Sie mit 2 Tropfen Lavendelöl in heißem Wasser. Massieren Sie Ihre Füße über die Kiesel.

Entspannung & Erholung

Kräuter & ätherische Öle für die Reise

Reisevorbereitungen

Kräuter und ätherische Öle sind leicht zu transportieren und sorgen für eine entspannende und erholende Reise, da sie antiseptische Wirkung besitzen, Pilze und Viren abtöten und Insekten vertreiben.

IM AUTO

Zerstoßen Sie Engelwurzblätter gegen Übelkeit, und sorgen Sie für frische Luft. Mitreisende freuen sich über 2 Tropfen von beruhigendem Lavendel-, Geranium- oder Weihrauchöl auf einem persönlichen Taschentuch. Der Fahrer sollte sich jedoch anregende Öle wie Pfefferminze, Zypresse, Wacholder, Rosmarin, Eukalyptus oder Zitrus auf die Ärmel oder in die Nähe der Lüftungsklappen träufeln. In heißen Ländern, wo es überall Zitronen zu kaufen gibt, rollen Sie eine Frucht zwischen den Händen, bis sich der kühlende Duft entfaltet.

IM FLUGZEUG

Ein Aromabad mit 2 Tropfen Pfefferminze oder Eukalyptus vor der Abreise hält Jetlag in Grenzen. Nehmen Sie vor Nachtflügen ein Lavendel- und Kamillenbad (und geben Sie einige Tropfen auf ein Taschentuch, das Sie ins Flugzeug mitnehmen), damit Sie leichter einschlafen können. Kauen Sie kristallisierten Ingwer gegen Übelkeit. Trinken Sie Pfefferminztee bei streßbedingten Verdauungsproblemen. Nehmen Sie reichlich Obstsaft und Wasser zu sich, und meiden Sie Tee, Kaffee und Alkohol. Gegen geschwollene Füße und Fußgelenke auf Langstreckenflügen Beine und Füße mit Lavendel und Eukalyptus (5 Tropfen in 1 TL Trägeröl oder auf ein feuchtes Tuch träufeln) massieren. Ein diskreter Taschenzerstäuber mit 2 Prozent Zitrusöl in Wasser erfrischt und befeuchtet die Luft. Sie können die Öle auch auf einen feuchten Lappen geben und in einem Plastikbeutel mitnehmen. Schnuppern Sie bei Bedarf daran, und reiben Sie Ihren Nacken damit ein.

Die körperliche Anspannung, die durch das verkrampfte Sitzen entsteht, lösen Sie nach der Ankunft mit je 1 Tropfen Lavendel- und Geraniumöl im Badewasser oder verdünnt auf Nacken und Schultern. Nehmen Sie morgens ein Lavendel- und Grapefruitbad (oder ein Pfefferminz- und Eukalyptusbad).

Nach einem langen Flug werden Sie wieder wach, wenn Sie je 1 Tropfen Grapefruit- und Lavendelöl oder Rosmarin- und Zitronengrasöl oder Pfefferminz- und Zitroneneukalyptusöl oder Mandarinen- und Zitronengeraniumöl in 2 ml (½ TL) Trägeröl mischen. Vor der Landung und vor der Ankunft am Zielort auf Handgelenke und Schläfen tupfen.

Hotelhygiene

Nehmen Sie eine kleine Flasche antiseptisches Raumspray (s. Seite 70) mit Thymian, Eukalyptus, Teebaum, Lavendel, Bergamotte und Zitronengras mit, und besprühen Sie Bad, Matratze, Türklinken usw. Reiben Sie Zitronensaft auf den Rand Ihres kalten Drinks, pressen Sie den Saft über Fischgerichte, und reiben Sie die Hände damit ein. Ein paar Tropfen ätherisches Zitronenöl in Wasser zum Waschen von frischem Obst geben.

ÄTHERISCHE ÖLE FÜR UNTERWEGS

Lavendel, Kamille, Zitronengras, Pfefferminze, Grapefruit, Geranium und Eukalyptus; auch Zitrone, Teebaum, Thymian, Zeder und Citronelle.

TEEBEUTEL

Kamille (Nerven, müde Augen), Fenchel oder Pfefferminze (Verdauung), schwarzer Tee (Durchfall), Holunderblüten (Katarrh, müde Augen)

ALOE VERA GEL

Wirkt kühlend und heilend bei Verbrennungen, Sonnenbrand, Hautallergien und -reizungen.

Reisevorbereitung

HOTELZIMMER

Parfümieren Sie Ihr Hotelzimmer mit Ihren Lieblingsölen (Spray oder Duftlampe); vor allem Kinder gewöhnen sich dann schneller an die neue Umgebung.

Insektenschutz

Diese ätherischen Öle wirken gegen eine Vielzahl von Insekten und Ungeziefer. Wählen Sie Ihren Lieblingsduft: Zitronengras, Zitronellöl, Geranium, Eukalyptus, Lavendel (v.a. gegen Fliegen und Bettwanzen), Patschuli, Pfefferminze (Stechmücken und Nager), Zedernholz (vertreibt auch Ratten und Blutegel), Rosmarin.

RAUMSPRAYS

Alle o.g. Öle können als Raumsprays (5–10 Tropfen in 50 ml Wasser) verwendet oder pur auf Fenster- und Türrahmen und Glühbirnen gestrichen werden.

KÖRPERSCHUTZ

Vielfachen Schutz bietet eine Mischung aus folgenden ätherischen Ölen: 6 Tropfen Zitronengras, je 4 Tropfen Eukalyptus, Lavendel und Geranium und 2 Tropfen Pfefferminze. 5 Tropfen neben das Bett oder auf ein Taschentuch geben. 4 Tropfen in 1 EL Körperlotion oder Trägeröl mischen und die Haut damit einreiben.

INSEKTENSTICHE

Gegen Juckreiz 1 Tropfen ätherisches Lavendel- oder Geraniumöl, Limetten- oder Knoblauchsaft oder eine frische Zwiebelscheibe auf den Stich geben. Anwendung wiederholen.

Hautpflege

Verwenden Sie zum Schutz vor Sonnenbrand immer eine Sonnencreme mit hohem Lichtschutzfaktor.

BAD ODER MASSAGE NACH DEM SONNENBAD

Die folgenden ätherischen Öle in 1 EL hautpflegendes Jojoba- oder Macadamianußöl geben: 3 Tropfen Kamille, je 2 Tropfen Lavendel- und Geranium- und 1 Tropfen Pfefferminzöl. Aloe-Vera-Gel auftragen.

SONNENBRAND

Die betroffenen Körperpartien in sehr kaltes Wasser tauchen oder 10 Minuten kalte Kompressen auflegen, um die Hitze abzubauen. Zur Behandlung Aloe-Vera-Gel oder ätherisches Lavendelöl unverdünnt (1 Tropfen reicht für eine große Fläche) auftragen. Eukalyptus ist ein guter Ersatz. Nehmen Sie später ein kühles Bad mit 7 Tropfen Lavendel-, Kamillen- oder Eukalyptusöl. Trockentupfen und mit Lavendelöl einreiben.

HITZEPICKEL

Je 3 Tropfen ätherisches Lavendel- und Eukalyptusöl mit 200 g Soda (wenn vorhanden) mischen und ins warme Badewasser geben. Bei Kindern die halbe Menge nehmen.

Erste Hilfe

Bei ernsten Beschwerden sollten Sie immer einen Arzt aufsuchen.

KATER NACH ALKOHOLGENUSS

Nehmen Sie 1 g Vitamin C ein, und trinken Sie noch am selben Abend viel Wasser oder Orangensaft. Schlucken Sie am nächsten Morgen Nachtkerzenkapseln (2 g) und nehmen Sie ein Bad mit 5 Tropfen ätherischem Grapefruitöl oder einer Mischung aus 2 Tropfen ätherischem Fenchel- und je 1 Tropfen Wacholder-, Rosmarin- und Rosen- oder Lavendelöl.

KLEINERE SCHNITTWUNDEN

Die ätherischen Öle von Teebaum, Thymian, Lavendel oder Eukalyptus helfen: 1 Tropfen reines Öl oder zum Auswaschen 8 Tropfen in eine Schüssel Wasser geben.

FLÜSSIGKEITSVERLUST

Nach erheblichem Flüssigkeitsverlust infolge von Durchfall oder Hitzschlag 1 gestrichenen TL Salz und 8 TL Zucker oder Traubenzucker in 1 l kochendem Wasser auflösen. Erwachsene trinken davon jede Stunde bis zu 1/2 l. Gegen Fieber den Saft einer Zitrone in die Lösung rühren. Täglich frisch zubereiten.

HEUSCHNUPFEN

1 Tropfen ätherisches Kamillen- oder Melissenöl zum Schnuppern schafft kurzfristige Linderung.

OBEN: *Tee aus Majoranblättern fördert die Verdauung und beruhigt die Nerven.*

Entspannung & Erholung

Leichte Mahlzeiten im Freien

Snacks und leichte Mahlzeiten profitieren vor allem im Freien von einem kräftigeren und durchdringenderen Aroma. Ungewöhnliche Kombinationen wie Estragon und Dill mit Räucherlachs machen bekannte Zutaten wieder interessant.

Lachsrillettes mit Meerrettich

Servieren Sie zu dieser groben Fischmousse Roggenbrot, weil es sowohl den Lachs als auch den Meerrettich abrundet.

**Zubereitungszeit: 10 Minuten,
Garzeit: 5 Minuten + Kühlzeit**

*225 g gegartes Lachsfilet ohne Haut und Gräten
(vorzugsweise pochiert oder in der Mikrowelle gegart)
225 g geräucherte Lachsschnipsel
30 g Butter
1 Spritzer Tabascosauce
2 EL Crème fraîche
2 EL (Bio-)Joghurt
frisch geriebener Meerrettich oder Meerrettichsahne
glattblättrige Petersilie zum Garnieren (nach Wunsch)
Meersalz und schwarzer Pfeffer aus der Mühle*

Den Lachs zerpflücken und mit dem Räucherlachs in eine Schüssel geben. Die Butter in einer Pfanne erhitzen, den Lachs hinzufügen und vermischen. Mit etwas Tabascosauce und Pfeffer würzen. Vom Herd nehmen.

Crème fraîche und Joghurt unterziehen. Abschmecken, dann nach und nach etwas Meerrettich dazugeben, bis Sie die gewünschte Schärfe erreicht haben. Verrühren und bis zur Verwendung kalt stellen. Nach Wunsch mit etwas Petersilie garnieren.

Zwiebelkuchen mit Oregano

Frischer Oregano verleiht diesem Zwiebelkuchen gegen Ende der Garzeit eine angenehme Würzigkeit.

**Zubereitungszeit: 10 Minuten,
Garzeit für die Zwiebeln: 50 Minuten,
Backzeit: 20 Minuten + Kühlzeit**

*1 vorgebackener Mürbeteigboden (25 cm)

Für die Füllung:
1 ½ EL Pflanzenöl
1 kg Gemüsezwiebeln, in dünne Ringe gehobelt
1 TL getrockneter Salbei
1 EL Mehl
2 gehäufte EL fein gehackter frischer Oregano
3 mittelgroße Eier
125 ml Kondensmilch
3–4 EL süße Sahne
Salz und schwarzer Pfeffer aus der Mühle*

Die Füllung zubereiten: Das Öl in einer weiten Pfanne erhitzen. Die Zwiebeln hineingeben und 40 Minuten auf sehr kleiner Flamme weich dünsten.

Würzen und Salbei, Mehl und die Hälfte des Oreganos einstreuen. Die Wärmezufuhr etwas erhöhen und 3 Minuten dünsten.

Backrohr auf 190° (Gas Stufe 2–3) vorheizen. Die Eier leicht mit Kondensmilch und Sahne verrühren. Abschmecken und in die Zwiebelmischung rühren.

Die Zwiebelmasse in den Teigboden füllen und mit einem Löffel glattstreichen. Etwa 15 Minuten abbacken. Aus dem Rohr holen, mit dem restlichen Oregano bestreuen und mit Alufolie abdecken, falls der Kuchen zu stark bräunt. Wieder ins Rohr schieben und 5 Minuten backen.

Zimmerwarm, aber nicht kalt servieren.

OBEN: *Links Zwiebelkuchen mit Oregano, rechts Lachsrillettes mit Meerrettich.*

Leichte Mahlzeiten im Freien

Thymian von den Stengeln zupfen. Einen Eßlöffel Blättchen zum Garnieren beiseite stellen. Den Rest mit Zitronensaft, -schale und Knoblauch in die Küchenmaschine füllen. Würzen und etwas Olivenöl hinzufügen. Grob pürieren, dann rasch das übrige Öl untermixen.

Diese Mischung auf den Fladen verstreichen. Etwa 8 Minuten backen, bis der Teig knusprig und der Belag leicht gebräunt ist. Mit frischem Thymian bestreuen und heiß servieren.

Kartoffelhäppchen mit Räucherlachs, Estragon und Dill

Mit kleineren Kartoffeln können Sie mundgerechte Kanapés machen.

**Zubereitungszeit: 15 Minuten,
Garzeit: 12–15 Minuten**

3 große festkochende Kartoffeln, geschält und in
5 mm dicke Scheiben geschnitten
Öl zum Bepinseln
3 EL gute Mayonnaise
1 1/2 EL Crème fraîche, saure Sahne oder Naturjoghurt
1 TL Meerrettichsahne
einige frische Estragonzweige
einige frische Dillspitzen
150 g Räucherlachs in Streifen
Meersalz und schwarzer Pfeffer aus der Mühle

Die Kartoffelscheiben in leicht gesalzenem Wasser 8–10 Minuten kochen, bis sie fast gar, aber noch fest sind. In der Zwischenzeit eine leicht geölte Grillpfanne vorheizen.

Die Kartoffeln vorsichtig abgießen, dann auf die vorbereitete Grillpfanne setzen und auf jeder Seite 1–2 Minuten leicht bräunen.

Mayonnaise, Crème fraîche (oder saure Sahne bzw. Joghurt) und Meerrettich verrühren. Würzen und 3–4 Zweige Estragon und ein paar Dillspitzen unterheben. Die Mischung auf die gebräunten Kartoffelscheiben streichen und mit Räucherlachs belegen. Die Häppchen mit Estragon und Dill garnieren.

Manakeish

Das kräftige Thymianbrot wurde aus einem libanesischen Gericht entwickelt und kann wie Pizza, mit einem grünen Salat oder fruchtigen Tomaten serviert werden.

**Zubereitungszeit: 10 Minuten,
Garzeit: 10 Minuten
Ergibt 8 kleine Fladen**

450 g backfertiger Pizzateig
1 Büschel frischer Thymian (oder 3 Säckchen)
Saft und Schale einer halben unbehandelten Zitrone
1 Knoblauchzehe, gehackt
175 ml natives Olivenöl extra
Meersalz und schwarzer Pfeffer aus der Mühle

Den Backherd auf die höchste Temperatur vorheizen. Den Teig in 8 Portionen teilen und zu Kugeln formen. Jede Kugel zu einem Fladen mit 10 cm Durchmesser ausrollen.

Entspannung & Erholung

Gemüse

Geben Sie ein paar Kräuteraromen an eine Gemüsezubereitung, und schon wird aus einer ansonsten einfachen Beilage ein selbständiges Gericht.

Gebackener Kürbis mit Lorbeer, Kapern und Madeira

**Zubereitungszeit: 15 Minuten,
Garzeit: 50 Minuten**

*55 g Butter + etwas für das Blech
2 runde Winterkürbisse (z. B. ›Gem‹, ›Sweet Dumpling‹) oder andere
5 große frische Lorbeerblätter + 4 kleine frische Lorbeerblätter oder Zweige zum Garnieren
1 kleine Knoblauchzehe, zerstoßen
½ Schalotte, fein gehackt
1 gehäufter EL abgetropfte Kapern
1 TL Balsamessig
5 EL Madeira
Meersalz und schwarzer Pfeffer aus der Mühle*

Backherd auf 180° (Gas Stufe 2) vorheizen und ein Backblech buttern.

Den Kürbis längs halbieren und entkernen. Leicht salzen und pfeffern und mit der Schnittfläche nach unten über 4 Lorbeerblätter auf das Blech stülpen. Etwa 40 Minuten oder je nach Kürbissorte etwas länger backen, bis das Fruchtfleisch weich ist.

In der Zwischenzeit den Knoblauch und die Schalotte über kleiner Flamme in einem Drittel der Butter weich dünsten, aber nicht bräunen. Die Kapern, das fünfte große Lorbeerblatt, Balsamessig und Madeira hinzufügen. Aufkochen lassen, dann auf niedrigster Flamme 3 Minuten durchköcheln. Abdecken und warm halten.

Die Kürbisse aus dem Rohr holen, Rohr aber nicht abschalten. Kürbisse etwas abkühlen lassen, dann das Fleisch fein säuberlich herauskratzen, ohne die Schalen zu beschädigen.

Das weiche Kürbisfleisch in eine Schüssel geben und mit der heißen Sauce überziehen. In die Schalen füllen und wieder auf das Backblech setzen. Die restliche Butter in Flöckchen darüber verteilen und einige Minuten ins Rohr schieben, bis die Butter schmilzt.

Leicht salzen und pfeffern und mit den kleinen Lorbeerblättern garnieren. Sehr heiß servieren.

OBEN: *Gebackener Kürbis mit Lorbeer, Kapern und Madeira.*

RECHTS: *Gemüsetian mit Koriander.*

Gemüsetian mit Koriander

Eine schnellere Version in Einzelportionen können Sie in gebutterten Portionsförmchen backen. Dann genügt die halbe Garzeit.

**Zubereitungszeit: 20 Minuten,
Garzeit: 1¼ Stunden**

ca. 6 EL fruchtiges Olivenöl
3 reife Auberginen, in dünne Scheiben geschnitten
2 Zucchini, in dünne Scheiben geschnitten
1 rote Paprikaschote
1 gelbe Paprikaschote
1 Gemüsezwiebel, in dünne Ringe gehobelt
1 (oder mehr) Knoblauchzehen, zerstoßen
1 TL gemahlene Korianderkörner
6 reife Strauchtomaten, entkernt, geputzt und in Scheiben geschnitten
frisches Koriandergrün
schwarze Oliven zum Garnieren (nach Wunsch)
Meersalz und schwarzer Pfeffer aus der Mühle

1½ Eßlöffel Öl bei gemäßigter Hitze in einer weiten Pfanne erwärmen. Die Auberginenscheiben darin portionsweise goldbraun braten. Die Scheiben auf zwei Lagen Küchenkrepp ausbreiten und trockentupfen. Nach Bedarf etwas mehr Öl in die Pfanne geben und die Hitze zurücknehmen. Die Zucchini genauso braten. Die Paprikaschoten unter den Grillschlangen oder über einer offenen Flamme rösten, bis sie Blasen werfen. Abkühlen lassen, dann die Haut abziehen. Paprika halbieren, entkernen, putzen und in schmale Streifen schneiden.

Die Zwiebelringe mit Knoblauch und Korianderpulver (eine Prise aufheben) einige Minuten bei gemäßigter Hitze in der Pfanne braten und würzen. (Nach Bedarf etwas mehr Öl hinzufügen.)

Den Backherd auf 190° (Gas Stufe 2–3) vorheizen. Eine Auflaufform leicht einölen. Eine Lage gebratene Auberginenscheiben einschichten. Leicht salzen und pfeffern und mit ein paar Korianderblättchen bestreuen. Die Hälfte der Zucchini, Tomaten, Zwiebelmischung und Paprikastreifen darüber verteilen. Mit Koriandergrün bestreuen. Salzen und pfeffern. Die restlichen Zutaten wie beschrieben einschichten. Die oberste Lage mit dem gemahlenen Koriander und etwas Öl benetzen.

Rund 45 Minuten backen. Aus dem Rohr holen und den Saft, der sich gebildet hat, abschöpfen. Backtemperatur auf 200° (Gas Stufe 3) erhöhen und den Tian 15–20 Minuten weiterbacken. Etwas abkühlen lassen und temperiert servieren. Nach Wunsch mit schwarzen Oliven garnieren.

Variante: Machen Sie aus dem Tian ein vegetarisches Hauptgericht. Mischen Sie 100 g geriebenen Greyerzer mit ¼ TL Kreuzkümmel, ¼ TL Korianderpulver und 12 fein gehackten schwarzen Oliven. Die Hälfte der Käsemischung über die erste Lage Paprikastreifen streichen. Den Rest nach den ersten 45 Minuten Backzeit (mit etwas Öl) über den Auflauf streuen.

Entspannung & Erholung

Möhren-Fenchel-Gratin mit Pastinaken

Zubereitungszeit: 15 Minuten,
Garzeit: 20 Minuten

225 g Mohrrüben, schräg in dicke Scheiben geschnitten
2 mittelgroße Pastinaken, in grobe Stifte geschnitten
2 Fenchelknollen, geputzt und längs geviertelt (das Blattgrün fein hacken und zum Garnieren aufheben)
Öl für die Form(en)
45 g Butter
1 gehäufter EL Speisestärke
250 ml Milch
4 EL frisch gepreßter Orangensaft
2 TL Fenchelsamen
2 TL fein gehackte Petersilie
1 TL gehackte Oregano- oder Majoranblättchen
85 g Ziegenkäse, zerkrümelt oder geraspelt
Meersalz und schwarzer Pfeffer aus der Mühle

Die Mohrrüben in leicht gesalzenem Wasser 5 Minuten garen. Die Pastinaken hinzufügen, wieder zum Kochen bringen, dann den Fenchel hineingeben. Etwa 5 Minuten garen, bis das Gemüse weich ist. Abgießen.

Das Backrohr auf 200° (Gas Stufe 3) vorheizen. Eine Auflaufform oder 4 Portionsförmchen leicht einölen. Die Gemüsemischung einfüllen.

Die Butter in einem kleinen Topf mit schwerem Boden zerlassen. Die Speisestärke einige Minuten darin anschwitzen. Nach und nach die Milch und die Hälfte des Orangensafts mit einem Spiralbesen einrühren. Unter ständigem Rühren zum Kochen bringen und 2 Minuten durchkochen. Fenchelsamen, Petersilie, Oregano oder Majoran und drei Viertel des Käses einrühren.

Bei gemäßigter Hitze 1–2 Minuten weiterkochen, bis der Käse schmilzt und die Sauce eine glatte Konsistenz erhält. Dabei ständig umrühren. Abschmecken und den übrigen Orangensaft einrühren.

Die Sauce über das Gemüse gießen. Den restlichen Käse darüber verteilen und leicht pfeffern. 12–15 Minuten goldbraun überbacken. Mit dem Fenchelgrün garnieren und heiß zu Tisch bringen.

Grünes Frikassée mit Kräuter-Salsa

Eine schöne Sommerbeilage zu Geflügel, Fisch und weißem Fleisch oder eine leichte Vorspeise.

**Zubereitungszeit: 10 Minuten,
Einwirkzeit der Marinade: 1 Stunde,
Garzeit: 15 Minuten**

*225 ml Hühner- oder Gemüsebrühe
350 g geschälte kleine frische oder TK-Bohnenkerne
225 g geschälte frische oder TK-Erbsen
3 dünne Frühlingszwiebeln
1 kleines Büschel zarte Spargelspitzen (nach Wunsch)
200 g geputzte Zuckerschoten
ca. 6 große Kopfsalatblätter
30 g Butter
Indianernesselblüten zum Dekorieren (falls erhältlich)*

*Für die Kräuter-Salsa:
12–16 reife Cocktailtomaten
3–4 Indianernesselblätter, fein gehackt
1 TL Zucker
die abgeriebene Schale einer halben unbehandelten Zitrone
3 EL fruchtiges Olivenöl
1 Knoblauchzehe, zerstoßen
der weiße Teil von 2 Frühlingszwiebeln, gehackt
Meersalz und schwarzer Pfeffer aus der Mühle*

Die Salsa mehrere Stunden im voraus zubereiten. Die Tomaten mit einer Gabel einstechen, in eine Schüssel geben, die gehackten Blätter der Indianernessel (etwas zum Garnieren aufheben), 1 Prise Salz, Zucker, Zitronenschale, Olivenöl (2 Teelöffel aufheben), den zerstoßenen Knoblauch und die gehackten Frühlingszwiebeln hinzufügen. Gut durchmischen und bei Zimmertemperatur ungefähr 1 Stunde durchziehen lassen. Ab und zu umrühren.

Die Salsa kurz in der Küchenmaschine mixen. Abschmecken, die restlichen Blätter der Indianernessel und das Olivenöl einrühren. Bis zur Verwendung kalt stellen.

Für das Frikassee die Brühe in einen großen Topf gießen. Soviel Wasser hinzugießen, bis die Flüssigkeit mindestens

LINKS: *Möhren-Fenchel-Gratin mit Pastinaken.*

6 cm hoch im Topf steht. Zum Kochen bringen und salzen. Die dicken Bohnenkerne hineingeben, wieder aufkochen lassen, dann die Erbsen, die ganzen Frühlingszwiebeln und nach Wunsch den Spargel hinzufügen. Etwa 3 Minuten simmern, dann die Zuckerschoten hinzufügen und einige Minuten weitersimmern, bis das Gemüse gerade gar ist. Sorgfältig abgießen. Sobald Sie es anfassen können, ein paar Bohnen aus der Haut pressen (schmeckt gut und sieht hübscher aus). Während das Gemüse kocht, die Salatblätter aufrollen und in dünne Streifen schneiden.

Einige Minuten vor dem Servieren die Butter bei gemäßigter Hitze in einer Pfanne zerlassen. Die Salatstreifen hineingeben und in wenigen Sekunden zusammenfallen lassen. Dann das abgetropfte Gemüse hinzufügen. Umrühren, bis das Gemüse gleichmäßig warm ist. Salzen und pfeffern und möglichst rasch mit Salsa und (falls vorhanden) mit Blüten der Indianernessel servieren.

Salsavariationen: Probieren Sie statt Indianernessel einmal Bibernelle, Minze, Basilikum oder eine Mischung aus Petersilie, Rosmarin und Koriander (2 Eßlöffel gehackte Blätter).

Basilikumkartoffeln

**Zubereitungszeit: 15 Minuten,
Garzeit: 30 Minuten**

*1 kg fest kochende Kartoffeln, ganz in der Schale gekocht und dann geschält
150 ml heiße Milch
60 g (oder nach Geschmack mehr) weiche Butter
einige Basilikumblätter
Meersalz und schwarzer Pfeffer aus der Mühle*

Die Kartoffeln durch ein Eisen pressen, durch die Gemüsemühle passieren oder leicht zerstampfen.

In einem großen und schweren Topf die Butter zerlassen. Den Kartoffelbrei hinzufügen und eine oder zwei Minuten auf kleiner Flamme umrühren. Die heiße Milch portionsweise hinzugießen und gut verrühren. Zurückhaltend salzen und etwas großzügiger pfeffern. Das Basilikum hacken und unterheben. 1–2 Minuten mitkochen. Nochmals abschmecken und zum Schluß nach Wunsch mit etwas mehr Butter verfeinern.

Viertes Kapitel

Gäste & Feste

Gäste & Feste

Wenn Sie Freunde willkommen heißen, sind wohlriechende Düfte das beste Mittel, um eine fröhliche und einladende Atmosphäre zu schaffen.

Schon am Gartentor erfreuen Rabatten aus erfrischendem Thymian und Nelken die Besucher. Würzige und dekorative Lorbeerbäumchen umrahmen die freundliche Terrasse, während eine bunte Türgirlande aus lebhaften Kräutern und bunten Blumen Gastfreundschaft signalisiert. Eine exotische und belebende Sprühmischung aus Vanille und Limetten begrüßt die Gäste im Haus. Frische Blumen- und Kräuterbündel, die den Weg vom Eingang ins Gästezimmer weisen, schaffen ein herzlich-fröhliches Ambiente, noch bevor die erste Flasche Wein entkorkt und der erste Witz erzählt wird.

Der nächste aromatische Magnet Ihres geselligen Beisammenseins ist eine Fanfare verführerischer Küchendüfte. Der kräftige und doch süßliche Duft von Basilikum, Knoblauch und Olivenöl oder der Duft von Rosmarin und Lammbraten, Estragonbutter und frisch gedünstetem Gemüse und das Aroma von Kardamom in selbstgebackenem Brot steigern die Vorfreude auf die Genüsse, die da kommen werden.

Es ist ein alter Brauch, das Speisezimmer mit Düften zu verschönern. Früher streute man Kräuter aus, verzierte den Tisch mit süß duftenden Girlanden und rieb Holzplatten mit Minzeblättern ein. Wenn Sie als Gastgeber Abenteuerlust verspüren, können Sie sich von Kaiser Neros extravaganten Banketten inspirieren lassen – da gab es duftende Springbrunnen, zu Gebirgen aufgetürmtes, wohlriechendes Obst, ganze Seen aromatischer Weine, Fingerschalen mit duftenden Blumen und für jeden Gast ein Krönchen aus Gewürzblättern und Petersilie, die – so glaubten die Römer – die berauschende Wirkung von Alkohol eindämmte. Heute genügen wohl ein paar Spritzer Rosenwasser an jedem Platz, die die Gäste erfrischen, wenn zwischen den Gängen die Teller gewechselt werden.

Ein Gastmahl im Freien bietet noch mehr aromatische Möglichkeiten: ein Teppich duftender Kräuterzweige unter Tisch und Stühlen, Thymian im Holzkohlenfeuer, Rosmarinzweige als Grillspießchen sowie bunte Beete mit Salat- und dekorativen Kräutern, die zum Pflücken bereitstehen. Sie können Ihren Garten mit Kräuterfackeln erleuchten, die einen zarten Duft verströmen und Insekten vertreiben.

Wie immer Sie Ihre Gäste empfangen, ein Reigen aus anregenden Aromen sorgt dafür, daß Ihre Gäste das gute Essen und das fröhliche Tischgespräch unter Freunden genießen werden.

EIN AROMATISCHER EMPFANG • KÜCHENKRÄUTER • VERMEHRUNG • EIN KÜCHENGARTEN FÜR ALLE JAHRESZEITEN • EIN NUTZGARTEN • ZIMMERDUFT • KRÄNZE & GIRLANDEN • DUFTKERZEN • AROMATISCHE TISCHDEKORATION • GÄSTE

Gäste & Feste

Unser Riechrepertoire wird durch weite Reisen und das gesteigerte Interesse an anderen Völkern und Kulturen immer größer. Außerdem suchen wir nach immer neuen Wegen, die bekannten Kräuter unserer Umgebung wirkungsvoll einzusetzen.

Küchenkräuter

Die Geschmacksknospen auf allen Kontinenten reagieren auf aromatische Beigaben – vom (Sauer-)Ampfer *(Rumex arcticus)* und den Heidelbeeren *(Vaccinium myrtillus)* aus der kanadischen Tundra bis zu der Fülle exotischer Aromen aus dem äquatorialen Dschungel und den Regenwäldern.

TRADITIONELLE KRÄUTER

Die traditionelle englische Küche verwendet Petersilie, die universelle Kräuterbeigabe und Garnitur, die »Summe aller grünen Dinge« wegen ihres kräftigen und deutlichen Geschmacks, der zu fast allen salzigen Speisen paßt. Schnittlauch, dessen dünne Hälmchen nichts vom stechenden Zwiebelgeschmack erahnen lassen, kommt in Sommersalate und Suppen. Erfrischende Minze köchelt zusammen mit neuen Kartoffeln, während der harzige Rosmarin einen Milchlammbraten würzt. Würziger Lorbeer verfeinert herbstliche Wildgerichte, und die mächtige »Primadonna« Salbei aromatisiert Schweinefleisch, Ente und Würste und fördert zugleich die Verdauung dieser üppigen Fleischgerichte.

Diese klassischen Kräuter erfüllen ihre traditionelle Rolle aufs trefflichste, eignen sich aber auch für modernere Kombinationen: Rosmarin mit Orangen in Wein, Schnittlauch-Joghurt-Sauce, knusprig fritierte Petersilienzweige, Lorbeer in indischen Curries, Minze in Obstsalaten und Salbei in Gemüsepasteten. Traditionelle Zusammenstellungen, die man in so herausragenden Küchenkulturen wie China oder Frankreich kennt, werden durch interessante Geschmacksexperimente mit neuen Kräutern, die in den jungen Kulturen Nordamerikas, Australiens und Neuseelands heimisch sind, neu interpretiert.

MEDITERRANE AROMEN

Die sonnigen Aromen mediterraner Kräuter kommen bei einer ungezwungenen Gartenparty bei Jung und Alt gleichermaßen gut an. Warmes und würziges Basilikum gehört einfach zu Tomaten; kräftiger Knoblauch, süß-würziger Majoran und stechender Oregano verfeinern Saucen und Pizzas. Thymian würzt den Wein, in dem Geflügel und Meeresfrüchte garen; warmer und doch scharfer Estragon aromatisiert Hähnchen und Essig, und erfrischende Zitronenmelisse verfeinert Öle, Essige und Obstsalate.

SCHARF UND WÜRZIG

In Skandinavien und Osteuropa schätzt man den aromatischen Dill und würzt eingelegte Gurken mit den Dolden, bäckt die Samen in Brot und Apfelkuchen und richtet den »Festtagsfisch« Lachs mit den Blättern an. Ebenso verwendet man viel Kümmel, der den Atem erfrischt und bereits in der Steinzeit als Gewürz geschätzt wurde. Gewürzpaprika, der in einem Gulasch mehr für Farbe als für Schärfe sorgt, verfeinert eingelegtes Gemüse und Käse. Fenchel verleiht Salaten und Fisch einen leichten Anishauch, während der zarte, moosgrüne Kerbel (eines der französischen *fines herbes*) mit seinem Anisduft zarte Speisen würzt und garniert. Sauerampfer macht russische Suppen interessant; die Stengel

Küchenkräuter

der Engelwurz werden als Gemüse gekocht oder durch Kristallisieren abgemildert; und Meerrettich *(Armoracia rusticana)* ist nicht mehr nur Beilage zu Räucherfisch und Hähnchen in Osteuropa, sondern auch der traditionelle Aufstrich für englisches Roastbeef.

HISTORISCHE ZUSAMMENSTELLUNGEN

Das Interesse an ungewöhnlichen Aromen wurde durch historische Rezepte entfacht. Wild und Geflügel in Wacholdermarinade erinnern an die Bankette der Tudorzeit. Die kräftigen, sellerieähnlichen Blätter des mittelalterlichen Liebstöckels würzen Brühen und Hähnchengerichte, und wilder Sellerie, ein Gewürz aus der Römerzeit, wird in Suppen und Eintöpfen verkocht. Das Kochbuch des Apicius aus dem ersten Jahrhundert n. Chr. umfaßt eine außerordentliche Palette an Gewürzkräutern wie Raute und Poleiminze (von der heute abgeraten wird), Marienblatt, Stinkasant (Teufelsdreck), Katzenminze, Myrtenbeeren, Färberdistel *(Carthamus tinctorius)*, Indische Narde und Sumach *(Rhus syriacum)*. Pfeffriges Bohnenkraut, das bereits in den Gedichten Vergils auftaucht, wird auch heute noch zum Würzen von Bohnengerichten verwendet.

Großmutters Kochbuch nennt Milchspeisen, die mit Duftpelargonien gewürzt werden, und zeigt, wie man saure Früchte mit Süßdolde kocht, damit man weniger Zucker braucht. Spitzenköche begeistern sich heute für alte Kräuter wie Lavendel, die bereits in elisabethanischer Zeit zum Würzen eingesetzt wurden und heute Essige und hausgemachtes Eis verfeinern.

EXOTISCHE GEWÜRZE

Auf Auslandsurlauben lernen wir neue Gewürze kennen. Spanische und arabische Spezialitäten haben Safran wieder populär gemacht, der mit seinem außergewöhnlich vollen und erdigen Geschmack bereits im Mittelalter als Luxusgewürz gehandelt wurde. Neben klassischer Paella, Bouillabaisse und Gebäck verfeinert Safran heute Fisch, Geflügel, Rindfleisch, Brot und sogar Eis. Kokosmilch, Zitronengras, Kaffirzitronen und Galgant *(Alpinia galanga)* sind die bekannten Gewürze der Thai-Küche.

Die Vielzahl an indischen Spezialitäten ist Ausdruck für Größe und Lebendigkeit des Subkontinents. Curries werden gewürzt mit Korianderkörnern, Kreuzkümmel, Bockshornklee *(Trigonella foenum-graecum)*, Chili, Ingwer, schwarzem Pfeffer, Kardamom, Curryblatt, Senf, Muskat, Gewürznelken und Zimt. Die durchdringenden Korianderblätter beleben ihrerseits indische, arabische und südamerikanische Speisen. Das Geheimnis der vegetarischen Spezialitäten Indiens liegt in der kräftig gelben und moschusartig trockenen Gelbwurz und im stinkenden Teufelsdreck, der wegen seines ungewöhnlich penetranten Zwiebelaromas nur in winzigen Mengen eingesetzt wird. Diese Gewürze bekommen Sie in indischen Spezialitätenläden; dort finden Sie vermutlich auch Kewra-Wasser, das aus dem Schraubenbaum gewonnen wird und indische Süßigkeiten für ganz besondere Gäste verfeinert.

GANZ LINKS: *Aromatischer, gefiederter Dill und Rosmarin.*

OBEN LINKS: *Schmücken Sie Eiswürfel für sommerliche Longdrinks mit den sternförmigen blauen Borretschblüten.*

LINKS: *Streuen Sie die schmackhaften Schnittlauchblüten über Pfannengerührtes und die nektarreichen Rosmarinblüten über Obstsalate.*

Gäste & Feste

Bei Berührung verströmen die Kräuter am Gartentor einen erfrischenden oder süßlichen Duft und schaffen gleich bei der Ankunft der Besucher eine gastfreundliche Atmosphäre.

Ein aromatischer Empfang

Pflanzen Sie am Weg entlang Basilikum, Bergamotte, Bohnenkraut, Eberraute, Katzenminze, Lavendel, Mauergamander, Eau-de-Cologne-Minze, Nelken, Rosmarin, Salbei, Süßfarn *(Comptonia peregrina)*, Thymian, Ysop oder Zitronenmelisse.

Säumen Sie den Weg durch Veranda, Flur und Treppenhaus mit duftenden Topfpflanzen. Wählen Sie unter Lorbeer, Zitronenstrauch, Brautmyrte, Pelargonien, Weihrauchpflanze *(Calomeria amaranthoides)*, Australischem Minzebusch *(Prostanthera*-Arten), Balsamstrauch, Ananas- oder Mandarinensalbei, Thymian, Zitrusbäumchen oder zartem Lavendel wie *Lavandula dentata*. Sie können die Töpfe dann nach Bedarf neu arrangieren – setzen Sie beispielsweise einen hübsch geschnittenen Zitronenstrauch oder einen Salbeibusch in die Mitte einer Tafel, Basilikum oder Minze als Aromalieferanten und Insektenschutz neben den Holzkohlengrill, oder schaffen Sie mit mehreren Töpfen die richtige Kulisse für ein Mittagessen im Freien.

Frische Kräuterbündel und süß duftende Blumensträuße erfreuen Auge und Nase. Sie lassen sich großzügig in Eimern oder zu lockeren, zwanglosen Bouquets oder zu hübschen kleinen Sträußchen zusammenstellen. Setzen Sie eine einzelne Pfingstrosenblüte in eine Glasschale oder Veilchen in einen silbernen Eierbecher.

KRÄUTER VERSTREUEN

Streuen Sie einmal nach jahrhundertealter Tradition duftende Kräuter auf Ihren Weg. Verteilen Sie Blätter oder kleine Zweige auf einem Gartenpfad, auf der Terrasse oder Veranda. Bedecken Sie Ihre Terrasse oder Ihre Sitzecke im Garten, und machen Sie im Haus eine Willkommensmatte daraus, oder schieben Sie sie unter die Ecke eines Teppichs. Nach Ihren persönlichen Vorlieben oder je nach Stimmung, die Sie erzeugen wollen, wählen Sie unter: Beifuß, Brautmyrte, Eberraute, Kalmus *(Acorus calamus)*, Lavendel, Mädesüß, Majoran, Marienblatt, Minze, Rosmarin, Salbei, Steinklee, Süßdolde, Süßfarn *(Comptonia peregrina)*, *Thymus* ›Fragrantissimus‹, oder *T.* ›odoratus‹, Vanillegras, Waldmeister, Zitronenmelisse, Zitronenstrauch, Zitronenthymian oder Kiefern-, Eukalyptus-, Thujen- oder Zedernzweigen. Selbst das Aufräumen wird da noch zum aromatischen Vergnügen.

OBEN: *In einem Stadtgarten wurde der Weg mit ansprechenden und aromatischen Thymiansorten eingefaßt.*

GANZ RECHTS: *Ein üppig und süß duftender Weg zwischen Lavendel und Rosen.*

RECHTS: *Eingänge und Terrassen kann man nach altem Brauch mit Kräutern ausstreuen – hier sind es Lavendel, Salbei und Katzenminze.*

Gäste & Feste

Ein Garten mit auffälligen Formen, vielen Farben und süßen Düften schafft eine freundliche Atmosphäre, der Aromagarten ist eine angenehme Kulisse für einen Abend unter Freunden.

Formgebung

Als Willkommensgruß erzielen kunstvoll in Form geschnittene und immergrüne Pflanzen wie Bohnenkraut, Brautmyrte, Buchs, Heiligenkraut, Lavendel, Lorbeer, Halbsträucher wie Thymian oder hoher Mauergamander eine besondere und positive Wirkung – denken Sie nur an die kugelrunden Lorbeerbäumchen vor edlen Restaurants. Eine kunstvoll geformte Pflanze steht für »kreativen Mut« und zeugt von liebevoller Pflege, die vollendeten Formen signalisieren Zuverlässigkeit, und neuartige Aspekte künden von augenzwinkernder Ironie. Drinnen wie draußen werden die Pflanzenformen zum Gesprächsthema. Außerdem betonen Sie den Gegensatz zu den weichen und natürlichen Formen anderer Kräuter. Kommen dann (vor allem an der Eingangstür) noch aromatische Blätter hinzu, die man berühren und streicheln darf, an denen man schuppern und sich erfreuen kann, steht einem erfolgreichen Fest nichts mehr im Wege.

OBEN: *Kugelförmig geschnittene Lorbeer- und Rosmarinbäumchen und eine Spirale aus Buchsbaum. Solche Kunstwerke sollten Sie stets vor Langfingern schützen.*

Formen entstehen

Man kann die Pflanzen in formale, exzentrische oder romantische Formen schneiden, in Kübeln oder im Boden ziehen. Wählen Sie geometrische Formen wie Kugeln, Kegel, Säulen, Pyramiden und Spiralen oder symbolische Silhouetten mit einer persönlichen Bedeutung, lustige Tiere oder Gegenstände. Bevor Sie jedoch selbst Hand anlegen, sollten Sie sich andere Beispiele ansehen. Denn die Proportionen von Stammlänge, Blattwerk und Topfgröße sind entscheidend für den Gesamteindruck.

Das Schneiden selbst ist eine therapeutische und aromatische Aufgabe. Bei kleinen Pflanzen wie Zwergbuchs beginnt der Formschnitt, sobald die Pflanze die gewünschte Größe erreicht hat. Man legt ein Drahtnetz mit der entsprechenden Form über sie und schneidet alles ab, was darüber hinausragt. Buchs ist am beliebtesten für komplizierte Formen, Kräuterbeetrabatten und Knoten, weil er sich gut schneiden läßt und sein dichtes Wurzelsystem sich weder ausbreitet noch die Nachbarpflanzen stört. Eine Buchshecke ist teuer, weil sie langsam wächst. Man kann jedoch mit ein paar Pflanzen beginnen, die man für Stecklinge zieht, bis man genügend für eine Hecke beisammen hat.

Damit die Hecke in Form bleibt, wird zweimal im Jahr geschnitten: einmal im Spätfrühjahr oder Frühsommer, wenn sich die neuen Triebe ausgebildet haben, und dann wieder im Spätsommer, damit sich die nächsten Triebe vor dem ersten Frost bilden können. Auf diese Weise ist die Pflanze die meiste Zeit des Jahres mit neuen Trieben bedeckt und sieht im Gegensatz zu vielen immergrünen Pflanzen stets frisch und lebhaft aus.

LORBEERKUGEL

Erziehen Sie Ihren Lorbeer mit nur einem Mitteltrieb, dem Stamm, und entfernen Sie während des Wachstums die unteren Seitentriebe. Das Lorbeerbäumchen wird in Form geschnitten, sobald es die gewünschte Höhe um 15 cm überschritten hat. Denn dadurch kann man den Mitteltrieb zurückschneiden und den dichteren Wuchs der Seitentriebe fördern. Die Seitentriebe in der Kugel auf 2–3 Blätter kürzen. Wenn sie wieder auf 4–5 Blätter angewachsen sind, wieder auf 2–3 Blätter zurückschneiden. Wiederholen, bis die Kugelform erreicht ist. Danach mit einer Baumschere im Früh- und Spätsommer zurückschneiden, damit die Kugelform nicht auswächst, und Schößlinge sofort entfernen.

In kühleren Regionen müssen Sie Ihren Lorbeer im Topf ziehen und (das gilt besonders für Jungpflanzen) im Winter vor Frost schützen. In Übergangsregionen schützen Sie Ihre jungen Pflanzen mit Folien vor Frost. Geben Sie Ihr Exemplar jedoch nicht auf, wenn es braune und scheinbar abgestorbene Blätter zeigt. Warten Sie auf wärmeres Wetter, und wenn unter der Frostgrenze ein gutes Wurzelsystem steckte, dann wird die Pflanze neu austreiben. Lassen Sie beim zweiten Versuch 7–9 Triebe bis zur Kugelform dran, weil das gegen Frostschäden schützt.

SCHNELLE FORMGEBUNG

Mit Drahtrahmen oder Haselspalieren lassen sich Geißblatt, Akebie, Jasmin, Blauregen oder Rosen relativ schnell in Form bringen. Für eine Schirmform ziehen Sie einen einzelnen Stamm bis zur gewünschten Höhe und lassen dann die Triebe zwei Jahre lang über eine umgekehrte Hängeampel wachsen, damit die Pflanze Form bekommt. Genießen Sie, wie die aromatischen Zweige im leichten Sommerwind wehen.

Kreative Formen im berühmten Villandry Garden bringen bunte Cosmeen schön zur Geltung (oben) und verdeutlichen die gegensätzliche Struktur von Buchsbaum und Lavendel (unten)

Vermehrung

Samen

Samen können direkt in den anbaufähigen Boden gesät werden. Die direkte Aussaat ist für einjährige Doldengewächse wie Anis, Kerbel, Dill, Koriander und Kreuzkümmel sowie für die zweijährige Petersilie am besten, da sie durchs Umpflanzen oft zur Samenbildung angeregt werden, bevor sie genügend Blätter hervorgebracht haben. Aussaat eignet sich für:

EINJÄHRIGE: Anis, Basilikum, Borretsch, Dill, (einjährige) Kamille, Kapuzinerkresse, Kerbel, Koriander, Kreuzkümmel, Majoran, Melde, Portulak, Rauke, Schlafmohn, Senf, Sommerbohnenkraut, Ringelblume

ZWEIJÄHRIGE: Engelwurz, Kümmel, kraus- und glattblättrige Petersilie, Sellerie, Waid

MEHRJÄHRIGE: Bibernelle, Fenchel (grüne und braune Sorten), Guter Heinrich, (mehrjährige, blühende) Kamille, Liebstöckel, Majoran (französisch), Mutterkraut, Oregano, Raute, Salbei, Sauerampfer, Schnittlauch, Süßdolde, Thymian (gemein), Wermut, Winterzwiebel

Ableger

Eine gesunde Mutterpflanze ist entscheidend für hochwertige Ableger. Je jünger die Mutterpflanze, um so leichter schlagen die Ableger Wurzeln. Geeignet für: Buchs, Estragon (französisch), Heiligenkraut, Lavendel, Lorbeer (mit Bodenwärme), Majoran, Pelargonie, Raute (*Ruta graveolens* ›Jackman's Blue‹), Rosmarin, Salbei, Strohblume (*Helichrysum italicum*), Thymian, Winterbohnenkraut, Wermut (Kulturvarietäten), Ysop, Zitronenstrauch

Wurzelteilung

Für die einfachste Form der Vermehrung nehmen Sie ein 5–10 cm großes Wurzelstück mit Vegetationspunkten und pflanzen es ungefähr 2,5 cm tief in einen Komposttopf. Wenn Sie direkt in die Erde pflanzen wollen, eignen sich längere Stücke besser. Geeignet für: Indianernessel, Minze, Seifenkraut, Waldmeister

Wurzelschnittlinge

Einige Gewürze wie Meerrettich, Beinwell und Merk können mit dicken, 5–7,5 cm langen Wurzelstücken vermehrt werden. Machen Sie einen sauberen Schnittling mit gerader Oberseite und runder Unterseite, damit Sie später noch wissen, wo oben ist. Stecken Sie den Schnittling senkrecht in Topferde und bedecken Sie ihn mit einer 6 mm dicken Sandschicht.

Teilung

Viele Kräuter können geteilt werden, indem man die Pflanze – vorzugsweise im Herbst oder Frühjahr – ausgräbt und sorgfältig in einzelne Segmente teilt, die je einen Vegetationspunkt und ein paar Wurzeln enthalten müssen. Wieder einpflanzen oder eintopfen und wässern, bis die Wurzeln erneut ansetzen. Einige Pflanzen wie Liebstöckel kann man mit einem Längsschnitt durch die Wurzel teilen, wenn jede Hälfte einen Vegetationspunkt hat. Zwiebelgewächse wie Schnittlauch können auf dieselbe Weise geteilt und neu gepflanzt werden.
Aloe Vera bringt Seitenableger (Minipflänzchen an der Basis) hervor, die man im Sommer vorsichtig entfernen, einen Tag trocknen lassen und dann in sandigen Kompost pflanzen kann.
Teilung eignet sich für:
Alant, Estragon (französisch), Guter Heinrich, Marienblatt, Natternwurz, Kampfer, Lungenkraut, Mädesüß, Majoran, Mauergamander, Römische Kamille, Merk, Primel, Sauerampfer, Schlüsselblume, Rainfarn, Veilchen, Wasserdost, Wermut, Zitronenmelisse

Küchengärten

Ein Küchengarten für alle Jahreszeiten

UNTEN UND RECHTS:
Diese Nutzgärten in West Green in der englischen Grafschaft Hampshire und Sudborough, Northamptonshire, zeigen, daß auch nützliche Gärten hübsch aussehen können. Bäumchen sorgen für Struktur und verströmen als duftende Varietäten in Kopfhöhe ihren angenehmen Duft.

Kräuter in hübschen und zweckmäßigen Beeten zu ziehen ist nicht nur für Köche und Gastgeber von Nutzen, die bei Bedarf mit einem frischen Zweig ihre Speisen würzen, sondern liefert auch eine ansprechende Kulisse für ein Dinner im Freien. Die Gäste können zwischen den Beeten umherspazieren und sich eine ausgefallene Garnierung pflücken oder einen unbekannten Blattsalat probieren.

So ein Garten bringt uns auch wieder den Wechsel der Jahreszeiten und damit das saisonbedingte Angebot ins Bewußtsein. Köche und Gourmets in aller Welt bestätigen die italienische Gärtnerweisheit »Alles schmeckt zur richtigen Jahreszeit« und schätzen das intensive Aroma selbstgezogener Erdbeeren im Frühsommer, die ersten neuen Kartoffeln mit frischer Minze oder Dill, gartenfrische Zucchini, Babykarotten und Erbsen mit zerlassener Butter und Schnittlauch oder Estragon sowie süß-fruchtige Tomaten mit zarter Schale, die neben kräftig grünen Basilikumblättern heranreifen.

Gäste & Feste

Einen Nutzgarten anlegen

Ein Nutzgarten besitzt eine Mischung an Zier- und Nutzpflanzen, Gemüse und Obst. Auf kleinem Raum bieten Hochbeete eine kontrollierbare und pflegeleichte Lösung und sind zudem sehr ertragreich.

Beschränken Sie sich auf einige wenige besondere Gemüsesorten wie Buschbohnen, Zucchini und rotstieligen Mangold. Wählen Sie eine Obstsorte (Feigen, Trauben, Äpfel, Birnen, Kirschen oder Pfirsiche), die an einem Spalier oder am Zaun entlang oder an einem Bogen über einen Weg gezogen werden kann. Suchen Sie sich dann Ihre Lieblingskräuter und eßbaren Blüten aus. Konzentrieren Sie sich dabei auf optisch ansprechende Sorten mit gesprenkelten, lilafarbenen oder goldenen Blättern. Überlegen Sie, von welchen Kräutern Sie große Mengen brauchen (Schnittlauch, Petersilie) und bei welchen eine einzelne Pflanze genügt (Salbei).

Als Rabatten eignen sich immergrüner Zwergbuchs, Lavendel ›Hidcote‹, Strohblumen, Mauergamander, Erdbeeren und goldenes Mutterkraut; Schnittlauch und Wintermajoran; zweijährige Petersilie; sowie die bunten einjährigen Ringelblumen, Tagetes und Kapuzinerkresse. Setzen Sie Basilikum an einen sonnigen und geschützten Ort, wo Sie ein Auge auf die zahllosen Insekten, Schnecken, Vögel und größeren Kreaturen haben, die sich ebenfalls an dem Aroma erfreuen. Denken Sie daran, daß Sie auch die Beetmitte (75 cm bei einem 1,50 m breiten Beet) erreichen müssen und Platz für eine Schubkarre brauchen. Gepflasterte Wege sind besser als Gras, weil Sie sonst mit dem Rasenmäher kaum durchkommen. Achten Sie vor dem Pflanzen darauf, daß der Boden unkrautfrei ist und mit Kompost angereichert wurde. Dann können Sie dichter pflanzen als in einem normalen Garten. Die Erhöhung der Beete um einige Zentimeter und die Umfriedung verbessern die Entwässerung und erleichtern die Ernte.

Plan für einen kleinen Nutzgarten

Der Plan auf der gegenüberliegenden Seite ist für einen kleinen Nutzgarten in der Stadt oder auf dem Land ge-

LINKS: *Ein Nutzgarten im Frühling. Sauber geschorene Beeteinfassungen machen den Garten auch im Winter optisch interessant und bilden im Sommer Rahmen und Kontrast für die üppig wuchernden Pflanzen.*

dacht. Er zeigt eine Anlage, die sowohl als dekorative Kulisse für Abende im Freien dient als auch das frischeste Gourmet-Gemüse und Obst liefert. Gäste freuen sich über einen Spaziergang durch den Garten und pflücken sich eine eßbare Blüte oder probieren eine ungewöhnliche Kräuterdekoration aus.

Formale Rabatten aus Lavendel, Zwergbuchs und Strohblumen bieten das ganze Jahr über ein Designelement, während die kugelförmigen Lorbeerbäumchen und Kletterstangen für Bohnen und Wicken für optische Länge sorgen.

Salatgarten

Ein Mini-Salatgarten aus Pflänzchen, die fortwährend Ernte liefern, wird in einem beweglichen Waschbecken oder einem Trog gezogen. Das ist praktisch, denn damit können Sie sie immer in die Sonne stellen. Säen Sie einen Saatteppich in fruchtbaren Boden. Lassen Sie die Pflänzchen etwa 15 cm hoch wachsen, und entfernen Sie abgestorbene Blätter. Schneiden Sie die Salate dann mit einer Schere oder einem scharfen Messer auf 5 cm zurück. Geben Sie die schmackhaften zarten Blätter in Salate, Suppen, Sandwiches, Aufläufe, oder verwenden Sie sie zum Garnieren. Bei gut gewässertem und gedüngtem Boden können Sie drei- bis fünfmal ernten. Experimentieren Sie auch mit Setzlingen anderer Gemüsesorten wie Fenchel, Melde und Zitronenmelisse.

Liste der Pflanzen auf dem Plan

Terrasse

1. Mini-Salatbeet mit Schnittlauchrabatten; V-förmige Abgrenzungen aus Eichblattsalat (1 rot, 1 grün); Schnittsalate zum Füllen; Senf (*Brassica* spp), Gartenkresse (*Lepidium sativum*), Rauke, Bockshornklee (*Trigonella foenum-graecum*), Eßbare Chrysantheme, Portulak (*Portulacae oleracea*); Kubaspinat (*Montia perfoliata*)
2. Zitronenstrauch
3. Minze (Marokkanische, Grüne, Pfefferminze)
4. Gesprenkelte Stangenbohnen mit rot gestreiften Hülsen ›Tongue of Fire‹
5. Rotblättriger Wein (›Teinturier‹ oder ›Miller's Burgundy‹)
6. Salbei

Gartenplanung

7. niederliegender Rosmarin
8. Goldener Zitronenthymian

Nutzgarten

9. Apfelspalier (die duftenden Blüten sind auch eßbar)
10. Birnenspalier
11. Akebie
12. Lavendel ›Hidcote‹
13. Schnittlauch
14. Estragon
15. Buschbohnen ›Purple Tepee‹
16. Zwergbuchs
17. Ringelblume
18. Möhre ›Early Nantes‹
19. Krauspetersilie
20. Dunkles Basilikum
21. Madonnenlilie
22. Bergamotte
23. Rose ›Evelyn‹
24. Kapuzinerkresse ›Alaska‹
25. Rotstieliger Mangold
26. Borretsch
27. Strohblume
28. Majoran
29. Lorbeer
30. Zuckerschoten
31. Koriander
32. Kirsche ›Morello‹ (Fächerspalier)
33. Dill
34. Stangenbohne ›Polestar‹ (zieht Kolibris an)
35. Zuckermais ›Little Jewels‹ (dunkle Hüllen)
36. Zucchini ›Clarella‹
37. Sommerkürbis ›Patti Pan‹
37. Zuckererbsen
38. Pfirsich (Fächerspalier)

Gäste & Feste

Sehen Sie sich in Ihrem Haus nach geeigneten Stellen um, an denen Sie eine wohlriechende Aromakulisse schaffen können.

OBEN: *Queen Annes Raumerfrischer – ein Rezept aus dem 17. Jahrhundert.*

Einladender Zimmerduft

ROSMARIN-RAUMERFRISCHER

Queen Annes Zuckerbäckerin Mary Eales schrieb ihre Lieblingsrezepte 1682 nieder. Dieser Raumerfrischer ist leicht herzustellen und duftet sauber und süß. Ihr Rezept: »Man nehme drei Löffel getrockneten und zerstoßenen Rosmarin und so viel Zucker, um die Hälfte einer Walnuß zu füllen, zu feinem Puder zerstoßen. Man streue beides in eine Parfümpfanne über heißer Aschenglut, und der Raum wird bald erfüllt sein von köstlichem Wohlgeruch.« Nehmen Sie dasselbe Verhältnis an Zutaten, zermahlen Sie sie in einem Mörser, und erhitzen Sie sie 2–3 Minuten in einer schweren Pfanne über einem Kochring. Gelegentlich umrühren, damit die Mischung nicht anbrennt.

Öle und Gewürze zum Verdampfen

Duftöle in einer Duftlampe spenden ständig frischen Geruch im Raum. Die Öle selbst werden dabei gar nicht verbrannt. Man gibt vielmehr ein paar Tropfen davon in einen Keramikbehälter mit heißem Wasser, den man mit einem Teelicht oder einer elektrischen Heizplatte warm hält. Wenn Öl und Wasser verdampfen, verströmt der Duft im Raum und schafft die von Ihnen gewünschte Stimmung. Probieren Sie einmal einen sauberen und erfrischenden Duft im Eingangsbereich; eine einladende und entspannende Mischung, damit sich die Gäste wohl fühlen; eine belebende, gesellige Kombination, um Stimmung in die Party zu bringen; oder einen vollen, warmen Geruch als Hintergrund für ein anregendes Gespräch.

Füllen Sie die Schale der Lampe nur zur Hälfte mit heißem Wasser. Träufeln Sie ein paar Tropfen ätherisches Öl hinein. Zünden Sie das Teelicht an – und nach 5–10 Minuten entfaltet sich der Duft. Wenn Sie die Schale regelmäßig auffüllen, hält er 2–3 Stunden. Weil die verschiedenen aromatischen Komponenten unterschiedlich schnell verdampfen, verändert er sich.

Duftölmischungen

EINZELNE NOTEN

Einige Öle duften auch einzeln angenehm: Benzoeharz, Bergamotte, Geranium, Grapefruit, Kampferbaum, Koriander, Petitgrain, Provencerose, Rosenholz, Wacholder oder Weißtanne.

GESELLIGE MISCHUNGEN

Folgende Kombinationen wirken leicht, hell, lebhaft:
A. Je 2 Tropfen Grapefruit und Lavendel
B. Je 1 Tropfen Gewürznelke, Majoran und Orange oder Mandarine
C. Je 2 Tropfen Pefferminze und Provencerose

EIN HAUCH EXOTIK

A. 3 Tropfen Bergamotte, 1 Tropfen Ylang-Ylang
B. 3 Tropfen Provencerose, 1 Tropfen Ingwer
C. 1/2 TL Vanilleessenz, 2 Tropfen Limette

FÜR EIN ANREGENDES GESPRÄCH

Diese Mischungen wirken tief und doch erfrischend:
A. Je 1 Tropfen Wacholder, Zypresse und Bergamotte
B. Je 2 Tropfen Weißtanne und Benzoeharz
C. 3 Tropfen Weihrauch, 2 Tropfen Basilikum

ENTSPANNENDES AMBIENTE

A. Je 1 Tropfen Geranium und Ysop
B. 1 Tropfen Vetiver, 3 Tropfen Mandarine

WEIHNACHTSEMPFANG

Je 2 Tropfen Lavendel, Orange, Zimt, Gewürznelke

Gewürzmischungen zum Verdampfen

Geben Sie ganze Gewürze in das heiße Wasser einer Öllampe und lassen Sie den Duft 30 Minuten entwickeln. Die Gewürze können Sie einzeln und in Kombination verwenden. Wählen Sie zum Beispiel 1/4 Vanilleschote, 2 Sternanis, 3–4 Kardamomkapseln, 6 Nelken oder Pimentkörner, 1/2 TL Korianderkörner, Wacholderbeeren oder schwarze Pfefferkörner, ein Stück Zimt oder Kassiarinde, Ingwerwurzel oder Zitronengras, grob gemahlenen Muskat oder geraspelte Zitronen-, Orangen- oder Limettenschale. Etwas Zucker verstärkt die Duftwirkung. Sie können auch Gewürzpulver verwenden, doch das riecht schnell etwas verbrannt.

Zimmerduft

OBEN LINKS: Große offene Gefäße erleichtern das Durchmischen des Potpourris, das dadurch mehr Duft verströmt.

OBEN RECHTS: Genießen Sie die Eleganz und den süßen Duft einer Bilderbuchrose.

UNTEN LINKS: Sternanis besitzt einen warmen und würzigen Duft, der so exotisch wirkt wie die Frucht selbst. Geben Sie die ganzen Kapseln ins Wasser einer Duftlampe.

UNTEN RECHTS: Das tiefe Reservoir dieser Duftlampe ist ideal für Parties und Familienfeiern, weil es nur selten aufgefüllt werden muß.

Gäste & Feste

OBEN: *In der prachtvollen Girlande stecken Feigen, Paranüsse, Walnüsse, Zimtstangen und Muskatnüsse zwischen leuchtend grünem Rosmarin, Thymian und Moos.*

RECHTS: *Erfreuen Sie einen begeisterten Koch mit einer üppigen und aromatischen Girlande aus lila Salbei, dunkelgrünem Lorbeer, bräunlichem Fenchel und heller Apfelminze, die mit Knoblauchzehen und Chillis verziert wird.*

Kränze und Girlanden

Frische und getrocknete Blumen und Kräuter verströmen eine zarte Duftkulisse, wenn sie zu Kränzen oder Girlanden gebunden werden, die Tische, Torbögen, Fenster, Spiegel, Bilder oder Kaminsimse umgürten, an Säulen und Pfosten emporranken oder über einer Sitzgruppe baumeln. Möglichkeiten und Modelle reichen von der üppigen Farben- und Aromenpracht der Karibik bis zu höchster Eleganz und Finesse. Folgen Sie den Jahreszeiten mit erfrischenden Frühlingsblumen, großartiger Sommerfülle, herbstlichen Erntemotiven oder den verführerischen Strukturen und Düften des Winters.

KRÄNZE

Flechten Sie in der gewünschten Form ein Gerüst aus Weiden-, Hasel-, Zitronenstrauch-, Thymian- oder Rosmarinzweigen, umwickeln Sie einen Drahtrahmen mit Sumpfmoos, das Sie mit Blumendraht befestigen, oder kaufen Sie ein geflochtenes Gerüst aus Bast.

Für einen Kranz oder Wandbehang brauchen Sie nur eine Seite zu dekorieren. Für den grünen Hintergrund kleine Zweige von Lorbeer, Buchs, Brautmyrte oder Eukalyptus in gleichmäßiger Länge zurechtschneiden. Zu kleinen, überlappenden Bündeln zusammenstellen, die alle in dieselbe Richtung zeigen, und mit Draht am Gerüst befestigen. Binden Sie andere Blumen, Beeren, Samenkapseln und getrocknete Blüten mit Draht ein und folgen Sie dabei einer aromatischen Stimmung oder einem Farbthema. Wenn Sie alle getrockneten Elemente eingebunden haben, flechten Sie frische Kräuter und Blumen ein.

Ein appetitlicher Küchenschmuck aus Küchenkräutern und Gewürzen: prächtige rote Chillis, dunkle Vanilleschoten, Zimtstangen und weiße Knoblauchknollen vor dem Hintergrund so kontrastreicher Blätter wie Lorbeer, Rosmarin, Fenchel, Ingwerminze, goldener Majoran, dunkler Salbei und silbriger Thymian, die Sie dann im Notfall auch zum Kochen verwenden können.

GIRLANDEN

Girlanden können Sie aus frischen oder getrockneten Kräutern und Blumen machen. Sie werden rings um eine Schnur gewunden, damit sie beweglich bleiben. Frisches Grün hält sich länger in kühlen Räumen und bildet einen schönen Akzent in trockenen Girlanden. Wählen Sie als frisches Grün: Allium, Artemisia, Basilikum, Brautmyrte, Buchs, Duftpelargonien, Eukalyptus, Fenchel, Hagebutte, Holunderblüten und -beeren, Kiefer, Lavendel, Lilie, Lorbeer, Rose, Rosmarin und Wacholder; die Blüten von Anis-Ysop, Dill, Engelwurz, Indianernessel, Kamille, Mädesüß, Maiglöckchen, Majoran, Mutterkraut, Rainfarn, Ringelblume, Schafgarbe, Wiesenfrauenmantel und Ysop; getrocknete Kräuter und Gewürze wie Eukalyptus, Gewürznelken, Lavendel, Rosenknospen, Schafgarbe, Thymian, Vanilleschoten und Zimtstangen.

Stellen Sie alle Zutaten vor dem Flechten zusammen und besprühen Sie das frische Grün regelmäßig, damit es nicht welkt. Binden Sie die Pflanzen mit Draht zu kleinen Bündeln mit 3–5 Stengeln. Schneiden Sie die Schnur so zurecht, daß Sie an jedem Ende und nach Bedarf Schlaufen formen können. Die kleinen Sträußchen nun in regelmäßigen Abständen je nach Farbe und Struktur an die Schnur binden. Arbeiten Sie in einer Spirale, damit eine gleichmäßig dicke Girlande entsteht. Mit Bändern oder Nippes dekorieren.

Zimmerduft

OBEN: *Ein Kränzchen aus Kräutern in warmen Farbtönen und schwimmende Duftkerzen schaffen bei einem kleinen Abendessen unter Freunden eine gemütliche Atmosphäre.*

Duftkerzen

Die meisten im Handel erhältlichen Duftkerzen werden mit synthetischen Düften parfümiert. Sie können Ihre eigenen Kerzen auf verschiedene Art mit echten ätherischen Ölen parfümieren. Bedenken Sie stets, daß ätherische Öle brennbar sind – gießen Sie sie also niemals in eine brennende Kerze.

Eine Kerze außen mit einer Parfümmischung besprühen oder 3 Tropfen Blütenöl mit 1 Tropfen Benzoeharz, Eichenmoos oder anderen Fixierölen mischen und die Kerze damit einpinseln.

Kaufen Sie sich ein Bastelset für Kerzen, und geben Sie die ätherischen Öle gleich in die Wachs-Paraffin-Mischung, bevor Sie das Wachs in Form gießen.

Kaufen Sie eine dicke Kerze, lassen Sie sie brennen, bis die oberste Wachsschicht schmilzt, löschen Sie die Kerze, und rühren Sie ein paar Tropfen ätherisches Öl in das geschmolzene Wachs, um die Ölmoleküle darin einzubinden. Bei einer dicken Kerze mit kurzem Docht hält der Duft bis zu einer Stunde. Dann können Sie den Vorgang wiederholen. Kerzen aus den balsamischen Wachsbeeren des Gagelstrauchs verströmen eine milde Würzigkeit.

OBEN: *Ein auffälliger Tischschmuck mit buntem Mohn und Ringelblumen, Geißblatt und den nach Muskateller duftenden Holunderblüten.*

Duft bei Tisch

Parfümieren Sie Ihr Eßzimmer nur zurückhaltend, denn der Duft soll die Aromen der Speisen ergänzen und nicht übertönen.

TISCHGESTECKE

Schaffen Sie edwardianische Finesse mit silbernen Kerzenleuchtern, die mit eleganten Kränzen umflochten werden. Beschränken Sie sich auf wenige Farben und dekorative Pflanzen wie Wiesenfrauenmantel, Engelwurzblätter, grünen Fenchel, silbrigen Wermut, Wicken oder Rosen. Feiern Sie ein Sommerfest in theatralischem Stil mit einem Regenbogen aus aromatischen frischen Früchten wie Sternfrucht, Ananas, Erdbeeren, Papaya, Trauben, Mango, Pfirsiche und Kiwis sowie Kräutern und Blüten, die sich über den Tisch ergießen.

Besprühen Sie dekorative Samenkapseln mit Gold- oder Silberbronze, und streuen Sie sie zwischen Ingwerminze, gefüllten Mohn, scharlachrote Indianernessel, goldene Ringelblumen und blaue Pelargonien oder Borretschblüten. Geben Sie einen Zweig Zitronenmelisse in Wasserkaraffen, und machen Sie Eiswürfel mit den Blütenblättern von Rosen, Veilchen oder Borretsch oder mit einem Pfefferminzblatt.

PLATZDEKORATION

Schmücken Sie Ihre Einladungen oder Tischkärtchen mit Ihrem liebsten Kräuterrezept, und legen Sie einen passenden Kräuterzweig dazu, z. B. Rosmarin für Erinnerung, Eberraute oder Lavendel. Stellen Sie kleine Vasen mit Küchenkräutern auf den Tisch, aus denen sich die Gäste ihre persönliche Dekoration heraussuchen können. Nehmen Sie dafür Petersilie, Kerbel, Minze, Rauke, Sauerampfer, Borretsch, Ringelblume, lila Melde, Zitronenthymian und Bibernell. Machen Sie persönliche Knallfrösche, die ein Päckchen Küchengewürze enthalten: eine Vanilleschote, kristallisierte Engelwurzstengel, Sternanis und Zimtstangen.

Zimmerduft

DINNER IM FREIEN

Probieren Sie einmal gerade Zweige von Thymian, Lorbeer, Bohnenkraut oder Rosmarin als Kebabspießchen aus; legen Sie Thymian, Ysop oder Bohnenkraut ins Holzkohlenfeuer, und aromatisieren Sie damit Ihr Grillgut; oder reiben Sie den Grill mit einem winzigen Stückchen Teufelsdreck ein, dann erhalten Sie ein exotisch erdiges und rauchiges Aroma. Werfen Sie nach dem Grillen Lavendelzweige ins Feuer, um Küchengerüche und Insekten zu vertreiben, und frischen Sie das Wasser Ihrer Fingerschalen mit Zitronenstrauch auf.

Reichen Sie Ihren Gästen an heißen Abenden Papierfächer, die mit einem ätherischen Öl, das erfrischt und Insekten vertreibt, getränkt wurden. Geben Sie 3 Tropfen Minze- oder Lavendelöl auf einen Fächer, und lassen Sie das Ganze ein paar Tage in einem gut verschlossenen Plastikbeutel einwirken. Sie können einen Fächer auch aus großen, frischen und aromatischen Blättern wie Marienblatt, Lorbeer oder großblättrigem Basilikum weben oder die Zweige von Minze oder Zitronenstrauch zu einem Wedel zusammenbinden.

Duft in Wohnräumen

Mit Hilfe der Vorstellungskraft finden Sie Stellen, an denen Sie einen einladenden Duft plazieren können.

DUFTKISSEN

Duftkissen sind eine wohlriechende Überraschung, denn sie verströmen ihren Duft, sobald sich die Gäste dagegenlehnen. Passen Sie die Kissen der Jahreszeit an; nehmen Sie zunächst einen einzigen Geruch wie Engelwurz, Marienblatt oder Gagelstrauch, oder probieren Sie fröhliche Kombinationen wie das unten folgende Begrüßungspotpourri. Grob gewebter Stoff eignet sich gut für große Blätter und Gewürze; für getrocknete Blätter und Gewürzpulver brauchen Sie jedoch einen feineren Stoff oder ein Futter aus Nesselstoff. Die folgenden Mischungen dienen auch für Vorhangsäume, Nischen in Raumteilern und alle anderen Stellen, an denen sie durch Berührung oder Bewegung ihren Duft freisetzen können.

BEGRÜSSUNGSPOTPOURRI

Dieses frische und würzige Potpourri wird nach der trockenen Methode (s. Seite 64) hergestellt.

Eine Messingschale zu zwei Dritteln mit Blättern vom Zitronenstrauch füllen. Je eine kleine Handvoll Lorbeer und Eau-de-Cologne- oder Basilikum-Minze und 2 EL gemischte Orangen-, Zitronen- und Limettenschale hinzufügen. Je 2 TL Wacholderbeeren und Engelwurzsamen leicht zerstoßen und mit 4 Sternanis dazugeben.

Für ein buntes Party-Potpourri eine Mischung aus roten Blütenblättern von Tulpe oder Mohn, ganzen Ringelblumen, ganzen orangefarbenen Rosen, roter und orangefarbener Kapuzinerkresse, orangefarbenen Taglilien, Vogelbeeren oder Hagebutten, blauem Rittersporn und Salbeiblüten hinzufügen. Das Ganze mit frischen, scharlachroten Blüten der Indianernessel und Dilldolden »garnieren«.

KÜCHENPOTPOURRI

Diese Köstlichkeit für Koch und Küchenbesucher wird nach der trockenen Methode hergestellt (s. Seite 64). Zerstoßen Sie jeweils die Hälfte der folgenden Zutaten fürs Aroma und lassen Sie den Rest ganz, damit das Potpourri eine schöne Struktur erhält und Sie es nach Bedarf auffrischen können: 2 Tassen (à ca. 1/4 l Volumen) Majoran; 1 Tasse Zitronenstrauch; je 1/2 Tasse Basilikumblätter, Basilikumblüten, Thymian und Lorbeer; je 4 TL Ysop und Estragon; je 2 EL Liebstöckel, goldblättriger Salbei und eine Mischung aus Orangen-, Zitronen- und Limettenschalen; je 20 Pimentkörner, Kardamomkapseln, Sternanis, Wacholderbeeren und Nelken; 3 Muskatnüsse; 2 Zimtstangen; 1 Vanilleschote.

SUNSHINE-MIX

Wählen Sie aus dem Reichtum des Sommers: getrockneten Zitronenstrauch, Ananassalbei, Thymian mit Pinien- oder Fruchtaroma, Eau-de-Cologne-Minze und Duftpelargonienblätter – vielleicht vom *Pelargonium quercifolium*, die nach Weihrauch duften. Etwas geriebener Muskat vermittelt einen Hauch von Wärme.

WINTERTROST

Geben Sie unter getrocknete Rosenblütenblätter, Basilikum und Lorbeer eine zerbrochene Zimtstange.

AROMASPIELE

Das japanische Weihrauchspiel ist ein raffiniertes Ratespiel mit wunderschön verzierten Lackkästchen und Tabletts, auf denen die Weihrauchmaterialien, die die Teilnehmer mit verbundenen Augen erraten müssen, präsentiert werden. Wer richtig rät und, wichtiger noch, die jahreszeitengemäßen Assoziationen, die jedes Duftelement hervorruft, kunstvoll vortragen kann, gewinnt einen Preis.

OBEN: *Ein Deko-Sträußchen mit Petersilie, Koriander, Basilikum, Zitronenmelisse, Kerbel und Minze.*

OBEN: *Ein Bund aus Zitronenstrauch und Duftpelargonie ziert eine Serviette.*

Gäste & Feste

Küchenkräuter

Salate & Dekorationen

Eine immer breitere Palette an aromatischen Blättern und Blüten verwandelt moderne Salate und Dekorationen in ein kulinarisches Abenteuer. Die farnähnliche Bibernelle rahmt einen Salat ein, Ringelblumenblätter glänzen im Salatöl, Kapuzinerkresseblüten zieren Schalentiere – jedes Element erfreut auf seine Weise Augen und Gaumen.

AROMATISCH: Anis-Ysop, Basilikum, Bibernelle, Borretsch, Dill, Fenchel, Kapuzinerkresse, Kerbel, Koriander, Kümmel, Liebstöckel, Majoran, Marienblatt, Minze, Petersilie, Rauke, Schnittlauch, Zitronenmelisse, Zitronenthymian

NICHT AROMATISCH: Brunnenkresse, Endivie, Kopfsalat, Kresse, Kubaspinat, Melde, Portulak, Sauerampfer, Senfkraut

UNTEN: *Ein faszinierender Salat mit rotem Mohn, Gartenmelde und Rucola.*

Eßbare Blüten

Nehmen Sie nur saubere, unbeschädigte Blütenblätter, und entfernen Sie die bitteren grünen Teile und den weißen Ansatz von Rosenblüten.

DUFTEND: Anis-Ysop, Bohne, Brautmyrte, Dill, Erbse, Geißblatt, Indianernessel, Jasmin, Kapuzinerkresse, Nachtviole, Nelke, Radieschen, Rauke, Rose, Rosmarin, Schnittlauch, Veilchen, Waldmeister und Wicke

NICHT DUFTEND: Borretsch, Eibisch, Endivie, Färberdistel, Königskerze, Kornblume, Mohn, Moschusmalve, Primel, Ringelblume, Wildes Stiefmütterchen

Fisch

GEKOCHT: Basilikum, Dill, Fenchel, Kerbel, Kümmel, Liebstöckel, Lorbeer, Majoran, Minze, Petersilie, Schnittlauch, Zitronenmelisse, Zitronenthymian

ROH: Shiso *(Perilla frutescens)* und Wasabi *(W. japonica)* töten Parasiten ab

Wild und Geflügel

Bohnenkraut, Liebstöckelsaat, Lorbeer, Majoran, Rosmarin, Salbei, Wacholder

Fleisch

RIND: Basilikum, Bohnenkraut, Estragon, Kerbel, Kümmel, Liebstöckel, Lorbeer, Minze, Oregano, Petersilie, Rosmarin, Salbei, Thymian

BRATEN: Lorbeer, Majoran, Thymian

LAMM: Basilikum, Bohnenkraut, Dill, Kerbel, Kreuzkümmel, Majoran, Minze, Petersilie, Rosmarin, Thymian, Zitronenmelisse

SCHWEIN: Fenchel, Liebstöckelsaat, Kerbel, Koriander

SCHINKEN: Bohnenkraut, Liebstöckel, Majoran, Minze, Oregano, Petersilie, Rosmarin, Wacholderbeeren

Eier und Käse

Basilikum, Dill, Estragon, Kerbel, Petersilie, Schnittlauch

Gemüse

ARTISCHOCKEN: Bohnenkraut, Estragon, Lorbeer

AVOCADO: Dill, Estragon, Majoran

GRÜNE BOHNEN: Bohnenkraut, Dill, Estragon, Majoran, Minze, Oregano, Rosmarin, Salbei

HÜLSENFRÜCHTE: Knoblauch, Koriander, Kreuzkümmel, Teufelsdreck

KARTOFFELN: Basilikum, Bohnenkraut, Dill, Liebstöckel, Lorbeer, Majoran, Minze, Oregano, Petersilie, Rosmarin, Schnittlauch, Thymian

KOHL: Bohnenkraut, Dillsaat, Kümmel, Majoran, Petersilie, Salbei, Süßdolde, Thymian

KÜRBIS: Basilikum, Dill, Estragon, Majoran

MOHRRÜBEN: Kerbel, Petersilie

SPINAT: Borretsch, Estragon, Kerbel, Majoran, Minze, Muskat, Rosmarin (Suppe), Salbei, Sauerampfer

TOMATEN: Basilikum, Bohnenkraut, Dill, Estragon, Fenchel, Kerbel, Knoblauch, Lorbeer, Majoran, Minze, Oregano, Petersilie, Salbei, Schnittlauch

Öle

WÜRZIG: Basilikum, Bohnenkraut, Estragon, Fenchel, Knoblauch, Majoran, Minze, Rosmarin, Thymian

SÜSS: Lavendel, Nelke, Rose, Zitronenmelisse

Küchenkräuter

OBEN: *Das verführerische Aroma von Glühwein mit Orange, Muskat, Zimt und Nelken.*

RECHTS: *Indische Samenmischung als Verdauungshilfe.*

Essige

KRÄUTER: Basilikum, Bibernelle, Bohnenkraut, Dill, Estragon, Fenchel, Kapuzinerkresse, Kerbel, Knoblauch, Lorbeer, Majoran, Meerrettich, Minze, Oregano, Rosmarin, Salbei, Schnittlauch, Thymian, Zitronenmelisse, Zitronenstrauch

BLÜTEN: Holunder, Kapuzinerkresse, Lavendel, Primel, Rose, Rosmarin, Thymian, Veilchen

Wein

BLÄTTER: Bibernelle, Engelwurz, Minze, Muskatellersalbei, Rosmarin, Zitronenmelisse, Zitronenstrauch

BLÄTTER UND BLÜTEN: Borretsch, Indianernessel, Waldmeister

Verdauungsfördernde Gewürze

In verschiedenen Ländern bekommt man zum Schluß einer Mahlzeit ein Gericht mit aromatischen und verdauungsfördernden Gewürzen angeboten. Die Römer servierten Anisküchlein – die Vorläufer der würzigen Weihnachtsbäckerei und englischen Hochzeitskuchen. Kümmelkörner werden traditionsgemäß zu Äpfeln und Käse gereicht. Bieten Sie Fenchel, Dill oder Kümmelkörner an, die, in Eiweiß getaucht und mit Zucker bestreut, langsam im Ofen gebacken oder getrocknet werden.

Die traditionellen »vier wärmenden Samen« Anis, Fenchel, Koriander, Kümmel zu gleichen Teilen ergeben eine schmackhafte Mischung, die bei Verdauungsbeschwerden und Blähungen hilft. In indischen Restaurants bekommt man nach einem üppigen Mahl eine kleine Schale mit gerösteten Samen zum Knabbern angeboten, die zudem den Atem erfrischen.

Desserts

Ananas- und Mandarinensalbei, Anis, Duftpelargonienblätter, Engelwurz, Holunderblüten, Indianernessel, Rosenblütenblätter, Rosmarin, Safran, Schraubenbaum, Süßdoldenblätter und grüne Samen, Veilchenblüten, Zitronenmelisse, Zitronenstrauch

Brot

Anis, Basilikum, Dill, Fenchel, Kümmel, Liebstöckelsamen, Mohnsaat, Rosmarin, Schnittlauch, Sesamsaat, Thymian

Gäste & Feste

Ostermahl

Ostern wird nicht nur mit Eiern und Schokolade gefeiert, sondern ist auch eine gute Gelegenheit, den Frühling mit seinem ersten Grün und den ersten Wiesenblumen zu begrüßen.

Hähnchen im Nest

Während des Garens können die Aromen nicht entweichen, und deshalb duftet dieses Gericht so wunderbar und ist außerdem so gesund. Damit können Sie auch die letzten selbstgetrockneten Kräuter vom vergangenen Jahr aufbrauchen, bevor sie ihr Aroma verlieren. Wenn Sie nur wenig Zeit haben, genügt statt des Mehlteigs zum Versiegeln doppelt gefaltete Alufolie.

**Zubereitungszeit: 15 Minuten,
Garzeit: 1 Stunde**

1 EL Olivenöl
1 großes Freilandhähnchen
2 Handvoll oder 1 großer Strauß gemischte getrocknete Kräuter
2 TL Balsamessig
300 g Mehl
1 TL Pfefferkörner, zerstoßen
30 g Butter
3 Zweige Krauspetersilie, fein gehackt
grobkörniges Meersalz und zerstoßener schwarzer Pfeffer

Ofen auf 220° (Gas Stufe 3–4) vorheizen. Eine tiefe, ofenfeste Form, die etwas größer als das Hähnchen sein und einen gutsitzenden Deckel haben sollte, leicht einölen. Die getrockneten Kräuter in die Form geben, das Hähnchen darauf betten und leicht salzen und pfeffern. Mit Balsamessig benetzen.

Das Mehl mit etwa 150 ml Wasser zu einem Teig vermischen. Zu einer langen Rolle formen und am Rand der Form anbringen. Den Deckel aufsetzen und mit der Teigrolle versiegeln. Im heißen Rohr etwa 1 Stunde braten.

Im abgeschalteten Ofen 10 Minuten ruhen lassen. Das Teigsiegel mit einem schweren Messer öffnen und den Deckel abheben. Das Hähnchen mit grobem Meersalz und zerstoßenem Pfeffer würzen. Mit einem großzügigen Stück Butter und nach Belieben mit frischer Petersilie servieren.

OBEN: *Hähnchen im Nest.*

Glasierte Karotten und weiße Rübchen mit Thymian und Petersilie

**Zubereitungszeit: 15 Minuten,
Garzeit: ca. 35 Minuten**

ca. 400 g makellose weiße Baby-Rübchen
ca. 400 g schöne kleine Karotten
2 TL Zucker
1/2 TL Ingwerpulver
die Blättchen von mehreren frischen Thymianzweigen
1 knapper EL helle Sojasauce
60 g eiskalte Butterflöckchen
einige Zweige Krauspetersilie, gehackt
Meersalz und schwarzer Pfeffer aus der Mühle

132

Ostermahl

Das Gemüse in einer weiten Pfanne ausbreiten. Salzen und pfeffern und mit Zucker und Ingwer bestreuen. Die Thymianblättchen darüber verteilen (ein paar zum Garnieren aufheben) und mit Sojasauce beträufeln. Knapp mit Wasser bedecken und die Hälfte der Butter hineingeben. Auf kleiner Flamme zum Kochen bringen. Die Pfanne locker mit Alufolie abdecken; das Ganze bei mäßiger Hitze weichgaren, während das Wasser verdampft. Das Gemüse ist je nach Qualität und Frische in rund 20 Minuten fertig. Ab und zu die Pfanne schwenken.

Die Wärmezufuhr erhöhen, die Alufolie abnehmen und die Hälfte der verbliebenen Butter über dem Gemüse verteilen. Mit etwas Petersilie bestreuen (den Rest aufheben). Das Gemüse etwa 10 Minuten braten, bis es golden glänzt. Dabei die restliche Butter portionsweise hinzufügen und die Pfanne immer wieder schütteln und das Gemüse wenden. Nach Bedarf die Hitze etwas zurücknehmen.

Vor dem Servieren mit Salz und Pfeffer abschmecken und die restlichen Kräuter einstreuen.

UNTEN: *Schokotrüffeleier wurden hier mit kristallisierten Blüten und Streifen kandierter Engelwurz garniert.*

Schokotrüffeleier mit kandierten Blüten

Zubereitungszeit: 10 Minuten,
Garzeit: 10 Minuten + Kühlzeit
Ergibt ca. 24 Stück

200 g feinste Zartbitterschokolade, in kleine Stückchen zerteilt
3 EL Crème fraîche, saure Sahne oder Schlagsahne
1 EL (nach Wunsch mehr) Kastorzucker (sehr feiner Zucker)
einige Tropfen Crème de Menthe, Cointreau, Calvados, Brandy, Whisky oder Ingwerwein
100 g gute Zartbitter-, Vollmilch oder weiße Schokolade, gerieben oder geschmolzen, zum Garnieren

Für die kandierten Blüten:
Veilchen, Primeln oder Kirschblüten
1 Eiweiß, leicht geschlagen
Kastorzucker

Die Schokoladenstückchen im Wasserbad schmelzen.

Crème fraîche und Zucker in einem kleinen Topf aufkochen lassen. In die geschmolzene Schokolade rühren, dann den gewünschten Likör oder Weinbrand hinzufügen. Erkalten lassen, bis sich die Masse verarbeiten läßt.

Die Mischung zu kleinen »Wachteleiern« formen und kühlen, bis sie hart werden.

Zum Verzieren die Schokoladeneier mit der geriebenen Schokolade bestreuen oder in geschmolzene Schokolade tauchen. Bis zum Verzehr kalt stellen.

Für die Blüten: Einen feinen Pinsel ins leicht geschlagene Eiweiß tauchen und die gesamte Oberfläche der Blüten hauchdünn bepinseln – das ist ziemlich knifflig, macht aber Spaß. Mit Zucker bestäuben und trocknen lassen. Erneut zuckern und vollkommen trocknen lassen. Überschüssigen Zucker abklopfen. Die kristallisierten Blüten halten sich nur 2 Tage.

Zum Servieren die Eier dekorativ aufhäufen und mit den Blüten verzieren.

Serviervorschläge: Kandierte Engelwurz sieht hübsch zu den Ostereiern aus. Verzieren Sie die Eier einmal mit kleinen Basilikumzweiglein. Oder braten Sie kleine Krauspetersilienblättchen in Pflanzenöl knusprig, lassen Sie sie auf Küchenkrepp abtropfen, und streuen Sie sie zusammen mit Zucker über die Eier – schmeckt besonders gut zu dunkler Bitterschokolade!

Gäste & Feste

Sommerliches Barbecue

Verführerische Düfte ziehen durch die warme Sommerluft . . . Barbecues bieten die ideale Gelegenheit, einmal verschwenderisch mit den frischen Kräutern der Saison umzugehen.

Koriandersardinen mit Montpellierbutter

Frisch glänzende Sardinen besitzen eine einzigartige Konsistenz, die durch einfaches Grillen voll zur Geltung kommt. Koriander ergänzt den zarten Geschmack, während kräftige Petersilienzweige den Fisch schützen und noch mehr Aroma beisteuern. Die üppige Montpellierbutter nur sparsam verwenden.

Zubereitungszeit: 20 Minuten,
Garzeit: 10 Minuten

4 mittelgroße frische Sardinen, ausgenommen und
gewaschen
1/2 TL Korianderkörner
2 EL fruchtiges Olivenöl
1/2 unbehandelte Zitrone, in dünne Scheiben
geschnitten
frische Koriander- und glatte Petersilienzweige
Montpellierbutter (s. Seite 72)
Meersalz und schwarzer Pfeffer aus der Mühle

Wie gewohnt eine Holzkohlenglut herstellen. Die Hälfte der Korianderkörner über die Kohlen streuen, einen Teil der übrigen Körner zerstoßen und beiseite stellen.

Die Sardinen innen leicht salzen, die zerstoßenen Korianderkörner hineinstreuen und mit Olivenöl beträufeln. Die Zitronenscheiben vierteln und in die Sardinen legen. Die Fische außen mit Salz und Pfeffer einreiben und mit Öl bepinseln.

Wenn das Barbecue heiß genug ist, die Sardinen auf einem Bett aus frischen Koriander- und Petersilienzweigen grillen. Nach 5 Minuten wenden und auch die andere Seite garen.

Mit etwas Montpellierbutter bestreichen und servieren.

Neue Kartoffeln in Folie

Barbecue-Köche sollten stets viel gute Alufolie zur Hand haben. Folienpäckchen geben attraktive Kokons für köstliche Zutaten ab, sehen hübsch aus und schützen das Grillgut vor übermäßiger Hitze.
Sehr große Kartoffeln 5 Minuten vorkochen, dann gut abgießen, würzen und in Folie fertiggaren. Schnittlauchbutter schmeckt am besten zu Babykartoffeln; zu reiferen Kartoffeln passen Dill und Estragon oder Minze und Petersilie.

Zubereitungszeit: 10 Minuten,
Grillzeit: mindestens 20 Minuten

1/2 Portion Schnittlauchbutter (s. Seite 72)
350 g kleine neue Kartoffeln, sauber geschrubbt
Meersalz und schwarzer Pfeffer aus der Mühle

Die Schnittlauchbutter nach dem Rezept auf Seite 72 rechtzeitig vorbereiten und durchkühlen.

Die Alufolie doppelt nehmen und vier Stücke so zurechtschneiden, daß jeweils ein Kartoffelpaket darin Platz hat. Die Kartoffeln salzen und pfeffern und locker in Folie schlagen. Auf dem heißen Grill (nicht direkt über der Flamme) weichgaren; nach 10–15 Minuten einmal wenden.

Die Folienpakete öffnen und mit je einem Klecks Schnittlauchbutter anrichten.

Variation: Süßkartoffeln lassen sich genauso zubereiten (1 pro Paket). Die Kartoffeln ein paarmal einstechen oder 10 Minuten vorkochen, um den Grillprozeß zu verkürzen. Mit Liebstöckel-Mayonnaise servieren. Dazu ein paar Liebstöckelblätter blanchieren, trockentupfen, aufrollen, hacken und unter eine Schale Mayonnaise rühren.

RECHTS: *Koriandersardinen mit Montpellierbutter und neue Kartoffeln in Folie.*

KRÄUTER AUF DEM GRILL

Beim Kochen und Essen im Freien ist Finesse fehl am Platz. Die Aromen müssen kräftig sein, damit man sie im Freien überhaupt bemerkt. Verwenden Sie frische Kräuter in großzügigen Mengen, damit Ihre Grillspeisen jenen vollaromatischen Geschmack erhalten, der dem ohnehin schon köstlichen Räuchergeruch eine ganz neue Dimension verleiht. Hacken Sie Kräuter in Marinaden, streuen Sie sie über glühende Kohlen, verwenden Sie kräftige Rosmarinzweige als Kebabspießchen, oder wickeln Sie schützende Minze-, Sauerampfer- oder Liebstöckelblätter um das Grillgut.

Gäste & Feste

Marinierte Auberginen vom Grill

Zart rauchige und schwarzgegrillte Auberginen werden hier mit Majoranöl gewürzt. Machen Sie mit Paprika und Rosmarin (s. u., Variation), Tomatenscheiben und Zwiebelringen einen bunten Vorspeisenteller daraus, den Sie mit gehacktem Basilikum oder Petersilie garnieren.

Zubereitungszeit: 20 Minuten, Öl: 24 Stunden, Garzeit: 20 Minuten

2 vollreife Auberginen, schräg in dicke Scheiben geschnitten, oder 8 Baby-Auberginen
125 ml Knoblauch- und Majoranöl (s. Seite 73)
30 g Fetakäse, zerkrümelt
einige frische Majoranzweige
Meersalz und schwarzer Pfeffer aus der Mühle

Das Kräuteröl nach dem Rezept auf Seite 73 mindestens einen Tag im voraus zubereiten.

Die Auberginenscheiben mit dem Kräuteröl bepinseln. Salzen und pfeffern und durchziehen lassen, während Sie die Holzkohlenglut vorbereiten. Nach Wunsch ein paar Majoranzweige in die Kohlen werfen.

Die Auberginen 6–8 Minuten auf (nicht in) einer doppelten Lage Folie am Rand des Grills weichgaren.

Die weichen Auberginenscheiben nun direkt über den Flammen auf den Grill legen und auf jeder Seite 1 Minute grillen, denn dadurch erhalten sie einen schön schwarz-rauchigen Geschmack.

Den Fetakäse vor dem Servieren über die gegrillten Auberginenscheiben streuen.

Variationen: Paprikaschoten halbieren, entkernen und mit Knoblauch-Rosmarin-Öl (s. Seite 73) bepinseln und genauso garen. Ohne Feta, aber nach Belieben mit 2 geputzten und fein gehackten Sardellenfilets servieren. Die Paprikaschoten nicht so lange garen, daß die Haut abplatzt; die weiche gegrillte Haut läßt sich gut essen.

Mais mit Oreganobutter

Zubereitungszeit: 15 Minuten, Grillzeit: 30 Minuten

4 sehr frische, junge Maiskolben
Oreganobutter (s. Seite 72)
Meersalz und schwarzer Pfeffer aus der Mühle

Die Hüllen der Maiskolben öffnen, die seidigen Fäden entfernen, die Hüllen wieder um die Kolben wickeln und mit Zwirn festbinden.

Mais in kaltes Wasser tauchen, dann auf dem Holzkohlengrill gleichmäßig garen und wenden. Den Zwirn entfernen und die Maiskolben mit Meersalz, schwarzem Pfeffer und der Oreganobutter servieren.

LINKS: *Mais mit Oreganobutter.*

RECHTS: *Bananen im Schlafrock mit Zimt-Basilikum-Creme.*

Fruchtpäckchen mit Minze

Wenn Sie Zeit haben und Lavendel und Rosmarin bekommen, machen Sie doch einmal Kräuterspießchen daraus. Ein paar Blätter von den Stengeln streifen und aufheben. Das Obst mit einem Metallspieß durchstoßen und dann wie unten beschrieben auf die Kräuterzweige stecken.

Zubereitungszeit: 15 Minuten, Garzeit: 10 Minuten

8 frische Ananasstücke
1 Handvoll kernlose Trauben
1 Klementine oder Satsuma, geschält und
in Spalten geteilt
2 Aprikosen, halbiert
1 kleines Bund frische Minzeblättchen
45 g Butter
4 EL Demerara-Zucker (brauner Rohzucker)
4 EL Rum
kleine Minzezweiglein
Vanilleeis zum Servieren (nach Wunsch)

8 Folienstücke so zurechtschneiden, daß sie die Spießchen locker umhüllen. Die Obststückchen abwechselnd mit den Minzeblättern auf 4 Spieße (oder Kräuterzweige) stecken. Die Spieße auf je 2 Blätter Alufolie legen. Die Hälfte der Butter, den Zucker und den Rum darüber verteilen. Die Folie an den Rändern zusammenfalten und die Spieße locker, aber sicher darin einpacken.

5–8 Minuten am Rand des heißen Holzkohlengrills garen. Vom Grill nehmen. Die Früchte sollten jetzt weich sein, Zucker und Butter brodeln und zu karamelisieren beginnen.

Die Pakete öffnen, mit der restlichen Butter und etwas Rum benetzen. Mit den kleinen Minzezweiglein verzieren und sofort servieren. Nach Wunsch eine Kugel Vanilleeis dazu reichen.

Bananen im Schlafrock mit Zimt-Basilikum-Creme

Durchs Grillen schmecken Bananen noch intensiver, und die leicht scharfe und würzige Creme bildet einen angenehmen Kontrast dazu. Ein noch subtileres Geschmackserlebnis erzielen Sie mit Zimt-Basilikum.

Zubereitungszeit: 10 Minuten, Grillzeit: 10 Minuten

4 reife, aber noch feste Bananen
ein paar Basilikumzweiglein zum Garnieren (nach Wunsch)

Für die Zimt-Basilikum-Creme:
4 EL Crème fraîche
4 EL Frischkäse
4–6 Basilikumblätter
1/3 TL Zimtpulver
Puderzucker (nach Wunsch)

Für die Zimt-Basilikum-Creme die Crème fraîche und den Frischkäse mit einem Schneebesen verrühren. Das Basilikum hacken und unterheben, den Zimt hinzufügen. Mit dem Schneebesen verrühren. Nach Wunsch mit Puderzucker süßen. Bedenken Sie aber, daß die Bananen durchs Grillen süßer schmecken. Bis zum Verwenden kühl stellen.

Die Bananen mit der Schale an den Rand des heißen Holzkohlengrills legen. Nach 5 Minuten wenden. Einige Minuten weitergrillen, bis die Haut schwarz wird.

Mit der kalten Zimt-Basilikum-Creme servieren und nach Wunsch mit einigen Basilikumblättern garnieren.

Gäste & Feste

Mittsommernachtsfest

Mit einem Kräuterbankett, das mit seinen kräftigen Aromen den üppig blühenden Garten versinnbildlicht, schaffen Sie einen ganz eigenen, besonderen Mittsommerzauber.

Grüner Spargel mit Parmaschinken und Petersilien-Walnuß-Salsa

Dünne grüne Spargelstangen müssen kaum geschält werden, garen in Minutenschnelle und passen wunderbar zu einem kräftigen Dressing.

**Zubereitungszeit: 15 Minuten,
Garzeit: 10 Minuten,
Anrichten: 5 Minuten**

350 g dünne grüne Spargelstangen
4 große dünne Scheiben Parmaschinken
2 TL Olivenöl
Petersilien-Walnuß-Salsa (s. Seite 75)
45 g Parmesan
Meersalz und schwarzer Pfeffer aus der Mühle

Spargel in eine Pfanne legen, mit kochendem Wasser bedecken und leicht salzen. 3–5 Minuten bißfest garen. Sorgfältig abtropfen lassen.

Je eine Scheibe Parmaschinken auf die Teller legen. Den Spargel so über dem Schinken verteilen, daß die Spitzen dekorativ überstehen. Dann den Spargel mit Olivenöl benetzen, salzen und pfeffern. Den Schinken darüberfalten, so daß der Spargel zur Hälfte verdeckt ist. Die Salsa obenauf setzen. Mit einem Gemüseschäler oder einer Käseraspel den Parmesan raspeln und über die Spargelpäckchen streuen.

Wok-geräucherte Forelle

Selbstgeräuchertes herzustellen macht Spaß, und es schmeckt zarter als Geräuchertes aus dem Laden. Hier kommt die traditionelle Kombination von Fenchel und Fisch in einem Wok, der mit Alufolie ausgekleidet wurde, neu zu Ehren. Nach derselben Methode lassen sich auch Lachs, Seebarsch und andere Fische räuchern. Nehmen Sie einen alten Wok, weil er sich beim Räuchern stark verfärbt, mit einem gutsitzenden Deckel.

**Zubereitungszeit: 15 Minuten,
Sauce: 15 Minuten,
Räuchern: 20 Minuten**

4 große Forellenfilets ohne Haut
Olivenöl zum Bepinseln
2 TL Sojasauce
1 TL fein geriebene Schale einer unbehandelten Zitrone
3 EL Fencheltee (oder eine Mischung aus getrockneten Fenchelsamen, Blättern, Blüten und Stengeln)
2 EL ungekochter Reis
1 EL Zucker
2 TL Salz

Für die Fenchelsauce:
1 EL Öl
30 g Butter
1 Fenchelknolle, fein gehackt (ein paar Blättchen aufheben)
3 Frühlingszwiebeln, gehackt
2 Knoblauchzehen, zerstoßen
ein paar Petersilienzweige, gehackt
200 ml Fisch-, Gemüse- oder Hühnerbrühe
1 EL Kapern (abtropfen lassen)
1 TL Zesten oder fein geriebene Schale einer unbehandelten Zitrone
3 EL Sahne oder Frischkäse
Meersalz und schwarzer Pfeffer aus der Mühle

Die Fenchelsauce: Das Öl in einem schweren Topf erhitzen, die Butter hinzufügen. Fenchel, Frühlingszwiebeln, Knoblauch und Petersilie hineingeben, rund 10 Minuten auf kleiner Flamme andünsten. Regelmäßig umrühren. Die Brühe hinzugießen, salzen, pfeffern und 5–8 Minuten eindicken lassen. Abschmecken und beiseite stellen.

Der Fisch: Die Filets leicht mit Olivenöl einpinseln, mit Sojasauce beträufeln und mit Zitronenschale bestreuen. Einen großen Wok mit einer doppelten Schicht dicker

Mittsommernachtsfest

OBEN: *Wok-geräucherte Forelle in Vorbereitung.*
LINKS: *Wok-geräucherte Forelle, serviert mit Fenchelsauce und Frühsommersalat.*

Alufolie auskleiden. Die trockene Fenchelmischung, Reis, Zucker und Salz hineinstreuen. Ein metallenes Dämpfkörbchen, einen Rost oder ein flaches Sieb ölen. Die Fischfilets darauflegen und in den Wok heben. Fest mit Folie verschließen, dann den Deckel aufsetzen.

Etwa 5 Minuten bei starker Hitze garen. Die Wärmezufuhr reduzieren und weitere 4 Minuten garen. Den Herd abschalten und den Fisch im verschlossenen Wok 6–8 Minuten ruhen lassen. Deckel abnehmen und prüfen, ob der Fisch durch ist. Nach Bedarf 40 Sekunden auf großer Flamme nachgaren und 1–2 Minuten ruhen lassen.

Unmittelbar vor dem Servieren die Sauce durch ein Sieb streichen, das Gemüse wegwerfen. Wieder auf den Herd setzen und Kapern, Zitronenschale und Sahne oder Frischkäse einrühren. Abschmecken.

Die Forelle mit dem Fenchelgrün und einem Klecks Sauce obenauf servieren. Die restliche Sauce als Kissen auf den Tellern ausbreiten oder extra in einer Saucière dazu reichen. Mit gedämpften neuen Kartoffeln und dem Frühsommersalat von Seite 80 servieren.

Gäste & Feste

Melonen-Frucht-Becher mit Ingwerminze

Der würzig-pfeffrige Geschmack der Ingwerminze macht diesen Obstsalat so interessant. Wenn Sie keine Ingwerminze bekommen, nehmen Sie statt dessen gewöhnliche Minze und eine Prise Ingwerpulver.

**Zubereitungszeit: 20 Minuten,
Sirup: 10 Minuten**

4 kleine oder 2 große reife Honigmelonen
ca. 350 g reife gemischte Früchte, z. B. Netz- oder Honigmelonenfleisch, Himbeeren, Wald- oder kleine Erdbeeren, Kirschen, rote oder weiße Johannisbeeren, kleine geschälte Mango-, Pfirsich- oder Nektarinenstückchen usw.
mehrere kleine Minzezweige
1/4 TL Ingwerpulver
1 Spritzer Limettensaft
zerstoßenes Eis, Rosenblüten- und Minzeblätter zum Garnieren (nach Wunsch)

Für den Sirup:
115 g Kastorzucker (sehr feiner Zucker)
1 EL Limettensaft
1 EL Orangenblütenwasser
6–8 frische Minzeblättchen
1/4 TL Ingwerpulver

Zuerst den Sirup kochen: Zucker und rund 150 ml Wasser in einen kleinen schweren Topf geben. Zum Kochen bringen und simmern lassen, bis die Masse leicht eindickt und eine sirupartige Konsistenz erhält. Vom Herd nehmen. Limettensaft und Orangenblütenwasser einrühren, dann die gehackte Minze und den Ingwer hinzufügen. Abkühlen lassen.

Größere Melonen halbieren. Die Enden begradigen, damit die Melonenhälften aufrecht stehenbleiben. Bei kleinen Melonen einen Deckel abschneiden und zum Servieren aufheben. Die Kerne entfernen, dann bis auf einen dünnen Rand das Fruchtfleisch herauslösen. Mit dem Melonensaft und dem Ingwer in eine Schüssel geben. Ein paar Minzeblätter zerzupfen und darüberstreuen. Die gemischten Früchte hinzufügen. Mit dem Sirup benetzen und vorsichtig vermischen. Abschmecken und mit einem Hauch Limettensaft aufpeppen. Den Obstsalat in die Melonenschalen füllen und bis zum Servieren kühl stellen.

Vor dem Servieren jede Portion mit der restlichen Minze garnieren und nach Wunsch den Deckel schräg aufsetzen. Den Salat nach Belieben auf zerstoßenem Eis, das mit Rosenblüten und Minzeblättern garniert wurde, servieren.

OBEN: *Melonen-Frucht-Becher mit Ingwerminze.*

Teegebäck

Kräuter verleihen klassischen Kuchen, Kleingebäck und Keksen die besondere Note.

Käsekuchen mit Rosmarin

**Zubereitungszeit: 15 Minuten + Kühlzeit,
Backzeit: 30 Minuten + Kühlzeit
Für 8 Personen**

Für den Teig:
115 g zerlassene Butter + extra für die Form
etwa 15 trockene Kekse, zerrieben
60 g Kastorzucker (sehr feiner Zucker)
1 EL getrockneter Rosmarin

Für die Füllung:
450 g Philadelphia light Frischkäse
100 g Kastorzucker
2 frische Rosmarinzweige, gehackt
2½ TL echte Vanilleessenz
3 Eier (Größe M), getrennt
250 ml kalte Crème fraîche
Puderzucker

Zuerst den Teig zubereiten: Eine Springform mit 20 cm Durchmesser buttern. Die zerriebenen Kekse in eine Schüssel geben und mit Rosmarin, Zucker und zerlassener Butter vermischen. In die gebutterte Form füllen und kühlen, bis der Teig hart wird.

Für die Füllung den Ofen auf 190° (Gas Stufe 2–3) vorheizen. Zwei Drittel des Käses, Kastorzucker, Rosmarin, die Hälfte der Vanilleessenz und die Eigelbe vermischen. Eiweiß zu Schnee schlagen und unterziehen. In die Form füllen, glattstreichen und 20 Minuten abbacken. Abkühlen lassen und dann mindestens 2 Stunden in den Kühlschrank stellen.

Den Ofen auf 230° (Gas Stufe 4) vorheizen. Die Crème fraîche nach Geschmack mit Puderzucker süßen, dann mit einem Schneebesen den restlichen Frischkäse und die Vanilleessenz unterziehen. Auf den Kuchen streichen und 10–12 Minuten hellgelb überbacken. Abkühlen lassen, dann mindestens 4 Stunden in den Kühlschrank stellen.

Orangenkuchen mit Zitronenstrauch

Der zarte Duft des Zitronenstrauchs paßt gut zu diesem Kuchen mit dem feinen Orangenaroma.

**Zubereitungszeit: 15 Minuten,
Backzeit: 45 Minuten + Kühlzeit
Für 6–8 Personen**

115 g Kastorzucker (sehr feiner Zucker)
100 g weiche Butter + extra für die Form
2 Eier (Klasse M)
125 g Mehl
1 TL Backpulver
Saft und Schale einer großen unbehandelten Orange
10–12 Zitronenstrauchblätter, fein gehackt,
+ Blätter zum Garnieren

Für die Glasur:
4 EL Zitronensaft
8 EL Puderzucker + extra zum Bestäuben
(nach Wunsch)

Backherd auf 190° (Gas Stufe 2–3) vorheizen und eine Kastenform mit 1,25 l Inhalt und Antihaftbeschichtung großzügig buttern.

Zucker und Butter in einer großen Schüssel cremig schlagen. Die Eier nacheinander einarbeiten. Mehl und Backpulver hineinsieben und unterziehen. Den Orangensaft (1 Eßlöffel für die Glasur aufheben) und die Orangenschale sowie die Zitronenstrauchblätter einrühren.

Den Teig in die Kastenform füllen. Mit dem Boden der Form gegen eine Arbeitsfläche schlagen, damit etwaige Luftblasen entweichen können. Rund 45 Minuten backen, bis der Kuchen sich fest, aber noch elastisch anfühlt. Einige Minuten in der Form abkühlen lassen, dann herausnehmen und auf einem Kuchengitter erkalten lassen.

Den Kuchen glasieren, solange er noch relativ warm ist. Den Zitronen- und Orangensaft sanft erwärmen. Den Zucker einrühren, so daß ein dicker Sirup entsteht. Den Kuchen damit bestreichen.

Vollends erkalten lassen und mit ein paar Blättern vom Zitronenstrauch garnieren. Nach Wunsch vor dem Servieren etwas Puderzucker über den Kuchen stäuben.

Gäste & Feste

Herbst-Lunch

Wenn die Tage kürzer werden, schmecken zarte und milde Aromen wie Salbei und Thymian besonders gut. Jetzt ist auch die Zeit, in der Sie selbstgetrocknete Kräuter wie Lavendel verwenden können.

Schweinebraten gefüllt mit Salbei, Parmaschinken und Boursin

Zubereitungszeit: 15 Minuten + Kühlzeit,
Marinieren: mehrere Stunden,
Garzeit: 1³/4 Stunden

1350 g Schweinrollbraten
350 ml trockener Weißwein (nach Bedarf etwas mehr)
3 EL dicker Naturjoghurt
1 Thymianzweig
1 großer Petersilienstengel
2 Salbeiblätter
1 Lorbeerblatt
4 kleine Wirsingköpfe, geviertelt
1/2 Gemüsezwiebel, fein gehackt
25 g Butter zum Verfeinern der Sauce (nach Wunsch)
Meersalz und schwarzer Pfeffer aus der Mühle

für die Füllung:
1 Knoblauchzehe, zerstoßen
6 Salbeiblätter, fein gehackt
85 g Pfefferboursin, zerkrümelt, oder guter Frischkäse mit schwarzem Pfeffer
1¹/2 EL Milch
1¹/2 EL Olivenöl
2 dünne Scheiben Parmaschinken, fein gehackt

Zunächst die Füllung zubereiten: Knoblauch, Salbei, Käse, Milch, Olivenöl und Parmaschinken in einer Schüssel vermengen und abschmecken. Mit einem scharfen Messer das Schweinefleisch zwischen dem Gitternetz tief (etwa zwei Drittel) einschneiden. Die Füllung mit Hilfe eines Spatels in die Einschnitte streichen.

Den Wein mit derselben Menge Wasser und 2 Eßlöffeln Joghurt vermischen. Die Kräuter hinzufügen. Das Bratenstück in einen Gefrierbeutel legen, die Weinmarinade angießen und fest verschließen. Mehrere Stunden oder über Nacht kühl stellen. Den Beutel ab und zu schütteln.

Bratröhre auf 180° (Gas Stufe 2) vorheizen und einen geräumigen Bräter fetten. Das Fleisch mit der Marinade hineinsetzen und rund 2 Stunden braten. Dabei ab und zu wenden. Wenn das Fleisch zu sehr austrocknet, mit etwas mehr Wasser und Wein übergießen.

Nach etwa 1 Stunde die Wirsingviertel 3 Minuten in leicht gesalzenem Wasser blanchieren. Gut abtropfen und etwas abkühlen lassen und die überschüssige Feuchtigkeit vorsichtig auspressen. Die Wirsingspalten um den Braten herum verteilen, mit der Zwiebel bestreuen und leicht salzen und pfeffern. Den Braten nach Ende der Garzeit 5–10 Minuten im abgeschalteten Rohr ruhen lassen. Das Netz entfernen. Schweinefleisch und Wirsing auf einer vorgewärmten Platte anrichten.

Sauce: Den Bratensaft durch ein Sieb in einen Topf gießen und auf mäßiger Flamme zum Kochen bringen. Gut umrühren, salzen und pfeffern. Den restlichen Joghurt und nach Wunsch die Butter einarbeiten. Braten und Wirsing damit überziehen.

Pommes Lyonnaise

Zubereitungszeit: 25 Minuten,
Garzeit: 15 Minuten

ca. 575 g neue Kartoffeln
2 EL Olivenöl
30 g Butter
1 große weiße und milde Zwiebel oder
1 Gemüsezwiebel, in dünne Ringe gehobelt
ein paar Thymianblättchen
1 knapper TL Kümmelkörner
Meersalz und schwarzer Pfeffer aus der Mühle

Die Kartoffeln in leicht gesalzenes, kochendes Wasser setzen und in 15 Minuten nicht ganz weich garen. Gut abtropfen lassen und notfalls trockentupfen.

OBEN: *Schweinebraten gefüllt mit Salbei, Parmaschinken und Boursin, dazu mit Pommes Lyonnaise.*

Bei gemäßigter Hitze Öl und Butter im Topf erwärmen. Zwiebel, Thymian und Kümmel hinzufügen, umrühren, bis sie rundum glänzen, und einige Minuten weichdünsten, aber nicht bräunen. Die Kartoffeln hineinsetzen, salzen und pfeffern. Abdecken und bei sanfter Hitze 15–20 Minuten garen, bis die Kartoffeln goldbraun aussehen. Während des Garens ab und zu am Topf rütteln.

Herbst-Lunch

Gefüllte Pilze
Statt Basilikum können Sie auch frischen Thymian, Majoran oder sogar Estragon verwenden.

**Zubereitungszeit: 15 Minuten + Kühlzeit,
Garzeit: ca. 20 Minuten**

2 Zucchini
4 große Egerlinge mit möglichst flachen Kappen
3 reife Strauchtomaten
4–5 EL fruchtiges Olivenöl
1 kleine Handvoll Basilikumblätter
60 g Gorgonzola, je nach Konsistenz gehackt, zerkrümelt oder geraspelt
Meersalz und schwarzer Pfeffer aus der Mühle

Zucchini in dünne Scheiben schneiden und leicht mit grobem Meersalz bestreuen. Die Scheiben kommen auf eine Servierplatte mit zwei Lagen Küchenkrepp und werden mit Küchenkrepp abgedeckt. Mit einem Gewicht beschweren und 30 Minuten kühl stellen.

Die Stiele der Pilze und die Lamellen auf der Unterseite des Huts entfernen, damit mehr Füllung Platz hat. Die Pilze mit der Lamellenseite nach unten auf eine Platte setzen, abdecken und 5 Minuten auf hoher Stufe in der Mikrowelle garen.

Die Tomaten in dünne Scheiben schneiden. Mit einem scharfen Messer das Fruchtfleisch und die Kerne herauslösen. Auf Küchenkrepp abtropfen lassen.

Backherd auf 220° (Gas Stufe 3–4) vorheizen und ein Backblech leicht einölen. Die Pilze sanft ausdrücken und trockentupfen. Auf das Backblech setzen und die gewölbte Seite mit Öl bepinseln. Mit wenig Salz und reichlich Pfeffer würzen.

Die Zucchini abspülen und abtropfen lassen, dann mit Küchenkrepp trockentupfen. Die Pilze mit einem Kranz aus Zucchinischeiben belegen, aber den Rand frei lassen. Ein paar Basilikumblätter hacken und darüberstreuen. Mit etwas Öl beträufeln. Einen Ring aus Tomatenscheiben obenauflegen und den Rand frei lassen. Leicht salzen und pfeffern, mit einem Hauch Öl beträufeln und mit Basilikum bestreuen. Eine kleine Portion Gorgonzola in die Mitte setzen und leicht pfeffern.

15 Minuten überbacken, bis der Käse Blasen wirft. Mit kleinen Basilikumblättern (ggf. hacken) garnieren und zu Tisch bringen.

Gäste & Feste

Tarte Tatin mit Äpfeln, Birnen und Lavendel

Dieser gestürzte Kuchen ist ein französischer Klassiker und schmeckt auch mit (frischem oder getrocknetem) Rosmarin, einem Hauch Thymian oder einer Mischung aus Korianderkörnern und frischem Grün (sparsam verwenden).

**Zubereitungszeit: 15 Minuten + Kühlzeit,
Backzeit: ca. 50 Minuten**

125 g kalte Butterflöckchen
125 g Kastorzucker (sehr feiner Zucker) +
etwas für den Teig
ca. 700 g knackige Tafeläpfel, geschält, entkernt und geviertelt
ca. 700 g reife, aber feste kleine rundliche Birnen (d. h. z. B. keine Conference), geschält, entkernt und geviertelt

Für den Teig:
225 g Mehl
1 EL Kastorzucker
1 Prise feines Meersalz
ca. 35 g getrocknete Lavendelblüten +
extra zum Dekorieren
125 g Butter
1 EL gekühlte Sahne

Für den Teig das Mehl in eine Schüssel sieben, Zucker und Salz hinzufügen. Die getrockneten Lavendelblüten kurz in der Küchenmaschine zerkleinern. Ein Drittel davon in die Mehlmischung rühren. Die Butter und schließlich die Sahne einarbeiten. Den Teig zu einer Kugel formen und mindestens 20 Minuten durchkühlen lassen.

Die Hälfte der Butter bei mäßiger Hitze in einer feuerfesten runden Kuchenform mit 25 cm Durchmesser zerlassen. Die Hälfte des Zuckers einstreuen und umrühren.

Form vom Herd nehmen und abwechselnd Äpfel und Birnen eng aneinander und in konzentrischen Kreisen in die Form schichten. Mit der Hälfte des verbliebenen Zuckers und der Hälfte des gemahlenen Lavendels bestreuen. Die restliche Butter darübergeben.

Die Form wieder auf den Herd setzen und die Butter und den Zucker zwischen den Früchten bei mäßiger Hitze karamelisieren lassen (15–20 Minuten). Die Form ab und

Herbst-Lunch

zu schütteln; nach 10 Minuten die Wärmezufuhr drosseln, damit der Kuchen nicht anbrennt. Herd abschalten und abkühlen lassen, bis Sie die Form anfassen können.

Backherd auf 200° (Gas Stufe 3) vorheizen. Den Teig zu einer dünnen Scheibe ausrollen, die 3,5 cm größer ist als die Form. Die restlichen Lavendelblüten mit dem übrigen Zucker vermischen, über dem Teig verteilen und leicht andrücken.

Den Teigkreis über Äpfel und Birnen legen. Den überstehenden Rand zwischen Obst und Form festdrücken.

25–30 Minuten goldbraun backen. Vor dem Servieren mindestens 10 Minuten abkühlen lassen.

Zum Stürzen eine etwas größere Kuchenplatte auf die Kuchenform legen. Die Tarte rasch auf die Platte stürzen, so daß das Obst jetzt oben ist. Ein paarmal auf die Kuchenform klopfen und abheben. Verunglückte Stellen mit etwas Puderzucker verdecken und eine Minute unter den sehr heißen Grill schieben. Nach Wunsch mit kleinen getrockneten Lavendelblüten garnieren (anfeuchten und kurz in Zucker tauchen).

Kräutercremes

Wenn Sie Kräuter und Gewürze in heißer Milch ziehen lassen, bevor Sie Eier und Zucker einarbeiten, machen Sie im Nu aus einer gewöhnlichen Creme eine köstliche Begleitung zum Dessert.
Für Kreationen mit zartem Aroma eignen sich Lavendel, Zitronenmelisse, Fenchel, Anis, Borretsch, Engelwurz, Rosmarin, Zitronenthymian, Holunder, Grüne oder Apfelminze und Wacholderbeeren. Nehmen Sie eine großzügige Portion – etwa eine kleine Handvoll Blätter, Zweige oder Blüten, zwei Eßlöffel Beeren –, die Sie dann zerstoßen, damit sich das Aroma besser entfalten kann. Die Milch vor dem Weiterverarbeiten durch ein Sieb gießen. Kräutercremes geben auch eine gute Grundlage für Eiscremes (s. das Basilikum-Vanille-Eis auf Seite 177).

Engelwurz-Vanille-Creme

**Zubereitungs- und Einwirkzeit: 20 Minuten,
Garzeit: 15 Minuten + Kühlzeit
Ergibt ca. 700 ml**

600 ml Vollmilch
gut 1 Handvoll Engelwurzblätter, zerstoßen
2 Vanilleschoten, längs halbiert, oder
1 TL echte Vanilleessenz
1 TL Orangenblütenwasser
4 sehr frische Eigelbe (Größe M)
5–6 EL Kastorzucker (sehr feiner Zucker)
1 TL Speisestärke
4 EL Schlagsahne

Die Milch zusammen mit Engelwurzblättern, Vanille und Orangenblütenwasser in einen Topf geben und langsam zum Kochen bringen. Sobald die Milch zu kochen beginnt, die Wärmezufuhr drosseln und mindestens 10, aber höchstens 20 Minuten auf kleinster Flamme ganz leise simmern, damit sich die Aromen schön entfalten. Vom Herd nehmen, abseihen und warm halten.

Eigelb und Zucker in einer Schüssel aufschlagen. Die Stärke mit einem Schneebesen einrühren.

Die heiße Milch nach und nach über die Eimischung gießen und kräftig umrühren. Die Masse dann in den Topf gießen, auf sehr kleiner Flamme ganz langsam bis knapp unter den Siedepunkt erhitzen und ständig umrühren. Die Creme dickt dabei allmählich ein. Nicht aufkochen lassen und ab und zu vom Herd nehmen. Wenn die Creme klumpt, durch ein Sieb in eine kalte Schüssel gießen. Während des Abkühlens ab und zu die erkaltete Creme einmal umrühren. Sehr gut gekühlt zu Pies, Obstkuchen, Obstsalat usw. servieren und mit kleinen Engelwurzblättern garnieren.

LINKS: *Tarte Tatin mit Äpfeln, Birnen und Lavendel.*

Gäste & Feste

Gemütliches Wintermahl

Gerichte wie Schmorbraten und Eintöpfe, die langsam und sanft garen, sind für den Winter wie geschaffen und bringen Kräuter mit kräftigen Aromen wie Thymian, Oregano und Rosmarin wunderbar zur Geltung.

»Scarborough Fair«-Pilaw

Anstelle von Frühlingszwiebeln oder Kürbis können Sie auch 2 Eßlöffel der Zwiebel-Lorbeer-Marmelade von Seite 76 in diesen Reispilaw rühren.

**Zubereitungszeit: 15 Minuten,
Garzeit: ca. 20 Minuten**

1 Würfel gute Hühner- oder Gemüsebrühe
2 Schalotten, fein gehackt
1 EL Öl
30 g Butter + etwas zum Einfetten
350 g Langkorn- und Wildreismischung
1 kleines Bund Petersilie, gehackt
4 Salbeiblätter, gehackt
3 Rosmarinzweige, gehackt
3 Thymianzweige, gehackt
3 EL Pinienkerne

Zum Servieren:
30 g Parmesanraspel
2 gehackte Frühlingszwiebeln oder
3 EL gekochte Kürbiswürfel
Meersalz und schwarzer Pfeffer aus der Mühle

Zunächst die Brühe zubereiten: Den Brühwürfel zerkrümeln und in 700 ml kochendem Wasser auflösen.

Die Schalotten in einer tiefen Pfanne in Öl und etwas Butter dünsten. Den Reis hinzufügen, umrühren und 1–2 Minuten anrösten, bis er rundum glänzt. Die Hälfte der Kräuter einstreuen, 1 Minute andünsten, dann die kochende Brühe hinzugießen. Nach Packungsanleitung weichgaren. Nach ungefähr 10 Minuten die Pinienkerne einrühren.

Der Reis abgießen und abtropfen lassen, die Hälfte der restlichen Kräuter und der Butter einrühren. Nach Bedarf den Pilaw in eine gebutterte Auflaufform füllen und im vorgeheizten Ofen sanft aufwärmen.

Vor dem Servieren den Reis abschmecken, Parmesan, Frühlingszwiebeln oder Kürbis sowie die verbliebenen Kräuter und die Butter unterheben.

Provenzalisches Lammragout

Wenn Sie zum Lamm keinen Reispilaw servieren möchten, reichen Sie Flageolet- oder Cannellinibohnen und gutes Brot dazu.

**Zubereitungszeit: 15 Minuten,
Marinieren: über Nacht,
Garzeit: 3 Stunden**

1250 g Lammfleisch ohne Knochen aus der Schulter oder vom Nacken (überschüssiges Fett entfernen)
1 Gemüsezwiebel, gehackt
1 Schalotte, gehackt
2 Lorbeerblätter
einige Thymian- und Petersilienzweige
2 Oregano- oder Majoranzweige
einige schwarze Pfefferkörner
2 EL Olivenöl
ca. 600 ml Rotwein
4 dicke Scheiben geräucherter Frühstücksspeck (ohne Schwarte)
2 Knoblauchzehen, zerstoßen
4 reife Tomaten, gewürfelt, oder
1 kleine Dose Tomatenstückchen
225 g Pilze, blättrig geschnitten
12 schwarze Oliven, entsteint und gehackt
Meersalz und schwarzer Pfeffer aus der Mühle
Gremolada zum Servieren (nach Wunsch; s. Seite 74)

Das Lamm in 5 cm große Würfel schneiden. Fleisch, Zwiebel, Schalotte, Lorbeerblätter, Thymian, Petersilie, Oregano oder Majoran und Pfefferkörner in eine Schüssel geben, mit der Hälfte des Öl vermischen und knapp mit Rotwein bedecken. Über Nacht an einem kühlen Ort marinieren.

Bratröhre auf 160° (Gas Stufe 1–2) vorheizen. Den Speck würfeln und im restlichen Öl knusprig ausbraten. Das

OBEN: *Provenzalisches Lammragout, hier mit Flageoletbohnen.*

Lamm aus der Marinade heben. Abtropfen lassen und mit einem sauberen Tuch oder Küchenkrepp abtropfen. Zum Speck in die Pfanne geben und rundum scharf anbraten.

Fleisch, Speck und Marinade in eine ofenfeste Form geben. Knoblauch, Tomaten, Pilze und die Hälfte der Oliven hinzufügen. Salzen, pfeffern und gut umrühren.

Die Form verschließen und gut 2 1/2 Stunden im Ofen garen. Ab und zu umrühren und nach Bedarf etwas Wein nachgießen.

Wenn das Fleisch zart ist, die restlichen Oliven und nach Wunsch etwas Gremolada unterrühren. Vor dem Servieren 5–10 Minuten im verschlossenen Bräter ruhen lassen.

Gäste & Feste

SALATBLÄTTER UND KRÄUTER

Sauerampfer, Rucola und junge Blätter und Triebe mit kräftigem Geschmack wie Spinat, das Blattgrün von roten Beten und roter Mangold geben statt der üblichen Blattsalate ebenfalls eine gute Mischung ab. Verwenden Sie sie sparsam, vielleicht sogar zerzupft, und mischen Sie mildere Blattsalate darunter. Den scharfen oder bitteren Geschmack einiger Kräuter mildern Sie mit etwas Honig im Dressing. Essig oder Zitronensaft nur sparsam verwenden.

Salat aus Spinat, rosa Grapefruit und Brunnenkresse

Zubereitungszeit: 10 Minuten

ca. 100 g Babyblattspinat, geputzt
ca. 85 g Brunnenkresse, geputzt
1 rosa Grapefruit, geschält und in Spalten geteilt

Für das Dressing:
1 EL Weißwein- oder Apfelessig
2 TL flüssiger Honig
Saft einer halben Zitrone
1 EL Sahnejoghurt
einige frische Dillblättchen, zerzupft
2–3 Zweige glatte Petersilie, gehackt
3½ EL leichtes Olivenöl
Meersalz und schwarzer Pfeffer aus der Mühle

Zunächst das Dressing zubereiten: Essig, Honig, Zitronensaft, Joghurt und die Hälfte des Dills und der Petersilie mit dem Olivenöl verrühren. Mit Salz und Pfeffer abschmecken.

Spinat und Brunnenkresse in eine weite und flache Schüssel geben. Die Grapefruitspalten hinzufügen (nach Bedarf halbieren) und kurz durchmischen. Das Dressing darüberträufeln, leicht vermischen und mit den übrigen Kräutern bestreuen.

OBEN: *Salat aus Spinat, rosa Grapefruit und Brunnenkresse mit Dill.*

RECHTS: *Aprikosencreme mit Zitronenmelisse und Meringen.*

148

Winter-Dinner

Aprikosencreme mit Zitronenmelisse und Meringen

Zubereitungszeit: 15 Minuten,
Durchziehen: 30 Minuten + Kühlzeit,
Meringen: 2 Stunden

*350 g saftige, getrocknete Aprikosen
(manchmal »halbgetrocknet« genannt)
2–3 EL Weinbrand
3 EL gehackte Zitronenmelisse (gefrorene Kräuter auftauen) + Blätter zum Dekorieren
500 ml Schlagsahne (oder eine Mischung aus Sahne und Naturjoghurt zu gleichen Teilen)
Kastorzucker (sehr feiner Zucker)
3 EL Pistazienkerne oder Haselnüsse
1 Klecks Butter oder 2 TL Pflanzenöl*

*Für die Meringen:
2 Eiweiß
1 winzige Prise Salz
100 g Kastorzucker und 1 Päckchen Vanillezucker
2 TL Weißwein oder Apfelessig mit Kräuteraroma
(s. Seite 72 f.)*

Für die Meringen den Backherd auf 120° (Gas Stufe 1) vorheizen und ein großes Blech mit Backtrennpapier auslegen.

Eiweiß mit einer Prise Salz steif schlagen. Die Hälfte des Zuckers und den Essig hinzufügen und zu steifem und glänzendem Schnee schlagen. Den restlichen Zucker unterziehen. Die Mischung eßlöffelweise und mit reichlich Abstand auf das Blech setzen.

1½–2 Stunden backen und trocknen lassen. Wenn Sie die Meringen nicht innerhalb weniger Stunden verwenden, in einer Blechdose oder einem anderen Behälter luftdicht aufbewahren.

Für die Creme die Aprikosen in eine Schüssel geben und mit dem Weinbrand beträufeln. 6 Eßlöffel kochendes Wasser und die gehackte Zitronenmelisse hinzufügen. Umrühren, abdecken und 30 Minuten durchziehen lassen.

Die Sahne steifschlagen und nach Geschmack süßen. Die Aprikosen und ihre Marinade pürieren und unter die Sahne ziehen. Im kältesten Teil des Kühlschranks mindestens 1 Stunde durchkühlen.

Zum Servieren die Pistazien oder Haselnüsse mit etwas Zucker bestreuen und in etwas Butter oder Öl rösten. Die kalte Aprikosencreme in Kelchgläser füllen, mit den Nüssen bestreuen und mit frischer Zitronenmelisse garnieren. Die Meringen auf einem Teller extra dazu reichen.

Fünftes Kapitel

Liebe & Romantik

Liebe & Romantik

Dichter und Troubadoure aller Kulturen haben die verführerische Kraft sinnlich-süßer Düfte besungen – und welche romantische Seele ist beim Anblick von Geißblatt, Rosen und Jasmin, die in einer Sternennacht duften, nicht bewegt?

»Von deinem Duft ist meine Seele hingerissen«, schrieb der persische Dichter Sadi als Lobgesang auf eine Rose. Der Duft einer Blume ist ihr Lockruf für ihren Bestäuber, ihr Instrument zur Fortpflanzung. Alle, die an der Blume vorbeigehen, dürfen davon kosten.

Ambrosische Parfüms öffnen der Romanze Tür und Tor, und romantische Rendezvous steigern unser Duftempfinden. Die Liebe schärft alle unsere Sinneswahrnehmungen aufs äußerste, so daß sich die in einer Begegnung gegenwärtigen Düfte tief in unser Gedächtnis einprägen. Selbst die schüchternen Anfänge einer Liaison setzen sich in unserem Duftgedächtnis fest: ein flüchtiges Blütenaroma, als sie vorbeischlenderte, der frische Duft seines Hemdes, als er anhielt, um nach dem Weg zu fragen. Wenn wir ein zweites Mal auf diesen Duft stoßen, wird die Erinnerung an die Gefühle, die wir beim erstenmal empfunden haben, wieder wach.

Der Duft von Rosen und Orangenblüten gilt als aphrodisisch, weil er beruhigt und Hemmungen abbaut; Jasmin- und Lilienduft wirkt aufwühlend und suggeriert exotische Geheimnisse und Abenteuer. Aphrodisische Gewürze wie Sternanis und Kardamom sind die wichtigsten Zutaten in sinnlichen und tonisierenden Speisen. Moschusnoten regen die menschliche Sexualität direkter an und werden in winzigen Mengen als aufreizender Unterton in Parfüms gemischt.

Unser Geruchssinn ist unser urzeitlicher und damit ältester Sensor für Balz und Werben und läßt sich von süßen Düften verführen. In ihrer subtilen Vielschichtigkeit verleihen Parfüms Körper, Haut, Haaren und Atem eine zarte Anziehungskraft und tragen zu einer sinnlichen Atmosphäre bei. Angenehme Aromen, die in Duftbäder, aphrodisische Speisen und hypnotisierende Getränke gemischt werden, steigern die Freude am Beisammensein.

Die Macht der Düfte kann auch langjährige Beziehungen verschönern. Reservieren Sie ein romantisches Spray aus Lieblingsölen für die besonderen Momente zu zweit oder verleihen Sie damit Ihrer Ferienumgebung eine persönliche Note, die an die Frühzeit Ihrer Romanze erinnert. Liebe ist der Balsam des Lebens, und Wohlgeruch kann sie anregen, bereichern und vertiefen.

SINNLICHE KRÄUTER & ÖLE • ROMANTISCHE ROSENGÄRTEN • EIN GEHEIMGARTEN • DIE KUNST DER PARFÜMEURE • DAS PERSÖNLICHE PARFÜM • VERFÜHRERISCHE REZEPTUREN FÜR BAD & KÖRPER • HOCHZEITSSTRÄUSSE & BLUMENKRÄNZE • APHRODISISCHES DINNER FOR TWO

Liebe & Romantik

Die sinnliche Bandbreite von Düften, die mit Romanze und Verführung assoziiert werden, läßt sich in fünf Hauptgruppen unterscheiden.

Romantische Kräuter & Öle

Spontanes Lächeln

Diese Düfte wirken sanft und entspannend und rufen ein Lächeln des Wohlgefühls und der Offenheit hervor; zu dieser Gruppe gehören die leicht-blumigen und süß-grünen Düfte.

ROSEN

Rosenduft ist das universelle Duftsymbol der Liebe. Die Rose ist Venus und Bacchus gewidmet und wird mit Cupido assoziiert, der oft mit Pfeil, Bogen und Rosen dargestellt wird. Als sich die Rosenzucht von Persien aus verbreitete, erfreute und inspirierte der zarte, doch emotionale Duft der Rose Künstler, Krieger und Liebhaber in aller Welt. Die Rose wurde zur beliebtesten Blume der Welt.

Kleopatra schätzte ihre aphrodisischen Eigenschaften und verführte Antonius knietief in Rosen. Haremsbräute wurden in Rosenwasser gebadet, und die Römer streuten Rosenblüten auf ihr Hochzeitsbett – eine Tradition, die heute in den Hochzeitskonfetti fortlebt.

Die Liebhaber von heute können dank der breiten Duftpalette der Rosen eine Vielzahl von Botschaften übermitteln. Lassen Sie die langstieligen, aber duftlosen Anomalien beiseite, und nehmen Sie statt dessen den zarten, reinen, herzerweichenden, englisch-rosa Duft der ›Celestial‹, den raffinierten, zart fleischlichen Duft der ›Maiden's Blush‹ und den sanften Teerosenduft der zuverlässigen ›New Dawn‹; oder aber die dralle, rosafarbene Extravaganz der ›Frantin Latour‹, den lustvollen Kirschduft der ›Mme Isaac Pereire‹ und das dunkle Samtaroma der karminroten ›Guinée‹.

Liebestränke und aphrodisische Speisen aus dem alten Persien werden mit den frischen oder getrockneten Blütenblättern von Rosen, mit Rosenwasser oder ätherischem Rosenöl verfeinert. Am Hof des Kalifen würzte Rosenwasser eine exotisch-belebende Mischung aus Fleisch, Früchten, Nüssen und Gewürzen. Kreuzfahrer kehrten mit dem sinnlichen Türkischen Honig zurück, der nach Rosen schmeckte: *rahat lokum* – »Erholung für den Hals«. Indische Süßigkeiten werden in Rosensirup getränkt. »Troubadour's Elixir« ist ein Likör aus Moschusrosen, Jasmin und Orangenblüten, der mit Madagaskar-Muskat und Macis gewürzt wird.

Saubere, unbeschädigte Blütenblätter (die weißen Ränder vorher abknipsen) von stark duftenden Rosen zeitigen die besten Ergebnisse. Frische und getrocknete Rosenblütenblätter unterscheiden sich im Duft, aber getrocknete Blätter geben kurz einen frischen Rosenduft ab, wenn man sie im Mixer oder im Mörser zerstößt. Geben Sie bei einem romantischen Abendessen Rosen in Schlagsahne, Eiswürfel, Gebäck, Meringen und Salate; streuen Sie Blütenblätter auf die Tischdecke oder auf einen Weg.

Der romantischste Verwendungszweck von Rosenduft schlechthin liegt in der Parfümherstellung, denn er gehört in alle berühmten Mischungen. Sein exquisiter, sanfter und doch anhaltender Geruch rundet ein Parfüm wunderschön ab. Er bringt die anderen Elemente gut zur Geltung und paßt zu allen Hauttypen. Rosenwasser war die Grundflüssig-

154

Romantische Kräuter & Öle

keit in der ersten Gesichtscreme, die der griechische Arzt Galen vor 2000 Jahren entwickelte, und kann mit wohltuender Wirkung in jedem Kosmetikrezept statt Wasser verwendet werden. Rosenessenz ist eine der ungefährlichsten Substanzen, die wir kennen, belebt und erfrischt die Haut und regt Kreislauf und Nervensystem an. In der Aromatherapie wird es bei emotionalen Problemen, die mit der weiblichen Sexualität zusammenhängen (vor allem bei der Wiederherstellung von Selbstwertgefühlen und dem Gefühl, begehrenswert zu sein) eingesetzt.

ORANGENBLÜTEN

Der leichte und saubere, aber luxuriöse Duft der Orangenblüte (der sich stark vom Zitrusduft der Früchte unterscheidet) erfreut sich weltweit ebenfalls größter Beliebtheit. Wenn der Duft im leichten Wind über mediterrane Landschaften weht, trägt er in hohem Maße zur Sinnlichkeit der Mittelmeerregion bei. Das ätherische Öl (genauso teuer wie Rosenöl) mit seinem betörenden, bittersüßen Duft ist nach der Prinzessin Neroli benannt, die diesen Duft liebte, und wird für viele männliche und weibliche Parfüms verwendet. In der Aromatherapie stimuliert es wie Rosenessenz das Wachstum gesunder neuer Hautzellen, beruhigt die Nerven und lindert die Anspannung vor einem belastenden Ereignis. Es gilt zudem als Aphrodisiakum, weil es die Furcht vor Sexualverkehr reduziert – daher wird die Blüte auch in traditionelle Brautsträuße gebunden. Orangenblütenwasser verfeinert viele ambrosische Speisen.

Der ähnlich phantastische Duft des *Philadelphus* oder Sommerjasmins erfüllt den Garten im Frühsommer mit seinem Honigaroma und kommt in kühleren Klimazonen anstelle der Orangenblüten in den Brautkranz. Die mexikanische Orangenblume *(Choisya ternata)*, die im späten Frühjahr sternförmige weiße Blüten trägt (sie blüht u. U. ein zweites Mal im Herbst), ist eine weitere immergrüne Gartenpflanze mit diesem Duft. In den winzigen Blüten und Blättern der Brautmyrte steckt ein ähnlicher Duft. Als Paris der Aphrodite wegen ihrer Schönheit den goldenen Apfel überreichte, trug sie einen Kranz aus Brautmyrtenblättern und badete in Brautmyrtenwasser. Im Mittelalter rieb man zur sexuellen Stimulierung den Körper mit den Blättern ein, die den Kreislauf anregen und einen köstlichen Duft verströmen. Brautmyrte gehört ebenfalls in Brautsträuße und in kleine Freiersträußchen.

PFINGSTROSEN

Die großen, sinnlich-üppigen Blüten der Pfingstrose, die in den Kaisergärten Pekings seit dem 4. Jahrhundert gezüchtet werden, besitzen einen überraschend zurückhaltenden Duft, der sich nur in unmittelbarer Nähe der Blumen offenbart. Pfingstrosen waren die Lieblingsblumen der berühmtesten und schönsten Kaiserkonkubine Chinas, Yang Kuei-fei. Auf eigens angelegten Marmorterrassen wurden viele verschiedene Varietäten zu ihrer Erbauung gezüchtet. Gärtnerinnen in prächtiger Tracht pflegten die Pflanzen, während Glöckchen aus Edelmetall an den Blüten plündernde Vögel vertreiben sollten. Pfingstrosenblüten versinnbildlichen weiblichen Liebreiz und wurden auf Seidengewänder gestickt und auf Bildrollen gemalt.

OBEN: *Üppige Pfingstrosen besitzen einen weichen, romantischen Duft.*

UNTEN: *Die ganze Welt erfreut sich an der wohlriechenden Schönheit von Rosen – hier in ihrer ganzen Vielfalt in einem walisischen Garten.*

Liebe & Romantik

OBEN: *Eleganter weißer Flieder lockt mit seinem warmen und samtigen Duft Schmetterlinge und Liebende in den Garten.*

VANILLE UND BENZOEHARZ

Tropische Orchideen künden allgemein von »Romanze«. Die Samenkapseln einer bestimmten Sorte werden in einem speziellen Verfahren fermentiert und verströmen dann ihren verführerisch-cremigen Vanilleduft. Das Verfahren wurde von den Azteken entwickelt, die mit Vanille die Schokoladengetränke des Adels verfeinerten. Vanille gilt als starkes Aphrodisiakum für Speisen, Raum- und Körperdüfte sowie für Liebestränke. Das ätherische Öl von Benzoeharz hat einen ähnlichen Duft und ist eine nützliche Grundnote für Raumdüfte.

GEISSBLATT UND HENNA

Der süße Duft von Geißblatt wirkt abends besonders verführerisch, wenn die Pflanze ihr magnetisches Parfüm in die Nachtluft verströmt. Weil sich die Kletterpflanze eng an ihre Unterlage klammert, gilt sie als Symbol der Treue.

»O' Paradiesdüfte, o' Hennablüten«, sangen einst die Straßenverkäufer von Kairo. Die Blätter des Hennastrauchs liefern die rote Farbe, mit der aufwendige Muster auf die Hände und Füße von Hindu-Bräuten gezeichnet werden, während die winzigen weißen Blüten eine angenehm blumige Süße besitzen. Henna wird im Salomonslied und als einer von Miltons »duftenden Büschen« erwähnt. Henna wuchs angeblich in den Hängenden Gärten von Babylon, das einst Mittelpunkt des östlichen Parfümhandels war. Hennablüten ergaben Kleopatras berühmtes verführerisches Parfüm Cyprinum. Sie ließ die Segel ihres Schiffes mit dem Parfüm tränken und sandte damit eine Duftbotschaft voraus, als sie Mark Anton entgegensegelte.

ANDERE DÜFTE

Zur großen Gruppe romantischer Düfte gehören auch die zarten Noten von Maiglöckchen und Gardenien, die man bevorzugt in die Ansteckbouquets von Ballkleidern steckte; der einzigartige Veilchenduft, den Kaiserin Josephine und die letzte Kaiserin Chinas liebten, sowie der weiche und warme Duft von Flieder. Der köstlich pflaumig-würzige Blütenduft der weißen Duftblüte *(Osmanthus fragrans)* ist so stark, daß man ihn sogar in einem Motorradhelm riechen kann, wenn er im Herbst durch die chinesische Gartenstadt Hangzhou weht, wo er bereits die alten Kaiser erfreute. Andere leichte Düfte spielen in der Parfümherstellung eine bedeutende Rolle, um Kopfnoten zu betonen oder Mischungen abzurunden.

Exotisch

Hauptsächlich weiße Blüten besitzen einen schweren, sehr süßen und leicht aufregenden Geruch, der ungewisse Erregung ankündigt. Die meisten extrahierten Essenzen sind so stark, daß sie erst verdünnt werden müssen, damit man den ursprünglichen Blütenduft wiedererkennt.

LILIE

Der Star dieser Gruppe ist die Lilie mit ihrem schrägen Schnitt, weißen Satin und Filmstar-Glamour der 30er Jahre. Sie ist exotisch, gewagt und doch leicht abgehoben. Wegen ihres schweren und verführerischen Dufts bewundert man sie am besten aus sicherer Entfernung; zu starke Nähe kann Schwindel und Übelkeit hervorrufen.

Romantische Kräuter & Öle

JASMIN UND TUBEROSE

Der volle betäubende Duft von tropischem Jasmin ist an warmen Abenden am stärksten; in Indien heißt er deshalb auch »Mondlicht des Gartens«. Im Osten bevölkern Jasminblütenverkäufer ganze Straßenzüge und fädeln die Blumen auf Ketten, die sich die Frauen ins Haar binden oder den Göttern darbieten. Die Blütenessenz besitzt einen tiefen, warmen, cremigen und allumfassenden Duft mit fruchtig-grünen Untertönen, der bei Hautkontakt noch verführerischer wird. Unter den Parfümeuren gilt er als der beliebteste reine Blütenstoff und stellt einen Richtwert für die Beschreibung anderer exotischer Essenzen aus weißen Blüten dar. Wie Rose, Neroli und Tuberose gehört er in die teuerste Preisklasse, da man für 1 Kilogramm Essenz 8 Millionen Blüten benötigt.

Die weißblühende Tuberose verströmt vermutlich den intensivsten süßen Honig-Blüten-Duft mit einem aufreizend erdigen Unterton und ergibt ein unglaublich teures ätherisches Öl, das buchstäblich mit Gold aufgewogen werden kann.

YLANG-YLANG UND MIMOSE

Die unscheinbaren gelben Blüten der tropischen Ylang-Ylang-Pflanze (»Blume der Blumen«) besitzen einen Jasminduft, mit dem sich orientalische Frauen ihr Haar parfümieren oder auf einen Liebhaber vorbereiten. Das ätherische Öl ist viel preiswerter, etwas schärfer und weniger anhaltend als Jasminöl und wird manchmal mit Piment gemischt, um die Nelkentöne herauszuarbeiten.

Die gelben Blütenrispen der Mimose verströmen Mitte Januar an der ganzen Riviera ihr berauschendes blumig-grünes Veilchenaroma. Das ätherische Öl besitzt einen kräftigen, durchdringenden Geruch mit angenehmen, strohähnlichen und bitteren Untertönen und wird zur Intensivierung hochwertiger Parfüms verwendet.

HYAZINTHE

Der starke betäubende Geruch von *Hyacinthus orientalis* mit seiner grünen Kopfnote wird manchmal extrahiert und in feinen Düften verarbeitet. Die Griechen, die die Pflanze nach der Jugend des schönen Apoll benannten, glaubten, daß der Duft einen müden Geist beleben könne. Aromatherapeuten verwenden ihn zur Steigerung von Selbstwertgefühl und Vertrauen. Da das Öl sehr teuer ist, werden die meisten Hyazinthen-Produkte mit synthetischen Duftstoffen parfümiert.

Würzig

Diese Düfte sind warm und anregend, kurbeln den Kreislauf an und laden zum spielerischen Kontakt ein. Alle Gewürznoten werden in verführerischen Parfüms für Männer und Frauen, für Raumdüfte und Liebestränke verwendet und sind beliebte Zutaten in aphrodisischen Speisen.

OBEN LINKS: *Eine ruhige Stelle im Garten ist von Geißblatt umgeben und in den Abendstunden ganz in Duft gehüllt.*

LINKS: *Pflücken Sie einzelne Geißblattblüten und saugen Sie den ambrosischen Nektar heraus, oder streuen Sie die Blüten über Cremedesserts.*

157

Liebe & Romantik

OBEN: *Nelken besitzen einen überraschenden exotischen Duft nach Schokolade und Gewürznelken.*

RECHTS: *Ein sinnliches Bouquet mit einer verführerischen Mischung aus Rosen, Lilien und Geißblatt.*

ZIMT

Die höchste Note geht an den warmen und geselligen Duft von Zimt, dem seit alters her die Erregung »lebhaften Verlangens« zugeschrieben wird. Er wird oft für Liebestränke, Glühweine und Desserts verwendet – einschließlich Kürbispie, der die Liste der Speisen anführt, die amerikanische Männer zu Liebestaten verführen sollen.

INGWER UND STERNANIS

Ingwer genießt verdientermaßen den Ruf, das Körpersystem anzuregen, und war eines der begehrten Luxusgüter, die die Römer zusammen mit anderen chinesischen Waren über die Seidenstraße importieren ließen. Ingwer ist ein kulinarischer Hochgenuß, dessen feinste Ausführung kandiert und in Zartbitterschokolade getaucht und in chinesischen Dosen verkauft wird. Das Gewürz ist Bestandteil vieler Liebesspeisen und Zaubertränke, während die Blüten in die Girlanden hawaiianischer Tänzer geflochten werden.

Der lateinische Gattungsname für Sternanis, *Illicium,* leitet sich vom Wort für »Verlockung« ab und war vom Duft inspiriert. Alle Teile des Baums duften, einschließlich der hübschen sternförmigen Samenkapseln, die ein lebhaftes, süß-würziges Aroma besitzen und in jeden verführerischen Raumduft und auf jedes anregende Fest gehören.

ANDERE DÜFTE

Süß-grün-würzige Korianderkörner würzten die Getränke bei Tudorhochzeiten und wurden in *1001 Nacht* als Aphrodisiakum beschrieben. Das warm-aromatische Kardamom mit seinen balsamisch-blumigen Untertönen war bei Griechen und Römern ein Parfüm, ein Bestandteil von Liebestränken der Hexen und ist seit jeher ein beliebtes Gewürz in der arabischen Küche. Gewürznelken wirken angenehm stechend und verbessern den Atem; das traditionelle Aphrodisiakum hängt eng mit der exotischen Insel Sansibar zusammen, doch der intensive Duft läßt sich dank der kleinen Nelkenblumen auch in englischen Cottagegärten riechen.

Der volle, warme und einladende Geruch von Lorbeer, Muskat, Macis und Piment sowie die würzige Schärfe von schwarzem Pfeffer und Basilikum finden in kräftigen und appetitlichen Speisen, Getränken und Parfüms Verwendung.

Holzig und erdig

Die verschiedenen Düfte von Bäumen, Moos und Farnen erinnern in ihrer Üppigkeit an den Geruch des Waldes und rufen dadurch eine tiefe Verbundenheit mit der Natur und alten Ritualen wach. Die tiefen, warmen, vielsagenden und anhaltenden Noten dieser Pflanzen und ihrer ätherischen Öle haben sowohl beruhigende Wirkung als auch edlen Sexappeal. Sie tauchen als Grundnoten in sehr vielen erstklassigen Parfüms und vor allem in Aftershaves und schwülen Frauendüften auf.

SANDELHOLZ UND ZEDER

Sandelholz mit seinem warmen und holzigen Duft dient seit mindestens 4000 Jahren zur Parfümherstellung und kann auf eine lange Tradition als Aphrodisiakum zurückblicken. Seine Molekularstruktur ist fast identisch mit der von Testosteron, einem menschlichen Pheromon (Sexualduft), der von beiden Geschlechtern ausgesendet wird. Sandelholzöl ist wie Rosen- und Neroliöl gut für trockene und fettige Haut; als Zusatz von Massage-, Bade- und Kosmetikprodukten verleiht es dem Körper einen anregenden und anhaltenden Duft.

Romantische Kräuter & Öle

Der typische, weiche und würzige Geruch von Zedernholz gibt Mischungen Wärme und schafft eine Aura von Stärke und Mut, die Frauen besonders anziehend finden.

VETIVER UND PATSCHULI

Die Wurzeln von Vetivergras besitzen einen wunderbaren honigsüßen, trockenen Duft; das Gras wird in den Tropen zu aromatischen Matten verarbeitet, die eine Veranda an einem schwülen Nachmittag vor zuviel Sonne schützen. Das ätherische Öl besitzt einen harzigen Duft nach Myrrhe und Veilchen und wird in Indien zum Aromatisieren von Süßigkeiten und für Männerparfüms verwendet.

Das ätherische Öl des Patschuliblatts besticht durch seinen intensiven süßen Geruch nach Waldboden, der Anklänge von würzigem Balsam besitzt. Wer glaubt, Patschuli nicht zu mögen, weil es zu sehr an die Hippiezeit erinnert, wird von der hellen Leichtigkeit des hochwertigen Öls und der Vielzahl von Parfüms, Aftershaves und Badeprodukten, die alle Patschuli enthalten, überrascht sein. Ein Säckchen mit den zarter duftenden Blättern und Rosenblüten verleiht Kleidern und Wäsche eine zart orientalische Note.

PFLAUMENFLECHTE, BIRKE UND ENGELWURZ

Pflaumenflechte verströmt den vollen Geruch von Eichenmoos und alt-rauchige, würzige Ledernoten. Aus verschiedenen Birkenarten wird Birkenteeröl gewonnen, das einen holzigen, teerigen und rauchigen Geruch mit süßen, öligen Ledernoten besitzt; nach sorgfältiger Behandlung kann es für Parfüms verwendet werden.

Das Wurzelöl der Engelwurz ist ein komplexer Riechstoff mit einer pfeffrig-grünen Kopfnote und einer erdigen Herznote, unter die sich dunkel fließende Bäche und ein Hauch von Moschus mischen. Der Duft wird für besondere Parfüms genutzt.

SAFRAN

Safrankrokus, der bereits im Salomonlied erwähnt wird, ist eine der ältesten Kulturpflanzen. Seine Blütennarben besitzen ein starkes Aroma mit verführerischen süß-erdigen Untertönen. Safran hat eine lange Tradition als Duftstoff und Aphrodisiakum, was zum Teil auf die angeblich wohltuende Wirkung auf Gehirn und Herz zurückzuführen ist. In der griechischen Überlieferung heißt es, daß ein Mädchen, das eine Woche lang Safran ißt, keinem Liebhaber widerstehen kann.

Moschus

»Moschusdüfte« besitzen eine erogene Note von animalischer Leidenschaft. Für sich allein genommen können sie unangenehm wirken, in Parfümmischungen sorgen sie jedoch für eine wunderbar anhaltende und erotische Duftkulisse und lassen an heidnische Bräuche denken.

HOLUNDER, SCHWARZE JOHANNISBEERE UND MOSCHUSHIBISKUS

Obwohl Holunder eine sexy Moschusnote besitzt, wird die Essenz nicht extrahiert. Die Blüten verleihen Wein und aphrodisischen Desserts einen Muskatellergeschmack. Schwarze Johannisbeere besitzt dieselbe Duftnote; die Knospen ergeben die teure und komplexe Essenz Cassis, die in Parfüms für ein edles Gepräge sorgt. Das Samenöl einer tropischen Hibiskusart *(Abelmoschus moschatus)* besitzt blumige Moschusnoten mit deutlichen Anklängen an Cognac, die in feinen Parfüms eingesetzt werden.

Liebe und Romantik schaffen eine wunderbare Kulisse, vor der die Düfte ihre ambrosische Macht entfalten können. Legen Sie den Duftgarten Ihrer Träume an, und genießen Sie ihn mit Ihrem Liebsten.

Romantische Gärten

Abgeschiedene Duftgärten bieten den zarten Düften der Natur Gelegenheit, das menschliche Herz zu verzaubern, und sind außerdem die passende Kulisse für romantisches Werben. Wenn der Geist durch gute Musik, erbauliche Literatur oder eine interessante philosophische Diskussion angeregt wird, erhebt er sich leichter in die Höhen sublimer Emotionen.

Die höfische Liebe des Mittelalters fand ihren Ausdruck oft in einem Duftgarten. Das Herz eines liebenden Ritters und Minnesängers und das seiner Angebeteten, welche auf einem Kamillenpolster inmitten von Lilien und Thymian saß, schmolzen im süßen Blumenduft dahin.

Oder können wir vielleicht den Rat eines alten tibetischen Texts übertreffen, der sinnliche Liebe als einen Weg zu strahlendem innerem Bewußtsein beschreibt? In einem Abschnitt finden wir Ratschläge zur Schaffung einer sinnlichen Atmosphäre unter der Zeichnung eines abgeschiedenen Gartens: »Wähle eine ansprechende Umgebung mit dem süßen Klang von Wasser und Vogelgezwitscher ... angenehmer Unterhaltung, sanfter Umarmung ... und aphrodisischen Speisen.«

Beginnen Sie Ihren romantischen Garten mit einem verlockenden Pfad, der durch eine schützende Hecke führt. Halten Sie den Sitzplatz oder die Laube vor Blicken verborgen. Pflanzen Sie aromatische Pflanzen wie Kamille und Pfefferminze auf den Weg, um nackte Füße zu erfrischen, und andere wie Lavendel an den Rand, damit sie bei Berührung ihren Duft verströmen; Wicken und Rosen bringen sich in Nasenhöhe ins Bewußtsein, während die tropisch anmutende Engelwurz eine Atmosphäre von Alice im Wunderland verströmt und eine Buddleia Bienen und Schmetterlinge anlockt. Über Ihnen vervollkommnen die hängenden Zweige des Blauregens mit ihrem zarten Duft das Bild. Schützen Sie die Laube mit einem Spalier aus Rosen und Geißblatt, und ziehen Sie daneben saftige Früchte wie Pfirsiche, Feigen und Walderdbeeren, die den Gaumen verführen, sowie Eibisch, der mit seinen samtigen Blättern den Tastsinn anregt.

Angesichts dieser sinnenfrohen Üppigkeit sollten Sie sich überlegen, ob Sie nicht nach chinesischer Manier eine Kalligraphie am Weg zu einer besonderen Stelle anbringen wollen, um die Erwartung zu steigern. Dichter würden miteinander wetteifern, die einzigartige Stimmung des Raumes in einen beziehungsreichen Spruch zu kleiden. »Pavillon der schlagenden Wellen« oder »Rendezvous mit einer Nachtigall« steigern das Bewußtsein und schärfen die Sinne.

Eine Sitzgelegenheit ist wichtig: ein Platz, um zu rasten, zu spielen, Muster in seltsamen Wolkenformen am blauen Himmel zu erkennen oder Sternschnuppen am dunklen Nachthimmel zu zählen; ein Augenblick, um den reichhaltigen Teppich sinnlicher Erlebnisse in sich aufzunehmen und in den Stoff der Liebe umzusetzen.

OBEN: *Eine fröhliche und wohlriechende Wildnis mit Lavendel und Rosen.*

LINKS: *Ein romantisches Rosenspalier in Wollerton Old Hall, Shropshire, gewährt Abgeschiedenheit und betont gleichzeitig die Schönheit des Gartens.*

Liebe & Romantik

Gartenplanung

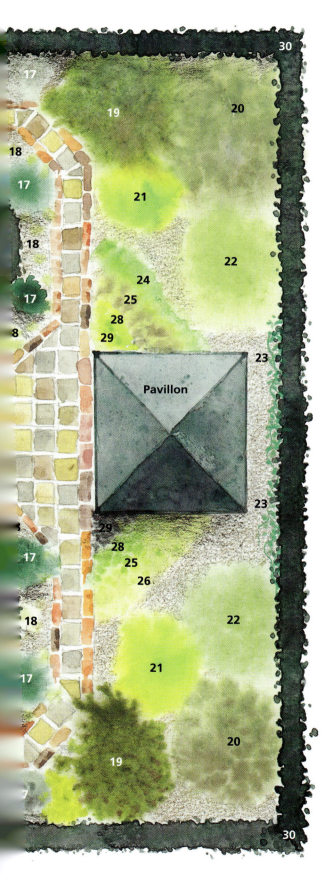

Geheimgarten

Duftende Blumen sprechen uns direkt an. Die zerbrechlichen Blütenblätter, die leuchtende Farbe und der feine Duft können mehr als Worte zarte Emotionen in uns wachrufen und sind daher universale Symbolde der Liebe. Durch die unzähligen Assoziationen von Pflanzen und Romanzen hat sich der Geheimgarten als Ort für Liebende entwickelt, die abseits von aller Öffentlichkeit zusammenfinden wollen. In diesem Garten ist der duftende Ort versteckt und muß hinter den hohen, gerundeten Eibenhecken erst gefunden werden, so daß er mit seinen geheimnisvollen hellen und dunklen Zonen und der gelegentlichen Duftwolke das Gefühl der Erwartung noch steigert.

OBEN: *Ein schmaler Durchgang in der Eibenhecke führt in einen Geheimgarten.*

Liste der Pflanzen auf dem Plan

Liebesknoten (Mitte)

1. Heiligenkraut (*Santolina chamaecyparissus* syn. *S. incana*)
2. Buchs
3. Veilchen
4. Zwergrosen in Scharlachrot, Rosa und Weiß
5. Gartennelken

Erster Ring

6. Iris, Traubenhyazinthen und Veilchen
7. Duftende Pfingstrosen in Scharlachrot, Rosa und Weiß
8. Schleierkraut, weiß

Zweiter Ring

9. Pelargonie ›Johnson's Blue‹
10. »Alte« Strauchrosen in Scharlachrot, Rosa und Weiß
11. Rittersporn, tiefblau
12. Indianernessel, scharlachrote Blüten
13. Madonnenlilien, weiß

Umgebung

14. Kletterrosen
15. Rasen
16. Eberraute (am Weg, der in den abgeschiedenen Bereich führt)

Geheimgarten

17. Süßdolde
18. Eau-de-Cologne-Minze
19. Buddleia, duftende lila Blüten
20. Flieder, »fliederfarbene« bis blaue Blüten
21. Duftblüte, weiße Blüten, dunkelgrüne, immergrüne Blätter
22. Sommerjasmin, weiße Blüten
23. Lila Geißblatt (*Lonicera japonica* var. *repens*) mit lila-roten Stielen und lila-rosa Blüten
24. Seifenkraut, doppelte rosa Blüten
25. Bartnelke (*Dianthus barbatus*)
26. Weiße Nachtkerze
27. Nachtviole, fliederfarbene und weiße Sorten
28. Narzisse, weiß (›Cheerfulness‹)
29. Thymian ›Fragrantissimus‹

Hecke

30. Eibe

Liebe & Romantik

Spielen Sie einmal Zauberlehrling, und betreten Sie die exotische Welt eines Parfümeurs. Erleben Sie die Freuden dieser alten Kunst, und lernen Sie, wie Sie Ihr persönliches Parfüm kreieren können.

Romantische Mischungen

Hier beginnt die lebenslange Freundschaft mit der Kunst, ätherische Öle zu aromatischen Elixieren zu vermischen. Eine Kunst, deren Ausübung und Genuß Freude bereiten.

Diese konzentrierten Mischungen aus ätherischen Ölen können auf verschiedene Weisen eingesetzt werden (lesen Sie vorher unbedingt die Tips für Ihre Sicherheit auf Seite 250 f. durch). Sie können direkt mit Wasser vermischt und in Zerstäuber (Seite 124) oder Raumsprays (Seite 68) gegeben werden, über Potpourris geträufelt und in Duftpapier, Tinte und Kerzen (Seite 172 und 127) gemischt, als Hautcreme oder Massageöl (Seite 98) mit Pflanzenöl vermengt oder zusammen mit Alkohol und Wasser zu einem traditionellen Parfüm verarbeitet werden.

DEN GERUCHSSINN SCHÄRFEN

Ihr wichtigstes Werkzeug ist ein scharfer Geruchssinn. Mit Übung und Konzentration können Sie ihn verbessern. Machen Sie sich mit dem Charakter der einzelnen ätherischen Öle vertraut, indem Sie zu verschiedenen Zeiten und Jahreszeiten daran schnuppern, und halten Sie Ihre Beobachtungen schriftlich fest. Wählen Sie dafür einen sauberen, ruhigen Raum mit natürlicher Feuchtigkeit. Atmen Sie frische Luft ein, oder schnuppern Sie an einem Wollstoff, um die Nase zu reinigen.

Atmen Sie den Duft nicht direkt aus dem Ölfläschchen ein. Verwenden Sie Duftstreifen (schmale Papierstreifen), geben Sie einen Tropfen Öl darauf, und wedeln Sie sanft damit. Sie sollten sich entspannt, ruhig und wohl fühlen und dann mit geschlossenen Augen einatmen. Schreiben Sie Ihre Beobachtungen sofort auf, weil die Nase rasch ermüdet. Stellen Sie sich folgende Fragen: Ist der Duft süß, blumig, holzig, moosig, rauchig, harzig, grün, trocken, schwer, leicht, exotisch oder betäubend? Vermerken Sie die Aromaschichten in einem Öl, und schreiben Sie die persönlichen Erinnerungen, die Sie mit diesem Duft verbinden, auf. Bald spüren Sie, welche Gefühle und Stimmungen die verschiedenen Öle hervorrufen. Testen Sie höchstens fünf Öle hintereinander.

Ihr Duftgedächtnis stärken Sie durch Blindtests. Beginnen Sie mit stark unterschiedlichen Ölen wie Lavendel und Pfefferminze; später können Sie sich an ähnliche Öle wie die der Zitrusgruppe heranwagen.

ZUTATEN

Zum Parfümmischen brauchen Sie: gute ätherische Öle mit Pipetten, Alkohol, reines Wasser (destilliert oder gefiltert), kleine, dunkle Glas- oder Keramikfläschchen mit Verschluß, Etiketten, Dosierlöffel, einen kleinen Trichter und ein Notizbuch.

Alkohol ist ein Konservierungs- und Lösungsmittel für ätherische Öle und unterstützt ihre Verteilung. Der beste geruchslose Alkohol ist Äthylalkohol, den Sie denaturiert in der Apotheke kaufen können. Sie können statt dessen auch Isopropylalkohol oder Wodka verwenden.

EINFACHE MISCHUNGEN

Beginnen Sie mit zwei ätherischen Ölen, die Sie tropfenweise in einem Fläschchen oder Eierbecher mischen oder direkt in einen Zerstäuber füllen. Diese ersten Experimente liefern Ihnen die Ideen für die Bausteine komplexerer Parfums. Dabei spüren Sie auch, welche Öle gut zusammenpassen. Probieren Sie zunächst je einen Tropfen Lavendel und Grapefruit, Weihrauch und Rose, Mandarine und Nelke, Bergamotte FCF und Zedernholz.

Die Kunst des Parfümeurs

Die Kunst des Parfümeurs besteht darin, einzelne Duftnoten zu einem harmonischen Akkord zu mischen. Vier Öle dienen als Brücke zwischen einzelnen Duftgruppen: Lavendel und Rosenholz (besonders zwischen Zitrus- und blumigen Noten), Vanille und Sandelholz (zwischen Grund- und Herznoten). Rose, Jasmin oder Ylang-Ylang versüßen den Geruch nach Hustensaft oder Farbe, den viele Ölmischungen anfangs aufweisen.

Wenn Sie Ihr eigenes Parfüm kreieren wollen, legen Sie zunächst eine Duftstimmung fest; zum Beispiel leicht und luftig oder voll und holzig oder exotisch und geheimnisvoll. Rufen Sie Farbassoziationen hervor, assoziieren Sie Ihren Duft mit Blumen und Bäumen, und stellen Sie sich Situationen vor, in denen Sie das Parfüm tragen würden. So können Sie die Zutaten herausfinden, die es enthalten soll.

OBEN: *Rosenblütenblätter ergeben das beliebteste ätherische Parfümöl.*

Romantische Mischungen

DUFTKLASSEN

Die Parfümerie unterscheidet die Duftmischungen nach ihrer Konzentration. Die Mengenangaben beziehen sich auf ein Fläschchen mit 25 ml/5 TL/500 Tropfen Inhalt.

PARFÜM
(15–25 Prozent ätherisches Öl)
75–125 Tropfen ätherisches Öl, 4 TL Alkohol,
ca. 1/5 TL Wasser.

EAU DE PARFUM
(10–15 Prozent ätherisches Öl)
50–75 Tropfen ätherisches Öl, 3 1/2 TL Alkohol,
ca. 1 TL Wasser.

EAU DE TOILETTE
(5–10 Prozent ätherisches Öl)
25–50 Tropfen ätherisches Öl, 3 1/2 TL Alkohol,
ca. 1 1/4 TL Wasser.

EAU DE COLOGNE
(2–6 Prozent ätherisches Öl)
10–30 Tropfen ätherisches Öl, 3 1/2 TL Alkohol,
ca. 1 1/3 TL Wasser.

DUFTWASSER
(1–3 Prozent ätherisches Öl)
5–15 Tropfen ätherisches Öl, 3 TL Alkohol, 2 TL Wasser.

TOILETTENWASSER
ist ätherisches Öl in destilliertem Wasser.

Parfümherstellung

Wählen Sie zunächst die gewünschte Duftkonzentration und dann erst die ätherischen Öle. Hier zeigen wir Ihnen verschiedene Rezepte zum Ausprobieren. Wenn Sie einen berühmten Duft kopieren wollen, hilft Ihnen der *Haarmann & Reimer Duftatlas* von Glöss & Co. weiter, der die Schlüsselingredienzen von 800 Parfüms auflistet. Obwohl diese Substanzen nur einen Bruchteil der Aromen in den Geheimrezepten darstellen, macht es Spaß, zumindest ähnliche »Kopien« herzustellen.

Ein Parfüm besteht gewöhnlich aus Kopf-, Herz- und Grundnoten. Diese Einteilung basiert auf der Verdunstungsgeschwindigkeit der ätherischen Öle. Kopfnoten verdunsten am schnellsten und liefern die leichten, hellen und anregenden Aromen, die man in einem Parfüm als erstes wahrnimmt. Die Herznoten sind das Herzstück, der dominierende Charakter einer Mischung. Die Grundnoten setzen sich aus beruhigenden Düften zusammen; sie verleihen dem Parfüm Dauerhaftigkeit und dienen als Fixiermittel, damit die einzelnen Ingredienzen in einer gleichmäßigen Kurve und nicht stoßweise verdunsten. Die Grenze zwischen den einzelnen Noten ist fließend, weil sich jedes ätherische Öl aus vielen Bestandteilen zusammensetzt, die sich unterschiedlich schnell verflüchtigen. Ein einziges Öl, z. B. Jasminöl, kann daher in alle drei Klassen gehören.

Parfümnoten

KOPFNOTEN: Duft verschwindet binnen Stunden: Basilikum, Bergamotte, Engelwurz, Estragon, Eukalyptus, Fenchel, Grüne Minze, Hyazinthe, Kardamom, Kiefer, Koriander, Melisse, Petitgrain, Pfefferminze, Zitronengras, Zitrus (alle)

HERZNOTEN: Duft hält 24–60 Stunden an: Galbanum, Geranium, Ingwer, Jasmin, Kamille, Lavendel, Majoran, Mimose, Muskat, Myrte, Neroli, Muskatellersalbei, Palmarosa, schwarzer Pfeffer, Rose, Rosenholz, Rosmarin, Teebaum, Thymian, Wacholderbeere, Ylang-Ylang, Zypresse

GRUNDNOTEN: Duft hält 60 Stunden bis zu einer Woche: Balsambaum- und Benzoeharze, Myrrhe, Eichenmoos, Patschuli, Sandelholz, Vanille, Vetiver, Weihrauch, Zedernholz, Zimt

Das Verfahren

Geben Sie zunächst die Grundnoten, dann die Herznoten und zum Schluß die Kopfnoten in eine kleine Flasche. Rollen Sie die Mischung nach jeder Hinzugabe zwischen den Händen, damit sich die Düfte verbinden können, und riechen Sie am Ergebnis. Verzeichnen Sie Ihre Ingredienzen genau. Lassen Sie die Mischung 48 Stunden ziehen. Danach noch einmal am Parfüm riechen und nach Bedarf »abschmecken«. Den Alkohol hinzufügen und 48 Stunden einwirken lassen. Dann reines Wasser hinzufügen und 4–8 Wochen

an einem kühlen und dunklen Ort durchziehen lassen. Etikettieren und datieren. Vor Sonnenlicht geschützt in einer hübschen, vorzugsweise dunklen Flasche aufbewahren.

Die Verwendung

Verwenden Sie Ihr Parfüm großzügig, denn einmal geöffnet ist es nur noch begrenzt haltbar: hohe Konzentrate ein Jahr, schwach konzentrierte Düfte drei Monate. Geben Sie den Duft auf die Stellen des Pulsschlags, auf Handgelenke, den Nacken, hinter die Ohren, in die Armbeuge und in die Kniekehlen, ins Dekolleté, auf Kehle, Schultern und Haare.

Die Rezepte
Echtes Eau de Cologne

Der seit jeher beliebte Duft ist eine leichte, erfrischende Mischung, die die Duftmode nachhaltig veränderte. Mischen Sie die ätherischen Öle in den angegebenen Tropfenmengen in einer 70 ml-Flasche: 44 Bergamotte, 15 Zitrone, 4 Neroli, 2 Lavendel, je 1 Rosmarin und Gewürznelke. 50 ml Alkohol dazugeben und 48 Stunden einwirken lassen, dann 12 ml reines Wasser hinzufügen. Ziehen lassen, beschriften und vor Sonnenlicht geschützt aufbewahren.

Die folgenden Rezepturen für Eau de Cologne nennen die Tropfenmengen, die in ein 25-ml-Fläschchen gegeben werden. Dann kommen 3 1/2 TL Alkohol dazu. Nach 48 Stunden wird der Duft mit Wasser (ca. 1½ TL) aufgefüllt. 6 Wochen ziehen lassen, beschriften und datieren.

1 ML = 20 TROPFEN
1 TL = 5 ML = 100 TROPFEN

Erfrischende Colognes

RONDELETIA ist seit dem 16. Jahrhundert beliebt.
8 Lavendel, 4 Bergamotte, 3 Gewürznelke, 2 Rose

ZEST: 10 Palmarosa, 8 Orange, je 3 Petitgrain und Limette, 1 schwarzer Pfeffer

ENGLISH LAVENDER: 12 Lavendel, 3 Bergamotte, je 1 Rosmarin, Muskatellersalbei, Geranium, Zeder und Eichenmoos

Romantische Düfte

INTRIGUE: je 4 Mandarine und Wacholder, je 2 Muskatellersalbei, Ylang-Ylang und schwarzer Pfeffer

FASCINATION: 4 Jasmin, je 2 Patschuli und Zitrone, 1 Lavendel in Zitronenwodka

MAGNETISM: 5 Weihrauch, je 3 Bergamotte, Orange und Zitrone, 1 Ingwer

DANCING TILL DAWN: 10 Vanilleextrakt, 4 Zitrone, 3 Grapefruit, je 1 Bergamotte und Minze

CASTAWAY: 5 Mandarine, 4 Sandelholz, je 2 Ylang-Ylang und Petitgrain

SMOOTH AND CREAMY: 4 Bergamotte, 2 Ylang-Ylang, 1 Gewürznelke, 1 TL Vanilleextrakt

SUN DRENCHED: 5 Orange, 3 Jasmin, je 2 Sandelholz und Patschuli

SECRET GARDEN: 3 Sandelholz, je 2 Rose, Jasmin und Bergamotte

AFFINITY: je 3 Neroli, Bergamotte und Lavendel, 2 Vetiver

MELTING MOMENTS: 10 Vanilleextrakt, 6 Sandelholz, 3 Rosenholz, 2 Orange

CONSUMED: 6 Sandelholz, 5 Orange, 1 TL Vanilleextrakt

HONEYMOON: 3 Rose, je 2 Jasmin und Lindenblüte, 1 Zimt

Nur für Frauen

HARMONY: 5 Koriander, je 3 Rose und Weihrauch, 2 Lindenblüte

CASCADE: 5 Rose, 3 Bergamotte, 2 Zitrone, 1 Zimt in Zitronenwodka

CONSTANTINOPLE: je 4 Ylang-Ylang und schwarzer Pfeffer, 3 Rose, 2 Rosenholz, ½ TL Vanilleextrakt

CONCUBINE: je 3 Jasmin und Rosenholz, je 1 Sandelholz, Ingwer und Minze

ARABESQUE: 6 Bergamotte, 4 Rosenholz, 3 Sandelholz, je 2 Zedernholz und Patschuli

FREE SPIRIT: 4 Jasmin, 3 Bergamotte, 2 Zitrone, 1 Orange

VENUS NOIR: je 4 Rose und Brautmyrte, 3 Sandelholz, 2 Patschuli und Eichenmoos

PERFECT LOVE: 10 Rose, je 6 Bergamotte und Jasmin, 4 Koriander, 2 Sandelholz

Speziell für Männer

VITALITY: 3 Wacholder, 2 Bergamotte, 1 Koriander

MOUNTAIN AIR: 6 Zedernholz, je 2 Zypresse, Zitrone, Rosmarin und Sandelholz

ANDALUSIA: je 3 Rosenholz und Limette, 2 Vetiver in Zitronenwodka

PEACOCK: je 6 Orange und Bergamotte, 2 Basilikum, 1 Koriander

ALFRESCO: 3 Limette, je 2 Kardamom und Zedernholz

ADVENTURE: 5 Bergamotte, je 2 Jasmin und Sandelholz, je 1 Zedernholz und Grapefruit

HIDDEN FIRE: je 3 Weihrauch, schwarzer Pfeffer und Lavendel

MOONSHINE: in Zitronenwodka: (Kopfnote) je 3 Mandarine und Bergamotte, je 2 Lavendel und Zitrone; (Herznote) 4 Jasmin, je 2 Kiefernnadel, Geranium, Petitgrain und Wacholderbeere, 1 Rose; (Grundnote) 2 Zedernholz, je 1 Eichenmoos, Engelwurz und Vetiver.

Liebe & Romantik

OBEN: *Getrocknete Rosen sind von ganz besonderem Reiz. Wegen ihres anhaltenden Dufts und ihrer vollen Farbe gehören sie seit jeher ins Potpourri.*

Andere aromatische Erzeugnisse

Im Lauf der Geschichte wurde an einigen wenigen Menschen, darunter Alexander der Große und der Dichter Walt Whitman, ein seltenes Phänomen festgestellt: Sie strömten ständig einen natürlichen, süßen Duft aus. Der Rest der Menschheit muß sich mit aromatischen Duftwässern und Lotionen behelfen. Sie können die Rezepturen auf Seite 167 für neue Duftideen einsetzen.

AFTERSHAVE

Mischen Sie eine beliebige Rezeptur mit Hamamelis anstatt mit Äthylakohol und Wasser, und Sie erhalten ein ansprechendes Aftershave.

PARFÜM AUF ÖLBASIS

Anstelle der Alkohol-Wasser-Mischung können Sie ein Trägeröl verwenden. Jojoba eignet sich am besten, weil es sich lange hält. Am zweitbesten ist fraktioniertes Kokosöl, oft als »leichtes Kokosöl« bezeichnet. 7–10 Tropfen ätherische Öle auf 1 TL Trägeröl mischen. Beschriften und datieren. 2 Wochen an einem kühlen und dunklen Ort ziehen lassen. Täglich aufschütteln. Wie ein Parfüm verwenden. Die Mischung hält sich bis zu 6 Monate. Sie ist zwei- bis dreimal stärker konzentriert als eine Massagemischung, weil man sie nur in geringen Mengen aufträgt; deshalb sollten Sie vor dem ersten Auftragen einen Verträglichkeitstest machen.

BLUMENWASSER

Für ein erfrischendes Toilettenwasser 8 Tropfen ätherisches Lavendel-, Rosen- oder Neroliöl in 250 ml destilliertes Wasser geben. Die Flasche verschrauben und kräftig schütteln. Für ein Duftwasser 15 Tropfen ätherisches Öl mit 25 ml Alkohol mischen.

BADEÖL

4–6 Tropfen ätherisches Öl auf 1 EL Mandelöl (bei trockener Haut) oder cremige Milch (zur besseren Verteilung) geben. Für ein Schaumbad die Öle mit 1 EL milder Flüssigseife oder Babyshampoo vermischen.

SEIFE

Rohbaumwolle oder Mull in einer ätherischen Ölmischung nach Wahl einweichen und um ein Stück unparfümierte Seife wickeln. In Haushaltsfolie schlagen und 6 Wochen einwirken lassen.

Duftende Atmosphäre

Romantische Körperpflege

Entwickeln Sie eine persönliche Duftnote, die in der Erinnerung Ihres Liebsten eine unbewußte, aber starke Aromaassoziation wachruft.

SATINKÖRPERMASSAGE

Fruchtsäuren entfernen stumpfe, abgestorbene Hautzellen und legen die seidige Haut darunter frei. Dafür 3 große Pfirsiche, Aprikosen, Erdbeeren, Paradiesäpfel (Tomaten) oder Ananasscheiben zermusen. 1 EL flüssigen Honig und nach Wunsch 1 TL Joghurt einrühren. Auf dem Körper verstreichen und 5–10 Minuten einwirken lassen, dann mit warmem Wasser abspülen. Feuchtigkeitslotion auftragen. Frisch erneuerte Haut ist empfindlich, meiden Sie deshalb unmittelbar danach direkte Sonneneinstrahlung, und seien Sie im Gesicht besonders vorsichtig.

EXOTISCHER KÖRPERPUDER

Eine dünne Schicht Engelwurzpulver oder Speisestärke in eine kleine, verhältnismäßig tiefe Pappschachtel mit dicht schließendem Deckel (z. B. eine Geschenkschachtel für Schmuck) streuen. Eine Sorte frisch gepflückte Blüten, z. B. Geißblatt, Veilchen, Rose, Jasmin, Flieder oder Wicke, darüberschichten. Mit einer Lage Puder abdecken und nach demselben Schema noch 2–3 Blumenschichten hineinlegen. Schachtel verschließen und den Puder 3–4 Tage durchziehen lassen; ab und zu schütteln. Sieben Sie die Blüten aus, wiederholen das Ganze mit frischen und entfernen Sie sie anschließend. Der Puder nimmt einen zarten Duft an, der im Lauf einiger Wochen immer stärker wird. Für eine würzige Variante eine Prise fein pulverisierte Gewürze (z. B. Piment oder Nelken) unter unparfümierten Puder mischen und 7–10 Tage durchziehen lassen. Wie Talkumpuder auf dem Körper verteilen.

DUFTENDES HAAR

Rosen-, Orangenblüten- oder ein anderes Duftwasser nach dem Waschen aufs feuchte Haar sprühen. An der Luft trocknen lassen. Oder Blütenwasser aufs trockene Haar sprühen. Haut, Kopfhaut und Kleidung schützen.

KUSSLIPPENBALSAM

Auf 1 TL flüssigen Honig ½ TL Rosenwasserkonzentrat (bitten Sie Ihren Apotheker um die 31fache Stärke, die sonst zu dreifach starkem Rosenwasser verdünnt wird) oder ½ TL Rosenwasser und 1 Tropfen ätherisches Rosenöl geben.

DUFTWÄSCHE

Duftende Schubladen verleihen Ihrer Wäsche einen sinnlichen Touch. Dazu 5–10 Tropfen ätherische Öle auf einen Wattebausch träufeln und die Rückseite von Schrankpapier (z. B. hübsche Tapetenreste) damit einreiben. Statt dessen können Sie auch den Duft einer Handvoll getrockneter Blütenblätter aufpeppen, indem Sie 5 Tropfen ätherisches Öl darüberträufeln, die Blüten in ein kleines Schraubglas geben und 2–3 Tage durchziehen lassen. Die Blütenblätter dann in der Schublade verstreuen oder in ein Säckchen aus Musselin, Seide oder Samt füllen; geben Sie ein paar davon als duftende Erinnerung an die vergangene Nacht in die Rocktaschen Ihres Partners.

Die duftende Atmosphäre

Als Auftakt zur spielerischen Verführung parfümieren Sie die Luft, breiten sinnliche Seide und Samt aus und streuen einen einladenden Weg aus frischen Blütenblättern.

POTPOURRI »LOVE IS IN THE AIR«

2 Tassen (ca. ½ l Volumen) Rosenblütenblätter, je 1 Tasse kleine ganze Rosen und Rosenknospen, Geißblatt und Sommerjasmin, ½ Tasse Brautmyrtenblätter und -blüten, 2 Zimtstangen, 2 Vanilleschoten, 30 g Eichenmoos. An ätherischen Ölen je 2 Tropfen Rose, Neroli und Bergamotte und 1 Tropfen Jasmin hinzufügen.

ÖLZERSTÄUBER

Schaffen Sie mit folgenden Rezepturen eine verführerische Atmosphäre durch ätherische Öle (Mengenangaben in Tropfen): 6 Sandelholz und 2 Orange; 5 Sandelholz und 2 Rose; 6 Jasmin und 4 Orange; 5 Rose, je 2 Jasmin und Bergamotte; je 2 Vanille oder Benzoeharz und Limette.

OBEN: *Exotischer Körperpuder mit Veilchenduft.*

169

Duftende Atmosphäre

WÜRZIGER RAUMDUFT
Viele würzige Duftölmischungen auf Seite 124 erfüllen die Luft mit romantischer Stimmung.

Sinnliche Duftsäckchen
Stopfen Sie Säckchen mit den folgenden Mischungen hinter die Kissen einer Chaiselongue, oder parfümieren Sie damit Ihre Bettwäsche.

FRISCH: Rose, Sommerjasmin, Geißblatt, Majoran, Brautmyrte, Veilchen, schwarze Johannisbeerblätter

GETROCKNET: Rosenblütenblätter und Zimt; Rosenblütenblätter, Patschuliblätter und Vanilleschote; Brautmyrte und Sternanis; Rosenblütenblätter, Brautmyrte und Sandelholzspäne

Intimität & Wohlgeruch
Kreieren Sie eine Duftkerze, ein Raumspray oder ein Massageöl mit Ihrer persönlichen »Duftnote« (s. Seite 169), und steigern Sie das sinnliche Beisammensein mit aphrodisischen Düften.

WHIRLPOOL ODER BAD: Bis zu 6 Tropfen sinnliche Öle hineingeben und gut verteilen.

JACUZZI-WANNE: Beim Hineinsteigen pro Person 3 Tropfen ätherische Öle in die Wanne geben, weil die Düsen den Duft schnell im Wasser verteilen.

SAUNAMISCHUNG
Für eine verführerische Kombination 5 Tropfen Sandelholz, 3 Tropfen Bergamotte FCF und 2 Tropfen Lavendel vermischen. Davon 2 Tropfen auf jeweils 600 ml Wasser geben und in Abständen ein wenig auf die Wärmequelle sprühen. Zur Entspannung und Entschlackung Öle verwenden, die inhaliert und über die Haut ausgeschieden werden können, z. B. Kiefernnadel, Eukalyptus (in der gewöhnlichen Version oder als Zitrus- oder Pfefferminzeukalyptus) oder Teebaum.

ROSENZEHEN
Auf 3 EL Mandelöl oder auf eine Mischung aus 2 TL Mandelöl, 1/2 TL Avocadoöl und 1/2 TL Calendulaöl 2 Tropfen ätherisches Öl der Provencerose und 1 Tropfen natürliche Vanilleessenz geben. In die Füße massieren.

ENERGIEBAD
1 walnußgroßes Stück frische Ingwerwurzel (zerstoßen oder gehackt), 1 Handvoll Blätter von der Kapuzinerkresse, 1 kleine Zimtstange oder 2 Sternanis und 1 EL Honig in ein Mullsäckchen füllen. Unter das laufende heiße Wasser hängen.

ERBSÜNDEBAD
5 Äpfel würfeln und mit Zucker und 1/2 TL Zimt dünsten. Den überschüssigen Saft in einen Krug seihen. Das Apfelmark mit einer Handvoll hautberuhigender Hafergrütze in ein Mullsäckchen füllen und unter den heißen Wasserhahn hängen. Den Saft mit 1 TL Vanilleextrakt ins Badewasser geben. Karminrote Blütenblätter von Pfingstrosen in der Badewanne verstreuen.

PFIRSICH-SAHNE-BAD
2 Pfirsiche in Scheiben schneiden, den Stein knacken und beides in einem Mullsäckchen unters laufende heiße Wasser hängen. 1 EL Sahne mit 1 TL Vanilleextrakt vermischen und ins fertige Badewasser geben. Frische und duftende Rosenblütenblätter in der Wanne verstreuen.

WEIN DER LEIDENSCHAFT
Auf 200 ml Rotwein eine Handvoll frische Basilikumblätter, 1/4 TL Zimt und 1/4 TL Ingwerpulver geben. 1–2 Wochen an einem dunklen und kühlen Ort durchziehen lassen; dann das Basilikum herausfischen; den Wein durch ein Mulltuch abseihen, um die Gewürze zu entfernen. Unverdünnt aus Likörgläsern trinken oder Weingläser zu einem Drittel füllen und mit Champagner aufgießen.

DIE LETZTE VERSUCHUNG
Verwandeln Sie Ihren Körper in eine wandelnde Duftkarte, indem Sie verschiedene Parfüms an Ihre Lieblingsstellen tupfen. Lassen Sie Ihren Partner schnuppern, wie viele Parfüms Sie aufgetragen haben.

OBEN: *Kopfkissenbezüge nehmen beim Trocknen in der Sonne den Duft von Lavendel und Rosen auf.*

LINKS: *Streuen Sie Rosen in ein wahrhaft sinnliches Bad.*

Liebe & Romantik

OBEN: *Ein Brautstrauß in der Symbolsprache der Blumen: Rosen stehen für »wahre Liebe«, Gänseblümchen »teilen die Gefühle«, Geißblatt bedeutet »Treue und Hingabe«, Erdbeeren »Vollkommenheit« und Efeu »Ehe«.*

RECHTS: *Ein wohlriechendes Mittsommerkränzchen aus Lavendel, Jungfer im Grünen, Holunderblüten, Bartnelken, Duftpelargonienblättern und Walderdbeeren.*

Aromatische Hochzeitsvorbereitungen

EINLADUNGEN

Parfümiertes Papier und Tinte stellen für den Empfänger eine freudige Überraschung dar und zeugen von freundlicher Gesinnung. Wählen Sie einen Duft, der zu dem paßt, was Sie anziehen werden, oder reservieren Sie einen besonderen Duft für Ihre Korrespondenz. Ein paar Lavendelblüten im Umschlag bescheren ein sofortiges Dufterlebnis, das den Empfänger freundlich stimmt.

DUFTPAPIER

1 EL getrocknete Kräuter mit einer Tonkabohne oder einem anderen Fixiermittel (z. B. Brautmyrtenblätter, Patschuliblätter, Rosenblütenblätter, Sternanis, *Thymus* ›Fragrantissimus‹, Vanilleschote, Vetiverwurzeln, Zimt, Zimtstangen oder Zitronenstrauchblätter) in eine verschlossene Schachtel Briefpapier geben. Statt dessen können Sie auch 5–10 Tropfen Ihres ätherischen Lieblingsöls wie Rose, Jasmin, Bergamotte oder Sandelholz auf ein Stück Verbandmull träufeln und in die Schachtel legen. Mindestens 2 Wochen einwirken lassen, dann das Briefpapier nach Bedarf verwenden.

DUFTTINTE

Parfümieren Sie Ihre Tinte mit einem passenden oder ergänzenden Duft. Geben Sie 5 Tropfen ätherisches Öl in ein Tintenfäßchen. Die Tinte vor jedem Füllen Ihres Federhalters aufschütteln.

KONFETTI AUS BLÜTENBLÄTTERN

Blumen gehören seit jeher zu einem Hochzeitsfest. Zart duftende Konfetti aus Blütenblättern sind schöner Ausdruck der Festtagsfreude, wenn die Aufregung vergessen, sentimentale Tränen getrocknet sind und fröhliches Gelächter an ihre Stelle tritt. Sammeln Sie schon im voraus Blüten aus dem Garten, und trocknen Sie sie nach der Anleitung auf Seite 64 f. Dunkle Rosenblüten geben die besten Konfetti ab und können durch blaue Jungfer im Grünen, orangefarbene Ringelblumen oder lila Lavendelblüten farblich schön abgesetzt werden.

Liebe & Romantik

Romantisches Dinner for two

Die Aromen für ein intimes Diner à deux müssen verführerisch, doch pikant sein, wie beispielsweise die Kombination von Liebstöckel mit einem Touch Tabasco auf den Austern.

Lover's Coupe

Wenn Sie keinen Angostura Bitter haben, pressen Sie 2–3 Locken Orangenschale über dem Glas aus, damit sich die ätherischen Öle mit dem Drink vermischen.

**Zubereitungszeit: 10 Minuten,
Kühlzeit: 30 Minuten
Ergibt 4 Gläser**

4 Zuckerwürfel
2 EL Weinbrand
ein paar Tropfen Angostura Bitter
ein paar Zweige Borretsch mit Blüten
150 ml gekühlter Pfirsichsaft oder
Pfirsich- und Orangensaft
1/2 Flasche gekühlter trockener Champagner
ein paar Zweige Zitronenmelisse mit Blüten oder andere passende Blüten zum Verzieren

Die Zuckerwürfel in eine kleine Schüssel oder tiefe Untertasse geben und im Weinbrand einweichen. Mit ein paar Tropfen Angostura Bitter beträufeln. Je einen Zuckerwürfel in 2 gekühlte Sektflöten setzen (den Rest für später aufheben).

Den Borretsch in den Pfirsichsaft oder in die Saftmischung geben. Ein paar Zweige und Blüten zum Garnieren beiseite stellen. Umrühren und 30 Minuten kühl stellen.

Den Borretsch aus dem Saft entfernen und zwei Drittel davon in die Gläser gießen (den Rest für später aufheben).

Die Gläser mit Champagner auffüllen, den Rest kalt stellen. Mit Borretsch und Zitronenmelisse oder anderen passenden Blüten garnieren. So bald wie möglich trinken.

Austern mit Liebstöckel- und Tabasco-Creme

Zubereitungszeit: ca. 20 Minuten

1 Dutzend Austern
2 Schalotten, gehackt
zerstoßenes Eis
Saft einer Zitrone
3–4 kleine, reife und süße Tomaten
ein paar Brunnenkresseblätter
ein paar Liebstöckelblätter
175 ml Crème fraîche
1 Spritzer Tabascosauce
schwarzer Pfeffer aus der Mühle

Die Austern sorgfältig schrubben und vorsichtig öffnen. Die gerundete Schale dabei nach unten halten, damit Sie möglichst viel Saft auffangen. Die Austern mit einer Messerklinge aus ihrer Verankerung lösen, aber in der Schale lassen.

Jede Auster nur ein wenig anheben und etwas gehackte Schalotte darunterschieben. Die Austern auf 2 Teller mit zerstoßenem Eis setzen. Mit etwas Zitronensaft beträufeln und pfeffern.

Die Tomaten in eine Schüssel geben, mit kochendem Wasser überbrühen und eine Minute ruhen lassen. Abgießen und häuten. Halbieren, entkernen und fein würfeln. Brunnenkresse- und Liebstöckelblätter hacken.

Die Crème fraîche mit einem Spritzer Tabasco würzen. Einen Klecks Creme auf die Austern setzen. Mit den gehackten Kräutern und Tomatenwürfeln bestreuen. Sofort servieren.

LINKS: *Austern mit Liebstöckel- und Tabasco-Creme, dazu Lover's Coupe.*

Liebe & Romantik

Pfannengerührte Garnelen mit Schnittlauch und Ingwer

Zubereitungszeit: 10 Minuten,
Kühlzeit: 30 Minuten,
Garzeit: 5 Minuten

6 rohe große Garnelen
1 Knoblauchzehe, zerstoßen
2,5 cm geschälte Ingwerwurzel,
gefroren und gerieben
1 Stengel Zitronengras (nur das zarte Herz), gehackt
1/4 TL Fünfgewürzpulver
3 Korianderzweige, gehackt
1 EL gute Sojasauce
Saft einer halben Limette
2 EL Erdnußöl
1 EL dunkles, asiatisches Sesamöl
1 EL trockener Sherry
1 kleines Bund Schnittlauch, gehackt
chinesische Nudeln mit Butter und Rucola
zum Anrichten
schwarzer Pfeffer aus der Mühle

Die Garnelen schälen und entdarmen, den Schwanz dranlassen.

Knoblauch und Ingwer zusammen mit Zitronengras, Fünfgewürzpulver und der Hälfte des Koriandergrüns in eine Schüssel geben. Mit einer Gabel oder einem kleinen Löffel die Hälfte der Sojasauce, des Limettensafts und des Erdnußöls einrühren und gut vermischen. Leicht pfeffern.

Die Garnelen großzügig mit Sesamöl beträufeln, dann mit der Gewürzmischung überziehen. 30 Minuten oder länger kühl stellen.

Die Hälfte des verbliebenen Erdnußöls im Wok oder in einer Pfanne erhitzen und die Garnelen 5–6 Minuten rührbraten. Herausheben und auf einer Servierplatte warmhalten.

Den trockenen Sherry und das restliche Öl sowie den Rest Sojasauce und Limettensaft in den Wok oder die Pfanne geben. 3 Eßlöffel Wasser einrühren, die Hälfte des Schnittlauchs unterheben. Die Mischung gut durchwärmen und über die Garnelen gießen. Mit dem restlichen Koriandergrün und Schnittlauch bestreuen.

Die Garnelen sofort servieren. Dazu reichen Sie chinesische Nudeln, die gekocht, mit Butter und reichlich zerzupfter Rucola angerichtet wurden.

OBEN: *Pfannengerührte Garnelen mit Schnittlauch und Ingwer, serviert mit chinesischen Nudeln und Rucola.*
RECHTS: *Vanilleeis mit Basilikum.*

Vanilleeis mit Basilikum

Zubereitungszeit: 20 Minuten,
Gefrierzeit: 2–3 Stunden

300 ml Vollmilch
3 Vanilleschoten, längs halbiert
4 Eigelbe
115 g Kastorzucker (sehr feiner Zucker)
150 ml gekühlte Crème double oder Crème fraîche
1 EL sehr fein gehacktes Basilikum
ganze Blätter zum Garnieren
schwarzer Pfeffer (nach Wunsch)
Wald- oder kleine Erdbeeren zum Servieren

Die Milch mit den Vanilleschoten in einen Topf geben und auf kleiner Flamme bis zum Siedepunkt erhitzen. Sobald die Milch aufkocht, die Wärmezufuhr reduzieren und einige Minuten leise simmern. Vom Herd nehmen und warm stellen.

Eigelb und Zucker in einer weiten Schüssel hellgelb und schaumig schlagen.

Die Vanilleschoten aus der Milch entfernen. Die heiße Milch portionsweise in die Eimischung gießen und kräftig verrühren.

Diese Mischung nun in einen Topf füllen und auf sehr kleiner Flamme bis knapp unter den Siedepunkt erhitzen. Dabei ständig mit einem großen Holzlöffel umrühren. Die Creme dickt allmählich ein, bis sie den Rücken des Holzlöffels überzieht. Nicht aufkochen lassen und deshalb zwischendurch immer wieder kurz vom Herd nehmen. Durch ein Haarsieb streichen und während des Abkühlens regelmäßig umrühren.

Die Crème double steif schlagen, dann unter die kalte Eiercreme ziehen. Das Basilikum und nach Wunsch eine kleine Prise Pfeffer einrühren.

Die Mischung in der Eismaschine gefrieren lassen oder in eine Gefrierdose füllen und 2–3 Stunden ins Gefrierfach stellen. Wenn Sie keine Eismaschine verwenden, die Dose nach 45 Minuten aus dem Gefrierfach nehmen, die Creme ein paar Sekunden in der Küchenmaschine durchmixen und wieder ins Gefrierfach stellen. Nach 45 Minuten wiederholen, dann komplett durchfrieren lassen.

Die Gefrierdose ungefähr 10 Minuten vor dem Servieren aus dem Gefrierfach holen. Der genaue Zeitpunkt hängt von der Zimmertemperatur ab. Eis auf Schalen oder Gläser verteilen. Mit kleinen Basilikumzweiglein garnieren und mit Wald- oder kleinen Erdbeeren servieren.

Tip für Eilige: Wenn Sie keine Zeit oder Lust haben, die Vanillecreme selber zu machen, kaufen Sie das beste Vanilleeis, das es im Handel gibt. Lassen Sie das Eis etwas weich werden, rühren Sie mit der Küchenmaschine das gehackte Basilikum (und nach Wunsch den Pfeffer) unter, und stellen Sie das Eis ins Gefrierfach. Es muß zwischendurch nicht eigens wieder aufgerührt werden.

Romantisches Dinner for two

Sechstes Kapitel

Ruhe, Meditation & Schlaf

Ruhe, Meditation & Schlaf

Wenn wir uns am Ende des Tages in aller Ruhe besinnen können, verlangsamen und vertiefen volle, harzige Aromen unsere Atmung und versetzen uns in einen Zustand friedvoller Beschaulichkeit. Aus dieser Entspannung heraus können wir unsere Gedanken Höherem zuwenden oder in sanften Schlaf entlassen.

Das Gefühl von Wärme und Sicherheit, das der Anblick eines Holzfeuers mit knisterndem Zedern- und Kiefernholz vermittelt, knüpft gewissermaßen an unsere Ur-Erfahrung der frühesten Höhlenfeuer an. Als die ersten Höhlenmenschen harzige Zweige des Weihrauchbaums oder Wacholderzweige verbrannten, stellten sie fest, daß der intensive, balsamische Duft Wohlbefinden in der Gruppe verbreitete und die allgemeine Stimmung aufhellte. Dieses erste gemeinschaftliche Dufterlebnis hat sich bis heute im Wort »Parfüm« erhalten, das sich aus dem lateinischen *per fumum*, »durch den Rauch«, ableitet. Um dieses Erlebnis zu steuern, verarbeitete man die balsamischen Harze zu Weihrauch für Gebet und Meditation, wie es auch heute noch in den großen Religionen üblich ist. Der Mystiker des 13. Jahrhunderts Ramon Llull »fand in Bäumen und Pflanzen eine Art göttlicher Macht, durch die die natürliche Welt als Leiter zum Geistigen dienen kann«.

An warmen Sommerabenden macht sich bei einem Spaziergang unter dem Sternenhimmel tiefe Gelassenheit breit. Denn die Nacht verleiht allen Dingen eine andere Dimension. Im Mondlicht glänzen silbrige Blätter, weiße Pfingstrosen und Lilien, die schaumigen Blüten von Süßdolde und Mädesüß scheinen von innen heraus zu leuchten. Wir können die ultravioletten Markierungen auf den Lippen des Fingerhuts, die die Bienen tief in den Blütenkelch hineinlocken, fast sehen. Tiefblauer und violetter Himmel betont die Blumen, die nachts besonders stark duften, während der betörende Duft von Flieder, Geißblatt und Reseda durch die Nachtluft schwebt. Wenn wir für die Erneuerung und Erholung, die der Schlaf uns schenkt, bereit sind, können wir das Bewußtsein mit Aromastoffen dazu bringen, abzuschalten und in süße Träume zu entweichen: Beruhigende Kräutertees aus Lindenblüten oder Kamille, entspannende Bäder mit Muskatellersalbei oder Neroli, ein schlafförderndes Kräuterkissen und Bettwäsche mit Lavendelduft sind dafür bestens geeignet.

> KRÄUTER & ÖLE FÜR ENTSPANNUNG & SCHLAF
> • GARTENDESIGN MIT NACHTDÜFTEN •
> AROMEN FÜRS KAMINFEUER & BERUHIGENDE KRÄUTERZUBEREITUNGEN
> • TEES FÜR DEN ABEND

Ruhe, Meditation & Schlaf

Wenn wir bei einem Gartenspaziergang in der Abenddämmerung den Düften bestimmter Kräuter begegnen, bereiten sie uns auf einen erholsamen Schlaf vor.

Abenddüfte

Ruhiges Lila

Der kühle, süße Duft von Lavendel wirkt entspannend und harmonisierend. Er hilft dem Geist, die Ereignisse des Tages hinter sich zu lassen. Der Duft und die tief violette Farbe, die Mitgefühl assoziieren, wirken auf das Unterbewußtsein ein und lassen Vergebung auf einmal als sinnvolle Lösung eines Problems erscheinen. In einem Schlafkissen hilft Lavendel gegen Schlaflosigkeit und erleichtert den Übergang zu tiefem, erquickendem Schlaf – dieser Effekt wurde vor kurzem durch Krankenhausversuche bestätigt.

Zu dem Trio aus wohlriechenden lila Blumen, die das Einschlafen erleichtern, gehört das Veilchen. Der beruhigende Veilchentee lindert nervöse Kopfschmerzen und Schlaflosigkeit. Die bezaubernde Blume, die von Homer bis Shakespeare von vielen Dichtern verehrt wurde, war das Lieblingsparfüm der letzten Kaiserinwitwe von China. Sie ließ aus Europa Fläschchen mit »Violette Regia« importieren und spielte wiederholt, ganz in lila Seidengewänder gehüllt, die Rolle der Göttin des Mitgefühls, Kwan Yin, in ihrem Theater im Sommerpalast.

Die zweite Pflanze in diesem Dufttrio ist der Flieder, dessen Rispen mit den kleinen hübsche Blüten einen fast betäubenden Duft ausströmen. Der Duft, der durch ein offenes Fenster hereinweht, wirkt besonders beruhigend auf Kinder, die an einem frühen Sommerabend schon im Bett liegen.

Die dritte im Bunde ist die lila oder weiße Nachtviole, die einem abendlichen Lufthauch einen zarten Duft verleiht. Die altmodische Ziergartenpflanze ist zweijährig und pflegeleicht und ruft in unserem Gedächtnis echte oder erträumte Erinnerungen an eine glückliche Kindheit auf dem Lande wach.

Pflanzen im Mondlicht

Muskatellersalbei steht angeblich »unter dem Einfluß des Mondes« und verströmt mit seinen roten bis rosa- oder fliederfarbenen Blütenähren einen geheimnisvoll entspannenden und schlaffördernden Muskatduft. Wein aus Muskatellersalbei war für seine narkotischen Eigenschaften berühmt, obwohl die Pflanze in Verbindung mit Alkohol Alpträume hervorrufen kann. Das ätherische Öl des Muskatellersalbeis besitzt ein sauberes, warmes, leicht nussiges grünes Aroma, das Streß und Anspannung körperlicher und seelischer Natur entgegenwirkt und Hemmungen abbaut. Seine wohltuende Wirkung reicht von entspannend, leicht berauschend oder aphrodisisch bis erhebend und beinahe spirituell, da es die Richtung, in die der Geist wandern will, verdeutlicht. Ins abendliche Bad gegeben, wirkt es entspannend und stimmungsaufhellend und kann lebhafte Träume hervorrufen, derer man sich dann auch entsinnt und deren mögliche Botschaft man entschlüsseln kann.

Weiße Blüten wirken am Abend verträumt und wie aus einer anderen Welt und erinnern uns daran, daß dieser Abschnitt des Tages der »Nacht mit ihrem Sternenzug und ihrem wunderbaren Geschenk, dem Schlaf« (W. E. Henley) gehört. Die üppige weiße Pfingst-

LINKS: *Tieflila Lavendel verspricht friedliche Nachtruhe.*

UNTEN: *Seit dem Altertum wird das Veilchen von Botanikern geschätzt. Der einzigartige Duft bezaubert Männer und Frauen.*

rose besitzt einen süßen Duft, der den Geist geradewegs in ein weiches und entspannendes Traumland entführt. Pfingstrosensamen wurden früher zur Abwehr von Hexenzauber auf Ketten gefädelt und um den Hals getragen. Maiglöckchen entfalten ihren Charme am Abend. Eine Legende erzählt von der Liebe zwischen einer Nachtigall und der Blume. Der Vogel sei solange nicht in den Wald zurückgekehrt, bis das Maiglöckchen jedes Frühjahr blühte. Eine andere Legende erzählt, daß die kleinen weißen Blütenglöckchen aus den Tränen der Muttergottes entstanden seien. Die Blütenaufgüsse waren im Mittelalter deshalb so wertvoll, daß sie in Gold- und Silbergefäßen aufbewahrt wurden. Daher heißt die Pflanze im Englischen auch »Himmelsleiter«, weil sie Schlaf und göttliche Träume fördert.

Der Duft der eleganten weißen, blauen oder rosa Hyazinthe *(Hyacinthus orientalis)* ist kräftig, aber beruhigend. Aufgrund der Intensität wird er in der Aromatherapie zur Linderung von Schmerz und Kummer verwendet. Der Duft kann in einen Zustand der Ruhe und Vergebung versetzen, das innere Gleichgewicht wiederherstellen, vor bizarren Träumen schützen und friedvollen Schlaf fördern.

Die reflektierenden Blüten der Kamille werden zu verdauungsförderndem Tee aufgegossen, der gegen Völlegefühl hilft, aber auch getrunken wird, um Nerven zu beruhigen, Schlaflosigkeit zu lindern und Alpträume zu verhindern. Der Tee wirkt beruhigend und bei Kindern als leichtes Sedativum.

OBEN: *Betörender Muskatellersalbei kann lebhafte Träume hervorrufen.*

Gespenstisches Zwielicht

Die Nachtkerze entfaltet ihre weichen, leicht lumineszierenden gelben oder weißen Blüten in der Dämmerung und sendet einen beruhigenden süßen Duft in die Nachtluft. Das Samenöl besitzt zahlreiche gesundheitsfördernde Eigenschaften; es erleichtert z. B. die Alkoholentwöhnung und fördert dadurch erholsamen Schlaf.

Die anmutigen Hopfenranken bringen gespenstische Zapfen (weibliche Blüten) hervor, die schlaffördernde und beruhigende Substanzen enthalten. Der Duft von Hopfen in Teebeuteln oder Kräuterkissen erinnert an Bier und ist daher nicht jedermanns Sache.

Ätherisches Blau

Im Abendlicht wirken blaue Blüten vermutlich besonders ätherisch: schwach duftendes Vergißmeinnicht, dessen Blüten in der Luft zu schweben scheinen, der madonnenblaue Borretsch mit seinem Gurkengeruch und der süß-fruchtige *Thymus* ›Fragrantissimus‹, dessen blaue Blätter im Sternenlicht leuchten und der von allen Thymiansorten am besten auf Kiplings Beschreibung paßt: »Windzerzauster Thymian, der nach Morgenröte im Paradies duftet.«

Ruhe, Meditation & Schlaf

Die wichtigsten Aromen, die einen Zustand tiefer Ruhe hervorrufen, stammen von balsamischen Baumharzen; diese Substanzen werden in allen Kulturen wegen ihres lang anhaltenden beruhigenden und heilenden Dufts geschätzt.

Aromatische Hölzer & Harze

Harze sind der Erste-Hilfe-Mechanismus der Bäume. Ihr inneres Kreislaufsystem ermöglicht es ihnen, rasch zu angegriffenen oder verwundeten Stellen im Baum zu gelangen. Damit Harze ihre schützende Aufgabe wahrnehmen können, wirken sie keim-, viren- und pilztötend. Deshalb schreibt man ihnen neben ihrer entspannenden, beruhigenden und stimmungsaufhellenden Wirkung auch sagenhafte heilende Eigenschaften zu.

Stimmungsaufhellende Harze und Öle

Für den Gebrauch aromatischer Harze wurden verschiedene Anwendungsmöglichkeiten entwickelt. Dazu gehören Räucherstäbchen und Flüssigkeiten wie das berühmte *kyphi* aus Ägypten, ein berauschendes Gebräu mit einem Duft, der Plutarch zufolge »Ängste beschwichtigte und Träume erhellte und aus jenen Dingen bestand, die des nachts am meisten erfreuen«. Es handelte sich dabei um eine warme, beruhigende, komplexe Mischung, die die Apotheker vieler Länder ohne Erfolg nachzumachen versuchten.

Harzige Zweige werden bei Rauchbädern und Reinigungsritualen afrikanischer Wüstenstämme und bei den Heilungs- und Reinigungszeremonien in den Schwitzhütten nordamerikanischer Indianer eingesetzt. Zweige von Wacholder, Zeder und Beifuß erzeugen in den Schwitzhütten reinigenden Rauch oder werden in geflochtene Matten über glimmenden Kohlen gelegt, um Kranke in heilenden Rauch zu hüllen. Wacholder und Beifuß werden für Reinigung und Schutz in Glimmstäbe gesteckt. Einzeln verwendet, zeigt Beifuß Kräuterlehrlingen einen Weg, Krankheiten zu verstehen, indem sie den »Geist der Pflanze anzuzapfen« lernen.

Weihrauch und Myrrhe waren die wertvollsten Harze der Bibel. Weihrauch brennt langsam und gibt dabei einen starken balsamischen Rauch ab, der die Atmung vertieft und dabei wärmt, beruhigt und inspiriert. Ein ätherisches Öl, das aus dem Harz gewonnen wird, lindert Spannung und öffnet den Geist für hochfliegende Gedanken, weshalb er oft zur Meditation eingesetzt wird. Patricia Davis schreibt in ihrem aufschlußreichen Buch *Subtle Aromatherapy*, daß Weihrauch dem Geist hilft, negative Bindungen an die Vergangenheit zu lösen. Weihrauch hilft auch, den Geist zu befreien, und fördert damit entspannenden Schlaf. Das ätherische Öl der Myrrhe besitzt einen starken balsamischen Geruch, der Weihrauch ähnelt, aber eine etwas süßere und zugleich schärfere Note aufweist. Der Duft wirkt sowohl beruhigend als auch stimmungsaufhellend und bietet eine solide Grundlage für alle, die sich spirituell weiterentwickeln wollen. Aromatherapeuten verwenden das ätherische Öl von Sandelholz (der beliebteste aromatische Baum Indiens), um bei ihren Patienten Depressionen und Streß zu lindern, geistige Übererregtheit zu dämpfen und sich selbst vor der Behandlung in einen tieferen meditativen Zustand zu versetzen. Zedernholz wird von tibetischen Buddhisten als Meditationshilfe benutzt, um einen noblen Geist zu fördern. Wacholderöl gilt als emotionaler Reiniger und wird eingesetzt, um Körpersysteme zu entgiften und nervöse Spannungen zu lindern.

OBEN: *Das Holz des betörenden Flieders verströmt auch im Feuer seinen süßen Duft.*

Kräuter & Öle

OBEN: *Die prächtige Zeder ist für ihr aromatisches Holz berühmt; ihr ätherisches Öl stärkt Körperkräfte und Selbstvertrauen.*

UNTEN: *Hinter Hecken versteckt, schickt die zweijährige* Calomeria amaranthoides *zur Überraschung und Freude der Besucher ihren Weihrauchduft durch den Garten.*

Rosenholz wird zu Rosenkränzen und Beruhigungskugeln verarbeitet, die bei Berührung den beruhigenden Balsam des süßen, holzig-rosenartigen Dufts an die Hand abgeben. Das Holz ergibt ein wunderbar beruhigendes ätherisches Öl, das zur Intensivierung körperlicher oder geistiger Liebe eingesetzt werden kann.

Dunkel glänzendes Adlerholz des *Aquilaria*-Baums ist das wertvollste harzhaltige Holz. Sein warmer, exotischer Duft wurde in China für die kaiserlichen Schriftrollen verwendet. Lange konnte niemand die Quelle für diesen Riechstoff finden. Händler versuchten mit Bestechung oder Spionen bis in den Dschungel vorzudringen. Selbst als man den Baum einigen Auserwählten zeigte, konnte das weiche, weiße und nur schwach duftende Holz sie nicht überzeugen. Das Geheimnis wurde erst in diesem Jahrhundert gelüftet: Nur kleine innere Abschnitte, die pathologisch krank sind, erzeugen ein dichtes Wachstum von harzgesättigten Fasern und können in diesen wertvollen Aromastoff verwandelt werden. Benzoeharz ist das aromatische, nach Vanille duftende Harz des wilden Storaxbaums und wird für den Weihrauch der Russischen Kirche verwendet. Es lindert Angstzustände, beruhigt und befriedet starke Emotionen. Kopalharz des Heuschreckenbaums *Hymenaea courbaril* besitzt einen leichten, süßen Balsamduft mit Anklängen an Kiefer und Zitrone. Er ist Hauptlieferant für den Weihrauch Mittelamerikas und wird oft mit Kiefernnadeln und Holzspänen zu einer reinigenden und schützenden Mischung für den Hausgebrauch kombiniert.

Ruhe, Meditation & Schlaf

Gartenplan

Liste der Pflanzen auf dem Plan

Pergola
1. Wisteria, weiß und lila
2. Nacht-duftende Levkojen (Matthiola longipelata subsp. bicornis)
3. Veilchen
4. Maiglöckchen
5. Silberne Artemisia (A. schmidtiana ›Nana‹)
6. Lila Geißblatt
7. Camassia
8. Waldmeister

Hauptteil
9. Linde
10. Silberbirke
11. Weiße Brombeere (Rubus biflorus var. quinqueflorus)
12. Glockenblumen
13. Holunder
14. Winter-blühendes Geißblatt (Lonicera × purpusii)
15. Rittersporn, dunkelblau
16. Pfingstrose, weiß
17. Dunkler Salbei
18. Eberraute
19. Weiße Nachtkerze
20. Borretsch
21. Silbriges Heiligenkraut
22. Katzenminze
23. Kamille
24. Lavendel ›Hidcote‹
25. Lila Petunie
26. Thymian ›Fragrantissimus‹
27. Moos
28. Madonnenlilie
19. Muskatellersalbei
30. Anis-Ysop
31. Nachtviole
32. Mädesüß
33. Süßdolde
34. Eisenhut (Aconitum napellus)
35. Schmetterlingsflieder, blau
36. Strauchpäonie (Romneya coulteri)
37. Flieder, lila
38. Engelwurz
39. Sommerjasmin
40. Weiße Seerosen (Nymphaea ›Gonnère‹)

Nachtigall-Garten

Wenn das Tageslicht der Dämmerung weicht, treten Geräusche, Strukturen und Düfte stärker hervor. Zwischen Heuschrecken und Zikaden, Fröschen und Eulen erklingt der sagenhaft schöne Gesang der Nachtigall.

In dieser Gartenanlage wurden Maiglöckchen und Glockenblumen ins Waldstück zwischen das Unterholz aus Nesseln und Brombeergestrüpp gesetzt, um der Nachtigall einen möglichen Nistplatz zu bieten. Die weißen Stämme der Birken und die sinnlichen Kurven aus silbrigen, weißen und blauen Pflanzen leuchten im Sternenlicht. Die Holzlaube bietet das Gerüst für wohlriechenden Blauregen. Der Duft von Geißblatt, Nachtviolen und nacht-duftenden Levkojen ist am Abend am stärksten. In der Dämmerung öffnet die Nachtkerze ihre zart lumineszierenden Blüten und verströmt ihren Honigduft. Flieder, Sommerjasmin und Schmetterlingsflieder duften in der Abendbrise und breiten mit ihren vollen Lila- und Blautönen und dem leuchtenden Weiß einen samtigen Mantel der Heiterkeit über die Gartenlandschaft.

187

Ruhe, Meditation & Schlaf

Meditationsgarten im Mondlicht

Ein heiliger Hain mit ehrwürdigen Bäumen knüpft an die Weisheit der Alten an. In diesem Ring aus 13 druidischen Kalenderbäumen wächst ein Kreis aus silberblättrigem Beifuß. Die inneren Ringe aus beruhigendem weißem Lavendel und silbrigem Thymian vervollkommnen die friedliche Atmosphäre und lassen die Gedanken zu den Gestirnen am Nachthimmel aufsteigen. Ein Hauch wohlriechender Kräuter bringt uns dann sanft wieder auf die Erde zurück.

Ein duftender Hain läßt sich auch mit einem Kranz aus Flußzedern *(Calocedrus decurrens)*, die stark duftendes Holz und Blattwerk besitzen, oder mit Wacholderbäumen mit schützenden aromatischen Nadeln bepflanzen. Setzen Sie Vanillegras unter die Bäume, das nach frisch gemähtem Gras duftet und in Reinigungszeremonien der nordamerikanischen Indianer verbrannt wird. Ein Teppich aus Kamille setzt bei jedem Schritt einen süßen Duft frei. In die Mitte des beschaulichen Orts kommt eine Monduhr, mit der man die Bewegung des Mondes verfolgen kann, oder ein flaches Wasserbecken, in dem sich der Mond spiegelt. Lassen Sie an einem zauberhaften Abend duftende Blumen oder Duftkerzen im Wasser schwimmen. Und ziehen Sie sich nach einem Weilchen in dieser friedlichen Heiterkeit des Meditationsgartens zu erholsamem Schlaf zurück.

OBEN: *Das Spiel von Abendlicht und Wasser schafft in kunstvoll zurechtgeschnittenen Gärten eine magische Atmosphäre.*

Gartenplan

Liste der Pflanzen auf dem Plan

Bäume
1. Birke
2. Eberesche
3. Esche
4. Erle
5. Weide
6. Weißdorn
7. Eiche
8. Stechpalme
9. Hasel
10. Wein (mit Klettergerüst)
11. Efeu (mit Klettergerüst)
12. Zwergholunder
13. Holunder

Unterholz
14. Weiße Sternhyazinthe (*Hyacinthoides hispanica* ›La Grandesse‹)
15. Vanillegras

Innerer Ring
16. Beifuß
17. Weiße Nachtkerze
18. Madonnenlilie
19. Mondwinde (*Ipomoea alba*)
20. Lavendel, weiß
21. Narzisse, weiß
22. Nelken, weiß ›Mrs. Simkins‹
23. Kamille
24. Silbriger Thymian

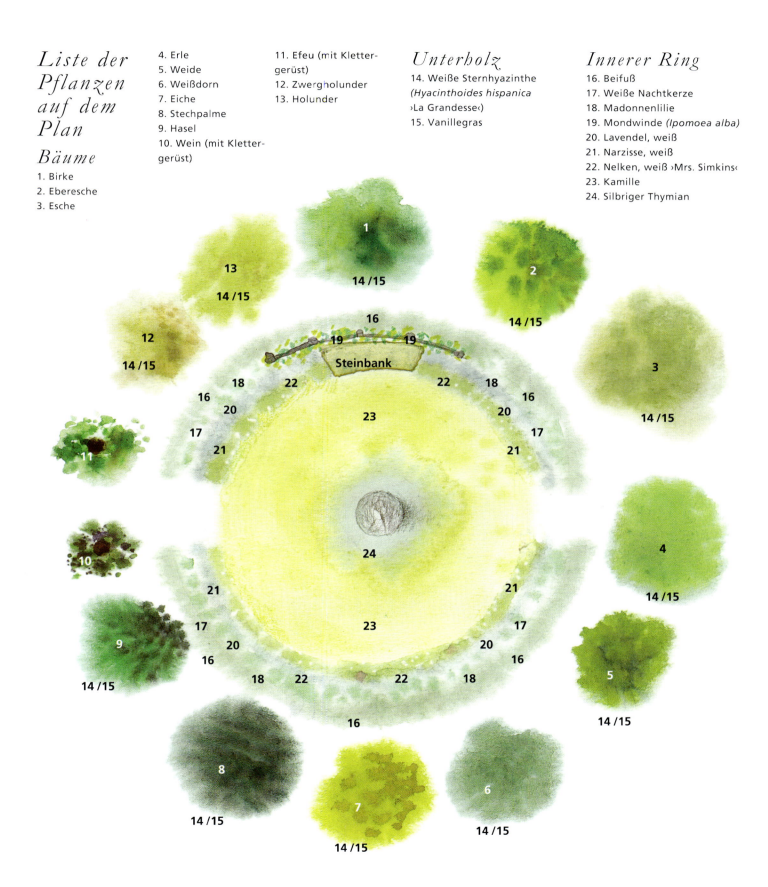

189

Ruhe, Meditation & Schlaf

OBEN: *Duftendes Kaminfeuer – wohlriechendes Holz und Kiefernzapfen für einen entspannenden Abend.*
RECHTS: *Duftkerzen und Weihrauch für eine beschauliche Atmosphäre.*

Weihrauchmischungen & andere Düfte

Wenn Sie Ihre eigene Weihrauchmischung zusammenstellen, bietet sich Ihnen neben einer breiten Palette von Aromen das Vergnügen, die Rohzutaten zu verarbeiten. Dieser Weihrauchtyp erzeugt einige Minuten lang starken Rauch (schalten Sie Ihren Rauchmelder ab!), der sich dann im ganzen Haus verteilt und langsam auflöst und 30–60 Minuten lang einen feinen Duft hinterläßt. An einer geschützten Stelle im Garten müssen Sie sich den Weihrauch zufächeln. Harz ist der wichtigste Bestandteil aller Mischungen und macht etwa 50 Prozent oder mehr des Gesamtvolumens aus.

Kaufen Sie kleine, selbstzündende Holzkohlenscheiben, die speziell für Weihrauch entwickelt wurden. Legen Sie eine Scheibe auf einen hitzebeständigen Teller, und zünden Sie sie mit einem Streichholz an. Die Scheibe sprüht Funken, bevor sie zu brennen beginnt. Wenn die ganze Scheibe grau/rot ist, ½ TL Weihrauchmischung auf die Scheibe legen und mehrere Räume damit parfümieren. Die restlichen Scheiben in einem luftdichten Behälter aufbewahren, damit sie ihre selbstzündende Eigenschaft nicht verlieren.

Zutaten

Alle unten aufgeführten Zutaten sind getrocknet. Süßen Sie die Mischungen nach Belieben mit etwas Zucker.

HARZE UND GUMMI: Benzoe, Drachenblut *(Dracaena-*Arten), Kiefer, Kopal, Myrrhe, Weihrauchbaum

HOLZ UND WURZELN: Adlerholz *(Aquilaria agallocha)*, Kalmuswurzel *(Acorus calamus)*, Ingwerstücke, Iriswurzel, Nordamerikanische Lärchenzweige *(Larix laricina)*, Sandelholzspäne, Süßholzstrauch *(Glycyrrhiza glabra)*, Vetiverwurzel, Zedernholzspäne, Zimtstangen

KRÄUTER UND GEWÜRZE: Fenchelsaat, Kardamom, Kokos, Macis, Minze, Nelken, Piment, Rosmarin, Sternanis, Thymian, Vanilleschote, Zitrusschale

Weihrauchmischungen & andere Düfte

ANDERE PFLANZENTEILE: Samenkapseln oder getrocknete Blätter des Eukalyptus, Wacholdernadeln und -beeren, Lavendelblüten und -zweige, Patschuliblätter, Kiefernnadeln, getrocknete Rosenblütenblätter, Tonkabohne

Die Mischungen

Der legendäre Weihrauch duftet am besten, wenn man kleine Harzstückchen entweder allein verbrennt (um eine besinnliche Atmosphäre zu schaffen oder Kleidung und Bettwäsche zu parfümieren) oder in andere Weihrauchmischungen gibt: 3 Teile Weihrauch auf 1 Teil Myrrhe ist eine alte religiöse Zusammenstellung.

ABENDMEDITATION: Je $1/4$ TL Myrrhe und Kalmuswurzel, $1/8$ TL Weihrauch, 3 Wacholderbeeren

WINTERMISCHUNG: $1/4$ TL Weihrauch, insgesamt $1/4$ TL Kiefernnadeln, Zitrusschale und Zimtstange

ÖSTLICHE MEDITATION: Je $1/8$ TL Benzoeharz, Myrrhe und Sandelholz, 3–4 Rosenblütenblätter

INSELMISCHUNG: $1/4$ TL Benzoeharz, insgesamt $1/8$–$1/4$ TL Kokos und Lavendel, 2 ganze Gewürznelken

REINIGENDES RÄUCHERBÜNDEL
Wurde von nordamerikanischen Indianern für Reinigung und Schutz verwendet. 3 Wacholder- und 21 weiße Salbeizweige *(Salvia blanca)* von je 25 cm Länge so auf eine Arbeitsfläche legen, daß alle Blätter in dieselbe Richtung zeigen. Dann die unteren 8 cm von Blättern befreien und die Zweige 3–6 Tage trocknen lassen. Die Zweige sollten trocken sein, aber noch nicht bröseln. Den Wacholder in die Mitte nehmen und mit Salbeizweigen umgeben. Die nackten Stengel mit einer hübschen Schnur oder robustem Stickgarn (ca. 1,5 m) fest umwickeln. Den Rest der Schnur um das ganze Bündel herumwickeln (es wird dann in der Mitte etwas dicker). Nochmals 3–7 Tage trocknen lassen.

Das Bündel am nackten Stengel festhalten, die Spitze anzünden und die Flamme wieder ausblasen, so daß das Bündel zu schwelen beginnt. Das Bündel mit dem hocharomatischen Rauch nun im Raum herumschwingen oder in einen mit Sand gefüllten Topf stecken. Zum Löschen das rauchende Ende einige Sekunden lang in Sand oder Erde stecken – dann läßt sich das Räucherbündel mehrmals verwenden.

DUFTÖLE
Ätherische Öle zum Meditieren sind u.a. Weihrauch, Myrrhe, Sandelholz, Neroli, Zeder, Wacholder, alle Kamillesorten, Lavendel, Rose und Muskatellersalbei. Geben Sie sie in eine Duftlampe, in einen Zerstäuber, in Kerzen oder in eine Potpourrimischung.

Wohlriechendes Kaminfeuer

HÖLZER
Angenehm aromatisches Feuerholz ist u.a.: Apfel, Balsampappel, Birne, Eukalyptus, Flieder, Hasel, Kiefer, Kirsche, Linde, Lorbeer, Thuje, Wacholder, Zeder

KRÄUTER
Geben Sie große Kräuterzweige und zurückgeschnittene Äste in einen Behälter, den Sie neben dem Kamin aufstellen. Wenn das Feuer am späten Abend zu einer Aschenglut zusammengesunken ist, können Sie getrocknete Kräuterzweige hineingeben. Ihre ätherischen Öle erzeugen eine kurze, helle Flamme und setzen verführerische Düfte frei. Es eignen sich u.a. Artemisia, Brautmyrte, Eberraute, Engelwurz, Lavendel, Lorbeer, Rosmarin, Salbei, Thymian, Wacholder, Zitronenstrauch sowie alte Küchenkräuter und verblichene Potpourris.

AROMATISCHE KIEFERNZAPFEN
Sammeln Sie auf Herbstspaziergängen mit Ihren Kindern hübsche Kiefernzapfen, die Sie anschließend trocknen und aufbewahren können. Im Frühjahr die einzelnen »Zungen« hauchdünn mit Pflanzenöl bestreichen, das mit ätherischem Öl parfümiert wurde. Trocknen lassen und luftdicht aufbewahren, bis in der wärmeren Jahreszeit kein Kaminfeuer mehr gebraucht wird. Den gefegten und geschwärzten Kamin mit den aromatischen Kiefernzapfen bestücken. Sobald das Aroma nachläßt, erneut bepinseln. Im Herbst können Sie damit dann die ersten Kaminfeuer entzünden.

Ruhe, Meditation & Schlaf

OBEN: *Der süße Hyazinthenduft ist ein magischer Schutz vor aufwühlenden Träumen.*

Süße Träume

Betäubende Potpourris

Setzen Sie eine Schale mit Potpourri auf Ihr Nachttischchen, und spielen Sie vor dem Enschlafen damit, oder füllen Sie Duftsäckchen; unter die Kissen gesteckt hüllt es Sie in eine beruhigende Duftwolke, wenn Sie nachts aufwachen. Alle Zutaten in den folgenden Mischungen sind getrocknet.

REISE INS SELBST
Stellen Sie eine beruhigende Mischung aus möglichst vielen verschiedenen Weihrauchholz-Spänen und Harzen zusammen. Lassen Sie diese spirituelle Geschichte ferner Zivilisationen und altehrwürdiger Bäume durch Ihre Finger rieseln.

BERUHIGENDE KRÄUTER
Getrockneter Rosmarin besitzt einen weichen und sauberen Duft und nicht die stechende Schärfe des frischen Krauts oder ätherischen Öls und wird traditionell zur Vorbeugung gegen Alpträume eingesetzt. Mischen Sie 2 EL Lavendel, 1½ TL Rosmarin, 1 TL Kamillenblüten und 2 TL Irispulver.

SÜSSER SCHLUMMER
Mischen Sie 2 EL Rosenblütenblätter, 2 TL Waldmeister, Steinklee oder Vanillegras, 1–2 Prisen Vetiverwurzel und 1 TL Irispulver.

ARABISCHER TRAUM
Mischen Sie 2 EL Rosenblütenblätter, 2 Tropfen Provencerosenöl und 2 TL Atlaszedernspäne.

DONNERBALSAM
Zitrus- und Zimtdüfte machen bei schwülem Wetter den Kopf frei, fröhlicher Zitronenstrauch dämpft Ärger, und Vanilleduft wirkt entspannend und wohltuend. Mischen Sie 2 EL Zitronenstrauch, 1 EL Lavendel (nach Wunsch), 2 TL pulverisierte Orangenschale, 1 Prise Zimt und ½ Vanilleschote.

Mondlichtgirlande

Fangen Sie mit einem Kranz aus Trockenblumen mit »gespenstischen« Grau- und Weißtönen und blauen oder weißen Blütenrispen das Mondlicht im Schlafzimmer ein. Stecken Sie in ein Flechtgerüst aus hellen Zweigen Eberraute und andere Artemisia-Arten, Pflaumenflechte, Judassilberling *(Lunaria annua)*, Lavendel und Schleierkraut, und setzen Sie blaue Akzente mit Kornblumen *(Centauria cyanus)* und Rittersporn *(Consolida ambigua)*.

Entspannungsbäder für den Abend

Die folgenden milchigen Bäder wirken entspannend und beruhigend für die Haut.

HOLUNDERBLÜTENMILCH
5 frische Holunderblütendolden oder 3 Beutel Holunderblütentee mehrere Stunden in 300–600 ml sahniger Milch ziehen lassen. Die Milch wird ins Badewasser gegeben, während die Blütendolden im Wasser treiben.

BERUHIGENDES SODABAD
3 gehäufte EL Natriumbikarbonat (Soda; sehr beruhigend bei Hautreizungen) in ein Schraubglas geben. 3–4 Tropfen ätherisches Kamille-, Lavendel- oder Neroliöl auf einen Papierstreifen träufeln, ins Soda geben und verschließen. 1–7 Tage durchziehen lassen und ab und zu schütteln. Den Papierstreifen herausnehmen und das Soda ins Badewasser geben.

INSPIRIERENDER SCHLAF
4 EL Milchpulver in ein Schraubglas geben. 3–4 Tropfen ätherisches Öl von Muskatellersalbei, Weihrauchbaum oder Vetiver hinzufügen, verschließen und 1–7 Tage durchziehen lassen; ab und zu schütteln. (Vetiveröl wird wieder flüssig, wenn Sie die Flasche ein paar Minuten in heißes Wasser tauchen.) Die Mischung ins Badewasser geben. Die Oberfläche mit frischen lila Veilchen oder karminrotem Geißblatt bestreuen. Entspannen Sie sich nun im schläfrig duftenden Badewasser.

Beruhigende Zubereitungen

Öle und Kräuter für phantasievolle Träume

Zu den ätherischen Ölen, die Träume fördern, gehören Muskatellersalbei, Sandelholz, Jasmin, Zedernholz und Vetiver. 1 Tropfen auf ein Taschentuch geben und in Kopfkissennähe aufbewahren, damit Sie das Aroma beim Einschlafen einatmen. Legen Sie sich ein Traumbuch ans Bett, und notieren Sie Ihre nächtlichen Abenteuer.

AROMATISCHER TRAUMFÄNGER

Ein paar Tropfen schützendes Wacholder-, Lavendel- oder Weihrauchöl auf einen Wattebausch träufeln und zusammen mit Ihrem Traumfänger oder Teddybär in eine Schachtel mit gut sitzendem Deckel legen. 3 Wochen einwirken lassen.

KRÄUTER FÜR PHANTASIETRÄUME

Hängen Sie Duftsträußchen oder Girlanden aus schützendem Wacholder auf. Eine Dilldolde »wehrt Hexenzauber ab«, und eine Muskatnuß lockt den Paradiesvogel an und verzaubert ihn. Legen Sie gegen Alpträume einen Rosmarinzweig unters Bett und wehren Sie das Böse mit Hilfe von Beifuß ab. Ein Zweig Eberraute unter dem Kopfkissen lindert Schlaflosigkeit, während Lavendel hilft, Geister zu sehen. Muskatellersalbei erzeugt lebhafte Träume, und wenn Sie Thymian vor Ihr Schlafzimmerfenster streuen, erblicken Sie die Feen im Morgengrauen.

TEE FÜR HELLSEHERISCHE TRÄUME

Mischen Sie 1 EL Rosenblütenblätter, 1 TL Jasmin, ein kleines Stück Zimt, 1 kleine Blüte vom Muskatellersalbei und 1 Beifußblatt sowie $\frac{1}{2}$ TL Lezithin in 500 ml kochendem Wasser; lassen Sie das Gemisch 5 Minuten durchkochen und trinken Sie 250 ml davon vor dem Schlafengehen.

ASTRALKISSEN

Je 1 EL Weihrauch, Sandelholz, Beifuß und Rosenblütenblätter sowie 1 Vanilleschote in ein Säckchen füllen und in den Kopfkissenbezug stecken.

RECHTS: *Lavendel und getrocknete Waldmeisterblätter besitzen entspannende und beruhigende Aromen. Geben Sie sie in ein Säckchen, das Sie in den Überzug einer Wärmflasche oder in das weiche Spielzeug Ihrer Kinder stopfen. Sie können sich dann daran kuscheln, während Sie ihnen ihre Gutenachtgeschichte vorlesen.*

Ruhe, Meditation & Schlaf

Süßspeisen & Desserts

In Süßspeisen können durchdringende Aromen wie die typische Minze oder der nicht ganz so typische Ysop Früchte und Cremes wunderschön ergänzen. Manch mutiger Koch gibt sogar Basilikum und Thymian ins Fruchtdessert.

Pochierte Nektarinen mit Ingwerminze und Zitronenmelisse

Sirups mit Kräuteraromen passen gut zu frischem Sommerobst. Die Mischung aus Ingwerminze und Zitronenmelisse läßt sich durch Zitronenminze (oder jede andere Minzeart) und Zitronengras oder Zesten von Zitronen- und Limettenschalen ersetzen.

Zubereitungszeit: 10 Minuten,
Garzeit: 15 Minuten + Kühlzeiten

8 reife, aber noch feste Nektarinen und/oder Pfirsiche einige Zweige Ingwerminze und Zitronenmelisse + Blättchen zum Verzieren
2 EL Weinbrand
100 g Kastorzucker (sehr feiner Zucker)

Zum Anrichten (nach Wunsch):
115 g frische Himbeeren
Puderzucker

Das Obst in einen Topf geben und großzügig mit Wasser bedecken. Das Obst wieder herausnehmen. Das Wasser zum Kochen bringen und einen Großteil der Kräuter hinzufügen. 10 Minuten simmern. Die Früchte wieder in den Topf setzen und 5 Minuten im leise köchelnden Wasser pochieren. Abgießen und den Sud dabei auffangen.

Die Früchte etwas abkühlen lassen, dann schälen. In hübsche Stücke schneiden; dabei den Saft auffangen und in den Sud geben. Die Früchte mit Weinbrand beträufeln und kühl stellen.

Den Sud wieder aufkochen lassen und den Zucker in die lebhaft sprudelnde Flüssigkeit rühren. Um zwei Drittel einkochen, danach erkalten lassen.

Etwas Sirup über das Obst geben und kühl stellen, wenn es nicht innerhalb der nächsten Stunde gegessen wird. Der restliche Sirup hält sich einige Tage lang im Kühlschrank frisch und kann beim Frühstück oder Dessert über appetitliche Obstplatten gegeben werden.

Die Nektarinen zimmerwarm servieren. Nach Wunsch mit frischen Himbeeren, die mit Puderzucker überstäubt wurden, und mit Minze- und Melisseblättchen anrichten.

Wintervariation: Saftiges Dörrobst nach Wahl (Aprikosen, Mangos, Birnen, Äpfel, Pflaumen) in schwachem Tee pochieren, der wie oben beschrieben aromatisiert wurde. Nach der Hälfte der Kochzeit Pistazienkerne in den Sirup rühren.

Rhabarbercreme mit Rainfarn & Orange

Wenn Sie keinen Rainfarn bekommen, nehmen Sie statt dessen frische junge Blätter von der Engelwurz.

Zubereitungszeit: 5 Minuten,
Garzeit: ca. 25 Minuten + Kühlzeiten

1 kg Rhabarber, Fäden entfernen und zerkleinern
2 Äpfel (vorzugsweise die Sorte ›Bramley‹), geschält, entkernt und zerkleinert
Saft und geriebene Schale einer großen unbehandelten Orange (ein paar Zesten zum Garnieren beiseite stellen)
ca. 10 Rainfarnblätter
85 g goldener, nicht raffinierter Kastorzucker (sehr feiner Zucker) + etwas zum Abschmecken
300 ml Kräutercreme (s. Seite 145)
150 ml Schmand, leicht geschlagen

Rhabarberstückchen mit Äpfeln, Orangensaft und -schale und einem Großteil der Rainfarnblätter (ein paar zum Garnieren aufheben) in einen Topf geben. Den Zucker hinzufügen und knapp mit Wasser bedecken. Zum Kochen bringen und dann auf kleiner Flamme simmern, bis der Rhabarber weich ist. Abgießen und abkühlen lassen.

Die Mischung in der Küchenmaschine glattpürieren. Mit einem Schneebesen Crème und geschlagenen Schmand unterziehen. Nach Wunsch etwas zuckern.

Eiskalt werden lassen und in Gläser füllen. Mit zerzupften Rainfarnblättern und feinen Streifen Orangenschale garnieren.

RECHTS: *Aprikosenkuchen mit Minze und Ysop.*

Aprikosenkuchen mit Minze und Ysop

Joghurt, Ysop und Minze verleihen diesem schlichten Dessert eine angenehme Schärfe. Das Rezept geht sogar noch schneller, wenn Sie gleich Einzelportionen backen. Setzen Sie dazu 2–3 Aprikosenhälften in ein gebuttertes Gratinschälchen, und folgen Sie der Beschreibung. Die Backzeit verringert sich dabei auf 20–25 Minuten.

Zubereitungszeit: 15 Minuten,
Backzeit: 40 Minuten

Butter für die Form
1 kg reife Aprikosen, halbiert und entsteint
1 TL gehackte Ysopblätter
1 EL gehackte Minzeblätter
2 EL Limettensaft und etwas abgeriebene Schale
3 EL Orangensaft und etwas abgeriebene Schale
60 g Demerara-Zucker (ein Rohzucker) + etwas zum Bestreuen
Sahne, Creme, Joghurt oder Vanilleeis zum Servieren

Für den Belag:
225 g Mehl
1 Prise Salz
1 knapper EL Backpulver
2 EL gemahlene Haselnüsse
ca. 85 g Butter
30 g Demerara-Zucker
200 ml Bio-Joghurt

Eine runde Kuchen- oder Soufléform mit 1,5 l Inhalt großzügig buttern. Die Aprikosenhälften hineinsetzen, mit Ysop und Minze bestreuen und mit Limetten- und Orangensaft beträufeln. Die abgeriebenen Zitrusschalen und etwas Zucker darüber verteilen.

Backherd auf 200° (Gas Stufe 3) vorheizen. Den Belag vorbereiten: Mehl, Salz, Backpulver und gemahlene Haselnüsse in eine große Backschüssel geben und so viel Butter hinzufügen, bis eine feinkrümelige Masse entsteht. Den Zucker (2 Eßlöffel aufheben) einrühren. In die Mitte eine Vertiefung drücken, den Joghurt hineinfüllen und alles zu einem sehr weichen Teig verarbeiten.

Das Obst mit dicken Teigklecksen abdecken. Den restlichen Zucker darüberstreuen. 35–45 Minuten goldbraun backen.

Warm mit Sahne, Creme, Joghurt oder Vanilleeis servieren.

Ruhe, Meditation & Schlaf

Puddings & Desserts

Eisschale mit Blüten und Kräutern

Nehmen Sie für die Eisschale hübsche Kräuter und Blüten, die der Jahreszeit entsprechen. Achten Sie auf eine attraktive Farbkombination. Da die Schale nur zur Dekoration dient, müssen die Blüten nicht eßbar sein. Die Eisschale kommt bei einem einfachen Dessert schön zur Geltung, zu bunt gemischten Sommerfrüchten sieht sie einfach spektakulär aus.

Eine große Schüssel zur Hälfte mit Wasser füllen. Die gemischten Kräuter und Blüten einstreuen. Eine kleinere Schüssel in die Mitte setzen und mit Eiswürfeln beschweren. Mit einem Küchentuch dicht verschließen. Mit einer Schnur am Rand der größeren Schüssel festbinden. Über Nacht gefrieren lassen.

Am nächsten Tag aus dem Gefrierschrank holen und ein klein wenig antauen lassen. Das Tuch und die kleinere Schüssel entfernen. Warten, bis sich die untere Schüssel lösen läßt. Die Eisschale bis zur Verwendung in den Gefrierschrank stellen.

Erst in letzter Minute mit einem kalten Dessert nach Wahl füllen. Ein gefaltetes Küchentuch oder eine Serviette unter die Eisschale legen, um Wassertropfen aufzufangen.

Apfel-Thymian-Granita

Goldblättriger Majoran sieht hier anstelle von Thymian ebenfalls gut aus.

**Zubereitungszeit: 10 Minuten,
Garzeit: 15 Minuten,
Kühlzeit: 1 Stunde, Gefrierzeit: 3 Stunden**

275 g (3 mittelgroße), säuerliche Tafeläpfel
(z. B. Cox Orange), geschält, entkernt und zerkleinert
60 g Zucker
ein paar Zweige frischer Thymian, vorzugsweise
mit Zitronenduft und winzigen Blüten
4 EL Calvados

Die Apfelstückchen mit 6 Eßlöffeln Wasser in einen schweren Topf geben. Erhitzen und ziemlich weich dünsten. Zermusen und erkalten lassen.

Inzwischen 200 ml Wasser zum Kochen bringen, den Zucker einrühren. Sobald er sich aufgelöst hat, fast den ganzen Thymian hinzufügen und einige Minuten köcheln lassen. Den Calvados einrühren und erkalten lassen. Thymianzweige entfernen und kühl stellen. Das Apfelmus ebenfalls.

Das kalte Apfelmus und den Thymiansirup vermischen. In eine flache Metallschüssel füllen und gefrieren lassen. Während der nächsten 3 Stunden drei- bis viermal herausnehmen und durchrühren.

Unmittelbar vor dem Servieren die sulzige Granita in Gläser füllen und mit kleinen Thymianzweigen (vorzugsweise mit Blüten) garnieren.

LINKS: *Eisschale mit Blüten und Kräutern, gefüllt mit gemischten Sommerfrüchten.*
RECHTS: *Apfel-Thymian-Granita.*

Ruhe, Meditation & Schlaf

Getränke für den späten Abend

Ein Getränk vor dem Schlafengehen hat etwas Beruhigendes und Gemütliches an sich. Kräuter wie Kamille und Fenchel wirken erwiesenermaßen entspannend, verdauungsfördernd und unterstützen gesunden Schlaf.

Tees für den Abend

Verwenden Sie statt gemahlener oder gehackter Kräuterblätter nach Möglichkeit die ganzen Blätter. Wenn Sie das volle Aroma eines echten Tees vermissen, geben Sie etwas (ca. 1 knappen Teelöffel) Earl Grey, Lapsang oder grünen Tee in Ihren Kräuteraufguß. Ein 3–5minütiger Aufguß aus einem gehäuften Eßlöffel Blätter ergibt durchschnittlich zwei große Tassen ($1/2$ l) Tee.

Es eignen sich frische und getrocknete Kräuter. Getrocknete Kräuter und Blüten schmecken aber in der Regel zarter, was für einen Tee für den späten Abend günstiger ist.

Trinken Sie Ihren Tee pur, oder süßen Sie ihn mit etwas Honig (nicht mit Zucker). Schöne Mischungen für den Abend sind u.a.:

Zitronenstrauch und Kamille (zu gleichen Teilen)
Holunderblüten und Kamille (zu gleichen Teilen)
Lindenblüten und Zitronenstrauch (zu gleichen Teilen)
Kamille und Salbei (3:1)
Kamille und Fenchel (3:1)
Hagebutte und Minze (3:1)
Hagebutte und Himbeerblätter (3:1)

Großmutters Minz-Schokolade

Die Kombination von Minze und Schokolade muß im Himmel erfunden worden sein – eine neue Minzesorte besitzt sogar einen zarten, aber deutlichen Schokoladengeschmack. Nehmen Sie ansonsten Schwarze Pfefferminze, die einen lebhaften und durchdringenden Geschmack besitzt.

Zubereitungszeit: 15 Minuten,
Garzeit: 10 Minuten
Ergibt 600 ml

600 ml halbfette Milch
1 EL fein gehackte Minze +
einige Blätter zum Garnieren (nach Wunsch)
1 EL oder mehr Kastorzucker (sehr feiner Zucker; nach Wunsch)
100 g erstklassige Zartbitterschokolade

Die Milch mit der fein gehackten Minze und dem Zucker (nach Wunsch) in einen Topf geben. Bis zum Siedepunkt erhitzen, dann vom Herd nehmen, abdecken und mindestens 15 Minuten warm stellen, damit sich die Aromen entfalten können.

OBEN: *Verschiedene Tees für den Abend.*

Getränke für den späten Abend

RECHTS: *Aniskekse mit Großmutters Minz-Schokolade.*

Die Schokolade in möglichst kleine Stückchen hacken, reiben oder zerbröckeln (je kleiner die Stückchen, um so leichter schmilzt sie) und in einem kleinen Töpfchen langsam zergehen lassen.

Sobald die Schokolade weich ist, eine kleine Kelle sehr heiße Milch hineinrühren. Auf kleiner Flamme mit einem Schneebesen verrühren, dann nach und nach die restliche Milch unterziehen.

Sofort in Porzellantassen servieren. Nach Wunsch mit Minzeblättern garnieren.

Aniskekse

Wenn Sie die Kekse mit der halben Zuckermenge backen, können Sie sie sogar zu Käse reichen.

**Zubereitungszeit: 15 Minuten +
Kühlzeit, Backzeit: 15 Minuten + Kühlzeit
Ergibt ca. 18 Stück**

*100 g Butterstückchen + etwas für das Blech
45 g goldener Kastorzucker (sehr feiner Zucker)
150 g gesiebtes Mehl + etwas zum Bestäuben
1 EL Speisestärke
1 knapper EL gemahlene Mandeln
1 TL Orangenblütenwasser oder 1 Prise Zimtpulver
2 TL getrocknete und gemahlene Anissaat oder
Mohnsaat
1 kleines Ei + 1 Eigelb zum Bepinseln*

Butter und Zucker in die Schüssel der Küchenmaschine geben und schaumig rühren. Mit einem Spatel die Masse von den Wänden der Rührschüssel schaben.

Die restlichen Zutaten (mit Ausnahme des Eigelbs zum Bepinseln) hinzufügen. Den Teig mit kurzen Einzelumdrehungen vermischen, bis eine Kugel entsteht. Mit Mehl bestäuben, in Haushaltsfolie wickeln und mindestens 20 Minuten kalt stellen.

Backherd auf 190° (Gas Stufe 2–3) vorheizen und ein Backblech leicht einfetten.

Eine kalte Arbeitsfläche und ein Nudelholz bemehlen. Den Teig auf der bemehlten Arbeitsfläche dünn ausrollen. Mit einem Keksförmchen runde Kekse mit 6 cm Durchmesser ausstechen. Auf das Backblech legen.

Das Eigelb mit 2 Teelöffeln Wasser verquirlen und die Kekse leicht bepinseln.

12–15 Minuten goldgelb backen. Im Ofen etwas abkühlen und fest werden lassen, dann auf ein Kuchengitter gleiten und vollends erkalten lassen.

A–Z der Kräuter & Düfte

A–Z der Kräuter & Düfte

Benutzerhinweise

Das Glossar nennt die aromatischen Kräuter und Pflanzen, die im Buch erwähnt werden. Um Verwechslungen auszuschließen, listet das Glossar die Pflanzen alphabetisch nach ihrer wissenschaftlichen Bezeichnung, der dann jeweils der umgangssprachliche Name beigestellt wird. Jeder Eintrag enthält eine Beschreibung der Pflanze und ihres Duftes, nennt bekannte Varietäten und verwandte Arten; Hinweise zur Verwendung der Pflanze; Geruchsbeschreibung des ätherischen Öls; Risiken bei der Verwendung der Pflanze und ihrer ätherischen Öle; Informationen zu Anbau und Vermehrung.

Das Zonensystem, nachdem die Informationen zum Anbau ausgerichtet sind (Z 1–11), orientiert sich an der durchschnittlichen Jahresmindesttemperatur. Dieses Zonensystem wird als Indikator inzwischen allgemein anerkannt, obwohl es nur als grobe Richtlinie dienen kann. Denn viele andere Faktoren beeinflussen das Wachstum einer Pflanze: Feuchtigkeit, Sommertemperaturen, Wind, Bodenbeschaffenheit, jährliche Niederschläge, Entwässerung, genetische Eigenschaften der Pflanze und so weiter. Ähnliche Faktoren beeinflussen die Höhe und die Breite, die eine erwachsene Pflanze erreichen kann; wir nennen hierfür Durchschnittswerte (H = Höhe, B = Breite).

TEMPERATURZONEN – DURCHSCHNITTLICHE JAHRESMINDESTWERTE

Zone	°C
1	< −45,5
2	−45,5 bis −40,1
3	−40,0 bis −34,5
4	−34,4 bis −28,9
5	−28,8 bis −23,4
6	−23,3 bis −17,8
7	−17,7 bis −12,3
8	−12,2 bis − 6,7
9	− 6,6 bis − 1,2
10	− 1,1 bis 4,4
11	> 4,4

Verzeichnis der Pflanzen

Die Pflanzen sind im Glossar nach ihrem lateinischen Namen verzeichnet. Auf der untenstehenden Liste finden Sie die gewöhnlichen, meist etwas allgemeineren Namen und die entsprechende Seitenzahl.

AKEBIE 205

ANIS 235

ANIS-YSOP 204

APFELSINE (s. ZITRUS) 214

BALDRIAN 247

BALSAMPAPPEL 237

BALSAMSTRAUCH (FALSCHER) 211

BASILIKUM 232

BEIFUSSGEWÄCHSE 208

BERGAMOTTE (s. ZITRUS) 215

BESENGINSTER 243

BOHNENKRAUT 242

BORRETSCH 209

BRAUTMYRTE 231

CHRYSANTHEME (ESSBAR) 212

DILL 207

EBERRAUTE 209

ENGELWURZ 207

ERDBEERE 220

ESTRAGON 208

EUKALYPTUS 219

FENCHEL 220

FLIEDER 244

GAGEL 230

GARDENIE 221

GARTENRESEDE 238

GEISSBLATT 227

GELBWURZ 218

GEWÜRZNELKE 244

GRAPEFRUIT (s. ZITRUS) 214

HEILIGENKRAUT 242

HENNA 226

HOLUNDER 241

HOPFEN 222

INDIANERNESSEL 229

INGWER 249

IRIS 223

JASMIN 224

JOHANNISBEERE (SCHWARZ) 238

KALMUS 204

KAMILLE 212

KAPUZINERKRESSE 247

KARDAMOM 219

KATZENMINZE 232

KERBEL 208

KIEFER 236

KORIANDER 216

KREUZKÜMMEL 217

KÜMMEL 211

LAUCHGEWÄCHSE 205

LAVENDEL 225

LIEBSTÖCKEL 226

LILIE (MADONNENL.) 227

LIMETTE (S. ZITRUS) 214

LINDE 246

LORBEER 224

MÄDESÜSS 220

MAIGLÖCKCHEN 216

MAJORAN 233

MANDARINE (s. ZITRUS) 214

MARIENBLATT 245

MINZE 228

MUSKAT 230

MUSKATELLERSALBEI 241

MYRRHE 215

NACHTKERZE 233

NACHTVIOLE 221

NARZISSE (DICHTERN.) 231

NEROLI (s. ZITRUS) 215

ODERMENNIG 205

ORANGENRAUTE 229

OREGANO 233

PATSCHULI 237

PELARGONIE 234

PETERSILIE 235

PETITGRAIN (s. ZITRUS) 215

PFEFFER 236

PFINGSTROSE 234

PFLAUMENFLECHTE 237

PIMENT 235

RAINFARN 245

RINGELBLUME 210

ROSE 238

ROSENHOLZ 208

ROSMARIN 240

SAFRAN 216

SALBEI 240

SANDELHOLZ 241

SCHAFGARBE 204

SCHRAUBENBAUM 234

SCHWERTLILIE 223

SEIFENKRAUT 242

STEINKLEE 228

STERNANIS 223

STORAXBAUM 243

STROHBLUME 229

SÜSSDOLDE 230

SÜSSFARN 215

TAGETES 245

TEEBAUM 227

TEUFELSDRECK 219

THYMIAN 246

TONKABOHNE 218

TUBEROSE 237

VANILLE 248

VANILLEGRAS 221

VEILCHEN 249

VETIVERGRAS 248

WACHOLDER 224

WEIHRAUCHBAUM 210

WERMUT 209

YLANG-YLANG 211

YSOP 222

ZEDER 211

ZIMT 213

ZISTROSE 213

ZITRONE (s. ZITRUS) 214

ZITRONENGRAS 218

ZITRONENMELISSE 228

ZITRONENSTRAUCH 206

ZITRUS 213

ZYPRESSE 217

A–Z *Achillea millefolium*

SCHAFGARBE

Achillea millefolium
SCHAFGARBE

Die aufrecht wachsende, mehrjährige Pflanze besitzt flaumige Stengel mit gefiederten, angenehm stechend riechenden Blättern. Schafgarbe bringt von Sommer bis Herbst doldenartige weiße oder rosagetönte Blütenrispen hervor, die grasig-fruchtig duften, wenn man sie mit den Händen zerreibt.

VERWENDUNG: Die getrockneten Stengel dienten den Druiden zur Wettervorhersage und den Chinesen für das I-Ching-Orakel. Die jungen Blätter schmecken leicht bitter und pfeffrig und würzen Frischkäse und Salate. Frisch auf Schürf- oder kleine Schnittwunden gelegt, stillen sie Blutungen. Im Garten steigert Schafgarbe Duft und Aroma benachbarter Pflanzen und erhöht ihre heilende Wirkung und Widerstandskraft gegen Krankheiten. Ein Aufguß aus den Blättern ergibt einen Kupferdünger, während ein fein gehacktes einzelnes Blatt die Kompostierung einer ganzen Schubkarrenladung Kompostmaterials aktiviert.

ÄTHERISCHES ÖL: Besitzt einen frischen, grün-fruchtigen Duft mit einer leichten Arzneinote; wird in der Parfümherstellung und Aromatherapie zur Behandlung von Hautproblemen, Rheuma und grippalen Beschwerden eingesetzt.

VORSICHT: Pflanze ist in der Schwangerschaft zu meiden. Nur in kleinen Dosen einnehmen. Kann die Haut sonnenempfindlich machen. Öl noch nicht formal getestet, Hautreizungen und phototoxische Reaktionen möglich.

WACHSTUM UND VERMEHRUNG: Z 2; H 1 m; B 20 cm. Liebt sonnigen Standort, verträgt auch etwas Schatten bei mittelschwerem, feuchtem Boden. Aussaat oder Wurzelteilung im Frühjahr oder Herbst. Auf 30 cm Abstand vereinzeln. Entfernen der verblühten Blüten ermöglicht zweite Blüte. Blätter, Blüten und Stiele können im Spätsommer geerntet werden.

Acorus calamus
KALMUS

Die ausdauernde Pflanze besitzt schwertförmige Blätter, die beim Zerstoßen nach Mandarine duften, trägt im Sommer gelb-grüne Blütenkolben. Ihr Rhizom duftet nach Zimt und Gewürzen. *A.c.* ›Variegatus‹ und *A. gramineus* ›Ogon‹ besitzen cremeweiß gestreifte Blätter und sind hübsche Zierstauden.

VERWENDUNG: Die Blätter und Rhizome wurden in der Tudorzeit bei Kirchenfesten oft auf den Boden gestreut und waren außerdem der Lieblingsduft der letzten Zarin von Rußland. Verwenden Sie die pulverisierten Rhizome in Potpourris, für den Kleiderschrank und als Schutz gegen Ameisen. Die Blattknospen und inneren Stengel wurden früher in Salaten verwendet, während man mit dem Rhizom Spirituosen aromatisierte. Kalmus wurde in der chinesischen und indischen Medizin, von den Indianern und einigen europäischen Völkern in kandierter Form verwendet.

ÄTHERISCHES ÖL: Das Öl duftet nach Holz und Gewürzen und wird als Fixiermittel in Parfüms, Gesichtscremes (max. 0,02 %) und Haar- und Zahnpflegemitteln verwendet.

VORSICHT: Die Pflanze darf in vielen Ländern nicht in Lebensmitteln verwendet werden, obwohl vermutlich nur bestimmte Sorten gefährlich sind. Das Öl enthält Asaron, das vermutlich als inneres Gift und krebserregend wirkt; die Pflanzen Nordamerikas und Sibiriens sind jedoch asaronfrei. Wenn es keine Unbedenklichkeitsbescheinigung trägt, *vermeiden*.

WACHSTUM UND VERMEHRUNG: Z 3; H 1,5 m; B unbestimmt. Liebt sonnigen Standort in nassem Boden oder flachem Wasser. Vermehrung im Herbst oder im zeitigen Frühjahr durch Teilung der Rhizome. Rhizome können jederzeit (mit Ausnahme der Blütezeit) entnommen werden. Trocknen und lagern, damit sich ihr Geruch voll entfalten kann.

Agastache foeniculum
ANIS-YSOP

Die hochwachsende mehr- oder zweijährige Pflanze besitzt weiche, gezahnte Blätter mit heller Unterseite. Sie hat im Spätsommer langwährende, nektarreiche, zartlila Blüten mit hervorstehenden Brakteen. Blatt und Blüte besitzen einen süßlich-grünen Anisduft.

VERWENDUNG: Die Blätter ergeben einen erfrischenden und wohlriechenden Tee, eine ungewöhnliche Salatzugabe und ein Gewürzkraut. Die gehackten Blüten verleihen Salaten und Desserts einen süßen Anisgeschmack oder geben einen hellblauen Aufguß mit Minze-Anis-Aroma. Die von Bienen geschätzte Pflanze wurde von Imkern in Europa eingeführt, weil sie einen hellen und duftenden Honig ergibt. Verwenden Sie Stengel, Blätter und Blüten für Potpourris. Nordamerikanische Indianerstämme setzten Anis-Ysop als sekretlösendes und schweißtreibendes Mittel gegen Husten ein. Koreanische Minze (*A. rugosa*) ist eine kurzlebige, mehrjährige Pflanze mit nach Minze duftenden Blättern und lila Blüten, die für Salate, Tees, als Gewürz und in der chinesischen Medizin verwendet werden. *A. mexicana* blüht wie eine Rose und hat Blätter, die nach Eukalyptus riechen.

WACHSTUM UND VERMEHRUNG: Z 8; H 80 cm; B 45 cm. Liebt sonnigen Standort und schweren, feuchten Boden mit guter Entwässerung. Anis-Ysop und Koreanische Minze befruchten sich gegenseitig, so daß eine genaue Identifizierung schwierig ist. Richten Sie sich nach dem Blattduft. Aussaat im Frühjahr; Teilung der kriechenden Wurzeln im Sommer. *A. mexicana* als einjährige Pflanze behandeln. Die Blätter im

ANIS-YSOP

A–Z Allium-Arten

ODERMENNIG

Agrimonia eupatoria
ODERMENNIG

Diese hübsche mehrjährige Staude mit den gefiederten Blättern blüht ab dem Frühsommer in langgestreckten und eleganten Trauben mit kleinen gelben Einzelblüten, die nach Honig duften. Das getrocknete Kraut und die Wurzeln besitzen einen zarten, aber anhaltenden Aprikosenduft.

VERWENDUNG: Das getrocknete Kraut und die Wurzel sind ideal für Duftsäckchen. Die oberirdischen Pflanzenteile ergeben einen aromatischen und adstringierenden Tee, der die Verdauung regelt und als sanftes Durchfallmittel verwendet werden kann. Der Tee lindert Zahnfleischentzündungen, kann zum Gurgeln bei Husten und Halsentzündung eingesetzt werden und verleiht Augen frischen Glanz. Neuere Versuche zeigen, daß das mittelalterliche Wundkraut Tuberkulose verhindert; da die Krankheit wieder auf dem Vormarsch ist, sollte Odermennig noch besser erforscht werden. Die oberirdischen Pflanzenteile ergeben im Sommer ein Färbemittel von zartem und im Herbst von kräftigem Gelb. Duftender Odermennig *(A. procera)* wächst in Wäldern auf feuchten, schweren Böden und besitzt stark duftende Blüten. *A. pilosa* ist ein starkes Blutgerinnungsmittel mit hohem Vitamin-K-Gehalt; Tests haben bewiesen, daß die Extrakte alle Krebsarten mit Ausnahme von Leukämie eindämmen.

VORSICHT: Nicht bei Verstopfung anwenden!

WACHSTUM UND VERMEHRUNG: Z 6; H 45 cm; B 30 cm. Anspruchslos, bevorzugt jedoch Sonne und gut entwässerter Boden. Vermehrung durch Aussaat im Frühjahr oder Wurzelteilung im Frühherbst. Blätter im Frühsommer oder die ganze blühende Pflanze im Spätsommer ernten, bevor sich Samen bilden. Langsam an einem warmen, schattigen Ort an der Luft trocknen lassen. Trocken aufbewahren.

Akebia quinata
AKEBIE

Die elegante, halb-immergrüne oder laubwechselnde Kletterpflanze hat fünfgliedrige Blätter und blüht im Frühjahr. Die hängenden männlichen Blüten sind rosefarben, während die größeren weiblichen Blüten lila ausfallen. Sie duften stark nach Honig und Vanille und bringen in warmen Klimazonen ungewöhnliche lila, wurstförmige Früchte hervor, die man essen kann.

VERWENDUNG: Die attraktive und schnellwachsende Pflanze eignet sich für eine Duftlaube oder Pergola. Ihre langen, biegsamen Stengel werden zu Körben und Kränzen geflochten. Fingerblättrige und dreiblättrige *(A. trifoliata)* Akebie werden in der chinesischen Medizin verwendet. Der holzige Stiel und die Früchte regen Durchblutung und Milchfluß an. Aufgrund seines Kaliumgehalts wirkt der Stiel entwässernd und stärkt die Verdauungsmuskulatur. Die Wurzeln helfen bei Fieber. Untersuchungen haben ergeben, daß die Früchte und Samen das Wachstum von Krebszellen eindämmen. Sie gehören in verschiedene chinesische Arzneimittel zur Krebsbehandlung.

SCHNITTLAUCH

AKEBIE

WACHSTUM UND VERMEHRUNG: Z 5; H 12 m; B 6 m. Sonne oder Halbschatten bei feuchtigkeitsspeicherndem Boden ohne Nässestau. Vermehrung durch Aussaat im Frühjahr oder schwach verholzte Stecklinge im Sommer (mit Bodenwärme) oder Absenkung im Winter. Junge Pflanzen im Winter schützen. Akebie verträgt Störungen nur schlecht. Früchte im Sommer, die Stengel im Herbst ernten und trocknen.

Allium-Arten
LAUCHGEWÄCHSE

Lauchgewächse sind zwei- oder mehrjährige Zwiebelgewächse mit langen dünnen Röhrenblättern und hübschen

A–Z Allium-Arten

Sommerblüten. Sie besitzen eine ganze Palette von scharf-würzigen Aromen und gehören deshalb zu den beliebtesten Küchenkräutern der Welt.

VERWENDUNG: Alle Gewächse der Zwiebelfamilie besitzen Eisen, Vitamine und leicht antibiotische Wirkung. Schnittlauch (*A. schoenoprasum*) mit dem lebhaften, grünen Geschmack und den leicht nach Zwiebeln duftenden lilafarbenen Blütenköpfen ist fast das ganze Jahr über frisch erhältlich und dient zum Garnieren oder Verfeinern von Salaten, Kartoffeln, Eiern, Gemüse, Käse – praktisch fast allen würzigen Speisen. Getrocknete Blätter kann man in Zitronensaft einweichen und in Wintersalate streuen. Schnittlauchpflanzen oder Schnittlauchteespray helfen gegen Blattläuse, Apfelschorf und Mehltau. Schnittknoblauch (*A. tuberosum*) hat weiße sternförmige Blüten und flache Blätter mit einem leichten Knoblaucharoma. Die Blütenköpfe und blanchierten Stengel sind wichtige Gewürze in der chinesischen Küche. Winterzwiebeln (*A. fistulosum*) haben größere und hocharomatische Blätter, die gröber als die des Schnittlauchs, aber eben auch im Winter erhältlich sind. Zwiebeln (*A. cepa*) und Knoblauch (*A. sativum*) sind universale Küchenzutaten und besitzen viele wohltuende Eigenschaften. Eine an Knoblauch und Zwiebeln reiche Ernährung schützt vor Infektionen und Herzerkrankungen. Knoblauch senkt Blutdruck, Cholesterin und Thrombosegefahr und kann fürs allgemeine Wohlbefinden und als Vorbeugung gegen Herzinfarkt eingenommen werden. Er lindert Katharrhe und Erkrankungen der Atemwege und wurde zur Behandlung von Tuberkulose eingesetzt. Knoblauch und Zwiebeln regulieren die Blutzuckerwerte. Die leichte Übelkeit, die manche Menschen beim Verzehr von Knoblauch empfinden, kann durch die Zugabe von frischem Ingwer gelindert werden; nach einer Knoblauchmahlzeit verbessern Petersilie oder Kardamomsaat den Atem. Bei regelmäßiger Anwendung in höheren Dosen sind geruchlose Kapseln zu empfehlen. Unter Pfirsichbäumen gepflanzt, dämmt Knoblauch die Blattwickelkrankheit ein; neben Rosen verstärkt er ihren Duft. Bärlauch (*A. ursinum*) läßt ganze Wälder nach Knoblauch duften. Blätter und Zwiebel sind eßbar; er wird in der Medizin und bei Fastenkuren verwendet. Die kleinen Perlzwiebeln, die in Essig eingelegt werden, sitzen an den Stielenden der Catawissazwiebeln (*A. cepa var. proliferum*), aus denen wieder neue Triebe hervorsprießen. Die Ewige Zwiebel (*A. cepa var. aggregatum*) ist klein, wächst in Büscheln und enthält viel Vitamin A, B1, B2, B5, C und E.

WACHSTUM UND VERMEHRUNG: Z 4–9; H bis 1 m; B bis 30 cm. Die meisten Arten sind frostbeständig. Sonne oder Halbschatten bei feuchtem, gut durchlässigem Boden. Ableger oder einzelne Zehen im Herbst oder Frühjahr abtrennen. Knoblauchzehen im Herbst 4 cm tief pflanzen; Samen (nicht für Ewige oder Catawissazwiebeln erhältlich) im Frühjahr aussäen; auf 23 cm, Knoblauch auf 15 cm vereinzeln. Während Trockenperioden gießen und den Boden jährlich (oder monatlich, wenn Sie Schnittlauch ernten) düngen. Schnittlauchbüschel alle 3–4 Jahre teilen und verpflanzen. Im Herbst in einen Topf für drinnen setzen.

BÄRLAUCH

ERNTE UND AUFBEWAHRUNG: Schnittlauch: Blätter 5 cm über der Erde abschneiden, damit sie nachwachsen. Die Blüten abknipsen, sobald sie sich öffnen. Die Blätter halten sich in einem verschlossenen Beutel im Kühlschrank eine Woche frisch oder können in Eiswürfeln eingefroren werden. Die Blüten entfernen, damit die Blätter besser wachsen.

Knoblauch: Die Knollen im Spätsommer ausgraben, sobald 5 Blätter vergilbt sind. *Sehr* vorsichtig behandeln, damit sie keine Druckstellen abbekommen. Lichtgeschützt, trocken und luftig aufbewahren oder für Öl und Essig verwenden.

Zwiebel: Die hübschen Blütenköpfe abschneiden und trocknen. Die Zwiebeln ausgraben und wie Knoblauch aufbewahren, zu Chutney verarbeiten oder in Essig einlegen.

Aloysia triphylla (syn. *Lippia citriodora*)

ZITRONENSTRAUCH

Diese Staude hat lange, leicht überhängende Stiele, die mit je 3–4 quirlig-ständigen Blattbündeln bedeckt sind. Die hellgrünen, haarigen Blätter besitzen einen starken, frischen Zitronenduft, der an Bonbons erinnert. Die Pflanze bringt im Sommer winzige weiße oder zartlila Blüten hervor.

VERWENDUNG: Die getrockneten Blätter geben einen sauberen Zitronenduft ab, der auch nach Jahren noch anhält, und sind daher ideal für Potpourris und Duftsäckchen oder für Tinte und Papier. Frische Blätter gibt man in Sommerdrinks, Fruchtdesserts, Eiscreme und Fingerschälchen oder in Öl und Essig. Tee aus den Blättern wirkt erfrischend und beruhigend, lindert Bronchialkatarrh und Schnupfen, Verdauungsbeschwerden, Blähungen und Übelkeit und ist ein beruhigendes Bad für geschwollene Augen. Zitronenstrauch-Essig macht die Haut weich und lindert hitzebedingte Kopfschmerzen. Die nahe Verwandte *Lippia javanica* wird in Afrika als Tee gegen Malariafieber eingesetzt. *L. dulcis* enthält einen Süßstoff, der 1000mal stärker ist als Sucrose.

ÄTHERISCHES ÖL: Das zitronig-fruchtige und blumige Öl wird für Parfüms und Badelotionen verwendet. Früher setzte man es auch in der Aro-

WINTERZWIEBEL

ZITRONENSTRAUCH

A–Z Angelica archangelica

matherapie gegen Schlaflosigkeit und Streß ein; es ist jedoch sehr teuer und phototoxisch und daher nicht für den Hausgebrauch geeignet.

VORSICHT: Die Einnahme großer Mengen Blätter über einen längeren Zeitraum kann zu Magenreizungen führen. Das Öl ist phototoxisch. Nicht verwenden! Seien Sie bei Ersatzmitteln vorsichtig – nur das sog. »Litsea cubeba Öl« ist unbedenklich. Es stammt von der pfefferförmigen Frucht des Talgbaums, hat einen süß-fruchtigen Zitronengeruch und ist nicht giftig, kann bei manchen Menschen aber zu Überempfindlichkeit führen.

WACHSTUM UND VERMEHRUNG: Z 8; H & B 3 m. Teilweise frostbeständig. Pflanzen Sie Zitronenstrauch nur an einen gut entwässerten, sonnigen und geschützten Standort, wenn die Wintertemperatur nicht unter –10 °C fällt. Neue Triebe erscheinen manchmal erst sehr spät, geben Sie die Pflanze nicht vor dem Spätsommer auf. Eine Pflanze, die im Wintergarten, Treibhaus oder im Kübel gezogen wird, fühlt sich im Sommer draußen und im Winter drinnen wohl. Winterblätter können abfallen. Die überhängenden Stiele in Form und im Herbst leicht zurückschneiden. Vermehrung durch grüne Stecklinge im Spätfrühjahr oder Aussaat im Frühjahr. Blätter nach Bedarf ernten und für den Winter trocknen.

Anethum graveolens
DILL

Alle überirdischen Teile dieser einjährigen Pflanze – die fadendünnen Blättchen, die Dolden aus winzigen gelben Sommerblüten und ovalen Samen – ergeben das typische süße, grün-würzige Aroma.

VERWENDUNG: Die Blütendolden und unreifen grünen Samen besitzen den frischesten und süßesten Duft. Geben Sie sie an Gewürzgurken, Lachs und Kartoffelsalat. Die Blätter haben

DILL

ein weniger intensives Aroma, während die reifen Samenkörner einen stechenderen Geschmack aufweisen. Unreife Dolden und junge Blätter verfeinern Frischkäse, saure Sahne, Kohl und Grillfleisch und lassen sich einfrieren. Die Samen sind reich an Mineralstoffen und daher nützlich bei natriumarmer Ernährung; sie würzen Fisch, Sauerkraut, Essiggurken und Brot. Nach einer Mahlzeit genossen, erfrischt Dillsaat den Atem und hilft bei Verdauungsproblemen, Blähungen, Schluckauf und Schlaflosigkeit.

ÄTHERISCHES ÖL: Es gibt zwei ätherische Öle mit derselben Farbe. Das eine wird aus den Samen gewonnen, das andere aus den überirdischen Pflanzenteilen. Beide besitzen ein würziges Aroma, das aber beim Samenöl etwas leichter ausfällt. Es wird in vielen pharmazeutischen Verdauungsmitteln eingesetzt, z. B. gegen Babykoliken. Beide Öle werden in Getränke und Speisen gemischt; das Pflanzenöl wird für Parfüms, Waschmittel und Seifen verwendet.

WACHSTUM UND VERMEHRUNG: Z 8; H 60 cm; B 30 cm. Frostbeständig. Volle Sonne in geschützter Lage, humushaltiger, gut entwässerter Boden. Dill bevorzugt die langen Tage kühlerer Klimazonen. Nicht neben Fenchel pflanzen, da sie sich gegenseitig befruchten und die Aromen darunter leiden. Aussaat von Frühjahr bis Mittsommer. Samen halten sich 3–10 Jahre. Sät sich selbst aus. Auf 23–30 cm Abstand ausdünnen. Läßt sich auch im Haus ziehen. Die jungen Blätter ernten. Die Blütendolden erst, wenn sich die Früchte zu bilden beginnen, ernten und in Essig ziehen lassen. Samen sammeln, wenn die Blüten braun werden; dazu die ganze Pflanze kopfüber über ein Tuch hängen.

Angelica archangelica
ENGELWURZ

Diese hohe, stattliche »zweijährige« (eigentlich dreijährige) Pflanze wirkt mit ihren großen geteilten Blättern und ihrem sauberen Duft nach »Gurkenschale« und Gin wie ein Tropengewächs. Im Sommer des dritten Jahres bringt sie kugelförmige Blütendolden hervor, die sich aus winzigen grünweißen Einzelblüten zusammensetzen. Sie besitzt eine aromatische Wurzel.

VERWENDUNG: Die Blätter werden vor der Blüte geerntet und mit Stachelbeeren und Rhabarber gekocht, weil sie die Säure der Früchte mildern. Die Blätter kommen gehackt in Saucen und Salate oder ergeben einen tonisierenden Tee gegen Erkältungen und Blähungen. Bleistiftdicke Stiele werden vor dem Mittsommer kristallisiert, während die Samen im Spätsommer zum Würzen von Gebäck eingesetzt werden. Zerstoßene Blätter erfrischen die Fahrgastzelle von Autos und mindern Reisekrankheit. Der Latexgummi der Wurzel dient als Fixiermittel für Potpourris. Ihr Wirkstoff Xanthotoxol ist anti-nikotinisch.

ÄTHERISCHES ÖL: Aus Wurzel und Samen extrahiert und manchmal gemischt, würzt es Gin und Wermut. Das Wurzelöl verströmt zunächst einen erdigen Kamillenölgeruch, der sich dann zu einem vollen grünen Weihrauchduft mit einem Unterton von Tabak verändert. Das Öl wird in der Parfümerie verwendet; als Massageöl reduziert es die Ansammlung von Toxinen in Gelenken, Narben und Wunden, lindert streßbedingte Ermüdung und nervöse Anspannung.

VORSICHT: Pflanze und Öl sind von Schwangeren und Diabetikern zu meiden. Das Wurzelöl ist phototoxisch und macht die Haut empfindlich.

WACHSTUM UND VERMEHRUNG: Z 4; H 3 m; B 1,3 m. Wächst in leichtem Schatten in tiefem, feuchtem Boden. Lassen Sie die Pflanze selbst aussamen, oder säen Sie im zeitigen Herbst frische Samen.

ENGELWURZ

A–Z Aniba rosaeodora

KERBEL

Aniba rosaeodora
ROSENHOLZ

Der Baum aus dem tropischen Amazonasgebiet hat gelbe Blüten und ein Holz mit rötlicher Rinde, das ein süßes, nach Holz und Rosen duftendes Öl absondert.

VERWENDUNG: Was einst fast ausschließlich von Drechslern für aufwendig geschnitzte Möbel verwendet wurde, wird heute von der kurzsichtigen Holzverarbeitungsindustrie in großem Maßstab gefällt, exportiert und zu so belanglosen Gegenständen wie Eßstäbchen verarbeitet. Die Schulden der Dritten Welt und andere Prioritäten erschweren die Reduzierung von Hartholzexporten einerseits, während für die Regulierung des Handels andererseits nicht genügend finanzielle Mittel zur Verfügung stehen.

ÄTHERISCHES ÖL: Das dampfdestillierte Öl heißt auch »Bois de Rose« und stammt von den Holzspänen 10–15 Jahre alter Bäume. Es ist durchsichtig bis hellgelb und hat einen süßlichen Duft nach Holz und Rosen. Es wurde viel in der Parfümerie verwendet (wird heute durch billigere synthetische Düfte ersetzt); seine heilende und verjüngende Wirkung schätzt man in Hautpflegeprodukten. In der Aromatherapie spendet es Ruhe und Spiritualität. Es ist nur schwer aus erneuerbaren Quellen zu gewinnen, aber gute Aromatherapeuten bieten gleichwertige Alternativen an.

WACHSTUM UND VERMEHRUNG: Z 10; H 25 m; B 15 m. Tropische Regenwälder.

Anthriscus cerefolium
KERBEL

Das hohlstielige, einjährige Kraut besitzt hellgrüne, gefiederte Blättchen, die sich im Spätsommer, wenn die Dolden aus winzigen weißen Blüten blühen, oft lila färben. Kerbel hat einen frischen, zarten Geschmack, der an Petersilie erinnert und leise Myrrhe- und Anisnoten aufweist.

VERWENDUNG: Sie können dieses frostbeständige Küchenkraut das ganze Jahr über ziehen, indem Sie bis in den Herbst hinein monatlich Samen aussäen. Die Pflanzen, die über 15 cm groß wachsen, zeigen Ihnen dann den Winter über praktisch die Zeit an und spenden wohltuende Frische in der Küche; sie blühen im folgenden Frühjahr. Die Blätter enthalten Vitamin C, Karotin, Eisen und Magnesium und verstärken in geringen Mengen das Aroma anderer Kräuter – weshalb es denn auch zu den klassischen französischen Fines herbes gehört. Die Blätter schmecken am besten, wenn sie im Halbschatten wachsen und vor der Blüte geerntet werden. Sie kommen frisch in Salate, Fischgerichte, Buttersaucen, Suppen, Gemüse, Hähnchen und Eierspeisen oder dienen oft zum Garnieren. Damit das Aroma erhalten bleibt, gibt man sie erst kurz vor dem Servieren in die Speisen. In Gesichtsmasken wirken die Blätter reinigend und machen die Haut weich; ein Aufguß aus Kerbelblättern ist verdauungsfördernd und entschlackend.

WACHSTUM UND VERMEHRUNG: Z 6; H 60 cm; B 30 cm. In fruchtbaren, leichten Boden und in den Halbschatten pflanzen, weil Kerbel in praller Sonne schnell aussamt. Im Herbst gesäte Pflanzen brauchen volle Wintersonne. Reife Samen keimen schnell und können 6–8 Wochen nach dem Sammeln verwendet werden. Auf die Erde streuen und leicht andrücken. Die Jungpflanzen auf einen Abstand von 15–23 cm ausdünnen; nicht verpflanzen. Im Winter mit einer Haube gegen hungrige Tiere schützen. Ab 10 cm Wuchshöhe pflücken. Für eine Frühjahrs- und Herbsternte Kerbel selbst aussamen lassen.

Artemisia dracunculus
ESTRAGON

Französischer Estragon ist eine mehrjährige, weit verzweigte Pflanze mit schmalen aromatischen Blättern und unscheinbaren grünlichen Sommerblüten. Die Blätter schmecken süßlich-scharf und erinnern etwas an Anis.

VERWENDUNG: Estragon gehört in die klassische französische Küche und in die Fines herbes. Sparsam verwendet, würzt er Saucen, Salatsaucen, Eier-, Fisch- und Hähnchengerichte. Die Blätter enthalten viele Vitamine und Mineralstoffe und fördern die Verdauung. Wenn Sie eine »bittere Arzeney« einnehmen müssen, kauen Sie vorher ein Estragonblatt, um die Geschmacksknospen zu betäuben. Ein schwacher Tee aus den Blättern regt nach einer Krankheit den Appetit wieder an. Russischer Estragon (A. dracuncoloides) ist eine widerstandsfähigere und größere Pflanze mit schmaleren Blättern. Sie samt schneller aus, besitzt aber auch einen groberen, nicht so aromatischen Geschmack, der mit zunehmendem Alter der Pflanze etwas besser wird.

ESTRAGON

ÄTHERISCHES ÖL: Öl des Russischen Estragons hat einen süß-würzigen, anis-grünen Duft und wird für Parfüms, Kosmetikprodukte und Industrieduftstoffe verwendet. Es wird in winzigen Mengen Speisen, Getränken und Alkohol beigemengt und manchmal gegen Menstruationsbeschwerden in Massageöle gemischt.

VORSICHT: Das Öl während der Schwangerschaft nicht anwenden.

WACHSTUM UND VERMEHRUNG: Z 3; H 1 m; B 40 cm. Teilweise winterhart. Liebt sonnigen, geschützten Standort in leichtem, eher trockenem und humusreichem Boden. Vermehrung durch Wurzelableger im Frühjahr und Stecklinge im Sommer; Samen von Russischem Estragon im Frühjahr aussäen. Auf 30–45 cm Abstand vereinzeln und im Herbst zurückschneiden. Im Winter mit Stroh oder ähnlichem Mulch abdecken. Kann auch im Topf gezogen werden. Gesunde Blätter ernten und einfrieren oder rasch bei 27°C trocknen; oder Öl und Essig damit verfeinern.

Artemisia-Arten
BEIFUSSGEWÄCHSE

Diese Gruppe attraktiver Kräuter wird wegen ihres silbrigen Laubs und des stechenden bis fruchtig-süßen Blattdufts geschätzt. Die meisten Arten bringen im Sommer winzige Blüten in Gelb- und Rosttönen hervor.

A–Z Borago officinalis

ARTEMISIA-ARTEN

ARTEN UND VERWENDUNG:

BEIFUSS *A. vulgaris*: Z 3; H 1,5 m. Das altbekannte Kraut mit grünem Duft gehört in viele Zaubertränke. Der Blattflaum wird für die chinesische Hitzebehandlung zu Zylindern gerollt. Die Blätter werden fein gehackt und in geringen Mengen zum Füllen von Schweinefleisch und für Reisaufläufe verwendet. Beifuß ist ein Verdauungstonikum, sollte in der Schwangerschaft aber nicht eingenommen werden. Die Chinesen stopfen ein Beifußblatt in die Nase, um Nasenbluten zu stillen. Die Pflanze vertreibt schädliche Insekten.

WERMUT *A. absinthium*: Z 4; H 1 m. Das bittere, stechende Kraut wurde zum Aromatisieren des inzwischen verbotenen Absinth verwendet. Der russische Name für Wermut lautet »Tschernobyl«, und Nostradamus hatte eine »große Katastrophe am Ort des Wermuts« vorausgesehen. Die Pflanze gehört mit ihren silbrigen Blättern, ihrem raschen Wuchs und ihren schützenden Eigenschaften in jeden Garten. Sie vertreibt Fruchtwickler, Kohlweißlinge, Hühnermilben, Möhren- und Zwiebelfliege (zwischen die Pflanzenreihen streuen). Wermut hält sich lange in Bouquets, Kränzen, Sträußchen und Leinensäckchen. *A. tridentata*: Z 8; H 2 m. Ein Strauch mit stechendem Geruch wird in heiligen und reinigenden Zeremonien der Indianer verwendet.

EBERRAUTE *A. abrotanum*: Z 4; H 1 m. Teilweise immergrüner Halbstrauch mit filigranen Blättern. Mit ihrem süßen, grün-zitronigen Duft sind sie ein ideales Mottenschutz und werden in Duftsäckchen und Schlafkissen gegeben. *A. campestris* subsp. *borealis* hat einen ähnlichen Duft und rotgetönte Blüten.

A. annua: Z 8; H 1,5 m. Die wohlriechende einjährige Pflanze ist ein wirksames Mittel gegen Malaria.

A. pontica: Z 4; H 40 cm; kriechende mehrjährige Pflanze mit silbrigen, filigranen Blättern; wird zum Aromatisieren von Wermut verwendet.

A. lactiflora: Z 4; H 1,4 m. Im Sommer weiße Blütenrispen mit Honigduft; wird in der chinesischen Medizin bei Lebererkrankungen eingesetzt.

A. californica: Z 3; H 1,5 m. Hat mehrere Verwandte mit Zitrusnamen und ansprechenden Orangen- oder Fruchtaromen hervorgebracht.

A. ludoviciana: Z 5; H 1 m. Sehr silbrig.

A. pedemontana: Z 5; H 10 cm. Ein Silberteppich.

A. arborescens: Z 8; H 1 m. Teilweise winterhart. ›Faith Raven‹ H 1 m, frostbeständig. ›Powis Castle‹ H 60 cm; winterhart mit gefiederten, hellen und silbrigen Blättern, *A. alba* (syn. *A. camphorita*) Z 6; H 1 m; Kampferduft; *A. canescens*, H 50 cm, winterhart, schön gelockte fadenförmige Blätter; alle Arten und Sorten haben silbriges Blattwerk, das im Mondlicht und in Sträußen faszinierend aussieht. Die stechend riechenden Blätter können Insekten vernichten.

A. capillaris H 60 cm. Ein Halbstrauch mit süßlich aromatischen, silbrigen, dünnen Blättern und lila Stengeln; Lebertonikum.

A. apiacea. Die zweijährige Pflanze wird in der chinesischen Medizin zur Fiebersenkung eingesetzt; wirkt in Heil- und Schönheitsspeisen entgiftend.

ÄTHERISCHES ÖL: Giftig. Wermutöl wird in winzigen Mengen in der Parfümerie eingesetzt.

VORSICHT: Die Pflanze sollte nur von Fachleuten angewendet werden.

BORRETSCH

Das Öl ist giftig und nur in der Industrie erhältlich. In der Schwangerschaft meiden.

WACHSTUM UND VERMEHRUNG: Z 3–8; H 9–250 cm; B 30–140 cm. Sonniger Standort mit leichtem, trockenem, gut entwässertem Boden. Beim Pflanzen bedenken, daß der Regen wachstumshemmende Giftstoffe aus den Blättern auswäscht, was Nachbarpflanzen beeinträchtigt. Aussaat der reifen Samen. Im Sommer schwach verholzte Stecklinge verwenden. Alle 3–4 Jahre teilen.

Borago officinalis

BORRETSCH

Die rauhen Blätter dieser widerstandsfähigen einjährigen Pflanze riechen beim Zerstoßen nach Gurke. Die himmelblauen (selten rosa oder weißen) Sternblüten haben große schwarze Staubgefäße. Die weiße Sorte heißt *B.o.* ›Alba‹.

VERWENDUNG: Der Anblick dieses fröhlichen Krauts wirkt bereits stimmungsaufhellend und verbessert dadurch das körperliche Gesamtbefin-

209

A–Z *Borago officinalis*

den. Die Pflanze ist Symbol für Mut und Freude; ein Aufguß aus Blättern und Blüten regt die Adrenalinausschüttung an und hilft Depression, Trauer und die Nachwirkungen einer Steroid-Behandlung zu lindern. Die Blüten verzieren Salate, Süßspeisen oder Eiswürfel und können kristallisiert werden. Die jungen Blätter sind reich an Kalzium, Kalium und Mineralstoffen und eignen sich, fein gehackt, in der salzfreien Ernährung für Salate und Dips. Borretsch ist die klassische Garnierung für Pimms No. 1 Gepreßtes Samenöl, das in Massagen und Kosmetikprodukten verwendet wird. Es heißt manchmal auch Sternblumenöl und enthält wie die Nachtkerze Gammalinolsäure.

VORSICHT: Blätter nur in geringen Mengen verzehren.

WACHSTUM UND VERMEHRUNG: Z 7; H 1m; B 60 cm. Bevorzugt offenen, sonnigen Standort und leichten, trockenen und gut entwässerten Boden. Die Samen an die gewünschte Stelle säen oder im Frühjahr einzeln in Töpfen als Sommerblumen ziehen; für die Frühjahrsblüte erfolgt die Aussaat im Herbst. Sät sich leicht selbst aus. Jungpflanzen auf 30 cm Abstand vereinzeln. Oft wuchernder Wuchs. Pflanzen Sie Borretsch als Unterstützung und Farbkontrast zwischen rosa Rosen.

RINGELBLUME

Boswellia carteri

WEIHRAUCHBAUM

Dieser kleine, hübsche immergrüne Baum oder Strauch besitzt weiße bis blaßrosa Blüten und bringt ein aromatisches Harz mit vollen, warmen und holzigen Noten hervor.

VERWENDUNG: Die wild gewonnenen Harze der *Boswellia* heißen Weihrauch und verströmen ihren trocken-süßen und intensiven Duft, wenn sie verbrannt oder dampfdestilliert werden. Das Harz wurde wegen seiner spirituellen Wirkung als Weihrauch bereits in der Antike hoch geschätzt und in Medizin und Körperpflege verwendet. Handel, Qualität und Preise wurden von Südarabien kontrolliert. Verschiedene Qualitätsstufen der natürlich abgesonderten Harztränen werden für Medikamente und Weihrauch verwendet. Das helle, »weiße« Harz wird in Arabien gekaut, weil es sich wohltuend auf Zähne, Zahnfleisch, Atem und Geisteszustand auswirkt.

ÄTHERISCHES ÖL: Das hellgelbe Öl, das überwiegend aus *B. carteri* und zu einem kleinen Teil aus *B. serrata* destilliert wird, ist qualitativ am besten. Es wird für Parfüms, u. a. auch als Fixiermittel, verwendet und soll in Gesichtscremes trockene oder ältere Haut jünger aussehen lassen. Weihrauch wird bei Asthma und anderen Atembeschwerden und bei Meditation oder Gebet eingesetzt, um die Atmung zu beruhigen, zu vertiefen und Streß und Anspannung zu lösen.

VORSICHT: In den ersten drei Schwangerschaftsmonaten nicht anwenden.

WACHSTUM UND VERMEHRUNG: Z 11; H 5 m; B 3 m. Empfindlich. Halbwüste. Sonne und gut entwässerter bis trockener Boden. Mindesttemperatur 10–15°C. Schwach verholzte Stecklinge im Sommer abschneiden. Nach Bedarf im zeitigen Frühjahr leicht kürzen.

Calendula officinalis

RINGELBLUME

Die ein- bis mehrjährige Pflanze hat behaarte, frische grüne Blätter, saftige Stengel und bringt von Sommer bis Herbst gold-orange Zungenblüten hervor. Die ganze Pflanze besitzt ein scharfes, sauberes und krautiges Aroma.

VERWENDUNG: Die Pflanze wird von Naturheilkundlern Calendula, von Gärtnern Ringelblume und von Köchen »Safran des armen Mannes« genannt. Die scharfen Blütenblätter würzen und garnieren Speisen, färben Reis und ergeben Wein. Junge Blätter können in Salate geschnitten werden. Die Blütenblätter dienen als Spülung für braunes Haar und müde Augen, gelbe Textilfarbe und sind ein hübscher Farbtupfer in Potpourris (bei niedrigen Temperaturen trocknen, damit sie nicht ausbleichen). Calendula wirkt keim- und pilztötend, enthält Hormone und Vitamin-A-Vorläufer und ist daher ideal bei Problemhaut. Ein Aufguß aus Blütenblättern dient als Spülung für offene Stellen im Mund, als Kompresse für langsam heilende Wunden und Geschwüre und kann eingenommen werden, um Magen- und Monatsbeschwerden zu lindern oder die Leber anzuregen. In Cremes behandelt Calendula zahlreiche Hautprobleme wie Ekzeme bei trockener Haut und rissige Brustwarzen. Calendulaöl (s. u.) heilt Haut, Haargefäße und hängende Nägel.

ÄTHERISCHES ÖL: Das reine dunkle, grünlich-braune Blütenblätteröl ist teuer und wird nur selten extrahiert. Es kann bei Depressionen und anderen streßbedingten Problemen helfen und wird einigen scharf-stechenden Parfüms beigemischt. Das orangefarbene »Calendulaöl« besteht in der Regel aus aufgegossenen Blütenblättern.

WACHSTUM UND VERMEHRUNG: Z 6; H & B 70 cm. Sonniger Standort, vorzugsweise feiner Lehm, verträgt aber die meisten Böden ohne Nässestau. Samen im Frühjahr an der

A–Z Cedrus libani

KÜMMEL

gewünschten Stelle aussäen oder einzeln im Topf ziehen. Im Abstand von 30–45 cm pflanzen. Welke Blüten entfernen, damit ständig neue Blüten nachkommen können.

Cananga odorata

YLANG-YLANG

Dieser hochwachsende Tropenbaum bringt das ganze Jahr über unzählige grünlich-gelbe Blüten hervor, die nachts einen intensiven und süßen jasminähnlichen Duft verströmen.

VERWENDUNG: In manchen Regionen Asiens gehören die Blumen zu den klassischen Opfergaben oder werden über Nacht in frisch geöltes Haar gerollt, um es zu parfümieren.

ÄTHERISCHES ÖL: Die Blüten werden am frühen Morgen gepflückt und viermal dampfdestilliert. Dabei erhält man ein hellgelbes Öl in den Qualitätsstufen Extra, First, Second und Third. Ylang-Ylang Extra ist das wertvollste Öl und am besten für die Aromatherapie geeignet. Die nicht so hochwertigen Gradierungen werden oft als »Canangaöl« verkauft. Das starke Aroma des Öls ist betäubend, sehr süß und blumig. Für viele Menschen ist es pur zu mächtig, doch in Kombination mit anderen blumigen oder holzigen Ölen wirkt es warm,

elegant, wohltuend entspannend und oft aphrodisierend. Es spielt eine bedeutende Rolle in Parfüms, Seifen und Hautlotionen, die die Talgproduktion regulieren, aber auch als Lebensmittelaroma. Aromatherapeuten setzen das Öl gegen Bluthochdruck, prämenstruelles Syndrom, Depression, Schlaflosigkeit und Angst vor Sexualkontakt ein. Es verlangsamt schnellen Pulsschlag und Atmung und hilft Menschen, die große Menschenansammlungen fürchten, leicht in Panik geraten oder von ihrer Arbeit frustriert sind. Die Blüten der engverwandten Arten *Artabotrys* (u. a. *A. hexapetalus*) ergeben ein ätherisches Öl, das manchen Parfüms beigemengt wird.

VORSICHT: Das Öl nur sparsam verwenden; es kann sonst Kopfschmerzen und Übelkeit verursachen.

WACHSTUM UND VERMEHRUNG: Z 10; H 25 m; B 10 m. Empfindlich. In gemäßigten Klimazonen in einem feuchten und beheizten Treibhaus oder Wintergarten in der Sonne oder im Halbschatten ziehen.

FALSCHER BALSAMSTRAUCH

Carum carvi

KÜMMEL

Die zweijährige Gewürzpflanze hat schlanke Zweige mit gefiederten Blättern und trägt im Mittsommer weiße Blütendolden, die Samenkapseln mit würzig-stechenden Samenkörnern hervorbringen.

VERWENDUNG: Die schmalen sichelförmigen Samenkörner passen wunderbar zu gekochten Äpfeln, Brot, Sauerkraut und üppigem Fleisch wie Gans und Würsten. Sie dämpfen den intensiven Kohlgeruch, während sie den typischen Geschmack anderer Gemüsesorten steigern und einen Hauch Schärfe verleihen. Als Tee, als Konfekt oder pur geknabbert, verbessert Kümmel nach einer Mahlzeit den Atem und fördert die Verdauung. Die zarten jungen Blätter kann man in Salate geben, die Wurzel wie ein Gemüse kochen.

ÄTHERISCHES ÖL: Das Samenöl besitzt ein ähnliches, aber kräftigeres Gewürzaroma, mit dem Speisen, Schnäpse und das Stärkungsmittel *Huile de Venus* aromatisiert werden. Es wirkt verdauungsfördernd, wird wegen seiner antiseptischen und antimikrobiellen Eigenschaften Zahncremes und Mundwasser hinzugefügt und Medikamenten als Geschmacksverbesserer beigemengt. Der Riechstoff wird in Parfüms, Aftershaves und Kosmetikprodukte gemischt.

WACHSTUM UND VERMEHRUNG: Z 3; H 60 cm; B 35 cm. Sonne und humusreicher Boden. Im Spätfrühling oder Frühherbst ins Freie säen. Auf 20 cm ausdünnen. Kann an einem sonnigen Standort auch im Haus gezogen werden.

Cedronella canariensis, syn. *C. triphylla*

FALSCHER BALSAMSTRAUCH

Der laubabwerfende Strauch hat dreifingrige, gezahnte Blätter mit einem moschusartigen Kampfer-Zitronen-Zedern-Duft, der an Kamelkarawanen denken läßt. Von Spätsommer bis Frühherbst trägt der Strauch dicht beisammenstehende hellrosa Blüten.

VERWENDUNG: *Cedronella canariensis* ist eine von 3 Pflanzen, die unter dem Namen Balsamstrauch bekannt ist, besitzt aber nicht den süßen Balsamduft von Mekkabalsambaum (*Commiphora opobalsamum*) und der Pappel »Balm of Gilead« (*Populus × candicans*). Die Blätter verströmen dennoch einen interessanten männlichen Duft, der in Potpourris, Kräuterkissen und Teemischungen Verwendung findet. In seiner kanarischen Heimat heißt der Absud aus den Blättern »Thé des Canares«.

WACHSTUM UND VERMEHRUNG: Z 2; H 1,5 m; B 1 m. Teilweise winterhart. Liebt sonnigen Standort und mittelschweren Lehmboden mit guter Entwässerung. Die Aussaat erfolgt im warmen Frühjahr; die Jungpflänzchen sehen aus wie Nesseln. Im Frühherbst Stecklinge aus den Zweigen schneiden und im Abstand von 45 cm pflanzen. Als Kübelpflanze bestens für den Wintergarten geeignet; braucht einen 25-cm-Topf, um ihre volle Größe zu erreichen. Im Herbst oder Frühjahr zurückschneiden, damit der Strauch seine buschige Form behält.

Cedrus libani

LIBANONZEDER

Dieser herrliche Baum hat eine dunkle, zerfurchte Rinde, waagrecht abstehende Äste mit dunkelgrünen bis blauen Nadeln und mattgrüne bis braune, aufrecht stehende Zapfen. Das haltbare

211

A–Z *Cedrus libani*

Holz besitzt ein warmes, lang anhaltendes, trockenes würzig-holziges Aroma.

VERWENDUNG: Das aromatische Holz wurde beim Bau der Hängenden Gärten von Babylon, des Salomontempels und für ägyptische Mumiensärge verwendet, weil es Termiten, Motten und andere Insekten abhält. Deshalb ist es auch ideal für Wäschetruhen, Kleiderbügel oder Garderoben; die wohlriechenden Späne gibt man in Schubladen-Potpourris. Das üppige, balsamische Harz wurde zum Einbalsamieren, für Weihrauch, Parfüm und Kosmetikprodukte verwendet.

ÄTHERISCHES ÖL: Das Öl der Atlaszeder (*C.l.* subsp. *atlantica*) ist gelb bis tief bernsteinfarben. Es wird aus dem Holz dampfdestilliert und besitzt ein warmes, anhaltendes, süßes und holziges Aroma mit einem Nachklang von Pastinaken- und Sellerienoten. Es parfümiert Haushaltsartikel, Seife, Männerkosmetik und Aftershaves. Auf Reisen ist es besonders nützlich, weil es Stechmücken, Insekten, Blutegel und Ratten vertreibt. In der Aromatherapie lindert es chronische Angstzustände, Streß sowie Erkrankungen der Haut und Atemwege einschließlich Tuberkulose. Forschungsergebnisse legen nahe, daß es die Teilung von Krebszellen verhindert.

VORSICHT: Das Öl während der Schwangerschaft meiden. Vorsicht beim sogenannten »roten Zedernöl« aus Rotzeder bzw. virginischem Wacholder (*Juniperus virginiana*), das oft verwirrend »Zedernholzöl« genannt wird: Es löst Reizungen aus und kann tödlich wirken! Das Öl wird in winzigsten Mengen in der Parfümindustrie als Duft, aber niemals für therapeutische Zwecke verwendet. In der Fachwelt herrschen verschiedene Meinungen; vielleicht sind einige Quellen weniger gefährlich.

WACHSTUM UND VERMEHRUNG: Z 6; H 45 m; B 10 m. Sonne und gut entwässerter Boden. Aus Samen ziehen. Kleine Bäumchen im Frühherbst oder Mitte des Frühlings pflanzen. Im Herbst auf einen Leittrieb zurückschneiden, im Frühjahr die alten unteren Äste abschneiden, damit die Zeder nicht zu buschig wird.

Chamaemelum nobile und *Matricaria recutita*

KAMILLE

Sowohl die immergrüne mehrjährige Römische Kamille (*Chamaemelum nobile*, syn. *Anthemis nobilis*) als auch die einjährige Echte Kamille (*Matricaria recutita*, syn. *M. chamomilla*) besitzen gefiederte Blätter und weiße Zungenblüten mit gelbem Köpfchen. Im Sommer verströmen sie einen zarten, erdig-grünen Duft. Nur die mehrjährige Art besitzt die süßen Blätter mit dem Apfelduft; dazu gehören die doppelblütige ›Flore Pleno‹ und die nichtblühende Kulturvarietät ›Treneague‹. Die kurzlebige mehrjährige Färberkamille (*Anthemis tinctoria*) hat leuchtend gelbe Blüten und einen grünen, krautigen Duft.

VERWENDUNG: Seit Jahrhunderten werden die wohlriechenden Blätter der Römischen Kamille als Belag für kleine Rasenflächen und Gartenbänke verwendet und für Potpourris getrocknet. Die Blüten beider Kamillenarten besitzen ähnliche, aromatische und heilende Bestandteile und ergeben einen verdauungsfördernden, entspannenden Tee, der nach einer üppigen Mahlzeit angezeigt ist. Der Tee lindert außerdem Alpträume und Schlaflosigkeit und unterdrückt Übelkeit (auch das morgendliche Unwohlsein in der Schwangerschaft). Auf die Augen gelegt, lindern abgekühlte Kamillenteebeutel Reizungen, Schwellungen und Augenringe. Regelmäßig angewandte Kamillenspülungen hellen blondes Haar auf; in Bädern oder Kompressen lindert Kamillentee durch Sonne, Wind oder Ekzeme verursachte Hautschädigungen. Kräuterheilkundige verschreiben Kamillenextrakte zur inneren Heilung bestimmter Geschwüre und nach Darmoperationen. Schnittblumen halten länger, wenn man Kamillentee ins Blumenwasser gibt. Sprühen Sie den Tee bei Verletzungen auf Keimlinge und zur Aktivierung der Kompostierung auf den Komposthaufen. Im Garten erweckt Kamille vermutlich durch ihre Wurzelsekrete kranke Nachbarpflanzen wieder zu neuem Leben.

ÄTHERISCHES ÖL: Das Öl der Römischen Kamille hat einen süßen, trockenen und fruchtigen Duft. Es ist zartblau und wird hellgelb, sobald es Licht und Luft ausgesetzt wird. Das Öl der einjährigen Echten Kamille besitzt ein warmes, erdiges und krautiges Aroma und ist dunkelblau wie Tinte, wird aber im Licht langsam grün bis gelb-braun. Ormenisöl (aus *Chamaemelum mixtum* syn. *Ormenis mixta* oder *O. multicaulis*) ist blaß- bis bräunlichgelb und hat einen krautig-balsamischen Duft. Alle Öle werden aus den Blüten gewonnen und in der Parfümerie verwendet. Das Öl der Römischen und Echten Kamille ist zwar teuer, aber sehr wirksam und wird stark verdünnt (0,5–1 %) angewendet. Beide Öle besitzen eine sanft beruhigende und heilende Wirkung und werden sogar von Kindern vertragen. Sie setzen sich überwiegend aus denselben Bestandteilen zusammen, die jedoch in unterschiedlicher Konzentration vorkommen. Der wertvollste Bestandteil ist das Azulen, das verstärkt aus der Echten Kamille gewonnen wird. Es bildet sich nur während der Destillation und vermutlich beim Trocknen der Blüten. Die Öle wirken zellerneuernd, entzündungshemmend, schmerzlindernd, desinfizierend und schützen vor Viren und Pilzbefall.

Aromatherapeuten verschreiben Kamillenöl bei Beklemmungszuständen und streßbedingten Erkrankungen, zur Anregung der Leberregeneration und zur Heilung bestrahlter Haut. Inhalationen lindern Heuschnupfen und Asthma. Einige Menschen reagieren mit empfindlicher Haut, bei Echter Kamille wurden weniger Reaktionen festgestellt.

VORSICHT: Zu lange gezogener Tee kann Übelkeit hervorrufen; deshalb die Blüten/Teebeutel nach 5 Minuten entfernen. Das Öl ist in der Schwangerschaft zu meiden und bei Kindern nur stark verdünnt anzuwenden. Ormenis wird viel in der Parfümerie eingesetzt, wurde aber noch nicht auf therapeutische Unbedenklichkeit getestet – Sie sollten es daher meiden.

WACHSTUM UND VERMEHRUNG: Z 4; H 15 cm; B 45 cm. Liebt Sonne und leichten, gut entwässerten Boden. Aussaat im Frühjahr. Mehrjährige Pflanzen im Frühjahr oder

KAMILLE

ESSBARE SOMMERCHRYSANTHEME

Herbst teilen. Im Sommer 8 cm von den Seitentrieben abschneiden und als Stecklinge verwenden. Für einen Kamillerasen oder eine Bank im Abstand von 10–15 cm pflanzen. Pflanzabstand für Einjährige 23 cm, für Färberkamille 45 cm. Blätter können jederzeit gepflückt werden. Die vollständig geöffneten Blüten ernten, trocknen und vor Licht geschützt in luftdichten Behältern aufbewahren.

Chrysanthemum coronarium

ESSBARE SOMMER-CHRYSANTHEME

Diese einjährige Blume hat stark gefiederte, würzige Blätter und bringt im Spätsommer gelb-orange Blüten hervor.

VERWENDUNG: Die nahrhaften, scharfen jungen Blätter werden zum Würzen verwendet oder als Blattgemüse gekocht, gedämpft, blanchiert, rührgebraten oder zu Suppe verarbeitet. Zwischen den Fingern zerrieben, vertreiben sie Fischgeruch von den Händen. Die leuchtend bunten Blütenblätter sind ein hübscher Blickfang in Salaten und Fischgerichten und werden sogar in Essig eingelegt. Die gekeimten Samen ergeben einen Wintersalat, einen Snack oder können rührgebraten werden. Die Blüten des *C. c. spatiosum* besitzen einen einzigartigen Geschmack, sie werden eine Minute lang gekocht und mit einer würzigen Sauce serviert. Die kühlenden, antibiotischen gelben Blüten der Wilden Chrysantheme *(Dendranthema indicum,* syn. *C. indicum)* gehörten in ein taoistisches Elixier für Unsterblichkeit. In der traditionellen chinesischen Medizin werden sie in Heilspeisen bei Bluthochdruck, Grippe und Infektionen und zur Blutreinigung eingesetzt. Invitro-Tests zeigen, daß Blüte und Blatt krebsabwehrende Eigenschaften besitzen.

ÄTHERISCHES ÖL: *C. lavandulaefolium* ergibt ein frisches, grünes Öl, das nach Blättern duftet und in einigen Parfüms verwendet wird.

VORSICHT: Die Pflanze kann allergische Hautreaktionen hervorrufen.

WACHSTUM UND VERMEHRUNG: Z 5; H 80 cm; B 35 cm. Humusreicher, gut entwässerter Boden an sonnigem und geschütztem Standort. Aussaat im Frühjahr und Mittsommer bringt 2 Ernten. Auf 12 cm Abstand ausdünnen. Bei 15 cm Wuchshöhe die zarten Blätter ernten. In China werden die Blüten vor dem Trocknen gedämpft, weil sie dann nicht mehr so bitter sind. Im Nutzgarten sieht die Pflanze unter Reihen von Zuckermais besonders hübsch aus.

Cinnamomum verum, syn. *C. zeylanicum*

ZIMT

Der tropische, immergrüne Ceylonzimtbaum hat eine aromatische Rinde, Holz und Blätter besitzen ein süßes, volles und mild-würziges Aroma. Im Sommer bringt er seidige Blütenrispen mit winzigen, cremefarbenen und übelriechenden Blüten hervor, auf die lilafarbene Beeren folgen.

VERWENDUNG: Zimtgewürz ist die getrocknete innere Rinde des Baums, die zu Stangen gerollt oder zu Pulver gemahlen wird. Zimt würzt im Mittleren Osten, in Nordafrika und Asien salzige Speisen, während er andernorts in Süßspeisen und Getränke gegeben wird. Er wirkt verdauungsfördernd und nimmt Übelkeit. Zimt kommt in Potpourris, Weihrauch und Duftkugeln und ist ein beliebtes männliches Aphrodisiakum. Das Öl der Beeren kann in Duftkerzen verarbeitet werden. Kassia hat ein kräftigeres Zimtaroma und stammt vom *C. aromaticum,* der in Nordamerika und China wächst. Die Rinde ist dicker, stechender und nicht so süß im Geruch. Kassiablätter werden in der ostindischen Küche verwendet.

ÄTHERISCHES ÖL: Gelbes Zimtrindenöl ist zu giftig und reizauslösend

ZIMTSTANGEN

für den Hausgebrauch oder für die Hautpflege. Aber der kräftige süße, trockene und würzige Geruch wird in der Arzneimittelherstellung, in der Lebensmittelindustrie und in sehr geringem Umfang in Parfüms verwendet, in denen er eine wohltuende und verführerische Wirkung zeitigt. Gelb-braunes Zimtblattöl verströmt einen süßen, grünen, holzig-würzigen Zimtgeruch mit Anklängen an Gewürznelken und wird in der Lebensmittel-, Getränke- und pharmazeutischer Industrie für Parfüms und Kosmetik verwendet. Obwohl es nicht so giftig ist wie das Rindenöl, ist es für den Hausgebrauch nicht geeignet. Verwendung als Ausräucherungsmittel (beide sind starke Antiseptika) oder in sehr geringen Dosierungen (0,5 %) in Öllampen möglich. Kassiaöl hat einen starken Gewürzgeruch, aber weniger Wärme als Zimtöl. Es ist sehr gefährlich und sollte niemals zu Hause eingesetzt werden.

VORSICHT: Die Öle während der Schwangerschaft meiden. Sie reizen Haut und Schleimhäute und können selbst in geringen Dosierungen Empfindlichkeit gegenüber anderen Substanzen auslösen.

WACHSTUM UND VERMEHRUNG: Z 9; H 13 m; B 10 m. Empfindlich. Kann als Schmuckpflanze im Treibhaus gezogen werden. Braucht sandigen, aber fruchtbaren und feuchtigkeitsspeichernden Boden ohne Näs-

sestau, Sonne oder Halbschatten und eine Mindesttemperatur von 15 °C. Im Winter zurückhaltend gießen. Vermehrung durch Samen oder schwach verholzte Stecklinge im Sommer.

Cistus ladanifer

ZISTROSE

Die immergrüne Lack-Zistrose hat große weiße Blüten mit einem dunkelroten Fleck. In der Sommerhitze sondern Drüsenhaare an den Blättern und Stielen ein klebriges, balsamisches Harz ab, das man über eine beachtlichen Entfernung riechen kann. Das Harz wird bei kühleren Temperaturen milchig weiß, das gibt der Pflanze ein gespenstisches Aussehen.

VERWENDUNG: Das seit alters her in der Medizin verwendete Harz tötet Bakterien und Insekten. Es dient als angenehm duftendes Ausräucherungsmittel und wird in der Lebensmittelindustrie zum Würzen von Fleisch, Süßigkeiten, Eiscreme und Erfrischungsgetränken genutzt.

ÄTHERISCHES ÖL: Das aus dem Harz destillierte Öl hat einen warmen, trockenen, holzig-würzigen Moschusgeruch, der sich gut ausbreitet. Als bester natürlicher Ersatz für Pottwal-Amber dient es als erogenes Fixiermittel in Parfüms, Aftershaves und Kosmetika. Tests zeigen auch bei 8 % Ver-

MANDARINEN

A–Z Citrus-Arten

ORANGENBLÜTEN
(*links und unten*)
ZITRONENBLÜTEN (*rechts*)

dünnung keine Reizungen, schwächere Reaktionen sind jedoch bereits ab 0,25 % feststellbar.

WACHSTUM UND VERMEHRUNG: Z 7; H & B 2,5 m. Liebt Sonne und einen gut entwässerten, leichten bis kargen Boden. Vermehrung durch Aussaat im Herbst oder Frühjahr, oder durch grüne Stecklinge im Spätsommer. Beschädigte Stellen und abgestorbene Blüten im Frühjahr entfernen, aber nicht zu stark zurückschneiden. Reagiert empfindlich auf Störungen.

Citrus-Arten

ZITRUS

Die Gattung *Citrus* zählt 16 immergrüne Bäume und Sträucher mit wohlriechenden Blüten und aromatischen Früchten.

VERWENDUNG: Zitrusfrüchte enthalten viel Vitamin C und sind als Obst und Saft sehr erfrischend. Gegrillte Grapefruit mit braunem Zucker paßt gut zu einem Winterfrühstück. Früchte, Schale und Saft werden in der Lebensmittel- und Getränkeindustrie verwendet. Die Blüten der Pomeranze (*C. aurantium*) sind die Quelle für kulinarisches und kosmetisches Orangenblütenwasser. Orangen dienten früher als Duftkugeln. Getrocknete Zitrusschalen kommen in Potpourris, getrocknete Mandarinenschale findet in der traditionellen chinesischen Medizin Verwendung. Antiseptischer und adstringierender Zitronensaft hellt blondes Haar auf, reinigt die Haut und macht sie weich, entfernt Tintenflecken und hilft bei Erkältungen, Halsentzündungen und Insektenstichen. Auf den Bahamas vertreibt Limettensaft Stechmücken und stillt den Juckreiz. Grapefruitkerne liefern einen aufregenden, neuen, nicht giftigen Extrakt mit einem breiten Spektrum an antimikrobiellen, Pilze und Viren abwehrende Eigenschaften. Es wirkt als natürliches Antibiotikum und zeitigt als natürliches Konservierungsmittel in Hautpflegeprodukten vielversprechende Ergebnisse.

ÄTHERISCHE ÖLE:
VORSICHT: Die meisten gepreßten Zitrusschalenöle sind phototoxisch – meiden Sie nach der Anwendung direktes Sonnenlicht oder nehmen Sie Öle mit dem Zusatz »FCF«, die das schädliche Cumarin nicht mehr enthalten. Zitrusöle haben eine kurze Lebensdauer, und »alte« Öle können

ZITRONEN

Hautreizungen hervorrufen – binnen 6–12 Monaten aufbrauchen.

ZITRONE *Citrus limon*: Aus der frischen Zitronenschale wird ein blaßgelbes Öl gepreßt. Sein lebhafter Duft wirkt erfrischend, reinigend und fördert die Konzentration. Japanische Forschungen zeigen, daß er die Produktivität von Büroangestellten steigern kann. Zitrone wird viel in der Parfümherstellung, v. a. für Eau de Cologne, verwendet, da fast alle Menschen den Duft mögen und Frische und Sauberkeit damit verbinden. Aus diesem Grund – und weil es preiswert ist – wird Zitronenöl zum Parfümieren von Arznei- und Reinigungsmitteln, Kosmetika und Seifen verwendet. Es wird auch Lebensmitteln und Getränken beigemengt und kann in Notsituationen zur Reinigung von Trinkwasser eingesetzt werden. Aromatherapeuten bevorzugen das nicht phototoxische FCF-Öl zur Behandlung von Hautproblemen, Durchblutungsstörungen und des Atem- und Immunsystems.

APFELSINE *Citrus sinensis*: Aus der Apfelsinenschale werden zweierlei Öle gewonnen. Das gelb-orangefarbene Öl wird aus der frischen Schale gepreßt und verströmt einen frischen, süßfruchtigen Duft, während das farblose bis blaßgelbe destillierte Öl einen leichteren Geruch besitzt. Beide Öle sind geschätzte Riechstoffe in Parfüms, Lebensmitteln, Getränken und Reinigungsmitteln. Das lebhafte Aroma tötet Keime und Bakterien und wirkt wohltuend in Bädern und Raumsprays, indem es Keime und die Trübsal eines grauen Wintertags vertreibt. Seine fröhliche, regenerierende Wirkung trägt zur Stärkung des Selbstvertrauens in Streßsituationen wie Bewerbungsgesprächen bei.

VORSICHT: Es herrscht keine einhellige Meinung über die Phototoxizität der beiden Öle. Geben Sie deshalb keines auf die Haut, bevor Sie in die Sonne gehen.

GRAPEFRUIT *Citrus × paradisi*: Gelbes bis grünliches Grapefruitöl wird aus der frischen Schale gepreßt. Es hat einen hellen, lebhaften und scharfen Duft, der Enthusiasmus entfacht, ohne jedoch übermächtig zu werden. Ein paar Tropfen in der Duschlotion, im morgendlichen Bad oder auf einem Taschentuch helfen gegen Jetlag oder Katerstimmung und vermitteln ein aufmunterndes »Ich schaff' das schon«-Gefühl für anstrengende und aufreibende Situationen wie Bewerbungsgespräch, Umzug, Schlichtung von Familienzwist oder einfach bei der Bewältigung notwendiger, aber unerfreulicher Alltagsaufgaben. Grapefruitöl ist nützlich in Cellulitis-Massageölen und vor sportlicher Betätigung.

LIMETTE *Citrus aurantifolia*: Im allgemeinen verwendet man zwei ätherische Limettenöle. Durch Auspressen der Schale erhält man ein blaßgelbes bis grünliches Öl mit einem süßen und lebhaften Zitrusduft, das für Parfüms und Seifen benutzt wird. Dieses Öl wurde manchmal für die Hautpflege oder die Kreislaufstärkung und bei Grippe angewandt. Es macht jedoch lichtempfindlich, weshalb man in der Aromatherapie heute das farblose bis blaßgelbe Öl bevorzugt, das aus der ganzen Frucht dampfdestilliert wird. Dieses Öl ist nicht phototoxisch und ruft keine Hautreizungen hervor. Es hat einen schärferen, intensiven, lebhaften und süßen Duft, der hauptsächlich in der Lebensmittel- und Getränkeindustrie verwendet und heute Eau de Colognes als Frischeelement beigemengt wird.

MANDARINE *Citrus reticulata*: Das gelblich-orangefarbene Öl wird aus der Schale gepreßt und besitzt einen lebhaft-frischen Zitrusduft mit süßen Noten sowie eine aufmunternde Wirkung. Das Öl ist wichtiger Bestandteil von Eau de Colognes und kommt auch in Parfüms, Kosmetika, Lebensmittel und Getränke. Bis zu einer 8 %igen Verdünnung konnte man keine Phototoxizität feststellen; es ist somit bestens geeignet für Menschen mit empfindlicher Haut und kann als stimmungsaufhellendes Spray für Kinder, Ältere, Schwangere und Gestreßte eingesetzt werden. In Trägeröl verdünnt und im Uhrzeigersinn auf den

Magen gerieben, lindert es viele Verdauungsbeschwerden und kann sogar Schluckauf beenden. In Massageölen ist es hilfreich bei Wasserstau, Problemhaut, Narben und Schwangerschaftsstreifen (während der Schwangerschaft aber vorsichtshalber vermeiden – lieber reines Pflanzenöl verwenden).

VORSICHT: Bei Kindern nur in geringen Konzentrationen anwenden.

BERGAMOTTE *Citrus aurantium* var. *bergamia*: Das blaßgrüne bis grünlichgelbe Öl wird aus der Fruchtschale gepreßt. Es besitzt einen frischen, lebhaften, fruchtig-blumigen Duft, der belebend wirkt und Vertrauen weckt. Dank seiner großen Beliebtheit findet es in vielen Eau de Colognes und Kosmetika Verwendung und ist für den typischen Duft des Earl Grey Tees verantwortlich. Aromatherapeuten setzen das starke und wohltuende Öl bei Patienten mit großem Kummer, Depressionen und Beklemmungen ein. Bergamotte behandelt Hautinfektionen (ein Tupfer wirkt Wunder bei Flecken) und dient im Zerstäuber als erfrischendes Antiseptikum bei Erkältung und Grippe.

NEROLI (POMERANZE) *Citrus aurantium*: Das blaßgelbe Öl wird aus den Blüten destilliert. Es hat einen intensiven, frischen, süßen, grünen und blumigen Duft mit einem leichten Anklang an bittere Gewürze. Es wird in hochwertigen Parfüms verwendet und wirkt sowohl beruhigend als auch stimmungsaufhellend. Neroli ist teuer, doch man braucht nur geringe Mengen für ein luxuriöses Bade- oder Körperöl, für einen Haar- oder romantischen Raumduft. In Cremes ist es selbst für trockene oder empfindliche Haut verträglich. Es fördert gesundes Zellwachstum und verbessert daher den Teint, reifere Haut, Schwangerschaftsstreifen und Wunden. Neroli wirkt sehr entspannend und beruhigend bei Depression, Beklemmung und sexueller Apprehension.

PETITGRAIN *Citrus aurantium*: Das gelbe Petitgrainöl wird aus den Blät-

POMERANZENBLÄTTER

tern und Zweigen des Pomeranzenbaums dampfdestilliert. Es verströmt einen erfrischenden, warmen, blumigholzigen Duft mit aufmunternder Wirkung. Das Öl ist ein wichtiger Bestandteil vieler frischer Parfüms, Colognes, Seifen und Kosmetika. Das Aroma wirkt entspannend bei Schlaflosigkeit und Anspannung und regenerierend bei Erschöpfung und während der Genesung. Der beliebte Duft ist desodorierend, hilft in Cremes gegen fettige Haut und Akne und ist ideal als Massage- und Badeöl, für Haarspülungen und Parfüms.

WACHSTUM UND VERMEHRUNG: Z 7–9; H 10 m; B 7 m. Die Bäume sind empfindlich und gedeihen in tiefem, feuchtigkeitsspeicherndem Lehmboden mit guter Entwässerung. In gemäßigten Klimazonen kann man Orangen-, Zitronen- und Grapefruitbäume im Sommer im Freien ziehen und vor dem ersten Frost in einen kühlen und hellen Raum stellen. Zitrone läßt sich am leichtesten ziehen, Grapefruit ist am größten. Pomelo (*C. maxima*), Meyer-Zitrone (*C. meyeri*), Zitrone (*C. limon*) und Pomeranze (*C. aurantium*) sind als Kübelpflanzen geeignet. Die Pflanzgefäße sollten aus Terrakotta sein oder seitliche Luftlöcher haben. Unter Glas täglich besprühen und im Sommer gut lüften. Die Pflanzen reichlich gießen, davor fast vollständig trocknen lassen. Im Winter müssen die Pflanzen nur einmal alle 10 Wochen gegossen werden (zuviel Feuchtigkeit beeinträchtigt die Blüte); ab dem Frühjahr öfter gießen und während der Wachstumsperiode regelmäßig düngen. Wenn die Pflanzen im Haus blühen, einen trockenen Kamelhaarpinsel in Pollen tauchen und jede Blüte damit bestäuben. Orangen und Zitronen brauchen bis zu einem Jahr zum Reifen, weshalb man oft wohlriechende Blüten und bunte Früchte gleichzeitig am Baum sieht. Die Schale an der Luft oder im Ofen trocknen und luftdicht aufbewahren.

Commiphora myrrha

MYRRHE

Der dornige Strauch hat gelb-rote oder weiße Blüten mit 4 Blütenblättern, die nach der Regenzeit, aber vor den neuen dreifingrigen, aromatischen Blättern erscheinen. Die Zweige und Triebe sondern ein sehr wertvolles, reichhaltiges, warmes und würzig-balsamisches Harz ab. Mehrere der 180 *Commiphora*-Arten geben dieses Harz mit geringen Qualitätsunterschieden ab.

VERWENDUNG: Wild gesammeltes Myrrheharz wurde seit biblischer Zeit wegen seines lang anhaltenden Aromas geschätzt. Als ältestes Weihrauchharz ist es neben dem Harz des Weihrauchbaums in vielen Kulturen Bestandteil heiliger Weihrauchmischungen. Es blickt außerdem auf eine lange Geschichte als Heil- und Körperpflege- und Duftmittel zurück. Es wurde von griechischen Kriegern zur Wundheilung verwendet, gegen Ermüdung an Araberpferde verfüttert, in ägyptische Salben zur Verjüngung der Haut gegeben und diente mit seinem wohlriechenden Rauch zum Parfümieren von Kleidung und Bettwäsche. Nach jüngsten Forschungsergebnissen enthält *C. mukul* Guggulipid, das den Cholesterinspiegel des Blutes senkt und bei Arthritis entzündungshemmend wirkt.

ÄTHERISCHES ÖL: Das dampfdestillierte, bernsteinfarbene Öl hat den reichen, würzigen Balsamduft des Harzes sowie eine gewisse Süße und eine zarte Kampfernote. Das Aroma zeitigt eine stimmungsaufhellende, positive Wirkung und wird deshalb in der Meditation, als Heilmittel sowie in exotischen Parfüms und Kosmetika verwendet. Der Aromastoff der Lebensmittel- und Getränkeindustrie findet wegen seiner medizinischen Eigenschaften auch in Zahncremes und als wirksame Tinktur für offene Stellen im Mund Verwendung. Es kann in Cremes für reifere Haut, Falten, Ekzeme, offene Fersen und Hände gegeben werden. Antiseptisch, entzündungshemmend und hautheilend, behandelt es Bronchialkatarrh sowie langsam heilende Wunden wie Wundliegen.

VORSICHT: In der Schwangerschaft meiden.

WACHSTUM UND VERMEHRUNG: Z 11; H & B 5 m. Empfindlich, braucht Sonne und gut entwässerten Boden und 10–15 °C Mindesttemperatur. Vermehrung durch Aussaat im Frühjahr oder durch verholzte Stecklinge am Ende der Wachstumsperiode.

Comptonia peregrina

SÜSSFARN

Die farnartigen Blätter mit ihren rostfarbenen Haaren und die Zweige dieses niederwachsenden, laubwechselnden Strauchs tragen hocharomatische Harzdrüsen. Die männlichen Blüten des Frühjahrsblühers sehen aus wie Weidenkätzchen, die weiblichen sind kugelförmig. Im Herbst reifen kleine grüne Früchte mit bis zu 4 Nüßchen heran.

VERWENDUNG: Die würzigen frischen oder getrockneten Blätter ergeben einen wohlriechenden Tee, die unreifen Kerne sind eßbar. Die Pflanze verdient eine weitere Verbreitung, ist sie doch ein hübscher Blickfang an Gartenwegen, Treppen und Eingän-

A–Z *Convallaria majalis*

MAIGLÖCKCHEN

gen, wo die würzigen Blätter berührt werden können. Bei einem Gartenspaziergang am frühen Morgen oder Abend duftet die Pflanze besonders aromatisch. Zweige bringen den Duft ins Haus, können bei Gartenpartys als Dufteppich ausgestreut oder als Willkommensgruß unter die Türmatte gelegt werden. Ein Aufguß aus den adstringierenden Blättern hilft bei Durchfall. Die Ojibwa-Indianer stillen damit Blutungen und kühlen Ausschlag, der von Giftefeu hervorgerufen wurde.

WACHSTUM UND VERMEHRUNG: Z 4; H 1,5 m; B 1,2 m. Sonne oder Halbschatten und gut entwässerter, saurer Boden, der während der Wachstumsperiode feucht bleibt. Geeignet, um karge Bodenstellen zu bedecken. Die reifen Samen im Herbst in einen Anzuchtkasten säen. Die Jungpflanzen im Frühjahr aussetzen. Die ausgewachsene Pflanze verträgt Umpflanzen nicht gut. Die jungen Blätter im Frühsommer ernten und trocknen.

Convallaria majalis

MAIGLÖCKCHEN

Die anmutigen weißen Glöckchen dieser mehrjährigen Pflanze besitzen einen charakteristischen, süßen und eleganten Duft, während das kriechende Rhizom einen würzigen Geruch verströmt.

VERWENDUNG: Maiglöckchen gehören in einen Brautstrauß und bedeuten immer wiederkehrendes Glück. Die weißen Glöckchen symbolisieren die Tränen Mariens am Kreuz, und im Mittelalter galt die Pflanze als medizinisch so wertvoll, daß die Aufgüsse aus den Blüten in goldenen Gefäßen aufbewahrt wurden. Ein deutscher Wein wird aus den Blüten und Rosinen gemacht. Destilliertes Blütenwasser, »aqua aurea«, ist ein adstringierendes und bleichendes Schönheitswasser. Der Legende nach soll Apollo dem Arzt Äskulap gezeigt haben, daß die Blume ein Herztonikum ist, und in der Tat werden die Extrakte heute noch zur Regulierung des Herzschlags eingesetzt. Es wurde Soldaten verabreicht, die im Ersten Weltkrieg Giftgas ausgesetzt waren. Der Geruch der Wurzel und der Blüte macht den Kopf frei, weshalb man glaubte, Maiglöckchen könnten Sprache und Gedächtnis wiederherstellen. Selbst ein Blütentee »stärkt das Gedächtnis und tröstet das Herz«, schrieb der Kräuterkundige Dodoens 1560. Mit Kalkwasser ergeben die Blätter ein grünes Färbemittel.

ÄTHERISCHES ÖL: Der würzigsüße Duft der Blüten wird von Parfümeuren hoch geschätzt. Die Extraktion ist jedoch äußerst schwierig und sehr teuer, so daß die meisten Produkte den chemischen Ersatz Hydroxyzitronellal enthalten.

VORSICHT: Die Pflanze ist giftig. Darf nur von fachkundigem Personal angewendet werden.

WACHSTUM UND VERMEHRUNG: Z 3; H 23 cm; B unbestimmt. Wächst im Halbschatten unter Laubbäumen in humusreichem und feuchtem Boden mit guter Entwässerung. Aussaat im Frühjahr. Klumpen im zeitigen Herbst teilen und flach im Abstand von 15 cm pflanzen. Mäuse können das Rhizom fressen.

Coriandrum sativum

KORIANDER

Die zarten, gefiederten oberen und die runderen unteren Blätter dieses einjährigen Krauts besitzen einen ungewöhnlich kräftigen, stechenden und erdigen Geruch mit Noten von verbranntem Kaffee. Die weißen bis zartlila Sommerblüten bringen kleine runde Samenkörner mit einem warmen, süß-würzigen Geruch hervor, der beim Trocknen stärker wird.

VERWENDUNG: Die frischen jungen Blätter sind ein beliebtes Küchenkraut im Mittleren Osten, in Asien, der Karibik und Südamerika und lassen sich einfrieren. Die leicht betäubenden Samen galten im alten Ägypten als Aphrodisiakum. Sie haben einen würzig-süßen Duft mit leichten Noten von Orangenschale und eignen sich hervorragend für eingelegtes Gemüse, Curries, gebratene Pilze, Kuchen und Gerichte mit Fleisch und Obst. Gekaut oder gebraut fördern sie die Verdauung, lindern Migräne und besitzen leicht dämpfende Wirkung. Die Stiele und herbstlichen Wurzeln kann man als Gemüse verarbeiten.

ÄTHERISCHES ÖL: Das Samenöl verströmt einen süßen, würzigen Duft mit einer leichten Moschusnote und findet in Parfüms und Weihrauch Ver-

KORIANDER

SAFRAN

wendung. Therapeuten setzen es zur Entschlackung und Behandlung von Muskelschmerzen, bei Appetitlosigkeit, Masern und nervöser Erschöpfung ein. Es würzt Liköre, Fleisch und Medikamente und verbessert den Geschmack von billiger Schokolade und Tabak.

VORSICHT: Öl nur sparsam verwenden.

WACHSTUM UND VERMEHRUNG: Z 7; H 50 cm; B 30 cm. Sonne, leichter, nährstoffreicher Boden. Die Aussaat erfolgt in milden Regionen, wo Koriander überwintern kann, im Herbst, sonst im zeitigen Frühjahr am endgültigen Standort, aber nicht in der Nähe von Fenchel, der unter der Nachbarschaft leidet. Auf 20 cm Abstand ausdünnen. In heißem Sommerwetter samt die Pflanze aus. ›Cilantro‹ bringt Blattfülle, ›Morocco‹ liefert im Herbst viele Samen.

Crocus sativus

SAFRAN

Diese Krokusart blüht im Spätherbst, und die lila Blüten bleiben auch über Nacht offen, was sehr ungewöhnlich ist. Sie besitzen 3 hochrote hervorstehende fadenförmige Narben, die gepflückt und getrocknet werden und das berühmte Safrangewürz mit dem anhaltenden, vollaromatischen und leicht erdigen Geschmack ergeben. Die etwas bittere Säure des britischen Safrans wird durch Honigsüße gemildert.

VERWENDUNG: Für 25 g getrockneten Safran benötigt man die handverlesenen Blütennarben von mehr als

A–Z Cupressus sempervirens

1700 Blüten. Safran ist damit das teuerste Gewürz der Welt. Je tiefer die Farbe, um so besser der Geschmack. Safran sollte innerhalb eines Jahres verwendet werden. Kaufen Sie nur die ganzen Fäden, da Stückchen oder Pulver leicht gefälscht werden können; meist nimmt man dafür die harmlose Färberdistel *(Carthamus tinctorius)*, die dieselbe Farbe besitzt. Der einzigartige Geschmack und der warme Gelbton des Safrans verfeinern süße und salzige Speisen wie Fisch- und Reisgerichte, z. B. Bouillabaisse und Paella, sowie Brot, Kuchen und Gebäck, Eiscreme und Saucen. Bei den meisten Rezepten weicht man die Fäden einige Minuten in etwas heißem Wasser oder in Milch ein und rührt sie dann mit der Flüssigkeit unter die Speise. Safran und Henna wurden mit anderen Ingredienzen zu einer Paste gemischt, die man auf die Haut arabischer Bräute rieb, um sie weich zu machen und ihr warmen Glanz und verführerischen Duft zu verleihen. Safran gilt als Aphrodisiakum, kann in zu großen Mengen aber betäubend wirken. Obwohl wasserlöslich, wird Safran, »die Farbe des Lichts«, als glückbringendes Tika in Indien auf die Stirn gegeben und gilt als heiliges und heilendes Färbemittel für die Kutten der buddhistischen Mönche. Aus Gründen der Hygiene verbot Heinrich VIII. per Gesetz, irisches Leinen mit Safran zu färben – die Menschen wuschen ihre Kleider nicht mehr, weil sie fürchteten, die heilenden Eigenschaften des Safrans auszuspülen. In Asien und Afrika wird zum Färben statt Safran oft Gelbwurz verwendet. Das Pulver ergibt eine haltbarere Farbe, riecht aber ganz anders.

VORSICHT: Nicht mit der hochgiftigen Herbstzeitlosen *Colchicum autumnale* verwechseln!

WACHSTUM UND VERMEHRUNG: Z 6; H 23 cm; B 10 cm. Liebt sonnigen, warmen Standort in gut entwässertem, alkalischem Boden, der mit Stallmist gedüngt wurde; kann auch in Töpfen im Kalthaus gezogen werden. Die beblätterten Sprosse bringen »Babysprosse« hervor, deshalb nach 4 Jahren im Spätsommer ausgraben, neue Sprosse abbrechen und in einer Tiefe und im Abstand von 12 cm einpflanzen. Safran braucht zum Blühen einen langen und heißen Sommer. Die herbstlichen Blütennarben am Morgen sammeln; das Aroma wirkt leichter, wenn man den weißen Teil entfernt. Locker in Küchenkrepp wickeln, 2–3 Tage an einem trockenen und lichtgeschützten Ort trocknen lassen, bis die Fäden brüchig werden, dann luftdicht aufbewahren.

KREUZKÜMMEL

Cuminum cyminum
KREUZKÜMMEL

Der einjährige Kreuzkümmel hat zarte, fadenförmige Blätter mit einem warmen Duft und bringt im Sommer weiße oder rosa Blütendolden hervor. Die Samen sind schmal und haben einen warmen, trocken-stechenden Geruch, der an Terpentin erinnert, und einen scharf-würzigen Geschmack mit einem bitteren Nachklang.

VERWENDUNG: Die ganzen oder frisch gemahlenen Samen gehören in viele Gewürzmischungen: nordindisches Garam masala, rote Thai-Currypaste, Cajun-Gewürze, mexikanisches Chili con carne, europäische Pickles und Liköre und in das wärmende marokkanische Aphrodisiakum Ras el hanout aus 20 verschiedenen Gewürzen (darunter Ingwer, Rosenknospen und Spanische Fliege), das für Kuskus und Lammragout verwendet wird. Die Kreuzkümmelstengel verfeinern vietnamesische Speisen, die gerösteten Körner fördern nach einer üppigen Mahlzeit die Verdauung, lösen Blähungen und wirken allgemein tonisierend und belebend. Der seltene Schwarze Kreuzkümmel aus Kaschmir hat kleinere, süßere schwarze Samen, die in der Mogulküche benützt werden. In der ayurvedischen Medizin gilt Kreuzkümmel als anregend und verdauungsfördernd.

ÄTHERISCHES ÖL: Das blasse gelbgrüne Öl besitzt einen warmen, abgerundeten und würzigen Moschusduft, der für Parfüms, Lebensmittel und einige Tierarzneien verwendet wird. Im Massageöl wirkt es durchblutungsfördernd, entschlackend und wird bei Cellulitis angewendet. Es kann auch einige Formen von Migräne lindern.

VORSICHT: Das Öl ist phototoxisch – direktes Sonnenlicht auf der behandelten Haut vermeiden; nicht während der Schwangerschaft anwenden.

WACHSTUM UND VERMEHRUNG: Z 10; H 30 cm; B 10 cm. Teilweise frostbeständig. Gut entwässerter Boden und sonniger Standort. Aussaat im Frühjahr. In kalten Klimazonen reifen die Samen nicht immer aus.

Cupressus sempervirens
ZYPRESSE

Die Zweige und dunkelgrünen Nadeln dieses hohen und schmalen Nadelbaums verströmen einen angenehmen grün-harzigen Geruch. Die männlichen Zapfen sind gelblich, die weiblichen grün, doch beide werden im reifen Zustand braun.

VERWENDUNG: Mit ihrer beeindruckenden, hoch aufragenden Form ist die Echte Zypresse ein Wahrzeichen der italienischen Landschaft. In Tibet machte man aus dem Baum reinigenden Weihrauch, während er in Ägypten und Rom den Göttern des Todes und der Unterwelt geweiht war. Das aromatische Holz ist holzwurmbeständig und wird oft zu Kisten verarbeitet, während die Späne Duftsäckchen und Potpourris parfümieren.

ÄTHERISCHES ÖL: Durch Dampfdestillation gewinnt man aus Nadeln und Zweigen ein blaßgelbes bis grünes Öl. Es riecht erfrischend süß, holzig und würzig und besitzt einen Hauch von Zitronenkampfer. Aromatherapeuten schätzen es wegen seiner direkten und beruhigenden Wirkung bei Streß, Übermüdung oder weinerlicher Gereiztheit. Es wird in Aftershaves, Parfüms, Seifen und Cremes für fettige, reife Haut verwendet. Zypressenöl kann man von einem Taschentuch einatmen, um Hustenreiz zu dämpfen oder in ein Fußbad für schwitzende Füße geben. Es kräftigt die Wände der Kapillargefäße und wird bei Krampfadern, geplatzten Äderchen, Hämorrhoiden, schleppender Durchblutung und Wasserstau (z. B. bei Cellulitis) eingesetzt.

GELBWURZ

217

A–Z *Curcuma longa*

WACHSTUM UND VERMEHRUNG: Z 8; H 40 m; B 7 m. Teilweise frostbeständig. Sonne und Kalksteinboden in geschützter Lage. Kalte Winde können die Nadeln schädigen.

Curcuma longa
GELBWURZ

Die mehrjährige Gelbwurz aus der Ingwerfamilie hat ein leuchtend oranges Rhizom, das getrocknet einen trockenen, aromatischen und pfeffrigen Duft verströmt, sowie große paddelförmige Blätter und gelbe Blüten.

VERWENDUNG: Das zu Pulver gemahlene Rhizom enthält viele Vitamine und Mineralstoffe und verleiht Curries, vegetarischen Bohnengerichten und Essiggemüse eine leuchtende, goldgelbe Farbe sowie einen trockenen, moschusartigen Geschmack. Im Orient dient Gelbwurz als Schutz vor dem Bösen und als Färbemittel für buddhistische Mönchskutten und wird von indischen Sängern zur Halsreinigung gekaut. Die Siona-Indianer aus dem Amazonasgebiet reiben das gelbe Rhizom und färben damit ihre Hängematten und tragen die Blätter als wohlriechende Armbänder. Die Triebe und Blüten werden in der Thai-Küche als Gemüse verarbeitet. Antibakteriell und antioxidativ, ist Gelbwurz ein wichtiges Naturheilmittel gegen moderne Leiden. Die Forschung zeigt, daß sie eine nicht steroide, entzündungshemmende Wirkung besitzt, den Fettstoffwechsel anregt und dabei beim Abnehmen hilft, die Gallenblase schützt, einige Lebertoxine abbaut, die Durchblutung anregt und Gerinnsel und Blutergüsse auflöst; außerdem wird sie bei Gebärmutterkrebs verabreicht. Rhizome der Zitwerwurzel (*C. zedoaria*) besitzen einen kräftigen, aromatischen, moschus- und kampferähnlichen Geruch, der für indische Parfüms und den Talkumpuder ›Abir‹ verwendet wird. In chinesischen Versuchen hemmte das Rhizom Gebärmutterhalskrebs, während es die Wirksamkeit von Strahlen- und Chemotherapie steigerte. In Südostasien wegen ihrer duftenden rosa Blüten eine beliebte Gartenpflanze, ist sie jetzt auch im Westen als exotische Zimmerpflanze erhältlich.

ÄTHERISCHES ÖL: Das würzigholzige Öl wird in der Industrie zum Würzen von Lebensmitteln und Gewürzen und für exotische Parfüms verwendet.

VORSICHT: Öl nur stark verdünnt anwenden; kann zu Reizungen und empfindlichen Reaktionen führen.

WACHSTUM UND VERMEHRUNG: Z 11; H 1 m; B unbestimmt. Empfindlich. Braucht gut entwässerten Boden und sonnigen Standort, viel Feuchtigkeit und Mindesttemperaturen von 15–18 °C. Samen im Sommer aussäen; während der Ruheperiode teilen.

Cymbopogon citratus
ZITRONENGRAS

Das aromatische mehrjährige Gras hat lauchartige Stengel, aus denen Grashalme und Blütenrispen herauswachsen. Es besitzt einen leichten, frischen und süßlichen Zitronenduft, aber nicht die Säure einer echten Zitrone.

VERWENDUNG: Die Stengel und Blätter sind eine Grundzutat der südostasiatischen Küche und werden auch im Westen immer beliebter. Da sie im getrockneten Zustand viel Geschmack einbüßen, sollte man sie frisch verwenden. Den erfrischenden, antiseptischen Tee aus den Blättern trinkt man in Südamerika und im tropischen Afrika bei Verdauungsproblemen, Kopfschmerzen und Fieber. Da die faserigen Wurzeln trockenen Boden binden, soll es weitflächig zur Eindämmung von Bodenerosion angebaut werden.

ÄTHERISCHES ÖL: Man unterscheidet zwei Typen von Zitronengrasöl: das westindische, rötlich-bernsteinfarbene Öl mit einem Duft nach gekochten Zitronen und Bonbons und erdigen Noten sowie das ostindische Öl mit hellerer Farbe und einem leichteren grasigen Zitronenduft. Beide wirken entspannend und stimmungsaufhellend und werden für Parfüms, antiseptischen Raumsprays, Insektenschutz, zur Behandlung von Streß, schlechter Durchblutung, Muskeltonus und Pilzinfektionen eingesetzt. Palmarosa (*C. martinii*) duftet nach Rose, Myrrhe und leicht nach Lakritz, wobei es in der Nase eine pfeffrige Ingwernote hinterläßt. Es wird wegen seiner feuchtigkeitsspendenden, antiseptischen, talgregulierenden und zellregenerierenden Eigenschaften in Hautcremes verarbeitet und bei Darminfektionen verschrieben. Zitronellgras (*C. nardus*) besitzt einen leichten, süßen Zitronenduft, der Insekten und Katzen vertreibt und als Industrieduftstoff verwendet wird.

Dipteryx odorata
TONKABOHNE

Dieser hohe immergrüne Baum aus dem tropischen Südamerika hat große elliptische Blätter, wohlriechende rosa-violette Blüten und Früchte mit einem einzigen großen Samen, der Cumarin enthält. Getrocknet verströmt er einen starken süßen Duft nach frisch gemähtem Gras und Vanille.

TONKABOHNEN

VERWENDUNG: Der Samen wird getrocknet, damit sich auf seiner Oberfläche das Cumarin als weißer Staub kristallisiert. Sein Geruch wird im Lauf der Zeit immer besser, weshalb es als Fixiermittel in Potpourris, Parfümpuder und exotischen Duftsäckchen eingesetzt wird. Der Samen wird von Amazonasindianern als Schmuck getragen und kann zusammen mit Zedernholzkugeln auf Ketten gefädelt und zwischen die Kleider gehängt werden. Das fettige Öl des Samens dient zur Behandlung von Ohrenschmerzen und als Insektenvertilgungsmittel.

ÄTHERISCHES ÖL: Mit Lösungsmitteln wird aus den Samen ein Absolue extrahiert, das einen vollen, warmen und süßen Heuduft mit besonders grasigen Holznoten aufweist. Seit der Entwicklung von synthetischem Cumarin 1868 ist die Nachfrage ständig gesunken.

VORSICHT: Wegen des hohen Cumaringehalts ist das Öl bei innerlicher und äußerlicher Anwendung giftig.

WACHSTUM UND VERMEHRUNG: Z 11; H 40 m; B 20 m. Wird selten außerhalb der heimischen Klimazone angepflanzt.

ZITRONENGRAS

Elettaria cardamomum

KARDAMOM

Die große mehrjährige Tropenpflanze hat weiße, orchideenähnliche Blüten mit violetten Äderchen, palmwedelartige Blätter und aufrechte oder überhängende Zweige mit grünen Früchten, die im reifen Zustand einen deutlichen, süßlichen und warm-aromatischen Duft verströmen.

VERWENDUNG: Die Samenkapseln werden grün, gebleicht oder sonnengetrocknet verkauft. Gute Kapseln sind prall gefüllt mit leicht klebrigen, dunkelbraunen und hocharomatischen Samen. Ersatzkardamom ist gewöhnlich braun und riecht nach Kampfer. Kardamom gehört in orientalische Gewürzmischungen, indische Süßigkeiten, arabischen Kaffee, dänischen Gewürzkuchen und englische Teilchen. Die Samen mildern Knoblauchgeruch, fördern die Verdauung, wirken stimulierend und krampflösend. Sie sollen angeblich auch die negativen Auswirkungen von Koffein und schleimbildender Milchprodukte eindämmen.

ÄTHERISCHES ÖL: Das Öl hat einen kräftigen, warmen Duft nach Honig und Gewürzen mit balsamischen und blumigen Noten. Es wird aus den Samen dampfdestilliert und für Parfüms, Kosmetika, Medikamente und Liköre verwendet. Therapeuten setzen es bei Erschöpfung, nervöser Anspannung und Anorexie ein; es soll auch aphrodisisch wirken.

VORSICHT: Öl: Keine Toxizität bei 4 % Verdünnung, aber das Gewürz kann Dermatitis auslösen; deshalb in niedriger Konzentration verwenden.

WACHSTUM UND VERMEHRUNG: Z 11: H & B 3 m. Empfindlich, braucht reichhaltigen, feuchten und gut entwässerten Boden im Halbschatten, 18 °C Mind.temp. Aussaat im Herbst; Pflanzen im Frühjahr oder Sommer teilen.

KARDAMOMKAPSELN UND SAMEN

Eucalyptus-Arten

EUKALYPTUS

Über 500 Arten von Eukalyptusbäumen und -sträuchern bieten eine breite Palette an erfrischenden, medizinischbalsamisch duftenden Blättern, Gummis und Ölen. Die Blüten sind in der Regel weiß oder gelb, einige Arten haben jedoch rosa oder rote Blüten.

VERWENDUNG: Der Blaugummibaum (*E. globulus*) wird wegen seines insektenvertreibenden Geruchs in stechmückenverseuchten Regionen gepflanzt. Sein weißes ameisen- und wasserbeständiges Holz entwässert Sumpfgebiete. Die widerstandsfähigste Art *E. gunnii* sondert einen süßen, eßbaren Gummi ab. Eukalyptusblüten sind die wichtigste Pollen- und Nektarquellen für australische Honigbienen; die kleinen Zweige halten sich lange und sehen in Blumenarrangements sehr dekorativ aus, die Blätter kann man in ein Potpourri geben. Australische Aborigines verbinden Wunden mit den antiseptischen Blättern oder machen daraus einen Fieber- und Hustentee.

ÄTHERISCHES ÖL: Die Öle werden aus den Blättern und jungen Zweigen dampfdestilliert und sind antiseptisch, antiviral und fördern das Abhusten. Das klare, leicht erfrischende Öl des

ZITRONENEUKALYPTUS

Blaugummibaums wird in der Medizin am häufigsten angewendet. Es vertreibt außerdem Insekten, schützt vor Pilzbefall, dient zum Inhalieren bei Erkrankungen der Atemwege (einschl. Tuberkulose), die durch Rauchen und Infektionen hervorgerufen wurden. Eukalyptusöl senkt den Blutzuckerspiegel und hilft bei Verbrennungen, Katarrh und Grippe. In Lufterfrischern schränkt es die Übertragung von Erkältungen ein und erleichtert Kranken das Atmen. Blaugummiöl wird in Arzneimitteln für Mensch und Tier verwendet. Zitronen- und Pfefferminzeukalyptus (*E. citriodora* und *E. dives*) liefern Duftstoffe für Kosmetika und die Industrie, sind nützlich in Lufterfrischern und bei der Behandlung von Wunden, Asthma, Erkältungen und Fieber. Zitroneneukalyptus schützt vor Pilzbefall (Fußpilz und Soor), während Pfefferminzeukalyptus bei Muskelschmerzen hilft.

VORSICHT: Pflanze und Öl gehören bei der äußerlichen Anwendung zu den sichersten Heilmitteln, sind innerlich angewendet aber giftig. Zitroneneukalyptus ruft in seltenen Fällen allergische Reaktionen hervor.

WACHSTUM UND VERMEHRUNG: Z 10; H 70 m; B 25 m. Nicht oder nur teilweise frostbeständig. In gemäßigten Klimazonen an einen geschützten Standort in gut entwässertem Boden mit dicker Mulchschicht pflanzen; Kübelpflanzen beim ersten Frost ins Haus bringen. Blaugummibäume jährlich oder alle zwei Jahre zurückschneiden, um frische Laubbildung zu fördern. Im Wintergarten die Pflanzen an eine sonnige und gut gelüftete Stelle setzen; während des Wachstums mäßig gießen. Läßt sich leicht aus Samen ziehen.

EUKALYPTUS

Ferula assafoetida

TEUFELSDRECK

Die hohe mehrjährige Pflanze mit gefiederten Blättern bringt im Mittsommer zahlreiche cremegelbe Blütendolden hervor. Die Pflanze riecht leicht nach fauligem Moschus und besitzt vor allem im Wurzelgummi einen gewissen Fischgeruch, was denn auch ihren zweiten Namen ›Stinkasant‹ erklärt.

VERWENDUNG: Das Gummi, das aus der stark riechenden Wurzel extrahiert wird, verliert beim Kochen sein unangenehmes Aroma. In winzigen Mengen verleiht es exotischen Gerichten eine interessante Note. Es ist für

219

A–Z *Ferula assa-foetida*

MÄDESÜSS

das lebhafte moschus- bis zwiebelähnliche Aroma vieler indischer Speisen verantwortlich, weil es Speiseöl, eingelegtes oder frisches Gemüse würzt. Es gehört außerdem in die Worcestershiresauce und in aphrodisische Gewürzmischungen. Geben Sie ein wenig davon auf den Grill oder das Grillfleisch, oder stecken Sie wie die alten Römer ein kleines Stück in ein Glas Pinienkerne, und verwenden Sie die Kerne dann zum Würzen. Das Pulver luftdicht im Gefrierschrank aufbewahren und bei Bedarf eine Prise entnehmen. Die grünen Pflanzenteile werden wie Gemüse gegessen. Das Gummi unterstützt die Verdauung, und Forschungsergebnisse legen nahe, daß es Blutgerinnung verhindert und Bluthochdruck senken kann. Der milchige Saft der *F. gumosa* verhärtet zu einem reichen, balsamischen Gummi, das seit Moses' Zeiten als Weihrauch verbrannt wird.

ÄTHERISCHES ÖL: Wird aus dem Gummi destilliert und hat einen kräftigen, anhaltenden, knoblauchartigen Moschusgeruch mit einer süßen balsamischen Nebennote. Manchmal als Fixiermittel in Abendparfüms.

WACHSTUM UND VERMEHRUNG: Z 8; H 2 m; B 1 m. Frostbeständig. Liebt sonnigen Standort in tiefem, feuchtem und gut entwässertem Boden; empfindlich gegen Ortsveränderung. Die frischen, reifen Samen im Spätsommer aussäen. Das Gummi wird aus 5jährigen Pflanzen gewonnen und getrocknet.

Filipendula ulmaria
MÄDESÜSS

Die Blätter der hoch und aufrecht wachsenden, mehrjährigen Staude verströmen beim Zerstoßen einen erfrischenden Duft nach Wintergrün und Gurken. Die eleganten, cremig-schaumigen Sommerblüten besitzen einen süßen, romantischen Mandelduft.

VERWENDUNG: Die Blüten wurden in Brautsträuße gesteckt und die Blätter in der Kirche ausgestreut – ironischerweise war Mädesüß das Lieblingskraut der jungfräulichen Königin Elisabeth I. von England. Bevor Hopfen seinen Siegeszug antrat, war Mädesüßbier sehr beliebt; heute noch aromatisieren die Blüten Marmelade, Kompott und Kräuterwein, liefern ein adstringierendes Gesichtstonikum und werden getrocknet zwischen Taschentücher gesteckt. Die Blüten liefern ein grünlich-gelbes, Blätter und Zweige ein blaues und die Wurzel ein schwarzes Färbemittel. Die Blütenknospen enthalten Salicylsäure, das natürliche Vorbild für Aspirin, wobei aber die Einnahme der ganzen Pflanze den Magen schont und nicht so leicht Magenblutungen verursacht. Kräuterkundige verschreiben es bei Sodbrennen, Kopfschmerzen, Rheuma und Grippe, als antiseptisches Diuretikum bei Blasenentzündung und bei Magengeschwüren (Experimente haben gezeigt, daß es aspirinbedingte Magengeschwüre in Ratten heilt).

VORSICHT: Bei Aspirin-Unverträglichkeit nicht innerlich anwenden.

WACHSTUM UND VERMEHRUNG: Z 2; H 2 m; B 45 cm. Sonne oder Halbschatten; feuchter bis nasser, fruchtbarer, alkalischer Boden. Im Frühjahr aussäen, im Frühjahr oder Herbst teilen. Auf 30 cm Abstand ausdünnen oder versetzen.

Foeniculum vulgare
FENCHEL

Alle überirdischen Teile des mehrjährigen Fenchels haben einen grünen Anisgeschmack und -duft: die hohen Stengel, die hübsch gefiederten Blätter, die gelben Dolden und die würzigen Samen.

VERWENDUNG: Blätter und zarte Stengel des gewöhnlichen Fenchels und die der bräunlichen Kultursorte *F. v.* ›Purpurascens‹ werden als Salatzutaten immer beliebter und verfeinern üppige Gerichte mit Fisch oder Schweinefleisch. Die Blättchen kann man einfrieren, in Öl oder Essig ziehen lassen. Der bräunliche Fenchel verleiht Essig einen tollen Rotton. Die Samen würzen Brot, Würste, Apfelpies oder können zum Keimen gebracht werden. Pur geknabbert oder als Tee erfrischen die Samen den Atem, fördern die Verdauung und bei stillenden Müttern den Milchfluß. Die eßbare Fenchelknolle ist die weiße und verdickte Blattbasis des *F. v.* var. *azori-*

FENCHEL

cum und wird im Herbst geerntet. Sie wird als Salat und Gemüse gegessen.

ÄTHERISCHES ÖL: Das Samenöl ist als Aromastoff in der Lebens- und Arzneimittelherstellung weit verbreitet. Es wird in Brustsalben und tonisierende Sportöle gegeben, während Therapeuten es bei Cellulitis, Anorexie, Rheuma, Menopause und Atemwegsbeschwerden verschreiben.

VORSICHT: Das Öl ist von Schwangeren, Epileptikern und Kindern unter 6 zu meiden. In 0,5 %iger Verdünnung anwenden. Öl des bitteren Fenchels ist für den Hausgebrauch ungeeignet.

WACHSTUM UND VERMEHRUNG: Z 5; H 2 m; B 45 cm. Sonne und gut entwässerter Lehmboden, keine schwere Tonerde. Aussaat im Spätfrühjahr oder Frühsommer, sät sich später selbst aus. Im Herbst teilen. Auf 50 cm Abstand ausdünnen oder umpflanzen. Nicht neben Dill pflanzen, da sie sich gegenseitig befruchten und das Aroma beeinträchtigt wird; die Nachbarschaft von Koriander verringert die Samenproduktion des Fenchels.

Fragaria vesca
WALDERDBEERE

Die hellgrünen, gezähnten und dreiteiligen Blätter der mehrjährigen Pflanze stehen in einer Rosette; sie verfärben sich im Herbst rötlich und duften zart. Von Sommer bis Herbst trägt die Pflanze kleine, süße und aromatische rote Früchte mit einem köstlichen Geschmack.

VERWENDUNG: Einige Marktstände verkaufen Erdbeeren immer noch in den traditionellen Obstkörbchen, die angesichts der heutigen Riesenerdbeeren absurd klein aussehen. Obwohl Erdbeeren zu fiebersenkenden Getränken, Likören, tonisierenden Weinen und Marmeladen verarbeitet werden, schmecken sie frisch am besten – eine schmackhafte Belohnung

A–Z Hierochloe odorata

WALDERDBEEREN

fürs Unkrautjäten! Walderdbeeren enthalten viel Eisen und Kalium und sind daher gut bei Anämie, rheumatischer Gicht, Nieren- und Leberleiden. Auf die Zähne gerieben, bleichen sie Flecken aus, während sie als Breiumschlag Sonnenbrand lindern oder als Gesichtsmaske abgestorbene Hautzellen entfernen. Die Blätter werden für Kräutertees getrocknet und pur oder zusammen mit Herbstwurzeln bei Durchfall und Harnleiden verschrieben.

VORSICHT: Für Tees die Frühsommerblätter sorgfältig trocknen, um mögliche Toxine zu vermeiden.

WACHSTUM UND VERMEHRUNG: Z 5; H 30 cm; B 20 cm. Kühler, sonniger oder schattiger Standort in humusreichem, feuchtem, gut entwässertem und alkalischem Boden. Aussaat im Frühjahr. Da die Samen wegen der harten Schale nicht sehr zuverlässig keimen, bei warmem (18 °C) und feuchtem Wetter aussäen. Die auf den Nebenranken gebildeten Tochterpflanzen im Abstand von 30 cm verpflanzen. Gut wässern. Pottaschedünger unterstützt die Pflanzen bei der Fruchtbildung. Die reifen Früchte pflücken, um die Neubildung von Früchten anzuregen.

Gardenia augusta
syn. *G. jasminoides*

GARDENIE

Der immergrüne Strauch oder Baum besitzt glänzend grüne, ledrige Blätter und trägt von Sommer bis Spätherbst intensiv duftende und auffällige elfenbeinfarbene Blüten, auf die orangerote Früchte folgen.

VERWENDUNG: Selbst in ihrer Heimat gilt die Gardenie als wertvolle Gartenpflanze. Die duftenden Blüten werden in Wasserschalen gegeben und im Orient zum Parfümieren von Tee verwendet, während die Früchte als gelbe Lebensmittelfarbe dienen. In der traditionellen chinesischen Medizin werden die Früchte und Wurzeln zur Behandlung von Wunden, Zahnschmerzen, Durchfall, Nasenbluten, grippalem Fieber, Hepatitis und Schlangenbissen eingesetzt. In Indonesien verwendet man die Blätter bei Asthma, Fieber, Bluthochdruck und Herzklopfen.

ÄTHERISCHES ÖL: Das teure, volle, warme, betörende und blumige Öl wird aus den Blüten gewonnen und gilt als »geruchlich ausgewogen« (wie auch Nelken und Lavendel); das bedeutet, daß die blumigen Bestandteile

GARDENIE

vollkommen harmonisch sind und eine Kopf-, Herz- und Grundnote enthalten. Aus diesem Grund wird Gardenie immer noch als Einzelparfüm geschätzt. Sie gehört aber auch in hochwertige Kompositionen, v. a. orientalisch-blumige Düfte; sie wird heute großenteils durch synthetische Stoffe ersetzt.

WACHSTUM UND VERMEHRUNG: Z 11; H 3 m; B 1,2 m. Empfindlich. In gemäßigten Klimazonen im Glashaus oder im Haus in hellem, indirektem Licht und kalkfreiem Kompost ziehen. Temperatur im Sommer konstant bei 16–18 °C und im Winter bei 10–16 °C halten. Den Boden mit Regenwasser gießen; während des Wachstums kräftiger gießen, aber nicht im Wasser stehen oder austrocknen lassen. Bei Schwankungen in Temperatur und Bewässerung fallen die Blütenknospen ab. Im Frühjahr weiche Achselstecklinge, im Spätsommer/Herbst verholzte Stecklinge in einem Anzuchtkasten mit sandigem Mischboden und Bodenwärme von 18–21 °C wurzeln lassen. Jungpflanzen im Sommer ausgeizen, um die Bildung von Blütentrieben anzuregen.

Hesperis matronalis

NACHTVIOLE

Die hübsche, aufrecht wachsende zwei-, manchmal auch mehrjährige Pflanze hat lanzettförmige Blätter und trägt im Frühsommer des zweiten Jahres zahlreiche weiße bis lila Blüten, die nach Veilchen und Nelken duften.

VERWENDUNG: Die Blüten locken Schmetterlinge an und verströmen besonders am Abend einen starken, süßen und beruhigenden Duft. Deswegen in die Nähe von Fenstern, Türen und Sitzgruppen im Garten pflanzen. Die Blüten schmecken leicht blumig, werden aber vor allem wegen ihres Aussehens in Partysalate gemischt oder auf Desserts gestreut. Sie bewahren auch getrocknet einen zarten Geruch und eignen sich daher für

NACHTVIOLE

Potpourris. Die jungen bitteren Blätter kann man sparsam in Salate, Sandwiches und Räucherfisch geben.

WACHSTUM UND VERMEHRUNG: Z 3; H 1 m; B 25 cm. Sonne oder Halbschatten; feuchter, gut entwässerter, neutraler bis alkalischer Boden. Verträgt auch karge Böden gut, doch die gefüllten Sorten brauchen mehr Nährstoffe. Vermehrung: im Herbst oder Frühjahr am gewünschten Standort aussäen, im Frühjahr durch Stecklinge, im Herbst oder Winter durch Teilung. Welke Blüten abknipsen, um die Bildung neuer Blüten zu fördern.

Hierochloe odorata

VANILLEGRAS

Das kriechende, büschelige Wiesengras bringt jedes Frühjahr frische grüne Halme hervor, die verwelken, sobald die zarten, pyramidenförmigen braunen Blüten verblüht sind. Im getrockneten Zustand duftet es süß nach Vanille und frisch gemähtem Gras.

221

A–Z *Hierochloe odorata*

VANILLEGRAS

VERWENDUNG: Verschiedene nordamerikanische Indianerstämme sammeln und trocknen das Sommergras auch heute noch. Sie flechten es zu Zöpfen und hängen es während ihrer Zeremonien in ihre Hütten oder verbrennen es als heiligen Weihrauch. Im Bow Museum in Calgary ist ein altes heiliges Flechtwerk ausgestellt, das noch immer duftet. Vanillegras wird für eine aromatische Haarspülung eingeweicht oder als Duft zwischen Kleider und Wäsche gelegt, in entspannende Potpourris und Duftsäckchen gemischt und zu Körben und Matten geflochten. Die Blätter aromatisieren Wodka und wurden einst für Erkältungstees und zur Behandlung von Hautverbrennungen verwendet.

ÄTHERISCHES ÖL: Das Öl mit dem starken Duft nach Vanille und Heu wird in der Parfümerie zur Betonung anderer Duftnoten und als Fixiermittel eingesetzt; es aromatisiert Konfekt, Getränke, Tabak und Handseifen. Der wichtigste Riechstoff Cumarin wird seit 1868 synthetisch hergestellt, doch auch die natürliche Version wird noch verwendet.

WACHSTUM UND VERMEHRUNG: Z 3-4; H 50 cm; B 60 cm. Aussaat im Frühjahr an einem sonnigen Standort in feuchtem, gut entwässertem Boden. Rhizome im Frühjahr oder Spätsommer teilen. Die ganzen Blätter im Sommer ernten und trocknen.

Humulus lupulus
HOPFEN

Die rankenden männlichen und weiblichen Hopfenpflanzen haben große, gezähnte, dreigliedrige Blätter mit einem sauberen grünen Duft; die gelbgrünen Blüten verströmen im Frühherbst einen strengen, grünen, ledrigen Duft nach Baldrian und Zwiebeln. Das typisch bittere Bieraroma entsteht in den Zapfen (reife weibliche ›Kätzchen‹ mit papierenen Brakteen). *H. l.* ›Aureus‹ besitzt goldene Blätter.

VERWENDUNG: Die aromatischen Zapfen liefern den Geschmack im Bier und dienen zur Klärung und Konservierung. Frisch getrocknet (alte Zapfen sind wirkungslos) gibt man sie wegen ihrer schlaffördernden Wirkung in Schlafkissen. Junge Blätter kann man für Suppen blanchieren, die jungen Frühjahrstriebe werden in Venetien wie Spargel gegessen. Frische, gefrier- oder frisch getrocknete Zapfen ergeben einen Tee, der als Nerventonikum dient, glatte Muskeln entspannt und leicht sedativ wirkt. Er regt Appetit, Verdauung und Milchfluß an und hilft zusammen mit anderen Heilpflanzen Entzündungen des Darmtrakts lindern.

ÄTHERISCHES ÖL: Das bernsteinfarbene Öl der Zapfen hat ein volles, krautig-ledriges Aroma, das für Parfüms, Lotionen, Tabak und als Würzmittel verwendet wird. Der Duft besitzt eine direkte sedative Wirkung auf das Nervensystem und wird bei ruhelosem Spannungskopfschmerz, Streß und angstbedingten Krankheiten wie bestimmten Sexualproblemen eingesetzt, kann aber Depressionen verschlimmern. Wegen seines Östrogengehalts wirkt Hopfen bei Männern triebdämpfend.

VORSICHT: Nur frische Zapfen sind wirksam. Hopfen und Hopfenerzeugnisse sollten bei depressiver Veranlagung gemieden werden. Der Blütenstaub kann Kontaktallergien hervorrufen.

WACHSTUM UND VERMEHRUNG: Z 5; H 7 m; B 6 m. Sonnige, offene Lage in fruchtbarem, tief umgegrabenem Boden. Benötigt Klettergerüst. Vermehrung weiblicher Pflanzen durch Teilung von Wurzelschößlingen im Frühjahr und im Sommer durch Stecklinge. Reife Hopfenzapfen im Frühherbst pflücken und zur sofortigen Verwendung trocknen oder gefriertrocknen.

HOPFENRANKEN

Hysoppus officinalis
YSOP

Der teilweise immergrüne Halbstrauch hat schmale Blätter mit einem frischen, pfeffrig-grünen Duft und Scheinähren mit kleinen, aromatischen leuchtend blauen, manchmal weißen (*H. o. albus*) oder rosa (*H. o. roseus*) Einzelblüten, die im Spätsommer blühen und von Bienen und Schmetterlingen geschätzt werden. *H. o.* subsp. *aristatus* ist eine kompakte Sorte mit tiefblauen/lila Blüten.

VERWENDUNG: Der saubere, antiseptische Geruch des Ysops (abgelei-

YSOP-VARIETÄTEN

tet aus dem hebräischen »ezob«, »Wohlgeruch«) trug zu seinem Ruf als reinigendes Kraut für heilige Orte und Leprakranke bei. Ysop gehört zu den bitteren Kräutern des jüdischen Pessah-Rituals. Die scharf-würzigen Blätter werden sparsam dosiert in süße und salzige Speisen gegeben. Sie sorgen für eine interessante Note und unterstützen die Verdauung von fettem Fisch und Fleisch. Die Blüten verleihen Obst- und Blattsalaten Farbe und milden Ysopgeschmack. Die Römer glaubten, Ysop könne vor Pest schützen, und setzten ihn in Kombination mit Ingwer, Thymian und Pfeffer auch als Aphrodisiakum ein. Ein schwacher Aufguß aus den Blütenspitzen wirkt sedativ und schleimlösend bei Grippe und Erkältungen. Ein Blattbrei unterstützt die Heilung von Wunden und die Auflösung von Blutergüssen. Ysop kann als Duftteppich verstreut oder getrocknet in Potpourris gemischt werden. Im Garten neben Weinranken setzen, um deren Ertrag zu steigern.

ÄTHERISCHES ÖL: Das farblose bis blaßgelbe Öl wird aus den Blüten und Blättern dampfdestilliert. Sein süßer Kräuterduft mit der feinen Kampfernote wird für Parfüms, Kosmetika, Lebensmittelzubereitungen und Liköre (z. B. Chartreuse) verwendet. Therapeuten setzen es als Stärkungsmittel für die Genesung, zur Auflösung von Blutergüssen (v. a. nach Gesichtschirurgie), bei Fieberbläschen und zum Abbau von Spannungen ein.

VORSICHT: Pflanze und Öl nur sparsam verwenden. In der Schwangerschaft, bei Bluthochdruck oder Epilepsie meiden. Nicht als Spray für öffentliche Räume geeignet.

WACHSTUM UND VERMEHRUNG: Z 3; H & B 1 m. Sonne und leichter, gut entwässerter, alkalischer Boden. Wurzelteilung im Frühjahr oder Stecklinge von Frühjahr bis Herbst, Aussaat im Frühjahr. Im Abstand von 60 cm oder 30 cm für Hecken pflanzen. In Gegenden mit milden Wintern nach der Blüte, ansonsten im Frühjahr auf 20 cm zurückschneiden.

Illicium verum

STERNANIS

Alle Teile des immergrünen Baums verströmen einen warmen, süßen Zimt-Lakritz-Duft: die glatte, blasse Rinde, die glänzend grünen Blätter, die gelben magnolienähnlichen Blüten, die aus dem Stamm hervorsprießen, und vor allem die sternförmigen Kapseln, die zart duftende Samenkörner umschließen.

VERWENDUNG: Der Duft inspirierte zum Gattungsnamen *Illicium*, der sich vom lateinischen Wort für »Verlockung« ableitet. Chinesischer Sternanis verleiht asiatischen Speisen (v. a. Ente und Schweinefleisch) einen typischen, zart-würzigen und warmen Geschmack. Die gemahlene Kapsel und die Samen gehören ins chinesische Fünfgewürzpulver. Das Lieblingsgericht eines chinesischen Kaisers war eine Hähnchenspezialität aus Hangzhou, die mit Sternanis und Kassia gewürzt, in Lotosblätter gewickelt und langsam in der Erde gebacken wurde. Die Samenkapseln kann man ganz oder gemahlen in Kaffee und Tees geben, die nach dem Abendessen zur Förderung der Verdauung getrunken werden. Die Kapseln wirken gegen Bakterien und Pilzbefall und sehen so hübsch aus und duften so gut, daß sie unbedingt in ein Potpourri gehören. Die unreifen Kapseln werden von den Einheimischen zur Förderung der Verdauung und zur Erfrischung des Atems gekaut. Der verehrte, aber giftige Japanische Sternanis (*I. anisatum*) hat Früchte, die nach Kardamom duften, und wird vor buddhistische Tempel gepflanzt, wo die aromatische Rinde dann als Weihrauch verbrannt wird.

ÄTHERISCHES ÖL: Der intensive süße, warme, würzige Zimt-Lakritz-Duft wird für Parfüms, Seifen, Haaröle, Liköre, Erfrischungsgetränke und zur Überdeckung des unangenehmen Geschmacks mancher Medikamente verwendet. Aromatherapeuten bekämpfen damit Rheuma, Erkältungen, Atem- und Verdauungsbeschwerden.

VORSICHT: Das Öl während der Schwangerschaft meiden. In winzigen Dosierungen und maßvoll anwenden. Im Gegensatz zu anderen Gewürzölen scheint es keine Hautreizungen hervorzurufen, wirkt in großen Dosen jedoch betäubend und kann zu Gehirnstörungen führen.

WACHSTUM UND VERMEHRUNG: Z 8; H 18 m; B 9 m. Frostbeständig. Braucht Halbschatten und feuchtigkeitsspeichernden, gut entwässerten, neutralen bis sauren Boden. Schwach verholzte Stecklinge im Sommer pflanzen. Außerhalb seiner Heimat (Südchina und Vietnam) schwer zu kultivieren.

Iris germanica var. *florentina*

SCHWERTLILIE

Das mehrjährige Rhizom, die sog. Veilchenwurzel, bringt schwertförmige Blätter und große, weiße bis hellblaue, bärtige Blüten mit Honigduft hervor. Das getrocknete Rhizom entwickelt seinen wertvollen Veilchenduft langsam innerhalb von 3 Jahren.

VERWENDUNG: Die bunte Gattung leitet ihren Namen von der griechischen Götterbotin Iris ab, die auf einem Regenbogen zur Erde hinabglitt. Die weiße Iris ist auf dem Wappen der Stadt Florenz zu sehen. Das getrocknete Rhizom hat einen bitteren Geschmack, der bestimmte Liköre aromatisiert, und wird als hervorragendes Fixiermittel für Rosenkranzperlen, Duftsäckchen, Gesichtspackungen, Zahnpulver, Trockenshampoos, Körperpuder und Potpourris verwendet. Es besitzt eine lange Tradition als Heilmittel. Vor kurzem wurde festgestellt, daß der Samen der *I. lactae* var. *chinensis* die DNA-Synthese von Krebszellen unterbindet und die Zellimmunität stärkt.

ÄTHERISCHES ÖL: Das ätherische Öl aus den Rhizomen der Schwertlilie und *I. pallida* (gilt unter Parfümeuren als das beste) ist extrem teuer und besitzt einen komplexen holzigen, öligen Veilchenduft mit süßen, warmholzigen, fruchtigen und blumigen Noten. Es wird in hochwertigen Parfüms als Fixiermittel und als Veilchenersatz verwendet. Es gibt auch ein noch teureres Absolue (dreimal so teuer wie Jasmin), das leicht süß und blumig-holzig duftet, und ein weniger teures Harz, das einen anhaltenden, dunklen, süß-holzigen Tabakduft besitzt und für Seifen und Parfüms verwendet wird. Iris wird häufig durch synthetische Riechstoffe ersetzt.

STERNANIS

SCHWERTLILIE

VORSICHT: Die frischen Blätter und Wurzeln aller Schwertlilien sind, innerlich angewendet, giftig. Hautreizungen möglich. Öle werden oft gefälscht.

WACHSTUM UND VERMEHRUNG: Z 6; H 1 m; B unbestimmt. Sonnige Lage in gut entwässertem, neutralem bis alkalischem Boden. Vermehrung durch Ableger im Spätsommer oder Aussaat im Herbst. Wurzel im Spätsommer/Frühherbst ausgraben und 3 Jahre trocknen lassen.

A–Z *Jasminum officinale*

JASMIN

Jasminum officinale

JASMIN

Dieser laubabwerfende, rankende Strauch besitzt dunkelgrünes Laub, das in jeweils 5–9 Blättchen zusammensteht, und 5blättrige weiße Blüten, die im Spätsommer einen intensiven, vollen, honigsüßen und betörenden Duft mit fruchtig-grünen Noten ausströmen. Es gibt viele hübsche und aromatische Sorten.

VERWENDUNG: Jasmin wird wegen seiner Schönheit und seines Dufts geschätzt und wegen seines romantischen, nächtlichen Dufts in Innenhöfe, auf Veranden und unter Fenster gepflanzt. Die Blüten aromatisieren Desserts und Tees, verzieren und parfümieren Haare und werden als Opfergaben dargereicht. Chinesischer Jasmintee wird mit den Blüten des *J. sambac* parfümiert.

ÄTHERISCHES ÖL: Das dunkle orange-braune Öl wird mit Lösungsmitteln aus den Blüten des *J. officinale* und *J. o. grandiflora* extrahiert. Die Ölpflanzen werden auf 1 m gestutzt, die Blüten von August bis Oktober täglich am frühen Morgen gepflückt. Man benötigt 8 Millionen Blüten, um 1 kg des exotischen Öls herzustellen. Es ist daher sehr teuer. Da es so intensiv ist, verwendet man nur winzige Mengen. Es liefert das beliebteste Absolue der Parfümeure und verfeinert eine überraschende Vielzahl von Speisen und Getränken, z. B. auch Maraschinokirschen. In der Aromatherapie wirkt das Öl antidepressiv, vertrauensbildend und entspannend. Es hilft bei trockener, empfindlicher Haut, Müdigkeit, angstbedingten Sexualproblemen und Wochenbettdepression.

VORSICHT: Das Öl während der gesamten Schwangerschaft meiden.

WACHSTUM UND VERMEHRUNG: Z 7; H 1–10 m; B 2–10 m. Sonniger Standort in reichhaltigem, gut entwässertem Boden. Braucht Kletterstütze. Vermehrung durch Aussaat im Frühjahr und schwach verholzte Stecklinge im Sommer. Triebe ausdünnen oder nach der Blüte zurückschneiden.

Juniperus communis

WACHOLDER

Der frische, warme und harzige Geruch des Wacholderbaums steckt in den Nadeln und Beeren, die erst im zweiten oder dritten Herbst ihre reife, blau-schwarze Farbe annehmen.

VERWENDUNG: Indianer behandeln mit Wacholderbeeren Erkältungen, während kleine Zweige zu luftreinigenden Räucherstäbchen verarbeitet und als schützender, zeremonieller Weihrauch verbrannt werden. Die reifen weiblichen Beeren, die Gin den typischen Geschmack verleihen, sollte man binnen 6 Monaten verbrauchen. Sie dienen auch als Gewürz für Marinaden, Pasteten, Wildgerichte und Konserven.

ÄTHERISCHES ÖL: Wacholderbeerenöl hat einen anregenden warmen, süßen, grün-holzigen Ginduft, der für männliche Parfüms und Chartreuse verwendet wird. Sehr stark verdünnt in Massage- oder Badeöle gegeben, wirkt es entgiftend und antispasmodisch bei Arthritis, Muskelschmerzen und Cellulitis, behandelt Akne, Hautekzeme, Blasenentzündung und nervöse Anspannung. Wacholderöl ist beruhigend, emotional reinigend und schützt vor negativer Einstellung. Manche Heilkundige massieren deshalb einen Tropfen davon auf die Handgelenke, während sie arbeiten oder sich in Menschenmengen oder feindlich gestimmter Umgebung aufhalten. Wacholderteeröl wird aus dem Holz des *J. oxycedrus* destilliert und besitzt einen rauchigen, ledrig-holzigen Geruch. Es wird für Aftershaves, Salben für schuppige Haut und Tiermedikamente verwendet. Wacholdernadelöl hat eine weniger holzige, grünere Note, die in der Parfümerie eingesetzt wird. *J. virginiana* ergibt Rotzedernöl, das in der Medizin und als Insektenvernichtungsmittel Verwendung findet.

VORSICHT: Das Öl ist während der Schwangerschaft oder bei Nierenleiden zu meiden. Nicht innerlich anwenden. Das Öl des Sadebaums *J. sabina* ist in einigen Ländern verboten, weil es hochgiftig ist und als Nervengift wirkt.

WACHSTUM UND VERMEHRUNG: Z 2–7; H 10 m; B 4 m. Liebt offene, sonnige Standorte und feuchten Boden. Für die Beerenproduktion benötigt man männliche und weibliche Pflanzen, deshalb im Spätsommer bis Frühherbst schwach verholzte Stecklinge bekannter Pflanzen abschneiden.

Laurus nobilis

LORBEER

Das dunkelgrün glänzende, immergrüne Laub des Lorbeerbaums oder -strauchs besitzt einen warmen, grünen, würzigen und muskatähnlichen Duft, der sich voll entfaltet, wenn die Blätter einige Tage getrocknet wurden. Aus kleinen, cremefarbenen Frühjahrsblüten reifen im Herbst schwarze Beeren heran. *L. n.* ›Aurea‹ besitzt gelblich-goldene, *L. n.* ›Angustifolia‹ schmale Blätter.

VERWENDUNG: Ein Kranz aus den dem Gott Apoll geweihten Lorbeerblättern ehrte in der Antike Dichter, Staatsmänner, Athleten und in neuerer Zeit auch Studenten. Das Dach des ersten Apollotempels in Delphi war zum Schutz mit Lorbeerzweigen gedeckt. Da Lorbeer in großen Mengen leicht betäubend wirkt, nimmt man an, daß dadurch die Trance des Orakels erreicht wurde. Schützende Lorbeergirlanden wurden später ein architektonisches Schmuckelement. Dr. Andrew Borde empfahl 1542 in seinem *Erstem Buch über die Hygiene* den Bürgern,

LORBEER

224

A–Z Lavandula

während der Pestzeit verholzte Lorbeerzweige zu verbrennen. Lorbeerblätter sind ein verdauungsförderndes Gewürz in Bouquet garnis, Saucen, Essigen und würzigen Reis- und Milchspeisen. Im Holzkohlenfeuer sorgen Lorbeerzweige für einen rauchigen und aromatischen Geruch. Alte Blätter kann man in Potpourris oder »männliche« Duftsäckchen krümeln.

ÄTHERISCHES ÖL: Das würzige Öl der Blätter und Zweige findet in der Lebensmittel-, Getränke- und Parfümindustrie Verwendung. In der Aromatherapie hilft es Verstauchungen und Rheuma lindern und stärkt das Immunsystem. Das Beerenöl wird in der Parfümerie eingesetzt.

VORSICHT: Andere Lorbeerarten sind giftig. In der Schwangerschaft und bei empfindlicher Haut das Öl meiden.

WACHSTUM UND VERMEHRUNG: Z 8; H 15 m; B 10 m. Geschützte, sonnige Lage; nährstoffreicher, feuchter und gut durchlässiger Boden. Ausgewachsene Pflanzen erholen sich vom Frost, wenn die Wurzeln nicht beschädigt wurden; junge Pflanzen und Blätter sterben in eisigen Winden ab. Schwer zu vermehren. Im Spätsommer 10 cm lange Stecklinge in einen beheizten und feuchten Anzuchtkübel pflanzen. Kübelpflanzen ins Haus holen, wenn die Temperatur unter −15 °C sinkt. Kann in Kugelform geschnitten werden.

Lavandula-Arten

LAVENDEL

Die silberblättrigen, immergrünen, mehrjährigen Halbsträucher sind mit aromatischen Öldrüsen bedeckt, die in den Sommerblüten am dichtesten stehen. Mit 28 Arten und zahlreichen Varietäten reicht die Farbpalette der Blüten von Weiß bis Dunkellila. Alle Lavendelarten verströmen jedoch eine Form desselben unverwechselbar süßbalsamischen Dufts. Mit 1,2 m ist

VERSCHIEDENE LAVENDELSORTEN

L. × *intermedia* ›Grappenhall‹ am größten. Echter Lavendel (*L. angustifolia* syn. *L. officinalis*) wird 75 cm hoch. Sawyer's Selection, gekreuzt mit *L. lanata*, ist sehr silbrig, hat lange lila Blüten und erreicht 1,1 m. *L. a.* ›Rosea‹ und ›Lodden Pink‹ haben rosa Blüten, ›Alba‹ blüht weiß. *L. a.* ›Vera‹ ist silbriger und mit 65 cm auch kompakter. ›Folgate‹ und ›Twickle‹ werden nur 45 cm groß. *L. a.* ›Hidcote‹ hat sehr silbrige Blätter und besonders dunkle, lila Blüten und wird 40 cm groß. *L. a.* ›Munstead‹ ist blau und mit 35 cm etwas kleiner. Weniger widerstandsfähige Arten sind der Schopflavendel *L. stoechas* mit einem dauerhaften lila Schopf auf den Blüten und *L. pedunculata* mit karminrotem Schopf. *L. dentata* ist teilweise frostbeständig und hat leuchtend grüne gezähnte Blätter und einen Rosmarin-Lavendel-Duft. Ebenfalls teilweise frostbeständig sind der Woll-Lavendel

L. lanata, der einen balsamischen Duft verströmt, und der Grüne Lavendel *L. viridis* mit hellgrünen Blüten.

VERWENDUNG: Wegen seines beständigen, süßen, sauberen, entspannenden und insektenvertreibenden Dufts wird Lavendel seit alters her geschätzt und vielseitig eingesetzt: in Potpourris, Schrankpapier, Wäschesäckchen, Kräuterkissen, Tierkörbchen, Hängesträußen, Weihrauch oder einfach in ganzen Schalen voller Blüten. Eine Lavendelschale parfümiert einen ganzen Raum, wirkt beruhigend und vertreibt Insekten. Kleine Mengen Lavendelblüten verleihen Eiscreme, Marmelade, Zucker, Essig, provenzalischen Eintöpfen und Lammbraten ein interessantes, bittersüßes Aroma, während die bitteren Blätter in der südeuropäischen Küche als Gewürz dienen. Lavendelblüten wurden früher zu einem Heiltrank gebraut. Heute er-

geben sie einen hellen, stimmungsaufhellenden Tee mit zartem Aroma, der Kopfschmerz, Übelkeit und schlechten Atem lindert; durch die Zugabe von ein paar Tropfen Zitronensaft wird der Tee dunkelviolett. Lavendelblütenwasser ist ein Gesichtstonikum, beschleunigt die Zellerneuerung und ist antiseptisch bei Akne. Die alten Perser und Griechen verbrannten die Zweige als Schutz vor Epidemien.

ÄTHERISCHES ÖL: Lavendelöl ist das am meisten verwendete Öl für den Hausgebrauch, in der Aromatherapie und in der Parfümerie. Man unterscheidet drei bedeutende Quellen. Für die Parfümerie und Aromatherapie nimmt man das wertvollste Öl, das aus den Blütentrieben des Echten Lavendels *L. angustifolia*, *L. a.* ›Vera‹ und eigens entwickelten Hybriden dampfdestilliert wird. Es besitzt den traditionellen wohltuenden, sauberen, balsamisch-blumigen Duft mit holzigen Untertönen und eine kräftigere, durchdringendere Süße als die frischen Blüten, verflüchtigt sich aber schnell. Es ist das vielseitigste ätherische Öl, besitzt es u. a. doch sedative, antidepressive, antiseptische und schmerzlindernde Eigenschaften, die Körper, Geist und Gefühlen nützen. In kleinen Mengen wirkt es sedativ, in größeren stimulierend. Es läßt sich mit fast allen anderen Ölen mischen, was seine therapeutischen Eigenschaften scheinbar steigert.

Die Bedeutung des Lavendelöls liegt v. a. im Abbau von Streß. Es stärkt außerdem das Immunsystem, das bei Streß geschwächt wird. Es wurde zur Eindämmung von Ruhelosigkeit, Lärmempfindlichkeit bei Tinnitus und Panikanfällen eingesetzt. Krankenhäuser haben festgestellt, daß Lavendel Patienten einen ruhigen und erholsamen Schlaf bescheren kann.

Lavendelöl läßt alle Hauttypen, v. a. zarte und empfindliche Haut jünger aussehen, beschleunigt die Zellerneuerung in trockener, entzündeter, reifer, fettiger und normaler Haut. Es behandelt Akne und beruhigt geplatzte Äderchen und Ekzeme. Außerdem

A–Z Lavandula

fördert es allgemein den Heilungsprozeß und schränkt Vernarbung ein. In einer Massagemischung regt es die Durchblutung und ein träges Lymphsystem an, verbessert den Muskeltonus, lindert Cellulitis, Wasserstau und Frostbeulen.

Das antiseptische Öl gehört in jede Hausapotheke, denn bereits ein Tropfen unverdünntes Lavendelöl beruhigt und desinfiziert Insektenstiche und beruhigt kleinere, bereits abgekühlte Verbrennungen. Die reinigenden und zellerneuernden Eigenschaften kommen zur Geltung, wenn man das Öl mit Wasser verdünnt und auf kleine Schnittwunden und langsam heilende Wunden gibt. Mit Geraniumöl gemischt, bekämpft es den Fieberbläschenvirus. Als Schmerzmittel und durchblutungsförderndes Mittel lindert es in Massagemischungen Muskelkater und chronisches Rheuma.

Das Öl des Großen Speiks kostet etwa ein Drittel des Echten Lavendelöls und wird aus *L. latifolia* (mit seinen matten graublauen Blüten wird er als Gartenpflanze nicht geschätzt) und *L. fragrans* destilliert. Manchmal wird es als Echtes Lavendelöl verkauft oder zum Strecken von Echtem Lavendelöl verwendet. Es besitzt ein krautigeres, seifiges Kampferaroma, das in männlichen Parfüms, Kosmetika, Reinigungs- und Insektenschutzmitteln Verwendung findet. Darüber hinaus hat es beruhigende, schmerzlindernde Eigenschaften, die hilfreich sind bei Atemwegsbeschwerden, Katarrh und zum Verbinden von Verbrennungen. Es wird bei Asthma, akuter und chronischer Bronchitis, rheumatischen Schmerzen, Erkältungen, Husten und Grippe einmassiert. Lavandinöl wird aus *L. × intermedia*, einer Kreuzung zwischen Echtem Lavendel und Großem Speik gewonnen. Es strömt ebenfalls den typischen Lavendelduft mit einem holzig-würzigen Unterton aus, aber auch eine deutliche, scharfe, kampferartige Kopfnote. Man benutzt es oft für billigere Parfüms, Toilettenartikel und Reinigungsmittel.

WACHSTUM UND VERMEHRUNG: Z 5–9; H 75 cm; B 1,2 m. Liebt einen offenen, sonnigen Standort in durchlässigem und kalkhaltigem Boden. Die Vermehrung erfolgt durch 10–20 cm lange Stecklinge im Frühjahr oder Herbst oder durch Teilung oder Absenkung des Stocks. Die Art wird durch Aussaat der frischen Samen im Spätsommer vermehrt. Die Pflanzen auf 45–60 cm Abstand (bei Hecken 30 cm) ausdünnen oder verpflanzen. Ausgebleichte und welke Blütenstengel entfernen. Hecken oder zerzauste Pflanzen im Spätherbst oder Frühling zurechtschneiden. Blüten bei größter Öffnung ernten.

Lawsonia inerma

HENNA

Der lockere, offene Hennastrauch besitzt länglich-spitze Blattpaare und trägt im Sommer Rispen aus kleinen, cremefarbenen Blüten, die stark duften und blauschwarze Früchte hervorbringen.

VERWENDUNG: Henna wird bereits in der Bibel erwähnt, die Blüten ergaben Kleopatras berühmtes verführerisches Parfüm Cyprinum und einen arabischen Duft namens Mehndi. Die jungen Blatt-Triebe werden getrocknet und zu einer Paste verarbeitet, die den berühmten roten Farbstoff liefert, mit dem vor allem in Nordafrika und Indien die Füße und Hände von Frauen bemalt und die Haare von Männern und Frauen gepflegt und gefärbt werden. Männliche Muslime, die nach Mekka gepilgert sind, dürfen ihre Bärte mit Henna färben; auch Mähne, Schweif und Hufe berühmter Araberpferde werden damit gefärbt. Um 1960 gelangt Henna in den Westen. In den letzten 35 Jahren hat man pflegende Haarfärbemittel entwickelt, die nicht mehr so knallorange ausfallen. Die kühlenden, adstringierenden und desodorierenden Blätter werden bei Fieber, Kopfschmerzen, Insektenstichen und Gliederschmerzen eingesetzt.

ÄTHERISCHES ÖL: Das süße, kräftige Öl wird aus Blüten destilliert, die am frühen Morgen gepflückt werden. Es findet in indischen und nordafrikanischen Parfüms, doch nur selten im Westen Verwendung.

WACHSTUM UND VERMEHRUNG: Z 10; H 6 m; B 5 m. Nicht frostbeständig. In temperierten Klimazonen in einem gemäßigten bis warmen Treibhaus in leichtem, lehmgrundigem Kompost ziehen. Vermehrung durch Samen oder grüne Stecklinge im Frühjahr, bzw. verholzte Stecklinge im Winter.

Levisticum officinale

LIEBSTÖCKEL

Der mehrjährige Liebstöckel besitzt große und kräftige Blätter, die nach Sellerie riechen, und trägt grünlich-gelbe Doldenblüten, aus denen aromatische Samen reifen.

VERWENDUNG: Alle Teile sind in der Küche verwendbar. Die rohen Triebe werden mit French Dressing gegessen; Frühjahrsstengel werden als Gemüse gedämpft, unter Eintöpfe ge-

PULVER AUS HENNABLÄTTERN

LIEBSTÖCKEL

schnitten oder kristallisiert. Die jungen Blätter kommen in Salate, Suppen und Käse oder werden eingefroren. Die Wurzel wird vor der Blüte im zweiten oder dritten Jahr ausgegraben und in Salate gerieben, eingelegt oder zu Gewürzpulver verarbeitet. Die Samen kann man über Reis oder Kartoffelpüree streuen. Läßt man Samen in Brandy oder Likören ziehen, ergeben sie einen beruhigenden Digestif, während ein Aufguß aus Samen, Blättern oder Wurzeln entwässernd wirkt. Die Wurzel wird zur Behandlung von Anorexie, als Mundwasser bei offenen Stellen, Mandelentzündung und bei Atemwegsinfektionen eingesetzt.

ÄTHERISCHES ÖL: Die Wurzeln ergeben ein bernsteinfarbenes Öl mit einem warmen, selleriewürzigen Geruch, während die Blätter und Stiele eine hellere und mildere Version hervorbringen. Beide Öle werden in der Parfümerie und als Aromastoffe verwendet.

VORSICHT: Pflanze und Öl während der Schwangerschaft oder bei Nierenleiden meiden. Phototoxische Wirkung und Reizungen möglich.

WACHSTUM UND VERMEHRUNG: Z 4; H 2 m; B 1,5 m. Braucht Sonne oder Halbschatten und humusreichen, feuchten und gut durchlässigen Boden. Aussaat der frischen, reifen Samen im Spätsommer; sät sich leicht selbst aus. Vermehrung auch durch Wurzelschnittlinge mit Vegetationspunkten im Frühjahr oder Herbst. Auf 60 cm Abstand ausdünnen oder verpflanzen. 2–3 Wochen vor der Ernte Stroh um die Stengel binden, damit das Gemüse hell und zart bleibt.

A–Z Melaleuca alternifolia

Lilium candidum

MADONNENLILIE

Die Zwiebel treibt jedes Jahr im Herbst eine Rosette aus neuen Grundblättern und im Frühjahr einen Stengel aus, der im Sommer 5–20 elegante weiße Blüten mit pollenbeladenen goldenen Narben trägt. Madonnenlilien besitzen unter allen Lilienarten vermutlich den besten Lilienduft: Er ist süß und exotisch, aber ohne die schwülen Noten, die man oft in anderen Lilien bemerkt. *Lilium regale* ist bei Floristen sehr beliebt und ergibt ein ätherisches Öl, das auf den Bermudainseln zu einem Parfüm verarbeitet wurde.

VERWENDUNG: Die Zwiebeln dieser und anderer Lilien sind seit alters her ein Lebensmittel und werden von verschiedenen Kulturen, z. B. Chinesen, Japanern und Indianern, immer noch angebaut oder gesammelt. Der dicke, beruhigende Schleim der Spätsommerzwiebeln kann in Kosmetika, Brandsalben und -cremes und zur Eindämmung von Entzündungen und Akne verwendet werden. Das destillierte Blütenwasser ist ein Hauttonikum; in Mandelöl gemischt, behandelt es Ekzeme und ergibt ein exotisch duftendes Massage- oder Körperöl.

ÄTHERISCHES ÖL: Die Blüten liefern einen teuren, raffinierten, honigsanften und intensiv blumigen Duft, der für edle Parfüms verwendet wird. Es wird nur an Parfümeure vertrieben.

VORSICHT: Durch intensives Sammeln ist der Fortbestand wild wachsender Lilien in ihrer Heimat bedroht. Kaufen Sie nur Zwiebeln von verläßlichen Quellen und vergewissern Sie sich, daß die Zwiebeln kommerziell gezüchtet wurden.

WACHSTUM UND VERMEHRUNG: Z 6; H 2 m; B 45 cm. Im Frühherbst an einem sonnigen und geschützten Platz in gut entwässertem, alkalischem Boden pflanzen und mit höchstens 5 cm Humus abdecken. Die Zwiebeln nicht vertrocknen lassen oder stören. Vermehrung erfolgt durch Aussaat im Frühjahr oder Herbst; durch »Schalen« (die Außenseite einer großen Zwiebel) im Sommer oder durch Ableger (Minizwiebeln) im Spätsommer.

Lonicera periclymenum

GEISSBLATT

Das kletternde, mehrjährige Geißblatt trägt im Sommer rosa und cremegelbe Blüten, deren intensiver Duft abends durch den Garten weht. Zu den stark duftenden Sorten gehören *L. p.* ›Early Dutch‹ oder ›Belgica‹, die im späten Frühjahr und noch einmal im späten Herbst rötlich-violette Blüten hervorbringt, die im Lauf der Zeit zu gelb verblassen; *L. p.* ›Late Dutch‹ oder ›Serotina‹ mit vollen rötlich-violetten Blüten von Mitte Sommer bis Mitte Herbst; Japanisches Geißblatt (*L. japonica*), die chinesische »Silber- und Goldblume«, ist ein halb-immergrüner Strauch mit weißen Blüten, die ab der Sommermitte gelb abtönen; *L. j. repens* ist eine wunderschöne Kletterpflanze für den Garten mit lilagetönten, immergrünen Blättern, Trieben und Blüten ab Sommermitte; das Jelängerjelieber (*L. caprifolium*), das im Mittsommer rosagetönte, cremefarbene Blüten trägt.

VERWENDUNG: Als beharrliche Kletterpflanze gilt Geißblatt in der Blumensprache als Symbol der Treue. Der fast immergrüne Strauch ist ein pflegeleichter und attraktiver Schmuck für Terrassen, Säulen und Pergolen. Unter Fenstern und über Lauben schaffen der süße Duft und das hypnotisierende Summen der Bienen eine beruhigende, romantische Atmosphäre. Die Blüten des Waldgeißblatts kann man in Salate, Apfelgelee oder am Ende der Garzeit in Milchspeisen geben oder frisch gepflückt als Dekoration einer Hochzeitstorte verwenden. Sie ergeben ein Toilettenwasser, das die Haut weich macht. Geißblattsirup aus Blüten, Zucker und Wasser hilft bei Husten oder kann zu einem wohlriechenden Sommerdrink verdünnt werden. *L. japonica* wird in der chinesischen Medizin zur Regulierung des Blutzuckerspiegels, zur Entschlackung und zur Senkung hohen Fiebers eingesetzt.

ÄTHERISCHES ÖL: Obwohl der Duft sehr beliebt ist, konnte er erst Ende des 18. Jh., als die Extraktion mit flüchtigen Lösungsmitteln entwickelt wurde, eingefangen werden. Dann gab es zur großen Freude der Parfümeure auf einmal Geißblatt, Nelke, Mimose und Besenginster. Geißblattöl (Chèvrefeuille) wird aus *L. caprifolium* und *L. gigantea* destilliert, doch das seltene und teure Öl ist nicht allgemein erhältlich. Der beliebte Duft für Kosmetika und Raumerfrischer wird meist synthetisch hergestellt.

VORSICHT: Geißblattbeeren (Heckenkirschen) sind giftig.

WACHSTUM UND VERMEHRUNG: Z 4; H 4 m; B Kletterpflanze. Durchlässiger Boden und sonniger oder leicht schattiger Standort. Stecklinge aus nicht blühenden Trieben im Sommer in sandigem Kompost wurzeln lassen. Im Herbst oder Winter vorzugsweise im Halbschatten auspflanzen.

GEISSBLATT

Melaleuca alternifolia

TEEBAUM

Es gibt über 150 Arten von *Melaleuca*-Bäumen und -Sträuchern. Teebaum besitzt eine papierne Rinde und trägt im Frühling kleine weiße Blüten. Die antiseptischen Blätter und Zweige ergeben ein würziges, kampferähnliches Öl mit Thymianduft.

VERWENDUNG: Die Blätter verschiedener *Melaleucas* werden von den australischen Aborigines als Heilmittel verwendet, und viele Arten sind wegen ihres Holzes und ihrer Öle von wirtschaftlicher Bedeutung.

ÄTHERISCHES ÖL: Teebaumöl wird aus den Blättern und Zweigen destilliert. Es wird manchmal in After-

LILIE

227

A–Z *Melaleuca alternifolia*

shaves, doch wegen seines sauberen medizinischen Geruchs und seiner antiseptischen Eigenschaften hauptsächlich in Reinigungs- und Arzneimitteln verwendet. Im Zweiten Weltkrieg wurde es an australische Soldaten ausgegeben, um Wunden zu verbinden, dann aber von Antibiotika verdrängt. Seit den 70er Jahren hat die Forschung v. a. in Australien seine ungewöhnlich starke antiseptische, pilztötende (bei Fußpilz und Soor) und virenhemmende Wirkung und seine immunfördernden Eigenschaften bestätigt. Frisches Öl wird unverdünnt auf Warzen geträufelt, bei Flecken, Fieberbläschen und Herpes verdünnt angewendet und bei Erkältungen und Infektionen der Atemwege inhaliert. Es ist Bestandteil von Lotionen für rissige Haut an Händen und Füßen und von Shampoos für juckende Kopfhaut und Kopfläuse. Teebaumöl ist beliebte Zutat vieler Naturkosmetika und zeitigt in antiseptischen Seifen für Krankenhäuser und Restaurants vielversprechende Ergebnisse. Cajeputöl aus *M. cajuputi* und *M. leucadendron* besitzt denselben Kampferduft wie Teebaumöl, hat aber eine süßere, fruchtigere Note; in hoher Konzentration ist es hautreizend. Es wird in Zahnpflegemittel, Halspastillen, antiseptische Raumsprays gegen Infektionen, die durch die Luft übertragen werden, und in Insektenschutzmittel gemischt. Niauliöl aus *M. viridiflora* hat eine leichtere Eukalyptusnote und scheint keine Hautreizungen hervorzurufen, was aber noch nicht offiziell bestätigt wurde. Es stärkt das Immunsystem, regt die Gewebebildung bei Wunden und Akne an, und ein dünner Film aus 1–2 Tropfen, der vor Kobaltbestrahlung aufgetragen wird, reduziert Verbrennungen.

VORSICHT: Empfindliche Reaktionen möglich. Cajeput nicht während der Schwangerschaft und auf der Haut anwenden. Melaleuca-Öle, v. a. Niauli, werden oft gefälscht. Kaufen Sie sie nur von zuverlässigen Händlern.

WACHSTUM UND VERMEHRUNG: Z 11; H 7 m; B 5 m. Empfindlich. Sonnige Lage, feuchtigkeitsspeichernder bis nasser Boden, Mindesttemp. 15–18 °C. Vermehrung durch Aussaat im Frühjahr oder durch schwach verholzte Stecklinge im Sommer. Junge Kübelpflanzen ausgeizen, um buschigen Wuchs zu fördern.

Melilotus officinalis
STEINKLEE

Die anmutige, zweijährige Pflanze hat leicht aromatische, gezähnte Blätter und trägt im Spätsommer lange Trauben kleiner gelber Schmetterlingsblüten, die nach Honig duften. Der Weiße Bucharaklee *(M. albus)* hat weiße Blüten.

VERWENDUNG: Die getrockneten Blätter und Samen gehörten in einen mittelalterlichen Zaubertrank. Aufgrund des Cumarins duften sie süß nach frisch gemähtem Heu. Die oberirdischen Teile werden zur Herstellung von Kräuterkäse, polnischem Wodka und Kaninchengerichten, für Duftkissen, Mottenabwehrmittel, Potpourris und Bäder verwendet. Die Samen sind leicht antibiotisch, während die Blätter einen Tee zur Linderung von Kopfschmerz, Verdauungsbeschwerden und Schlaflosigkeit ergeben und zur Verringerung der Thrombosegefahr und bei Krampfadern verschrieben werden. Aus der Pflanze wird außerdem ein Blutgerinnungshemmer hergestellt.

ÄTHERISCHES ÖL: Das Öl duftet nach frisch gemähtem Heu und wird in einigen hochwertigen Parfüms verwendet. Nicht für den Hausgebrauch erhältlich.

VORSICHT: Nicht zusammen mit blutverdünnenden Medikamenten oder bei Problemen der Blutgerinnung anwenden. Nur die frische Pflanze für Tees verwenden. Schlecht getrocknete oder fermentierte Blätter entwickeln eine starke gerinnungshemmende Substanz, die bei Überdosierung giftig ist.

WACHSTUM UND VERMEHRUNG: Z 3; H 1,2 m; B 1 m. Sonne oder Halbschatten und gut durchlässiger Boden. Aussaat im Frühjahr oder Spätsommer. Vermehrt sich in leichten Böden selbst. Auf 45 cm Abstand ausdünnen oder verpflanzen.

Melissa officinalis
ZITRONENMELISSE

Die hübschen gezahnten Blätter der buschigen mehrjährigen Pflanze haben einen erfrischenden, sanften Zitronenduft, der im Spätsommer, wenn sich die kleinen weißen Blüten zu öffnen beginnen, am besten riecht. *M. o.* ›All Gold‹ hat goldene, *M. o.* ›Variegata‹ gesprenkelte Blätter.

VERWENDUNG: Die frischen Blätter besitzen ein zartes Aroma und ergeben einen leicht sedativen Tee, der Kopfschmerzen, Völlegefühl und Übelkeit lindert und, täglich eingenommen, angeblich lebensverlängernd wirken soll. Blätter würzen Obstsalate und Bowlen, Essige und Öle. Die frischen Zweige sind ideal für Krankensträußchen, Entspannungsbäder, zur Linderung von Insektenstichen und als Bienenfutter. Getrocknet verlieren sie ihren Duft und vermutlich auch ihre keim- und virentötenden Eigenschaften.

ÄTHERISCHES ÖL: Das blaßgelbe Öl wird aus den Blättern und Blütenständen dampfdestilliert und ist unter dem Namen Melissa bekannt. Es besitzt einen leichten, frischen Zitronenduft, der fröhlich und zugleich beruhigend wirkt und in Duftwässern und verschiedenen Parfüms enthalten ist. Das sanfte, sonnige und beruhigende Öl hilft Todkranken und Hinterbliebenen und trägt viel zur Linderung von Beklemmung, Schock, Depression und Alpträumen bei. Es wirkt antispasmodisch und wird deshalb bei streßbedingten Verdauungs-, Menstruations- und Atembeschwerden (einschl. Asthma) verabreicht; zusammen mit Kamille behandelt es Ekzeme und Allergien.

ZITRONENMELISSE

VORSICHT: Das Öl stark verdünnt anwenden. Wird oft verfälscht.

WACHSTUM UND VERMEHRUNG: Z 4; H 1,2 m; B 1 m. Sonniger Standort mit Schatten in der Mittagszeit, normaler, feuchter Boden. Goldene Blätter verbrennen in der Mittagssonne. Aussaat im Frühling; keimt langsam. Vermehrung durch Teilung der Pflanze oder Stecklinge im Frühjahr oder Herbst. Auf 60 cm Abstand ausdünnen oder umpflanzen. Zurückschneiden, damit die Pflanze ihre Form behält.

Mentha-Arten
MINZE

Diese ausdauernden Pflanzen mit kriechenden Wurzelstöcken bieten ein großes Spektrum erfrischender Minzdüfte und eine breite Palette an Blattfarben sowie lila, rosa und weiße Blüten mit einem milderen Minzeduft als die Blätter. Sie hybridisieren leicht und bringen damit immer wieder neue Duftmischungen hervor. Die mattenbildende Korsische Minze *(M. requienii)* mit winzigen Blättchen hat einen kräftigen Pfefferminzduft und dient als Bodendecker für kühle, feuchte Böden.

VERWENDUNG: Die Aromen der Minze reichen von klassischer Grüner oder Ährenminze *(M. spicata – M. s.* ›Moroccan‹ und ›Red Raripila‹ haben einen hervorragenden, sauberen Geschmack) und Pfefferminze (M. × *piperita*) bis zu Apfel (M. *suaveolens*), Zitrone (M. × *aquatica* ›Citrata‹), Basilikum (M. × *aquatica*) und Eau de Cologne (M. × *piperita* ›Citrata‹). Minze verfeinert süße und salzige Speisen wie Saucen, Salate, Gemüse, Essige, Desserts und Getränke, wird aufgrund ihres dominierenden Charakters aber selten mit anderen Kräutern kombiniert. Erfrischender (Pfeffer-)Minztee vermittelt das Gefühl frisch geputzter Zähne, fördert die Verdauung, lindert Übelkeit und Blähungen und kühlt bei fieberhaften Erkältungen. In Bädern oder Inhalationen geben die Zweige einen kräftigen Geruch ab, der auch verstopfte Nasen wieder frei macht. Der Parfümduft der Eau de Cologne-Minze wird für Kosmetika und Blütenwasser genutzt.

ÄTHERISCHES ÖL: Das Öl aus den blühenden Trieben der M. *spicata* besitzt einen warmen und abgerundeten Minzeduft. Während es in der Parfümerie nur selten verwendet wird, aromatisiert es Zahncremes, Mundwässer und Konfekt. Es ist milder als Pfefferminzöl und kann daher auch bei Kindern angewendet werden. Grüne Minze ist nützlich in Raumsprays gegen Erkältungen und Grippe, weil sie antiseptische Eigenschaften und einen erfrischenden und belebenden Duft besitzt, der die Trübsal, die diese Beschwerden oft begleitet, vertreibt, den Kopf frei macht und die Konzentration fördert. Die stechenden Öle der Poleiminze (M. *pulegium*) und der Ackerminze (M. *arvensis*) sind für den Hausgebrauch ungeeignet, werden aber in der Industrie eingesetzt. Pfefferminzöl wird aus den Blüten der M. × *piperita* dampfdestilliert und besitzt jenen typisch scharfen und durchdringenden Pfefferminzgeruch, der für die meisten Parfüms zu stark, aber als »Morgenfrische-Element« in vielen Produkten für die Oralhygiene enthalten ist. Es macht den Kopf frei und wirkt belebend, kann wie ein »Riechsalz« bei Schock und Schwindelanfällen von einem Taschentuch inhaliert werden, stärkt die Konzentration und belebt den Geist an einem trägen oder beklemmenden Tag und unterdrückt Reisekrankheit. Antiseptisch, antiviral und antispasmodisch, ergibt das Öl eine gute Dampfinhalation bei Erkältungen, Husten und Asthma. In Trägeröl verdünnt, kann man es gegen Kopfschmerz und Erschöpfung auf die Schläfen reiben. Wie die Grüne Minze sollte man auch Pfefferminzöl nicht zu spät am Abend anwenden, da es erholsamen Schlaf verhindert.

VORSICHT: Das Öl nicht über einen längeren Zeitraum und nur stark verdünnt anwenden. In den ersten drei Schwangerschaftsmonaten vermeiden. Bei Säuglingen keine Minzeinhalationen anwenden und Mentholerzeugnisse nicht direkt auf die Nasenlöcher geben. Alle Minzöle können die Wirksamkeit homöopathischer Mittel aufheben.

WACHSTUM UND VERMEHRUNG: Z 3; H 1,2 m; B unbestimmt. Sonne oder Halbschatten, feuchter, gut entwässerter, nährstoffhaltiger und alkalischer Boden, wo stark wuchernde Wurzeln kein Problem darstellen. Im Frühjahr oder Herbst teilen, Stecklinge im Frühjahr oder Sommer in Kompost oder Wasser wurzeln lassen. Blüten entfernen, um die Bestäubung unter den Arten zu vermeiden. Wenn Rost auftritt, ausgraben und verbrennen.

Monarda didyma
INDIANERNESSEL

Die jungen, lila geäderten Blätter dieser ausdauernden und wuchernden Pflanze verströmen einen süßen Eau de Cologne Duft. Im Spätsommer bringt sie schwach duftende, zerzauste scharlachrote Blüten mit roten Hochblättern hervor. Es gibt auch Sorten mit rosa, lila und weißen Blüten.

VERWENDUNG: Die Blätter duften nach Bergamotte (*Citrus bergamia*). Die jungen Blätter würzen Schweinefleisch, Marmeladen und Limonade und verleihen chinesischem Tee einen Earl-Grey-Geschmack. Blätter und Blütenblätter gibt man in Salat und Potpourris. Aus den Blättern braut man den sogenannten Oswego-Tee, der Halsschmerzen, Übelkeit und Schlaflosigkeit lindert. Mit den Blättern aromatisierte Milch ist ein angenehmer Schlaftrunk. Die Blätter enthalten das antiseptische Thymol und werden bei Erkältungen und Bronchitis in Dampfinhalationen gegeben. Folgende Monarda-Arten enthalten ebenfalls aromatische Blätter: die nach Zitrone und Oregano duftende M. *pectina* und M. *fistulosa*, die minzige M. *menthifolia* und M. *punctata* sowie die nach Zitrone duftende M. *citriodora*, die bedeutende Heilwirkung besitzt.

WACHSTUM UND VERMEHRUNG: Z 4; H 1 m; B 60 cm. Sonne oder Halbschatten, nährstoffreicher, leichter, feuchter Boden. Aussaat im Frühjahr, dann auf 45 cm Abstand ausdünnen. Alle 3 Jahre teilen und abgestorbene Mittelteile entfernen. Im Frühjahr Wurzelteile oder Wurzelschnittlinge, im Sommer Stecklinge pflanzen.

MINZE (*Pfeffer-, Apfel-, Basilikumminze*)

INDIANERNESSEL

Murraya koenigii
ORANGENRAUTE

Blätter und Rinde des immergrünen Baums oder Strauchs duften nach Pfeffer und Curry; im Sommer trägt die Pflanze große Trauben aus kleinen weißen Einzelblüten.

VERWENDUNG: In ganz Asien, vor allem aber in Südindien und Sri Lanka dienen die frischen Blätter (sie verlieren ihr Aroma, wenn sie getrocknet werden) zur Verdauungsförderung und sind wichtiger Bestandteil der vegetarischen Küche. Rinde, Blätter und Wurzeln werden in der dortigen Volksmedizin verwendet. Die Rispige Orangenraute (M. *paniculata*) trägt mehrmals jährlich Blüten, die nach Jasmin duften, hat Blätter, die nach Zitrus riechen und in der Heilkunde verwendet werden, sowie eine aromatische Rinde, die in Kosmetika verarbeitet wird.

A–Z Murraya koenigii

ITALIENISCHE STROHBLUME

ÄTHERISCHES ÖL: Die Strohblume *Helichrysum italicum* ist ein immergrüner Halbstrauch mit silbrigen Blättern und duftet ebenfalls nach Curry. Eine Sorte ergibt ein ätherisches Öl und ein Absolue, das als »Immortelle« bekannt ist. Das blaßgelbe bis rote Öl duftet nach Echter Kamille und Rosenpelargonien, während das gelblich-braune Absolue einen stärkeren, blumigen Duft aufweist. Beide werden für Parfüms und Kosmetika verwendet und in der Aromatherapie bei Depressionen, Drogenentzug und Lethargie eingesetzt.

WACHSTUM UND VERMEHRUNG: Z 11; H 6 m; B 3 m. Empfindlich. In gemäßigten Klimazonen im Wintergarten mit mind. 10 °C ziehen. Braucht Sonne oder Halbschatten und feuchten, gut durchlässigen und fruchtbaren Boden. Während der Wachstumsperiode zweiwöchentlich gießen und mit Flüssigdünger versorgen, ansonsten mäßig gießen. Nach Bedarf im zeitigen Frühjahr zurückschneiden. Aussaat im Frühjahr; im Sommer über schwach verholzte Stecklinge vermehren.

Myrica cerifera
GAGEL

Die glänzenden, immergrünen Blätter sowie die Rinde und die männlichen und weiblichen Blütenkätzchen des zweihäusigen Strauchs besitzen ein würzig-harziges Aroma; die Beeren sind von einem hellen, balsamischen Wachs überzogen.

VERWENDUNG: Die Beeren von *M. cerifera* und *M. californica* werden nach dem ersten Frost gepflückt und erhitzt, um das Wachs zu schmelzen. Das Wachs wird abgeschöpft und zu Kerzen, die balsamisch duften und in einer sauberen weißen Flamme brennen, zu Rasierseife und Kosmetikprodukten verarbeitet. Geschickte Pflücker ernten die Rinde und Blätter von *M. cerifera* und *M. gale* (Echter Gagelstrauch) für Stoffsäckchen. Blätter des Echten Gagelstrauchs vertreiben Motten und andere Insekten. Die getrockneten Beeren aller drei Arten kann man wie Wacholderbeeren zum Würzen von Fleisch verwenden. Die Frühsommerblätter werden als Gewürz getrocknet oder ergeben einen adstringierenden Heiltee, wenn man sie in heißem Wasser ziehen läßt (nicht überbrühen!). Die Rinde dient als Schnupfpulver, Massageöl mit Rindentinktur hilft bei Nebenhöhlenentzündung.

VORSICHT: Das Wachs kann zu Reizungen führen. Da der Strauch vom Aussterben bedroht ist, nur Pflanzen aus dem eigenen Garten verwenden.

WACHSTUM UND VERMEHRUNG: Z 6; H 10 m; B 3 m. Sonne oder Halbschatten in durchlässigem, feuchtem, sandigem und saurem Boden. Schwache Bodentriebe entfernen. Samen im Herbst oder Frühjahr säen; im Frühling absenken oder im Sommer schwach verholzte Stecklinge pflanzen.

Myristica fragrans
MUSKAT

Der immergrüne Muskatnußbaum hat aromatische Blätter, winzige gelbe Blüten und Früchte von der Größe einer Aprikose, die den süß-würzigen Kern (Muskatnuß) und den aromatischen Samenmantel (Macis), eine rote, fein gewirkte Hülle, enthält.

VERWENDUNG: Der äußere Teil der Frucht wird zu einem brandy-artigen Getränk vergoren, während Muskatnuß und Macis süße und salzige Speisen würzen, die Verdauung fördern, Übelkeit und Blähungen lindern. Muskat gilt als Aphrodisiakum und steigert die vergiftende und einschläfernde Wirkung von Alkohol. Er wirkt als betäubend und ist in großen Dosen gefährlich. Muskatpulver wird in Duftsäckchen gegeben, aus den Nüssen macht man Kosmetikfett.

ÄTHERISCHES ÖL: Wenn Würmer das Fett und die Stärke gefressen haben, ergeben Muskatnüsse ein warmes, würzig-süßes ätherisches Öl, während Macis ein Öl mit ähnlichem Duft und ein Fettharz mit einem würzig-balsamischen Duft erzeugt. Sie werden in der Lebensmittel- und Parfümindustrie eingesetzt, wobei das Macis-Fettharz hauptsächlich in männlichen Parfüms Verwendung findet. In der Aromatherapie setzt man das ätherische Muskatöl zur Suchtentwöhnung, zur Überwindung von Schuldgefühlen und Depressionen und zur Förderung einer positiveren Selbsteinschätzung ein.

MUSKAT UND MACIS

VORSICHT: In größeren Mengen ist das Gewürz toxisch. Das Öl nur stark verdünnt und in der Schwangerschaft nur nach Rücksprache mit einem Arzt anwenden.

WACHSTUM UND VERMEHRUNG: Z 11; H 10 m; B 8 m. Feuchte Küstengebiete der Tropen.

Myrrhis odorata
SÜSSDOLDE

Die mehrjährige Staude besitzt hübsche, farnähnliche Blätter, die nach Wald und Anis duften; im Frühjahr erscheinen Dolden mit kleinen weißen Blüten, die einen leichten, süßen Anisduft verströmen; später folgen die großen sichelförmigen, dunkelbraunen Samen, die ein ähnliches Aroma besitzen.

VERWENDUNG: Die unreifen grünen Samen haben ein süß-nussiges

ORANGENRAUTE

A–Z *Narcissus poeticus*

Anisaroma, das in Polituren für Eichenvertäfelungen und -parkett verarbeitet wird. Die zarten grünen Samen wurden früher am französischen Hof wegen ihres Dufts und Geschmacks in königliche Salate gestreut, heute würzen sie Obstsalate, Süßspeisen und Eis oder werden getrocknet. Die reifen schwarzen Samenkörner aromatisieren Liköre. Die frischen Blätter mildern die Säure von Fruchtkompott, so daß man mit weniger Zucker auskommt, und werden gehackt in Suppen und Omeletts gerührt. Das weiße Fleisch der herbstlichen Wurzel schmeckt nach Gewürzkuchen und kann in Salate gerieben, als Gemüse gekocht, kandiert oder sauer eingelegt werden. Ein Likör aus der Wurzel gibt ein angenehmes Tonikum und einen Digestif ab, ein Aufguß aus Blättern und Wurzel wird älteren Menschen gegen Anämie verabreicht.

WACHSTUM UND VERMEHRUNG: Z 5; H 1,3 m; B 1 m. Halbschatten und humusreicher Boden; im Herbst ins Freie säen, da die Samen mehrere Monate mit Wintertemperaturen zum Keimen brauchen. Vermehrt sich selbst. Pflanzabstand 75 cm. Teilen, wenn die Pflanze im Herbst abgestorben ist.

BRAUTMYRTE

SÜSSDOLDE

Myrtus communis
BRAUTMYRTE

Der Strauch hat kleine, dicke, immergrüne Blätter mit tief eingebetteten Öldrüsen, elfenbeinfarbene Sommerblüten mit 5 Blütenblättern, hervorstehenden Staubgefäßen und kleine blau-schwarze Beeren. Alle Pflanzenteile duften frisch und würzig-süß nach Orangenblüten.

VERWENDUNG: Als Symbol für Schönheit und Keuschheit wurde Brautmyrte in Brautkränze gewunden; die getrockneten Blätter und Zweiglein werden für Duftkissen getrocknet, als Insektenabwehrmittel verstreut oder in Wasser getaucht und die letzten 10 Minuten unter Grillfleisch gesteckt, weil sie für einen süßen, rauchigen Geschmack sorgen. Die Blütenknospen (ohne grüne Teile) kommen in Salate oder werden mit den reifen Beeren zu einem Auszug verarbeitet, der Cremespeisen einen zarten Orangenblütenduft und eine leicht harzige Note verleiht. Die Beeren können getrocknet und als Gewürz verwendet werden. Aus einem Blütenauszug erhält man ein Hauttonikum, während ein Auszug aus Blüten und antiseptischen Blättern für Aknecremes und als Duftstoff für Möbelpolituren verwendet wird.

ÄTHERISCHES ÖL: Das ätherische Öl wird aus den Zweigen, Blättern und manchmal aus den Blüten dampfdestilliert. Es besitzt den frischen grünen Orangenblütenduft der Pflanze und eine leichte Eukalyptusnote. Wegen seines frischen, süßen Aromas und seiner therapeutischen Wirkung wird es bei fettiger Problemhaut in Toilettenwasser gemischt. Das milde Öl wird von Aromatherapeuten bei Kindern mit Bronchialbeschwerden, bei Erkältungen und Grippe angewandt. Der Duft des Myrtenöls steigert in Patienten die Zufriedenheit mit sich selbst.

WACHSTUM UND VERMEHRUNG: Z 8; H 5 m; B 3 m. Fast frostbeständig. Wächst in warmen Regionen an einem sonnigen und geschützten Platz mit gut entwässertem, neutralem bis alkalischem Boden. Im Winter geschützt, überlebt die Brautmyrte u. U. auch Temperaturen bis -10°, bevorzugt aber 5° Mind.temp. Vermehrung durch Stecklinge im Mit- oder Spätsommer, dann in große Kübel umpflanzen. Eine ideale Pflanze für Wintergarten oder Formschnitt.

Narcissus poeticus
DICHTERNARZISSE

Die mehrjährige Zwiebel treibt schwertförmige grüne Blätter und bildet im Spätfrühjahr eine leuchtend weiße Blüte mit einem flachen gelben, rotumränderten Becher aus, die einen intensiven, betäubenden blumigen Duft verströmt.

VERWENDUNG: Römische Parfümeure fingen den Duft in einer Salbe ein, die Araber empfanden sie als Aphrodisiakum, und die Franzosen behandelten mit den antispasmodisch wirkenden Blüten Epilepsie. »Narcissus« bezieht sich nicht auf Eitelkeit, sondern auf die betäubende und lähmende Wirkung, die die Pflanze auf das Nervensystem ausübt – der junge Narziß war schließlich ganz benommen von seiner eigenen Schönheit. Die Narzissen gehörten in die Tornister der römischen Soldaten und wurden auf die Wunden der Gladiatoren aufgetragen, um ihre Schmerzen zu betäuben. Dabei war jedoch Vorsicht geboten, da die Pflanze auch zu Herzstillstand führen kann. Später wurden mit den Zwiebeln Splitter gezogen und offene Fersen behandelt. Der Blumenduft ist im geschlossenen Raum für manche Menschen zu stark und kann Kopfschmerzen verursachen.

ÄTHERISCHES ÖL: Die Blüten ergeben ein Concrète und ein Absolue mit einem süßen, schweren blumigen Duft, der in teuren, exotischen, blumigen Parfüms verwendet wird. Der Duft gilt als stärkend und belebend, unterstützt Kreativität und spirituelle Konzentration sowie die Suchtbehandlung.

NARZISSE ›CHEERFULNESS‹

231

A–Z Narcissus poeticus

VORSICHT: Innerlich angewendet sind alle Narzissenzwiebeln giftig und können tödlich wirken.

WACHSTUM UND VERMEHRUNG: Z 4; H 50 cm; B 15 cm. Pflanztiefe der Zwiebeln beträgt das 1½-fache ihres Umfangs; im Sommer oder Frühherbst in feuchten, aber gut durchlässigen Boden im Halbschatten pflanzen. Die Blätter frühestens 4–6 Wochen nach der Blüte abschneiden. Für eine wahre Blütenpracht die Zwiebeln in einer doppelten Lage in tiefe Töpfe pflanzen. Zwiebeln an der Basis teilen oder im Frühsommer oder Herbst Ableger entfernen.

KATZENMINZE

Nepeta cataria

KATZENMINZE

Die Blätter dieser Staude duften nach Minze und Kampfer, die kleinen blaßblauen und weiß getupften Sommerblüten stehen in Quirlen übereinander und locken Bienen an. Die kleinere *N. racemosa* syn. *N. mussinii* duftet nicht so stark, sieht mit ihren silbergrauen Blättern und blauen Blüten aber hübscher aus.

VERWENDUNG: Katzen erkennen und mögen die Pheromone im Duft dieser Pflanze. Während sie sich genüßlich in den Blättern wälzen, können sie eine junge Pflanze flach drücken oder sogar ausreißen. Die Blätter werden getrocknet und in Katzenspielzeug gestopft oder beruhigen Katzen beim Umzug oder Tierarztbesuch. Die zarten jungen Blätter würzen Salate und Fleisch oder können, wie v. a. die nach Zitrone duftende *N. c.* ›Citriodora‹ gebraut werden. Blätter und Blüten enthalten Vitamin C, wirken leicht sedativ, senken Fieber und ergeben einen nützlichen Tee für Erkältungen, Grippe, Kopfschmerzen und zur Beruhigung kranker Kinder. Zu Kräutertabak getrocknet, erzeugen die Blätter ein Gefühl allgemeinen Wohlgefühls und milder Euphorie ohne bekannte schädliche Nebenwirkungen. Als Nachbarschaftspflanze von Gemüse vertreibt sie einige Käfer und Blattläuse, an Enten- und Hühnerställen hält sie Ratten ab.

WACHSTUM UND VERMEHRUNG: Z 3; H 1 m; B 60 cm. Sonne oder Halbschatten und gut durchlässiger Boden. Vermehrung durch Aussaat oder Teilung der Pflanze im Frühjahr, bzw. durch grüne Stecklinge im Spätfrühjahr. Auf 30 cm Abstand ausdünnen oder verpflanzen. Im Herbst zurückschneiden. An Ort und Stelle ausgesäte Pflanzen werden nicht so leicht von Katzen beschädigt wie umgesetzte Pflanzen, die u. U. etwas Schutz brauchen.

Ocimum basilicum

BASILIKUM

Der köstliche, süß-würzige, nelkenähnliche Duft von Basilikumblättern ist in der ganzen Welt beliebt. Die Palette der Varietäten reicht von einjährig bis bedingt mehrjährig, von winzigen bis zu riesigen Blättern, von grün bis lila (*O. b.* ›Dark Opal‹). Es gibt Blätter und Samen mit Zitronenduft (*O. b.* var. *citriodorum*), verschiedene nach Gewürzen duftende Blätter mit Namen wie Anis-, Zimt-, Thai- und Morpha-Basilikum und das balsamische Heilige Basilikum *O. sanctum*. Basilikum trägt im Spätsommer kleine weiße Lippenblüten, deren Nektar nach Nelken duftet, und verströmt seinen Blattgeruch in der prallen Sonne oder wenn man die Blätter zerstößt. *O. sanctum* und *O. album* sind in Indien weit verbreitet, werden aber nicht zum Kochen verwendet, da sie als heilig gelten. In der Küche Indiens kennt man nur das Kampfer- oder Kapoor-Basilikum *O. kilimandscharicum*.

VERWENDUNG: Frische Blätter zerzupfen, nicht schneiden, und Salate, Tomaten, Paprika, Fisch, Ei und Hähnchen mit dem warmen und würzigen Aroma verfeinern. Die Blätter aromatisieren Öle, Essige und Pesto. Die Blüten kann man in Salate geben und zum Garnieren verwenden. In Wein gezogene Blätter wirken tonisierend und anregend bis aphrodisisch. Die Blätter vor dem Einfrieren mit Olivenöl bepinseln. Man kann sie in Potpourris und Duftsäckchen geben und auf der Fensterbank zum Schutz vor Fliegen ziehen.

ÄTHERISCHES ÖL: Dampfdestillation der Blütentriebe und Blätter ergibt ein Kopfnotenöl. Das Öl des Französischen Basilikums ist weniger scharf und weniger toxisch als das Exotische oder Komoran-Basilikum, obwohl beide botanisch als identisch klassifiziert werden. Das Französische Basilikumöl besitzt einen durchdringenden, erfrischenden, belebenden, sonnigen, leichten und grünen Duft mit einem Anklang an Nelken, und eine kleine Prise davon wirkt bei Ohnmachtsanfällen wie altmodisches Riechsalz. Das Öl ist antiseptisch, ein allgemeines Tonikum und wirkt gegen bestimmte Viren.

VORSICHT: Basilikum sollte nicht direkt auf der Haut angewendet werden. Es ist Vorsicht geboten, weil viele Arten Östragol enthalten, das auf empfindlicher Haut zu allergischen Reaktionen führen und in hohen Dosen krebserregend sein kann. Nicht bei Säuglingen und Kindern oder in der Schwangerschaft anwenden. Die Industrie sucht nach Basilikumarten mit wenig oder keinem Östragol. Dazu gehören derzeit *O. canum* syn. *O. americanum* und *O. gratissimum*. Obwohl

KATZENMINZE

LILA UND HEILIGES BASILIKUM

A–Z *Origanum onites* und *O. vulgare*

NACHTKERZE (WEISS)

diese Arten viel sicherer sind, sollte man den dennoch Kontakt mit unverdünntem Öl vermeiden.

WACHSTUM UND VERMEHRUNG: Z 10; H 60 cm; B 38 cm. Empfindlich. Warme Sonne, gut entwässerter, feuchter Boden. Mittags, nicht abends gießen. Im Wärmebeet dünn aussäen. Nicht übergießen, die Schößlinge fallen sonst um. Vor Wind, sengender Sonne und Frost schützen.

Oenothera biennis
NACHTKERZE

Die zwei-, manchmal einjährige Pflanze trägt im ersten Jahr eine Rosette aus schmalen Blättern und im zweiten Jahr Stengel mit großen buttergelben Blüten, die sich vom Sommer bis Herbst in den Abendstunden öffnen und einen Tag lang halten. Die Blüten besitzen einen süßen, sauberen Honigduft, der am frühen Abend am intensivsten ausfällt, und eine leichte Lumineszenz. *O. speciosa* blüht weiß und duftet stark.

VERWENDUNG: Die Wurzeln wurden von den Schwarzfußindianern im Herbst des ersten Jahres ausgegraben und den Winter über gegessen. Die Wurzeln werden gekocht oder geschmort, eingelegt, kandiert oder gebraten und schmecken wie Süßrüb-

chen. Im späten Winter kann man die jungen Blätter pflücken und sparsam in Bergsalaten oder gekocht als Gemüse mit Butter und Essig zubereiten. Wurzeln oder Spitzen werden langsam in der doppelten Menge Honig gekocht und ergeben einen beruhigenden Hustensirup. Das Samenöl enthält Gammalinolsäure (GLS), die Fettsäure, die man für gesunde Haut und als Bestandteil von Gerinnungshemmern braucht. GLS lindert Ekzeme, prämenstruelle und menopausale Spannungen, hilft hyperaktiven Kindern und lindert rheumatische Arthritis, senkt den Blutdruck und unterstützt die Mobilität der roten Blutkörperchen bei Multipler Sklerose und andern degenerativen Leiden. Sie kann Alkoholentwöhnung erleichtern, alkoholbedingte Leberschäden verringern und in großer Dosis (2–3 g) Katerstimmung wegfegen.

WACHSTUM UND VERMEHRUNG: Z 4; H 1,5 m; B 30 cm. Sonnige, offene Lage in trockenem Boden. Aussaat im Frühjahr bis Frühsommer. Sät sich in leichtem Boden selbst aus. Bis zum Herbst auf 30 cm Abstand verpflanzen. Braucht u. U. Stützen.

Origanum majorana
MAJORAN

Der mehr-, zwei- oder einjährige Majoran hat kleine Blätter mit einem Duft, der feiner und würziger ausfällt als beim Oregano, dünne Stiele, die Wurzeln schlagen, und kleine weiße bis lila Sommerblüten sowie knotenartige Samen.

VERWENDUNG: Ziehen Sie Majoran in Fensterkästen oder Hängeampeln als würzig grünen Duft und praktisches Küchenkraut. Denn er verleiht Salaten, Saucen und Käse eine frische und milde Würze und verfeinert Fleisch- und Gemüsegerichte, wenn man ihn gegen Ende der Garzeit hinzufügt. Getrocknete Blätter bewahren ihr Aroma, die Samen werden in der Industrie als Gewürz verwendet. Ein Tee aus den Blättern lindert Erkältungen, Spannungskopfschmerz und Menstruationsbeschwerden und wird zur Entspannung und bei Rheuma ins Badewasser gegeben. Die würzigen Blätter und Blüten kann man in Stoffsäckchen, Potpourris und entspannenden Duftkissen genießen. In viktorianischer Zeit parfümierte man mit zerstoßenen Majoranblättern Möbelpolitur.

ÄTHERISCHES ÖL: Das Öl wird aus dem blühenden Kraut dampfdestilliert, besitzt einen warmen, nussigen, würzigen Duft mit einer Kampfernote und übt eine stärkende, vertrauensbildende Wirkung aus. Aromatherapeuten schätzen diese Eigenschaften bei Alkoholentwöhnung, der Behandlung von Phobien, Überarbeitung, Streßkopfschmerz und Reizbarkeit, während ein paar Tropfen neben dem Kopfkissen nachts für erholsamen Schlaf sorgen. Diese beruhigende Wirkung soll Sexualtrieb dämpfen, doch Majoranöl wird auch für Parfüms, Männerdüfte und Kosmetik verwendet. Dank seiner antioxidativen Wirkung reduziert es die freien Radikalen, die für die Hautalterung verantwortlich sind, und wird vermutlich eines Tages in Hautcremes verarbeitet werden. Majoranöl bekämpft Viren, fördert lokal die Durchblutung, lindert Krämpfe und behandelt Erkältungen, die Brustenge bei Asthma, Muskel- und Rheumaschmerzen.

VORSICHT: Die Pflanze während der Schwangerschaft nicht in medizinischen Dosen einnehmen. Die fürs Kochen benötigten Mengen sind ungefährlich. Das Öl ist zwar nicht toxisch, aber in der Schwangerschaft zu meiden.

WACHSTUM UND VERMEHRUNG: Z 7; H 60 cm; B 45 cm. Teilweise frostbeständig. Liebt sonnige Lage mit gut entwässertem, eher trockenem, nährstoffreichem alkalischem Boden. Samen im Frühjahr aussäen, aber nicht zu stark gießen. Auf 30–45 cm Abstand vereinzeln.

Origanum onites und *O. vulgare*
OREGANO

Beide Arten sind ausdauernd und besitzen kleine, stechend-würzige Blätter und dichte Trauben aus winzigen weißen bis dunkelrosa Einzelblüten, die im Spätsommer blühen und Bienen und Schmetterlinge anlocken. Es gibt goldene und goldgesprenkelte Kulturformen sowie Krausblattoregano und Griechischen Oregano (*O. v.* subsp. *hirtum*), der süßere, würzigere Blätter und eine kleine, kompakte Form hat und sich deshalb als Rabattenpflanze eignet.

VERWENDUNG: *O. onites* ist die mildere Variante und gehört ins Bouquet garni, wird auf Bratenfleisch gerieben und zum Würzen von Käse, Eier- und Fischgerichten verwendet. *O. vulgare*, gewöhnlicher Oregano, ist das klassische Gewürz für Pizza, Tomaten- und Chilizubereitungen. Oreganotee ist ein Tonikum und wirkt leicht sedativ, schützt vor Seekrankheit, bei Kopfschmerzen, Reizbarkeit, Husten und Menstruationsbeschwerden. Als Breiumschlag lindert er rheu-

OREGANO

A–Z *Origanum onites* und *O. vulgare*

PFINGSTROSE

matische Schmerzen und Nackenstarre.

ÄTHERISCHES ÖL: Oreganoöl riecht würzig nach Kampfer und wird für Männerdüfte und Lebensmittel verwendet. Die meisten Öle mit der Bezeichnung »Oregano« oder »Spanischer Oregano« werden aus *Thymus capitatus* destilliert. Beide sind toxisch und für den Hausgebrauch ungeeignet.

VORSICHT: Die Pflanze während der Schwangerschaft nicht in medizinischen Dosen einnehmen. Das Öl reizt Haut und Schleimhäute. Nicht während der Schwangerschaft anwenden oder auf die Haut auftragen. Für den Hausgebrauch ungeeignet.

WACHSTUM UND VERMEHRUNG: Z 5; H 1 m; B 75 cm. Frost-/winterhart. Liebt sonnigen Standort; die goldenen Zierformen bevorzugen mittags Schatten; brauchen gut durchlässigen, eher trockenen, nährstoffreichen alkalischen Boden. Aussaat im Frühjahr, die Keimung kann langsam sein. Im Frühjahr oder Herbst teilen, vom Spätfrühjahr bis Mittsommer Wurzelstecklinge oder Stecklinge pflanzen. Jungpflanzen auf 45 cm Abstand vereinzeln. Vor dem Winter um zwei Drittel zurückschneiden oder Samen als Vogelfutter stehenlassen.

Paeonia officinalis

PFINGSTROSE

Die ausdauernde Staude hat gefiederte Blätter und trägt im Sommer üppige, oft süß duftende Einzel- oder Doppelblüten in Rot, Rosa oder Weiß.

VERWENDUNG: »Paeonia« leitet sich vom griechischen Götterarzt Paeon ab und gilt als »Drachenfutter«, als Glücksbringer, Schutz vor Unwetter und Hexenzauber und als Symbol für Sonne und Mond. Früher verarbeitete man die Wurzeln zu Beißkugeln für zahnende Säuglinge – obwohl sie giftig sein können. Die tonisierenden, antispasmodischen Wurzeln galten einst als Heilmittel gegen Geistesgestörtheit und helfen tatsächlich bei einigen Formen von Epilepsie. Die Chinesische Päonie (*P. lactiflora*) und die Strauchpäonie (*P. suffruticosa*) spielen in der traditionellen chinesischen Medizin eine große Rolle. Erstere stärkt das Immunsystem und senkt den Blutdruck, lindert Schmerzen und Entzündungen, während letztere antibiotisch wirkt und die Durchblutung anregt. Gemeinsam behandeln sie wirksam Ekzeme bei Kindern.

VORSICHT: Kann giftig sein. Nur vom Fachpersonal anzuwenden.

WACHSTUM UND VERMEHRUNG: Z 6; H & B 60 cm. Geschützter Standort in Sonne oder Halbschatten und reichhaltiger, gut durchlässiger Boden. Empfindlich gegen Störungen. Samen brauchen bis zu 3 Jahre zum Keimen und werden im Herbst gesät. Vermehrung erfolgt im Herbst oder zeitigen Frühjahr durch Teilung, im Winter durch Wurzelschnittlinge. Strauchpäonien können durch Absenkung oder im Frühjahr durch Stecklinge vermehrt werden.

Pandanus odoratissimus

SCHRAUBENBAUM

Der immergrüne Baum hat oft sichtbare Stelzwurzeln und lange, schwertähnliche aromatische Blätter, die sich in Gruppen spiralförmig um die Astenden »schrauben« – was den Namen des Baumes erklärt. Bei ausgewachsenen Bäumen sind die männlichen Blüten mit weißen, nach Jasmin duftenden Brakteen umgeben; die Früchte erinnern an Ananas.

VERWENDUNG: In Indien werden die duftenden Blüten in Silberschalen gelegt und in Brunnen geworfen, um das Wasser zu parfümieren, und bei aufwendigen Hochzeiten um Spaliere gewunden. In manchen Gegenden sind die Blätter ein heiliges Shiva-Opfer. Das Blütenwasser Kewra fällt bei der Herstellung des ätherischen Öls an und aromatisiert Sirupdesserts und salzige Reisgerichte. Frische oder getrocknete Blätter dienen in Südostasien und auf den Pazifikinseln als Gewürz. Die Samen und süßen Früchte sind nach sorgfältiger Zubereitung eßbar. Gereinigte Bündel reifer Staubgefäße werden als Pinsel verwendet. Blätter und Wurzeln werden in der Volksmedizin eingesetzt. Die Blätter des *P. latifolius* werden auch Curryblätter genannt; sie besitzen einen würzigen Geschmack, der v.a. in Sri Lanka Curries verfeinert.

ÄTHERISCHES ÖL: Das Öl duftet nach Rosen und Jasmin und ist in indischen Parfüms, Hautpflegeprodukten und Süßigkeiten beliebt. In Nepal wird es wegen seiner stimulierenden und antiseptischen Wirkung bei Kopfschmerz und Rheuma eingesetzt. Es gibt keine Untersuchungen zu Risiken und Nebenwirkungen.

WACHSTUM UND VERMEHRUNG: Z 11; H 6 m; B 3 m. Empfindlich. Sumpfland. Der Baum wird selten außerhalb seiner südostasiatischen Heimat gezogen. In heißen und feuchten Klimazonen würde sich eine kompakte Gartenvariante durchaus lohnen.

Pelargonium-Arten

PELARGONIE

Die buschigen mehrjährigen Duftpelargonien besitzen hocharomatische Blätter und kleine Blüten mit fünf Blütenblättern. Rosenpelargonien haben einen rosig-grünen Duft und blühen vom Frühjahr bis zum Sommer rosa.

VERWENDUNG: Duftpelargonien kamen in Töpfen vom Kap der Guten Hoffnung ins viktorianische England und wurden begeistert aufgenommen, denn wenn man mit den langen Röcken daran vorbeistreifte, verströmten die Blumen ihren Duft. Zu den heutigen Duft-Varietäten gehören *P. dichondrifolium* mit einem pfeffrigen Lavendelduft, die süß duftende *P.* ›Sweet Mimosa‹, *P. crispum* ›Prince of Orange‹ (Orangenduft), *P.* ›Attar of Roses‹ (Rose), *P.* ›Clorinda‹ (Zeder und Rose), die balsamische *P.* ›Royal Oak‹, *P. tomentosum* (Pfefferminze), *P.* x *fragrans* (würziger Kiefernduft). Die Zitronenpelargonie (*P. odoratissimum*) und *P. citronellum* verfeinern Sirup, Marmeladen und Getränke – geben Sie ein-

PELARGONIE

mal ein Blatt in eine Tasse zarten Tee. Die Varietäten der *P. crispum* (sie duften meist nach Zitrone) können zu Magenreizungen führen, deshalb nicht innerlich anwenden. Die Blätter sind ein beliebter Bestandteil von Potpourris.

ÄTHERISCHES ÖL: Das sog. Geraniumöl ist ein komplexes Öl, das aus den blühenden Teilen von *P. graveolens* und *P. capitatum* dampfdestilliert wird. Der süße, rosig-würzige Riechstoff mit den fruchtig-grünen Noten wird viel in der Parfümerie eingesetzt, obwohl er je nach Sorte und Herkunft stark unterschiedlich ausfällt. Bourbonöl von der Insel Réunion ist qualitativ am hochwertigsten. Es wirkt tonisierend, antiseptisch, gegen Pilzbefall und Depressionen, behandelt Streß, schlechte Durchblutung, Cellulitis, geplatzte Äderchen, übermäßige Talgproduktion und Ekzeme. Wegen seines stimmungsaufhellenden, entspannenden und Zuneigung vermittelnden Geruchs ist es ein beliebtes Massageöl; es ist vermutlich auch das Insektenabwehrmittel mit dem angenehmsten Duft. Andere Varietäten ergeben Öle mit anderen Duftnoten, sind aber längst nicht so gefragt.

WACHSTUM UND VERMEHRUNG: Z 10; H & B 1 m. Empfindlich. Wächst in Töpfen in gut durchlässiger Topferde. In den Wintermonaten an einen sonnigen, warmen und gut gelüfteten Platz im Haus und im Sommer an einen geschützten Standort im Freien stellen. Vermehrung erfolgt durch Aussaat im zeitigen Frühjahr oder durch 7,5 cm lange Stecklinge von den Spitzen im Spätsommer oder im Frühjahr von überwinterten Pflanzen. Wenn die Pflanze 15 cm erreicht, die Triebe ausgeizen. Im Sommer alle 10 Tage düngen.

Petroselium crispum

PETERSILIE

Das zweijährige Gewürzkraut hat frische, stechende gekrauste Blätter und

GLATTE PETERSILIE

trägt im Sommer Dolden aus winzigen cremefarbenen Blüten, aus denen Samen mit stechendem Aroma hervorgehen.

VERWENDUNG: Die Blätter sind reich an Vitaminen, Mineralstoffen und Chlorophyll, wirken antiallergen, antioxidativ und verbessern den Atem. Sie garnieren Speisen und sind zudem nahrhaft und wurden deshalb als »die Summe aller grünen Dinge« beschrieben. Blätter und Stengel gehören ins Bouquet garni und werden gegen Ende der Garzeit an salzige Speisen gegeben. Petersilienwurzel (*P. crispum* var. *tuberosum*) wird als Gemüse gegessen und schmeckt nussig. Die größere, widerstandsfähige glatte Petersilie (*P. c. ›Italian‹*) schmeckt intensiver; ihre Stengel werden wie Stangensellerie zubereitet.

ÄTHERISCHES ÖL: Das ätherische Öl der Samen riecht würzig-holzig und wird in Industrie- und Männerdüften verwendet. Das Samenöl und das würzig-süße Öl aus der Pflanze dienen in der Lebensmittel- und Getränkeindustrie als Aromastoffe.

VORSICHT: Pflanze und Samen während der Schwangerschaft oder bei Nierenleiden nur in geringen Mengen einnehmen. Für manche Vögel toxisch. Die Öle sind mäßig toxisch; Einschränkungen wie bei der Pflanze.

WACHSTUM UND VERMEHRUNG: Z 8 (in kühleren Regionen als einjähriges Kraut ziehen); H 80 cm; B 30 cm. Frostbeständig. Braucht Sonne oder Halbschatten und schweren, feuchten, gut entwässerten, tief umgegrabenen neutralen bis alkalischen Boden. Von Frühjahr bis Spätsommer immer wieder aussäen. Um die Keimung (3–7 Wochen) zu beschleunigen, Samen über Nacht in warmem Wasser einweichen und vor der Aussaat kochendes Wasser in die Saatstelle gießen. Sät sich selbst aus. Auf 22 cm Abstand vereinzeln, feucht und unkrautfrei halten. Im Winter mit einer Glasglocke vor Frost und Tieren schützen.

Pimenta dioica

PIMENT

Der kleine immergrüne Tropenbaum hat eine graue aromatische Rinde, ledrige grüne Blätter und dunkellila Beeren. Alle Teile verströmen bei Berührung einen Duft nach Zimt, Muskat und Nelken. Im Sommer geben auch die grün-weißen Blüten einen würzigen Geruch ab.

VERWENDUNG: Wenn die Blüten ganz Jamaika mit ihrem Duft überziehen, macht man romantische Spaziergänge durch die Pimentplantagen. Die Beeren werden grün gepflückt, wenn sie das meiste Aroma besitzen, und dann gerieben, damit man den exotischen Duft der Schalen einfangen kann. Piment würzt süße und salzige Speisen, z. B. Currys, Getränke und Konserven und wird als Geschmacksverbesserer in Medikamente gemischt. Piment liefert eine wärmende Arznei bei Schüttelfrost, Verdauungsstörungen und Blähungen und dient als Nerventonikum.

ÄTHERISCHES ÖL: Blätter und Beeren ergeben würzige, nelkenähnliche Öle. Beerenöl wird kommerziellen Verdauungsmitteln und anregenden Einreibemitteln beigemengt. Die Industrie nutzt beide Öle zum Aromatisieren von Getränken, Speisen, Kosmetika, Aftershaves und exotischen Parfüms. Blattöl des Bayrumbaums *P. racemosa* syn. *P. acris* verleiht Bay Rum seinen typischen Geruch. Die zerstoßenen Blätter von *P. r.* var. *citrifolia* verströmen einen angenehmen Zitronenduft, aber es besteht kein Interesse an dem Öl.

VORSICHT: Das Öl kann zu Haut- und Schleimhautreizungen führen. Nur stark verdünnt anwenden.

WACHSTUM UND VERMEHRUNG: Z 11; H & B 9 m. Empfindlich. In einem trockenen Warmhaus in gut entwässertem, lockerem Boden ziehen. Vermehrung durch frische reifen Samen oder schwach verholzte Sommerstecklinge.

PIMENT (GETROCKNETE BEEREN)

Pimpinella anisum

ANIS

Die Sommerdolden der empfindlichen einjährigen Pflanze mit den süß-aromatischen Blättern blühen weiß und bringen aromatische Samen mit einem intensiven Geschmack hervor.

235

VERWENDUNG: Die süßen, würzigen Samen werden gesammelt, wenn sie sich an den Spitzen graugrün verfärben. Sie sind ein beliebtes Gewürz der östlichen Küche und passen zu Brot, Apfelkuchen, Curries, Frischkäse und Feigen. Und wer hat noch nie die typischen Anisplätzchen gegessen? Die Samen werden leicht geröstet und zur Erfrischung des Atems gekaut oder zerstoßen in Potpourris oder Gesichtsmasken zum Ausbleichen von Sommersprossen gegeben. Die jungen Blätter kann man in Obst- und salzige Salate mischen, die Stengel und Wurzeln im Herbst in Suppen und Eintöpfen mitkochen, weil sie für eine feine Lakriznote sorgen. Ein stärkender Aufguß aus den Samen hilft bei Verdauungsbeschwerden, Husten, Erkältung und Übelkeit und stimuliert Milchfluß und Libido. Versuche zeigen, daß Anis in Ratten die Regeneration der Leber fördert.

ÄTHERISCHES ÖL: Das extrem toxische Samenöl wird in der Industrie in winzigen Mengen zum Aromatisieren von Lebensmitteln und Getränken (Pernod) und zum Überdecken bitteren Arzneigeschmacks verwendet.

VORSICHT: Das Öl ist für den Hausgebrauch ungeeignet.

WACHSTUM UND VERMEHRUNG: Z 10; H 50 cm; B 30 cm. Sonniger, geschützter Standort und gut durchlässiger, alkalischer Boden. Verwenden Sie nur Samen von zuverlässigen Händlern, damit sie nicht ähnliche, aber giftige Pflanzen ziehen. Im späten Frühjahr an der gewünschten Stelle aussäen und später auf 20 cm vereinzeln.

Pinus sylvestris

KIEFER

Die aromatische, immergrüne Kiefer besitzt eine attraktive rotbraune Rinde und blaugrüne Nadeln, die den typischen Kiefernduft verströmen.

KIEFER

VERWENDUNG: Kiefernnadeln aller Arten geben ihren harzigen Duft ab, wenn man sie in ein winterliches Feuer streut oder in Kissen preßt. Frische Frühjahrsnadeln werden zu Tee gebraut. Das Wurzelpech regt den Haarwuchs an, das Harz würzt griechischen Retsinawein, und Kiefernäste, die in Teichen verrotten, hemmen das Wachstum von Teichalgen. Die eßbaren Kerne der Pinie *(P. pinea)* sind roh, geröstet oder gesalzen ein kulinarischer Genuß.

ÄTHERISCHES ÖL: Kiefernnadelöl wird trocken aus den Nadeln destilliert. Es riecht nach Balsam, Terpentin und Kiefern und übt eine reinigende, belebende Wirkung aus. Wegen seiner starken antiseptischen, auswurffördernden und antiviralen Wirkung ist es hervorragend für Zerstäuber geeignet, um Husten und Erkältungen sowie Infektionen der unteren Atemwege zu behandeln und vorzubeugen. Es ist Bestandteil von Männerdüften, Badeprodukten und Reinigungsmitteln, weil es so »sauber« und antiseptisch duftet. Terpentin, das aus dem Fettharz der Sumpfkiefer *P. palustris* und anderen Kiefern destilliert wird, findet in der Pharmazie und Industrie Verwendung, ist für den Hausgebrauch aber ungeeignet.

VORSICHT: Das Öl nur stark verdünnt anwenden. Bei Hautallergien meiden.

WACHSTUM UND VERMEHRUNG: Z 4; H 35 m; B 10 m. Sonne und gut entwässerter Boden. Vermehrung durch Aussaat im Herbst oder Frühjahr oder durch Veredeln. Abgestorbene Zweige und Äste im Winter entfernen.

Piper nigrum

PFEFFER

Die Kletterpflanze hat einen kräftigen Stamm und blüht in hängenden weißen Ähren, aus denen die scharfen grünen Pfefferbeeren, die im reifen Zustand dunkelrot werden, hervorgehen.

VERWENDUNG: Schwarze, grüne und weiße Pfefferkörner stammen von derselben Pflanze und waren schon zur Römerzeit ein begehrtes und sehr teures Luxusgut. Die grünen, unreifen Beeren werden gepflückt und frisch genossen oder eingelegt; schwarze Pfefferkörner werden im grünen Zustand geerntet, dann fermentiert und an der Sonne getrocknet; weiße Pfefferkörner stammen von den rot ausgereiften Beeren, die geschält und dann getrocknet werden. Als Gewürz schmeckt Pfeffer am besten frisch gemahlen. Er regt den Speichelfluß und die Magensekretion an, unterstützt die Verdauung und tötet Bakterien, lindert Koliken, Kopfschmerzen, Durchfall und Blähungen. *P. longum* schmeckt süßer und wird in der asiatischen Küche verwendet. Kubebenpfeffer *P. cubeba* schmeckt nach Piment und würzt asiatische Speisen. Zu Pulver gemahlen, behandelt er Amöbenruhr. Was als rosa Pfefferkörner in den Handel kommt, stammt vom Brasilianischen *(Schinus terebinthifolius)* oder Peruanischen Pfefferbaum *(S. molle)*, und besitzt einen ganz anderen, süßlich-harzigen Geschmack.

ÄTHERISCHES ÖL: Das Öl des Schwarzen Pfeffers hat ein warmes, würzig-holziges Aroma, das in der Parfüm- und Lebensmittelindustrie eingesetzt wird, weil es eine pfeffrige Note ohne Schärfe besitzt. Stark verdünnt kommt es in Massageöle für

PFEFFERKÖRNER

Sportler, verbessert die Durchblutung und den Muskeltonus. In Öllampen fördert der Geruch die Konzentrationsfähigkeit.

VORSICHT: Das Öl nur sehr stark verdünnt anwenden, um Hautreizungen zu vermeiden.

WACHSTUM UND VERMEHRUNG: Z 11; H 4 m; B Kletterpflanze. Empfindlich. Schwerer Boden im Schatten. Wird nur selten außerhalb seiner Heimat angepflanzt.

Pogostemon cablin

PATSCHULI

Die ausdauernde, buschige Pflanze hat einen nahezu viereckigen Stamm, weiße Blütenähren mit violetter Zeichnung und gezähnte ovale Blätter, die leichte, frische und grüne Version des typischen und durchdringenden Dufts, den man von den getrockneten Blättern kennt.

VERWENDUNG: Der Duft der sorgfältig getrockneten Blätter wird mit zunehmendem Alter immer besser. In Asien werden die Blätter zur Abwehr von Insekten zwischen Kleider gelegt. So kam der typisch erdige Geruch in die Shals, die im 19. Jh. aus Indien importiert wurden. Der ganzen Pflanze wird antiseptische, antidepressive, insektenvertreibende und aphrodisische Wirkung zugeschrieben.

ÄTHERISCHES ÖL: Die getrockneten und fermentierten Blätter werden dampfdestilliert und ergeben ein Öl mit einem durchdringend süßen Duft nach Zedern und Erde. Als Verstärker von holzigen Noten und Fixiermittel wird es vielfach für Parfüms und Weihrauch und zur Überdeckung unangenehmer Gerüche verwendet. Patschuliöl verleiht chinesischer Tintenpaste und indischer Tinte den typischen Duft. Aromatherapeuten behandeln mit dem Öl streßbedingte Probleme (auch geschwächte Libido); das Öl fördert bei der Behandlung von Falten, offenen Poren, Akne, Ekzem, rissiger Haut und Pilzinfektionen wie Fußpilz die Bildung neuer Hautzellen.

WACHSTUM UND VERMEHRUNG: Z 11; H & B 1 m. Empfindlich. In gemäßigten Klimazonen im feuchten Glashaus mit mind. 17 °C und torfigem Kompost ziehen. Vermehrung durch Aussaat im Frühjahr oder grüne Stecklinge im späten Frühjahr und durch Teilung im Frühling oder Herbst.

Polianthes tuberosa

TUBEROSE

Das ausdauernde Knollengewächs hat lange Blatthalme und trägt im Sommer wachsige, lilienförmige weiße Blüten, die in Ähren zusammenstehen und einen intensiven, honigsüßen und betäubenden Duft verströmen.

VERWENDUNG: In präkolumbianischer Zeit verwendete man in Mexiko die Tuberose zum Verfeinern von Schokolade, später parfümierte man die kühlen Kirchen Italiens damit. In gemäßigten Klimazonen kann man sie als exotische Gartenpflanze oder in geringer Zahl in Wintergärten ziehen und die Luft damit würzen. In geschlossenen Räumen kann der Duft unangenehm stark ausfallen.

ÄTHERISCHES ÖL: Mit Lösungsmitteln extrahiert man aus den Blüten ein dunkeloranges bis braunes Absolue. Es hat einen schweren, süß-blumigen und sinnlichen Duft mit narkotischen Untertönen und ist einer der teuersten blumigen Riechstoffe der Welt. Es ist nur selten im Handel erhältlich. Daten zur Verträglichkeit gibt es nicht.

WACHSTUM UND VERMEHRUNG: Z 9; H 50 cm; B 20 cm. Empfindlich. Im Sommer an einen warmen, sonnigen Platz stellen, im Herbst die Wurzeln ausgraben und vor Frost geschützt in Sand lagern. Im Treibhaus einzeln in Töpfen in mit Stallmist und Ballaststoffen angereichertem Lehm ziehen. Während des Wachstums gut gießen und alle 2 Wochen düngen; wenn die Blätter im Winter welken, langsam austrocknen lassen. Vermehrung durch Aussaat oder Ableger im Frühjahr.

Populus balsamifera

BALSAMPAPPEL

Der schnellwachsende Baum wechselt sein Laub, hat einen glatten Stamm und klebrige Blattknospen mit einem balsamischen Weihrauchduft, die sich zu großen herzförmigen und gesägten Blättern öffnen.

VERWENDUNG: Bei Berührung sondern die Blattknospen einen frischen harzigen Duft ab. Sammeln Sie die Knospen im Frühjahr, und geben Sie sie in Potpourris, oder lassen Sie sie in Alkohol ziehen, und verwenden Sie die duftende Flüssigkeit in Raumsprays oder Aftershaves. Nordamerikanische Indianer benutzten das Harz zum Inhalieren bei Erkältungen und zur Behandlung offener Wunden. Das antiseptische und schmerzstillende Harz der ungeöffneten Knospen der Balsampappel und der Hybriden Pappel »Balm of Gilead« *P.* × *candicans* heißt Gileadbalsam und enthält dem Aspirin ähnliche Wirkstoffe. Das Harz wird in Hustenmischungen, Salben für Schnittwunden, Hautkrankheiten und Rheuma sowie als Fixiermittel in Potpourris, Seifen und Parfüms verwendet. In den 70er Jahren konnten russische Ärzte hartnäckige offene Stellen infolge von langem Wundliegen und Infektionen erfolgreich behandeln. Die Rinde besitzt ebenfalls heilende Wirkung.

VORSICHT: Nicht bei Aspirinallergie anwenden. Salben können bestimmte Hauttypen reizen.

WACHSTUM UND VERMEHRUNG: Z 2; H 30 m; B 11 m. Anspruchslos, bevorzugt aber tiefen, feuchten und durchlässigen Boden

BALSAMPAPPEL

und sonnigen Standort. Vermehrung durch Schößlinge oder 30 cm lange Stecklinge im Herbst. *P.* × *candicans* ›Aurora‹ im späten Winter stark zurückschneiden, damit neue rosa- und cremegetönte Blätter wachsen. Durch Rasenmäher beschädigte Wurzeln bilden vermehrt Schößlinge.

Pseudovernia prunastri syn. *Evernia prunastri*

PFLAUMENFLECHTE

Die blaugrüne bis gespenstisch weiße Flechte wächst auf Laubbäumen, hauptsächlich auf der Schattenseite von Eichen, weshalb sie auch Eichenmoos genannt wird. Im getrockneten und verarbeiteten Zustand verströmt sie einen extrem beständigen, vollen, erdig-moosigen Geruch mit einer leisen Ledernote.

VERWENDUNG: Nordamerikanische Indianerstämme nutzten die

A–Z *Pseudovernia prunastri*, syn. *Evernia prunastri*

Flechte als antibiotischen und absorbierenden Wundverband und als Hustenmittel. In Europa wurde sie zur Linderung von Asthma, Bronchitis und Husten bei Kindern eingesetzt. Die Forschung zeigt, daß sie vor Tuberkulose schützt. Heute wird die Flechte getrocknet und dient in Potpourris zur Strukturbildung und als Fixiermittel. Alle Flechten reagieren höchst empfindlich auf Luftverschmutzung. Sie sind daher ein guter Indikator für die Qualität der Luft. Ihr Rückgang im Westen sollte uns zu denken geben.

ÄTHERISCHES ÖL: Das mit Lösungsmitteln extrahierte, dunkelgrüne Absolue vereint in sich alle grünen, moosigen und trockenen Rindendüfte des Waldes. Es läßt sich gut mit allen Duftgruppen kombinieren und wird in edlen Parfüms verarbeitet. Es ergibt ein angenehmes Raumspray und verleiht hausgemachten Parfüms eine interessante Note. Das volle, nach Erde duftende Concrète und Harz sind schwach löslich, so daß sich ihre Verwendung auf Seifen, Haarpflegemittel und Industrieduftstoffe beständigt.

VORSICHT: Öl nur sehr stark verdünnt anwenden. Kann empfindliche Haut reizen. Wird oft gefälscht.

WACHSTUM UND VERMEHRUNG: Z 5–6; Gedeiht wild in Laubwäldern gemäßigter Klimazonen auf der Nordhalbkugel. Schwer zu kultivieren.

Reseda odorata
GARTENRESEDE

Die aufrecht wachsende, einjährige Gartenresede hat schmale, ovale Blätter, trägt von Sommer bis Frühherbst weißlich-gelbe Blütentrauben mit gelbbraunen Staubgefäßen und verströmt einen süß-würzigen Duft.

VERWENDUNG: Während die Resede von den Römern zur Behandlung von Blutergüssen eingesetzt wurde, beeindruckte sie Napoleon auf seinem Ägyptenfeldzug so, daß er Kaiserin Josephine sogleich ein paar Samen schickte. Die Resede eignet sich hervorragend für einen Stadtbalkon, weil ihr starker, frisch-würziger Duft Stadtgerüche übertönt und Bienen und Schmetterlinge anlockt. Geschnitten hält sie sich in einem kühlen Raum mehrere Wochen, riecht aber nicht so stark wie im warmen Sonnenschein.

ÄTHERISCHES ÖL: Das lebhafte Absolue hat einen grün-blumigen Duft, aber seine Extraktion ist teuer. Selbst Parfümeure verwenden es nur in winzigen Mengen, um hochwertigen Parfüms eine besondere Note zu geben; ansonsten nimmt man synthetische Stoffe.

WACHSTUM UND VERMEHRUNG: Z 8 oder einjährig in kälteren Regionen. H 60 cm; B 30 cm. Sonne oder Halbschatten und durchlässiger neutraler bis leicht alkalischer Boden. Aussaat im Frühjahr am gewünschten Standort oder in Saatkästen. Regelmäßiger Schnitt fördert buschigen Wuchs, die Entfernung welker Blüten regt die Bildung neuer Blüten an. In warmen Gebieten im Frühherbst auf einer sonnigen Fensterbank ausgesät, ergeben sie eine Zimmerpflanze fürs Frühjahr. Wenn Sie Reseden im Winter in einem Wintergarten als »Bäumchen« ziehen wollen, Mitte oder Ende des Sommers Stecklinge pflanzen, mäßig gießen und aufhäufen. An einem Stab erziehen, die unteren Seitentriebe entfernen und den Leittrieb zurückschneiden.

Ribes nigrum
SCHWARZE JOHANNISBEERE

Der laubabwerfende Strauch duftet nach Moschus und hat gefiederte Blätter. Er bringt im Frühjahr grünlich-weiße Blüten und im Sommer weiche, eßbare schwarze Beeren hervor.

VERWENDUNG: Das saftige dunkelrote Fruchtfleisch und der süß-saure Geschmack machen schwarze Johannisbeeren zum idealen Obst für Marmeladen, sommerliche Süßspeisen, Liköre, Weine und Cassislikör. Die Beeren sind reich an Vitamin C, und die Samen enthalten Gammalinolsäure. Die tanninreichen, adstringierenden getrockneten Sommerblätter wurden früher zum Strecken von schwarzem Tee verwendet und sind häufig Bestandteil von Kräuterteemischungen. Der Absud aus den Blättern wirkt kühlend, senkt den Blutdruck und wird bei Erkältungen, Heiserkeit und Infektionen im Urogenitalbereich getrunken. Ein Beerenaufguß hilft bei Infektionen im Mund- und Rachenraum, Bluthochdruck und schwachen Kapillargefäßen.

ÄTHERISCHES ÖL: Ein kräftiges, stechendes und teures Absolue und ein ätherisches Öl namens Cassis werden aus den Knospen von Pflanzen, die in der sauberen Luft Norwegens wachsen, gewonnen und in Luxusparfüms verwendet. Die chemische Analyse unterscheidet 247 Bestandteile und zeigt einen komplexen Riechstoff, der sich aus der Wechselwirkung von minzig-grünen, fruchtig-würzigen, holzig-moosigen Noten mit animalischen Obertönen ergibt und Düften eine besondere Tiefe verleiht. Vor kurzem wurden synthetische Cassis-Elemente mit würzig-stechendem Geruch entwickelt, doch keines davon erreicht die Komplexität des Originals.

WACHSTUM UND VERMEHRUNG: Z 5; H & B 2 m. Geschützter Platz in der Sonne oder im Halbschatten in gut entwässertem Lehmboden. Vermehrung im Winter durch verholzte Stecklinge. Im Herbst zurückschneiden. Alle 10 Jahre austauschen.

Rosa-Arten
ROSE

Die überwiegend laubabwerfenden Sträucher und Kletterpflanzen haben dornige Zweige und Blüten mit einer breiten Palette an traditionell süßen, frischen, rosigen und blumigen Düften und bringen im Herbst rote Hagebutten hervor. Die kirschroten Blüten der ›Mme Isaac Pereire‹ duften am stärksten; die zartrosa Blüten der ›Celestial‹ besitzen den »reinsten« Rosenduft; *R. eglanteria*, die Schottische Zaunrose, hat Blätter mit Apfelduft, während *R. primula* Blätter mit einem weihrauchähnlichen Geruch hervorbringt.

VERWENDUNG: Als eine der nützlichsten und vielseitigsten Pflanzen findet die Rose in Küche, Heilkunde und Kosmetik, Handwerk, Parfümerie und als Symbol Verwendung und ist nicht zuletzt eine schöne und vielseitige Gartenpflanze. Aus Blüten, Blättern und Früchten macht man Rosenwasser, Rosenabsolue und Rosenöl. Wenn man das bittere weiße Ende der Rosenblütenblätter entfernt, kann man die Blütenblätter in Salate, Desserts, Marmeladen, exotische Hähnchen- und Reisgerichte, Sorbets und Punsch geben, chinesischen Tee und Zucker damit parfümieren und kristallisieren.

GARTENRESEDE

Rosenknospen werden eingelegt und die Vitamin-C-haltigen Hagebutten zu Sirup, Marmelade und Tee verarbeitet, müssen wegen der reizauslösenden Haare jedoch abgeseiht werden. Für Wein nach dem ersten Frost Hagebutten pflücken und im Dampfdrucktopf verarbeiten, damit Sie die Haare nicht entfernen müssen. Die wohlriechenden tiefrosa Blüten der Apothekerrose *(R. gallica* var. *officinalis)* werden im getrockneten Zustand noch intensiver; sie wurden vielfach in der mittelalterlichen Heilkunde eingesetzt. Rosenwasser ist bis heute unübertroffen als beruhigendes Mittel für müde und empfindliche Haut und dient auch zum Parfümieren der Haare. Die dunklen, alten Rosensorten halten Farbe und Duft am besten und sind daher für Potpourris besonders geeignet. Ein Extrakt der im Amazonasgebiet beheimateten *R. rubirinova* ›Mosqueta‹ wird in verschiedenen Hautpflegeprodukten und nach chirurgischen Eingriffen zur Beschleunigung des Heilungsprozesses eingesetzt.

ÄTHERISCHES ÖL: Die wichtigsten Arten für das intensiv duftende Öl sind die Damaszenerrose *(R. × damascena)*, die Kohl- oder Provencerose *(R. × centifolia)* mit einem würzigeren Duft und die Essigrose *(R. gallica)*. Die Blüten werden bei Sonnenaufgang gesammelt, bevor sie ihren Duft verlieren, und binnen 24 Stunden verarbeitet. Klares Rosenöl wird aus den Blütenblättern dampfdestilliert und ergibt den beliebtesten Extrakt für die Aromatherapie. Das gelb-orange Rosenabsolue wird mit Lösungsmitteln extrahiert und ist dem natürlichen Duft ähnlicher, weshalb es von der Parfümindustrie bevorzugt wird. Englisches Rosenphytolöl wird mit einer neuen Niedrigtemperaturmethode aus den Rosen ›Roseraie de L'Hay‹, ›Louise Odier‹, ›Mme Isaac Pereire‹, ›Belle de Crécy‹ gelöst und ergibt das Rosenöl, das dem frischen Blütenduft am nächsten kommt. Mit etwas Glück werden eines Tages üppig blühende Rosen die Landschaft und die Extraktionsapparate füllen. Alle Rosenöle sind extrem teuer, doch wegen ihres exquisiten Dufts und ihrer Verträglichkeit mit anderen Riechstoffen werden sie für die meisten hochwertigen Parfüms sowie einige Seifen und Kosmetika verwendet. In Cremes hilft Rosenöl bei trockener, reifer und empfindlicher Haut. Es kann in selbstgemachte Kosmetika, Parfüms und Massageöle gemischt werden. Man kann es auch aus Taschentüchern inhalieren, aber es gehört nicht in Duftlampen. Das Öl eignet sich zum Meditieren, zur Behandlung von Streß und weiblichen Ängsten, spendet Todkranken Trost und hilft den Hinterbliebenen bei der Trauerarbeit. Rosenblattöl wird in der Parfümerie verwendet.

WACHSTUM UND VERMEHRUNG: Z 2–9; H 25 cm–10 m; B 25 cm–7 m. Offener, sonniger oder heller Standort, mittelschwerer, gut entwässerter, lehmiger Boden. Rosen brauchen Schutz vor starken Winden, aber auch gute Luftzirkulation. Die Vermehrung der Arten erfolgt durch reife Samen im Herbst, die der Sorten durch verholzte Stecklinge im Herbst. Von Herbst bis Frühjahr pflanzen. Im Frühjahr leicht zurückschneiden. Im Sommer verblühte Blüten entfernen. Bananenschalen sind ein guter Rosendünger: zwischen den Wurzeln vergraben.

20 alte Strauchrosen mit außergewöhnlich feinem Duft:
›Belle de Crécy‹ Rosa, graue und lila Blütenblätter, viertelständig, grünes Auge
›Celestial‹ Reinstes Zartrosa, halbgefüllt, »reinster« Rosenduft
›Charles de Mills‹ Große lila und tiefrote Blüten, viertelständig, kräftig
›Conrad F. Meyer‹ Robuste, große Dornen, große, silber-rosa Blüten
›Empress Josephine‹ Dicke, lockere, gefüllte Blüten mit tiefrosa Äderung
›Fantin Latour‹ Zartrosa gefüllte Blüten, relativ dornenarm
›Général Kléber‹ Kugelige Moosrose mit leuchtendrosa Blütenblättern
›Gloire des Mousseux‹ Moosrose, große, gefüllte Blüten von klarem Rosa
›Hugh Dickson‹ Hohe, schlanke Rose, lange überhängende Triebe in vollem Dunkelrot

›Kazanlik‹ Zartes, warmes Rosa, in Bulgarien zur Herstellung von Rosenöl verwendet
›Königin von Dänemark‹ Gesunde Pflanze, volles Rosa, viertelständige Blütenblätter
›Louise Odier‹ Kräftiger Busch mit dicht zusammenstehenden, gefüllten Blüten in leuchtendem Rosa
›Mme Hardy‹ Elegante Pflanze, reinweiß, ganz gefüllt, grünes Auge
›Mme Isaac Pereire‹ Kirschrot, gefüllt, hat angeblich den stärksten Duft
›Maiden's Blush‹ Leuchtendrosa Blüten mit vielen Blütenblättern, feiner Duft
›Parfum de l'Hay‹ Große kugelige Knospen öffnen sich zu flachen, leuchtend roten Blüten
›Reine des Violettes‹ Sammetlila, flach und viertelständig, dornenlos
Kohlrose *R. × centifolia*: Tiefrosa, kohlförmige Becherblüten, überhängend und dornig
›Roseraie de L'Hay‹ Kartoffelrose, halbgefüllte, karminrote bis lila Blüten, öfterblühend
›Souvenir de la Malmaison‹ Puderrosa Kugelknospe, öffnet sich zu flacher und viertelständiger Blüte

10 ältere Kletterrosen mit außergewöhnlichem Duft:
›Etoile de Hollande‹ Sammetrote Blütenblätter, tönt lila ab, pflaumenfarbene Triebe

APOTHEKERROSE

A–Z Rosa-Arten

ROSMARIN

›Gloire de Dijon‹: Weiches Cremeweiß-Apricot, verträgt Schatten
›Guinée‹: Reiches, dunkles Sammetrot; wunderbare Knospen zum Trocknen
›Long John Silver‹: Kräftige, große seidigweiße, doppelt gefüllte Becherblüte
›Mme Caroline Testout‹: Kräftig, dornig, silber-rosa kohlähnliche Blüten
›Mrs Herbert Stevens‹: Anspruchslos, schön geformte weiße Blüten, öfterblühend
›Souvenir de la Malmaison‹: Wie oben, blüht u. U. ein zweites Mal, haßt Regen
›Souvenir du Docteur Jamain‹: Üppige rubinrote, halbgefüllte Blütenbecher, Schatten
›Surpassing Beauty‹: Leicht überhängend, frühe tiefrote bis karminrote Knospen, hochrote Blüten
›Zéphirine Drouhin‹: Kirschrote, halbgefüllte Blüten, langblühend, dornenlos.

Rosmarinus officinalis

ROSMARIN

Die Zweige dieses Strauchs mit dem sauberen und harzig-würzigen Aroma sind dicht bepackt mit schmalen, ledrigen Blättchen und tragen im späten Frühjahr (manchmal auch ein zweites Mal im Herbst) kleine blaue Blüten. Es gibt auch Zuchtformen mit weißen und rosa Blüten, kriechende und hochwachsende Kultursorten.

VERWENDUNG: Rosmarin ist ein altes Heilkraut, das früher in europäischen Tempeln verbrannt wurde. Er wird als Busch, Hecke oder Formschnittpflanze angebaut. Die antiseptischen und antioxidativen Blätter helfen Lebensmittel konservieren, Fett verdauen und würzen Kartoffeln, Lamm- und Schweinebraten, fettigen Fisch, Öle, Essige und Butter. Sie verleihen Keksen, Eiscreme und Süßorangen in Wein ein würziges Aroma. Die zart aromatischen Blüten werden in Salate gegeben oder kristallisiert. In Arabien bindet man frisch geschnittene Zweige zu Bündeln und kühlt und erfrischt damit ein Krankenzimmer. Als Räucherstäbchen oder in Kleidersäckchen vertreibt Rosmarin Motten und andere Insekten. Als Badezusatz regt er die Durchblutung an, lindert Muskel- und Gliederschmerzen und klärt einen ermüdeten und trägen Geist.

ÄTHERISCHES ÖL: Das Öl wird aus den blühenden Endtrieben dampfdestilliert und besitzt einen starken, erfrischenden, holzig-balsamischen Duft, der in Parfüms (u. a. Eau de Cologne und Ungarnwasser), Seifen und Haushaltsprodukten sowie in der Lebensmittel- und Getränkeindustrie verwendet wird. Das Bakterien und Pilze abtötende Öl wird bei Erkältungen dampfinhaliert und macht den Kopf frei. Es fördert die Durchblutung (weshalb ihm aphrodisische Wirkung zugeschrieben wird), öffnet Oberflächenkapillaren und wird in verschiedenen Haarpflegemitteln, Schuppenshampoos und Hautcremes, v. a. für fettige Haut, Ekzem und Krampfadern verarbeitet. Rosmarin hilft den Cholesterinspiegel im Blut senken und entspannt im Massageöl angespannte, müde und überanstrengte Muskeln.

VORSICHT: Pflanze und Öl während der Schwangerschaft, bei Bluthochdruck oder Epilepsie nicht als Badezusatz verwenden. Das Öl während der Schwangerschaft meiden. Mäßig bis stark verdünnt anwenden. Kann Hautreizungen hervorrufen.

WACHSTUM UND VERMEHRUNG: Z 6; H & B 2 m. Frostbeständig. Sonne und durchlässiger Boden. Kalkhaltiger Boden erzeugt kleinere, aber stärker duftender Pflanzen. Vor kalten Wintern und beißenden Frühlingswinden schützen. Rosmarin kann als Topfpflanze im Sommer in die Erde gesetzt und im Winter ins Treibhaus oder auf die Fensterbank gestellt werden. Die Keimung der Samen ist unzuverlässig, Stecklinge aller Typen sind einfach einzusetzen.

Salvia officinalis

SALBEI

Der Strauch hat strukturierte immergrüne Blätter mit einem deutlichen, warmen, sauberen und würzig-stechenden Duft und trägt im Sommer kleine lila-blaue (manchmal weiße oder rosa) Blüten. Verschiedene Salbei-Varietäten haben goldene, lila und gesprenkelte Blätter und unterschiedliche Düfte, wie z. B. die teilweise winterharte *S. elegans*, deren Kulturformen nach Ananas und Mandarine duften, die silberblättrige *S. prostrata* mit balsamischem Aroma und *S. dorisiana* mit einem Blattduft nach Obst.

MUSKATELLERSALBEI

VERWENDUNG: Der kräftige und deutliche Geschmack wird beim Trocknen noch stärker. Beim Würzen von Schweinefleisch, Gans, Würsten, Salbei und Füllungen daher sparsam umgehen. Salbei fördert die Verdauung und spendet an einem verkaterten Morgen ein Gefühl der Frische und Sauberkeit, wenn man ein Blatt über Zähne und Zahnfleisch reibt. Die Blüten ergeben einen leichten Sommertee, während der antiseptische Blättertee ein gutes Gurgelmittel bei Infektionen im Mund- und Rachenraum abgibt. Der Rauch getrockneter Blätter vertreibt unangenehme Küchengerüche.

ÄTHERISCHES ÖL: Salbeiöl wird aus den Blättern dampfdestilliert und besitzt einen würzig-krautigen Duft mit Kampfernoten. Das Öl wird zwar in winzigen Mengen in Parfüms, Wermut, Mundwässern und in der Lebensmittelindustrie verwendet, ist aber giftig und daher für den Hausgebrauch ungeeignet. Muskatellersalbei (*S. sclarea*, s. u.) ist vorzuziehen. Manche Therapeuten verwenden *S. lavandulifolia* in geringen Dosen bei der Massage von tiefen Muskelschmerzen, bei der Behandlung von Rheuma und schlechter Durchblutung.

VORSICHT: Die Pflanze in medizinischen Dosen während der Schwangerschaft meiden. Alle Salbeiöle während der Schwangerschaft und das Öl von *S. officinalis* grundsätzlich meiden. Statt dessen das Öl des Muskatellersalbeis oder *S. lavandulifolia* stark verdünnt und in mäßigen Mengen anwenden.

WACHSTUM UND VERMEHRUNG: Z 5; H 80 cm; B 1 m. Sonne, leichter, trockener, gut durchlässiger alkalischer Boden. Arten nur aus Samen ziehen; Kultursorten können leicht aus Stecklingen vermehrt werden. Auf 45–60 cm Abstand vereinzeln. Nach der Blüte zurückschneiden, verholzte Pflanzen alle 4–5 Jahre ersetzen. Häufig zurückschneiden, um buschigen Wuchs zu fördern. Vergilbte Blätter können auf Platzmangel der Wurzeln deuten. Eine kleine grüne Raupe frißt die Blätter; von Hand ent-

A–Z Santalum album

SALBEI (MIT ROSA BLÜTEN)

fernen oder abschneiden und die Blätter verbrennen.

Salvia sclarea
MUSKATELLERSALBEI

Der zweijährige Muskatellersalbei trägt im ersten Jahr eine Rosette aus großen, behaarten grauen Blättern; im zweiten Sommer bildet er staubig-lila bis rosa Blüten mit weißen Lippen und ausdauernden, farbigen Deckblättern, die in einem ährenartigen Blütenstand stehen. Die ganze Pflanze verströmt einen sauberen, stechenden Muskatellerduft, den man entweder mag oder nicht. *S.S.* var. *turkestanica* hat blaßblaue und weiße Blüten mit rosa Deckblättern.

VERWENDUNG: Die langen, aromatischen Blütenähren, die bis in den Herbst hinein blühen, machen den Muskatellersalbei in puncto Aussehen und Aroma zu einer attraktiven Gartenpflanze. Die zarten Blätter und Holunderblüten verleihen Rheinwein einen gewissen Muskatellergeschmack. Die Blütenähren gibt man in ein raumerfrischendes Bouquet, die getrockneten Blätter ins Potpourri. Muskatellersalbei heißt im Volksmund bisweilen auch »Augenklar«, denn die in Wasser eingeweichten Samen sondern einen Schleim ab, mit dem man Fremdkörper schmerzlos aus den Augen waschen kann, während Blüten- und Blattdestillate als beruhigende und klärende Kompressen auf müde Augen gelegt werden.

ÄTHERISCHES ÖL: Die blühenden Teile der Pflanze werden dampfdestilliert und ergeben ein warmes, krautiges, leicht nussig duftendes Öl, das verschiedenen Parfüms beigemischt wird. Es löst ein bemerkenswertes Wohlgefühl aus, das lediglich entspannend, leicht berauschend oder stimmungsaufhellend wirken, aber auch beinahe spirituelle Erfahrungen und lebhafte Träume hervorrufen kann. Dieses Öl ist so entspannend, daß Aromatherapeuten ihre Patienten nach einer Massage nicht Auto fahren lassen. Es soll die Libido steigern, lindert körperlichen und seelischen Streß und Spannungen sowie Asthmakrämpfe, Muskelschmerzen, geschwollene Beine nach einem langen Tag, Migräne, Sexualprobleme und Depression während der Genesung. Da Tuberkulose derzeit wieder auf dem Vormarsch ist, wird man die Pflanze wohl wieder gegen nächtliche Schweißausbrüche einsetzen.

VORSICHT: Das Öl während der Schwangerschaft meiden. Die Kombination mit Alkohol kann zu Alpträumen und Übelkeit führen.

WACHSTUM UND VERMEHRUNG: Z 5; H 1 m; B 60 cm. Aussaat im Frühjahr oder Sommer. Sät sich in leichten Böden selbst aus. Mag keine nassen Winter.

Sambucus nigra
HOLUNDER

Das Holz und die Blätter des laubabwerfenden Strauchs oder Baums haben einen grünen Katzen- oder Tierduft, während die cremeweißen Dolden, die im Frühsommer blühen, muskatellersüß riechen. Die dunkelvioletten bis schwarzen Beeren drängen sich in überhängenden Dolden.

VERWENDUNG: Die Blüten verleihen Holunderwein, Rheinwein, Milchspeisen, Obstdesserts und Marmeladen ihren typischen Muskatellergeschmack und können auch in Backteig ausgebacken werden. Blütentee oder -tinktur wappnet das Atmungssystem von Allergikern gegen die schlimmsten Pollenangriffe. Ein Holundertee mit Pfefferminze und Schafgarbe senkt Erkältungs- und Grippefieber. Kalter Tee ist eine gute Wäsche für müde oder entzündete Augen, ein Gesichtswasser, entzündungshemmendes Aftershave und ein Gurgelwasser. Vögel lieben die rohen Beeren, doch für den menschlichen Verzehr sollte man sie zu Marmeladen oder Kuchen verarbeiten oder zu Wein keltern. In kühleren Regionen siebt man die Samen aus, da sie ein Alkaloid enthalten, das leichte Übelkeit hervorruft. Holunderbeeren enthalten viel Vitamin C und schützen als Sirup oder Likör vor winterlichen Erkältungen. Ein Absud aus den Blättern vertreibt Insekten von Haut und Pflanzen. Rinde und Wurzeln ergeben ein schwarzes, Blätter ein grünes und Beeren ein violettes Färbemittel.

VORSICHT: Blätter und rohe Beeren sind nicht zum Verzehr geeignet.

WACHSTUM UND VERMEHRUNG: Z 5; H 10 m; B 4,5 m. Sonne oder Halbschatten in nährstoffreichem, feuchtem, neutralem bis alkalischem Boden. Vermehrung durch grüne Stecklinge im Sommer und verholzte Stecklinge im Winter. Wurzelschößlinge können sich stark ausbreiten. Die ganzen Blütendolden als Speisenwürze einfrieren.

HOLUNDERBEEREN

HOLUNDERBLÜTEN

Santalum album
SANDELHOLZ

Aufgrund der starken Nachfrage ist die Zukunft des langsam wachsenden, halb-parasitären und halbwilden immergrünen Baums gefährdet. Seine Faszination liegt in seinem aromatischen Holz, den Wurzeln mit einem trockenen, warmen und verführerisch holzigen Aroma und den kleinen blaßgelben bis lila Blüten. Beschränkungen der indischen Regierung und Pflanzvorschriften werden von vielen Holzhändlern umgangen, und die inzwischen hohen Preise spiegeln leider nur selten einen verantwortungsvolleren Umgang mit dem Rohmaterial wider.

VERWENDUNG: Das wohlriechende, insektenvertreibende Holz spielt in buddhistischen und hinduistischen Ritualen eine wichtige Rolle und wird auch zu geschnitzten Schachteln und Kleidersäckchen verarbeitet. Es wird zu feinem Pulver gemahlen und mit Rosenwasser gemischt, um Hautprobleme zu behandeln und würzt als Pulver oder Öl indische Sorbets und Süßspeisen – v. a. im Sommer, weil es »kühlend« wirkt.

ÄTHERISCHES ÖL: Fast alle Teile des Baums enthalten ätherisches Öl, doch der höchste Anteil steckt in den Wurzeln und im Kernholz, aus denen

241

A–Z *Santalum album*

das Öl mit Dampf oder Wasser herausdestilliert wird. Das zähflüssige Öl besitzt einen tiefen, anhaltenden süßholzigen Duft mit wärmender, entspannender und ausgleichender Wirkung und gilt seit alters her als Aphrodisiakum. Es wurde in der Antike als Salböl verwendet und wird heute noch in viele Parfüms und Weihrauch gemischt, weil es beim Meditieren hilft. In Aftershaves beruhigt es gereizte Haut, in Kosmetikcremes wirkt es wohltuend bei Ekzemen, trockener oder rissiger Haut und offenen Fersen. In der Massage wird es als sinnlicher Duft und als Heilmittel für streß- und spannungsbedingte Beschwerden geschätzt.

VORSICHT: Westindisches Sandelholz stammt von Balsambaum *Amyris balsamifera* und sollte aus Sicherheitsgründen derzeit nicht angewendet werden.

WACHSTUM UND VERMEHRUNG: Z 11; H 18 m; B 3 m. Empfindlich. Sonne bis Halbschatten und fruchtbarer, gut durchlässiger, feuchter Boden. Aufgrund des halbparasitären Wuchses nur schwer in Treibhäusern zu ziehen.

HEILIGENKRAUT

Santolina-Arten

HEILIGENKRAUT

Das rauchig-silbergraue Laub dieser immergrünen Halbsträucher ist stechend aromatisch und hat eine leichte Zitronennote. Die knopfartigen gelben Blüten, die im Spätsommer erscheinen, nehmen das Blattaroma in schwächerer Form auf. *S. viridis* hat grüne, fadenförmige Blätter, *S.* ›Lemon Queen‹ weidenartige graugrüne Blätter und cremefarbene Blüten.

VERWENDUNG: Da die einzelnen Arten zart abgestufte Blattfarben und einen kompakten, zum Formschnitt geeigneten Wuchs aufweisen, ist Heiligenkraut für verschlungene Gartenanlagen und als Beeteinfassung ideal. Die Zweige kann man unter Teppiche, zwischen Bücher und Wäsche stecken, neben Fenster und Türen hängen und zur Insektenabwehr einsetzen. Die Blätter werden ab und zu mit Kamille und Huflattich zu Kräutertabak getrocknet. Ein Absud aus Blüten und Blättern wird in der Volksmedizin bisweilen zur Linderung von Entzündungen und zur Heilung von Scherpilzflechte und Krätze eingesetzt.

ÄTHERISCHES ÖL: Das aus den Samen dampfdestillierte Öl hat einen starken, säuerlichen Geruch. Es ist ein hochwirksames Insektizid und Mittel gegen Würmer im Darmtrakt, aber für den Hausgebrauch zu giftig.

VORSICHT: Öl hochgiftig.

WACHSTUM UND VERMEHRUNG: Z 7; H 60 cm; B 1 m. Sonne und gut entwässerte, vorzugsweise sandige Erde. In zu schwerem Boden wird die Pflanze weich und nicht so silbrig. Vermehrung im Frühjahr oder von Mittsommer bis Herbst durch Stecklinge (vor Frost schützen). Im Abstand von 50 cm oder bei Hecken 30 cm pflanzen. Im Frühjahr oder Sommer, jedoch niemals in frostigem Herbstwetter in Form schneiden. Im Herbst verblühte Blüten entfernen. Bei weniger als –15 °C mit einem ca. 13 cm dicken Mantel aus Stroh, Tannenzweigen oder Farngestrüpp umwickeln und mit Hühnerdraht befestigen. Heiligenkraut kann auch im Topf gezogen werden.

Saponaria officinalis

SEIFENKRAUT

Die verspielten zartrosa Blüten der weitverzweigten, aufrecht wachsenden mehrjährigen Pflanze schwängern die Spätsommerluft mit süßem Duft nach Himbeeren und Nelken.

VERWENDUNG: Rhizome, Blätter und Stengel enthalten Saponine, die die Oberflächenspannung von Wasser aufweichen; sie erzeugen eine milde seifige Lauge, wenn sie in kalkfreiem (weichem oder Regen-)Wasser gekocht werden. Pflanzenteile im Herbst zerkleinern, in der Sonne trocknen und vor dem Kochen 30 Minuten in etwas Wasser einweichen. Die dabei entstehende Flüssigkeit ist das feinste Waschmittel für empfindliche Stoffe. Museen reinigen und frischen damit alte Wandteppiche, Möbelbezüge und Spitzen auf. Das sanfte Seifenwasser wird auch bei Akne, Ekzem und Schuppenflechte vertragen und zur Linderung von Giftefeu-Ausschlag verwendet. Nicht in die Augen bringen. Die hübschen Blüten in Blatt- und Obstsalate streuen oder für ein Schlafzimmer-Potpourri trocknen.

VORSICHT: Seife nicht in die Augen bringen. Nicht in die Nähe von Fischteichen pflanzen, da die Rhizome und Blätter für Fische giftig sind.

WACHSTUM UND VERMEHRUNG: Z 4; H & B 60 cm. Sonne oder Halbschatten, fruchtbarer, feuchter Boden. Ausgesäte Pflanzen fallen unterschiedlich aus, deshalb aus einer wohlriechenden Mutterpflanze vermehren. Pflanze teilen oder Wurzelableger vom späten Herbst bis zum zeitigen Frühjahr im Abstand von 60 cm pflanzen. Stengel mit Zweigen und Stöcken stützen. Nach der Blüte zurückschneiden, um eine zweite zu fördern. Für ein Seifenwasser braucht man große Mengen.

SEIFENKRAUT

Satureja hortensis

BOHNENKRAUT

Die schmalen Blätter der einjährigen Pflanze sind mit Drüsen besetzt und verströmen einen kräftigen Duft. Bohnenkraut blüht im Spätsommer lila bis weiß.

VERWENDUNG: Die Blätter des Bohnenkrauts, des bittereren immergrünen Winterbohnenkrauts (*S. montana*) und des kriechenden Bohnenkrauts (*S. spicigera*) besitzen einen würzig-pfeffrigen Geschmack, der alle Bohnengerichte und Hülsenfrüchte – selbst aus der Dose oder Tiefkühltruhe – verfeinert. Darüber hinaus fördern sie die Verdauung und lösen Blähungen. Sie würzen außerdem Salami, Fisch, Eintöpfe, Weichkäse und tonisierende Weine und peppen salzarme Diäten auf. Blätter und Blüten ergeben ein antiseptisches Gurgelwasser für Halsentzündungen.

ÄTHERISCHES ÖL: Die Öle von Sommer- wie Winterbohnenkraut haben einen scharfen, krautig-pfeffrigen Arzneigeruch und werden zum Würzen von Fleisch und Dosengemüse verwendet, sind für den Hausgebrauch aber ungeeignet. Das aus *S. thymbra* extrahierte Öl wird in der pharmazeutischen Industrie eingesetzt.

VORSICHT: Während der Schwangerschaft die Pflanze nicht in medizinischen Dosierungen anwenden.

WACHSTUM UND VERMEHRUNG: Z 8; H 50 cm; B 75 cm. Sonne, gut durchlässiger, kalkhaltiger und schwerer (für Winterbohnenkraut mittelschwerer) Boden. Aussaat im Frühjahr. Die Samen des Winterbohnenkrauts am besten im Herbst, wenn sie frisch sind, oder im späten Frühjahr säen, leicht andrücken, aber nicht mit Erde bedecken. Im Sommer Schnittlinge aus den Seitentrieben pflanzen, im Frühjahr oder Herbst teilen; mehrjährige in 45 cm, einjährige in 23 cm Abstand setzen. Zerzaustes mehrjähriges Bohnenkraut im späten Frühjahr kräftig stutzen. Braucht u. U. etwas Winterschutz. Einjährige Pflanzen im Frühsommer zurückschneiden, damit sie nicht verholzen.

Spartium junceum

BESENGINSTER

Der aufrechte, leuchtendgrüne, laubabwerfende Strauch ist von Sommer bis Frühherbst mit unzähligen goldgelben Schmetterlingsblüten übersät, die einen kräftigen und süßen Duft nach Orangenblüten verströmen. Zier- und Duftginstervarietäten der eng verwandten Gattung *Genista* sind *G. aetnensis*, *G. cinerea*, *G. spartium* und *G.* × *spachiana*.

VERWENDUNG: Man kann die zahlreichen Blüten sammeln und als Farbtupfer in Potpourris mischen oder als Färbemittel verwenden. Dabei ist jedoch Vorsicht geboten, denn sie wurden früher als starkes Herzmittel eingesetzt und sind daher vor Kindern sicher aufzubewahren. Die biegsamen Zweige können zu Körben geflochten werden, die kräftige Rindenfaser wurde früher zu groben Stoffen und Seilen verarbeitet.

ÄTHERISCHES ÖL: Die Blüten ergeben einen verführerischen, staubigsüßen Riechstoff, der früher durch Enfleurage oder mit Alkohol, heute aber mit flüchtigen Lösungsmitteln extrahiert wird. In der Parfümsprache heißt der Duft Genêt und wird für blumige Duftwässer verwendet. Er verträgt sich gut mit Ylang-Ylang und aromatisiert einige alkoholische Getränke.

VORSICHT: Pflanze und Öl können tödlich sein. Nur äußerlich anwenden!

WACHSTUM UND VERMEHRUNG: Z 8; H & B 3 m. Frostbeständig. Sonne, nicht zu fruchtbarer, gut durchlässiger Boden. Verträgt verschmutzte Stadtluft und Salzluft. Schwache Triebe entfernen, bei starkem Wachstum zurückschneiden. Die reifen Samen einweichen und im Frühjahr unter Glas aussäen. Jungpflanzen vor Kaninchen schützen.

Styrax benzoin

STORAXBAUM

Der buschige, laubabwerfende Baum hat eine graue Rinde und einfache spitze Blätter, trägt im Frühjahr und Sommer kleine, nickende weiße Blütenglöckchen, die duften und in Trauben beisammen stehen, und erzeugt das aromatische Benzoeharz. *S. officinalis* bringt das wohlriechende Harz Storax hervor, das in Weihrauch, Arzneimitteln und Parfüms verwendet wird. Die aromatischen Fixierharze der Amberbaumarten (*Liquidambar*) heißen ebenfalls Storax.

VERWENDUNG: Zur Benzoeharzgewinnung schneidet man die Stämme wild wachsender Bäume, die älter als 7 Jahre sind, tief ein. Das Harz wird dann getrocknet, bis es orange-braun aussieht und seinen kräftigen Vanilleduft entwickelt. Es liefert ein wichtiges Fixiermittel und einen vollen, warmen Riechstoff für Weihrauch und Potpourris.

ÄTHERISCHES ÖL: Das Öl ist für Parfümeure in geringen Mengen als echtes Absolue erhältlich, gewöhnlich aber als zähflüssiges Resinoid (d. h. mehr Feststoffe und weniger Reinheit), das in Äthylglykol oder Holzgeist gelöst wurde. In der Aromatherapie lindert das Öl Angstzustände und erzeugt Wohlgefühl. In der Lebensmittel- und Getränkeindustrie wird es als Fixiermittel, in der Parfümerie als Riechstoff eingesetzt. In Kosmetikprodukten verzögert das Öl das Ranzigwerden, in Hustenpastillen hilft es bei Erkältungen, außerdem kommt es in Anti-Asthma-Tabletten und Medikamente gegen Husten und Halsentzündung. Obwohl es seit langem in beruhigende antiseptische Cremes für rissige oder gereizte Haut gemischt wird, kann es in manchen Fällen Allergien hervorrufen. Bis neuere Forschungsergebnisse vorliegen, sollte es bei rissiger oder wunder Haut nicht angewendet werden.

VORSICHT: Öl: Einige Hersteller haben das ätherische Öl vom Markt genommen, weil es allergische Dermatitis auslösen kann. Die empfohlenen Höchstmengen für das Resinoid betragen 0,03 % in Cremes und 0,08 % in Parfüms. Das Öl kann die Empfindlichkeit gegenüber anderen Wirkstoffen erhöhen.

WACHSTUM UND VERMEHRUNG: Z 11; H 9 m; B 6 m. Empfindlich. In gemäßigten Klimazonen in feuchtem Boden in mittelwarmem bis heißem Treibhaus bei mindestens 15 °C und hellem, gefiltertem Licht ziehen. Während der Wachstumsperiode kräftig, im Winter nur sparsam gießen. Vermehrung im Herbst durch Aussaat oder im Sommer durch schwach verholzte Stecklinge.

BESENGINSTER

SOMMERBOHNENKRAUT

A–Z *Syringa vulgaris*

FLIEDER

Syringa vulgaris
FLIEDER

Der laubabwerfende Strauch oder kleine Baum hat herzförmige Blätter und ist wegen des üppig-süßen, warmen und blumigen Dufts, den die wachsigen Blütenrispen im Frühjahr verströmen, seit jeher eine beliebte Gartenpflanze. Es gibt Kultursorten mit lila, blauen, rosa oder weißen Blüten.

VERWENDUNG: An warmen Tagen kann ein einziger Strauch einen ganzen Garten in eine Duftwolke hüllen und viele Schmetterlinge (v. a. blaue Arten) anlocken. Mit einer Vase voller frischer Blüten parfümieren Sie ein ganzes Zimmer, mit den dunkleren Blüten können Sie Desserts garnieren oder ein Potpourri verschönern.

ÄTHERISCHES ÖL: Der Riechstoff von Flieder ist schwer zu fassen; obwohl man vermutlich ein Absolue gewinnen könnte, gibt es derzeit kein bekanntes, kommerziell hergestelltes Blütenöl. Flieder war früher beliebt als Einzelduft, als Bestandteil von blumigen Eau de Colognes, als Duft für Kleider und Handschuhe und wird heute in moderne »Phantasieblumendüfte« gemischt. Der Duft wird jedoch (wie bei Wicken) durch die Mischung anderer Blütenessenzen oder chemisch als Acetanisol hergestellt. Das neue englische Niedrigtemperaturverfahren bringt das Ziel vielleicht näher.

WACHSTUM UND VERMEHRUNG: Z 5; H 7 m; B 5 m. Sonnige, offene, aber windgeschützte Lage, fruchtbarer, neutraler bis alkalischer Lehmboden, der mit Stallmist angereichert wird. Verwelkte Blüten und Schößlinge junger Pflanzen entfernen. Altes und abgestorbenes Holz älterer Pflanzen nach der Blüte ausschneiden. Gut mulchen und düngen. Vermehrung durch grüne Stecklinge im Sommer oder schwach verholzte Herbststecklinge, die in einen geschützten Anzuchtkasten gesetzt werden. Die Art durch Samen oder Schößlinge vermehren. Im Frühjahr oder Herbst mit 3,5–5 m Abstand pflanzen.

Syzygium aromaticum
GEWÜRZNELKENBAUM

Alle Teile des glänzenden, immergrünen Baums duften bei Berührung nach Nelken. Die wohlriechenden, cremefarbenen Sommerblüten färben sich nach Abfallen der Staubgefäße tiefrotrosa.

VERWENDUNG: Gewürznelken sind die sonnengetrockneten nagelförmigen Blütenknospen. Hochwertige Gewürznelken sondern etwas Öl ab, wenn man sie mit einem Fingernagel einritzt. Ihr kräftiges, warmes Aroma wird in indischem Garam Masala, in chinesischem Fünfgewürz, in Pickles, Schinken und Desserts geschätzt. Nelken werden für ganz klassische Duftkugeln auf Orangen gesteckt, aromatisieren indonesische Zigaretten und können in kleinen Stückchen gekaut werden, um nachts trockenen Reizhusten zu beruhigen. In wäßrigen Raumerfrischern entfalten sie ein warmes, wohltuend würziges Aroma. Die Blüten dienen in der Volksmedizin als Augenheilmittel. Der Rosenapfel *S. jambos* wird in den Tropen vielfach angebaut und trägt eßbare Früchte mit Rosenduft und -geschmack. Er wird auch in der Parfümerie verwendet.

ÄTHERISCHES ÖL: Das würzig-süße Öl wird aus den Knospen wasserdestilliert. Weniger hochwertige Öle werden aus Blättern, Stengeln und Trieben extrahiert. Das Öl findet in Parfüms, Kosmetika, Lebensmitteln, Getränken und Zahnpflegemitteln wie Zahncreme und dem schmerzstillenden Nelkenöl Verwendung. Da es starke Reizungen auslöst, darf es im Hausgebrauch nur zur Raumerfrischung oder gegen Ameisen eingesetzt werden. Heute stellt man auch Betäubungsmittel auf Nelkenbasis her.

VORSICHT: Das Öl ruft Reizungen der Haut und Schleimhäute hervor.

WACHSTUM UND VERMEHRUNG: Z 11; H 20 m; B 10 m. Auf niedere Küstenlagen der Tropen beschränkt. Empfindlich, Mindesttemp. 15 °C. Sonne und gut entwässerter, fruchtbarer Boden. Vermehrung im Frühjahr durch Aussaat oder durch schwach verholzte Stecklinge im Sommer.

GEWÜRZNELKEN
(getrocknete Blütenknospen)

A–Z Tanacetum vulgare

Tagetes patula

TAGETES

Die einjährige Studentenblume hat lila-grüne aufrechte Stengel, Blätter mit einem stechenden Duft und gold-orange Blüten. *T. tenuifolia pumila* ›Tangerine Gem‹ hat Blätter mit Orangenduft, während die Blätter der *T. signata* nach Zitronenstrauch riechen. Beide beleben jedes Potpourri.

VERWENDUNG: Die Blütenblätter ergeben ein gelbes Färbemittel für Wolle, Seide und Milchprodukte, werden in handgeschöpftes Papier gemischt und als Farbtupfer für Potpourris getrocknet. Die Wurzelsekrete der *T. erecta* und vor allem der *T. minuta* zerstören die Detektormechanismen von Kartoffel-, Rosen- und Tulpenfadenwürmern, und der Blattduft aller drei Arten hält Weißfliegen von Tomatenpflanzen fern. *T. minuta* im Abstand von 15 cm pflanzen, um Unkraut wie Winden, Gemeine Quecke und kriechenden Efeu fernzuhalten, oder in doppelten oder dreifachen Reihen zu ihrer Eindämmung pflanzen, da die Wurzelsekrete ihr Wachstum behindern. Streuen Sie wie die Andenvölker Blätter in Hausgänge und Bettwäsche, um Insekten zu vertreiben. In Südamerika ergeben die Blätter der *T. lucida* ein Gewürz und einen Tee (den man früher geopferten Menschen verabreichte, um ihre Schmerzen zu betäuben); mexikanische Indianerstämme rauchen die Blätter, weil sie Visionen hervorrufen.

ÄTHERISCHES ÖL: Die oberirdischen Teile aller 3 Typen werden zu einem besonderen, stark aromatischen, bitter-grünen Öl dampfdestilliert oder mit Lösungsmitteln zu Absolue verarbeitet, das einen intensiv aromatischen, süß-krautigen Geruch mit einer leichten Fruchtnote besitzt. Beide schützen vor Pilzbefall und werden für Parfüms, Lebensmittel, Getränke und Tabak verwendet.

VORSICHT: Das Öl nur stark verdünnt anwenden. Der Hauptbestandteil Tageton kann gefährlich sein und Dermatitis hervorrufen. Empfohlene Höchstmengen für Cremes 0,03 %, für Parfüms 0,2 %. Manchmal fälschlicherweise als Calendulaöl *(C. officinalis)* bezeichnet, das ungefährlich ist.

WACHSTUM UND VERMEHRUNG: Z 9; H 50 cm; B 30 cm. Offener, sonniger Standort in humusreichem, möglichst schwerem Boden. Aussaat im zeitigen Frühjahr ins Frühbeet; im Spätfrühling mit 30 cm Abstand auspflanzen. Entfernung verwelkter Blüten verbessert Wuchs und Größe.

Tanacetum balsamita

MARIENBLATT

Die silbergrünen, gekerbten Blätter dieser mehrjährigen Staude besitzen ein sauberes Aroma, das an Spearmint-Kaugummi erinnert. Im Spätsommer trägt das Marienblatt kleine gelbe Blütenköpfchen mit weißen Zungenblüten, wenn es an einem sonnigen Platz wächst.

VERWENDUNG: Bevor der Hopfen aufkam, wurde Marienblatt in England zum Klären und Aromatisieren von Bier verwendet. Im englischen Sprachraum heißt die Pflanze auch »Bibelblatt«, weil die stark riechenden Blätter als Lesezeichen verwendet wurden und während der langen Predigten der Puritaner Hunger und Müdigkeit in Schach hielten. Die jungen Blätter sorgen heute in Karottensuppen, Salaten, Füllungen für Wild und in Obstkuchen für erfrischenden Minzeduft und Schärfe. Eine Spülung aus den Blättern parfümiert Haare und Wäsche und dient als adstringierendes und antiseptisches Gesichtswasser für unreine Haut und Pickel. Zerstoßene frische Blätter behandeln Bienenstiche, getrocknete Blätter vertreiben Insekten und parfümieren Wäsche und Potpourris. Marienblatt-Tee lindert Erkältungen, Katarrh und Magenverstimmungen. Die Blätter der nahezu identischen Kampferpflanze *(T. balsamita var. camphoratum)* duften nach

MARIENBLATT

Kampfer und vertreiben Motten und Tierflöhe, sind aber nicht eßbar.

VORSICHT: Die Pflanze nur in geringen Mengen verwenden.

WACHSTUM UND VERMEHRUNG: Z 6; H 80 cm; B 45 cm. Sonniger Standort bei schwerem, eher trockenem, durchlässigem Boden. Wurzeln im Frühjahr oder Herbst teilen. In kühleren Regionen sind die Samen nicht keimfähig.

Tanacetum vulgare

RAINFARN

Die gefiederten Blätter der mehrjährigen Staude haben einen stechenden Rosmarinduft, der im Spätsommer auch in den Doldenrispen mit den senfgelben Blütenköpfchen zu spüren ist. Die Gartenvarietät *T. v.* var. *crispum* wuchert nicht so üppig, hat kompakteres, farnartiges Laub und einen milderen Geruch. *T. v.* ›Silver Lace‹ besitzt zarte und helle Markierungen, während die neuere Sorte *T. v.* ›Isla Gold‹ goldene Blätter aufweist.

VERWENDUNG: Die würzigen und bitteren Blätter kann man in geringen Mengen unter Omeletts oder in Cremepuddings mischen. Die Blätter wehren wirksam Insekten ab und wurden früher als Würze und Schutz um Fleischstücke gewickelt; heute kann man sie unter Türmatten und Teppiche streuen, um Ameisen und Mäuse zu vertreiben, oder gegen Flöhe unterm Tierkörbchen befestigen. Die ganze Pflanze kommt wegen ihres Kaliumgehalts in Komposthaufen, aus den Blüten läßt sich goldgelbe und aus den Blättern grüngelbe Pflanzenfarbe herstellen. Das Zigeunerheilkraut wurde früher in der Volksmedizin benutzt, heute ist seine Verwendung auf ein homöopathisches Wurmmittel beschränkt.

ÄTHERISCHES ÖL: Das scharfe, würzige Öl mit dem krautigen Duft wurde früher in der Parfüm-, Lebensmittel- und Getränkeindustrie eingesetzt. Als man jedoch entdeckte, daß es das giftige Thujon enthält, das Fehlgeburten auslöst, wurde seine Verwendung eingestellt.

RAINFARN

245

A–Z Tanacetum vulgare

VORSICHT: Nicht während der Schwangerschaft anwenden. Innerlich angewendet, können große Mengen zu Gehirn- und Nierenschäden führen. Bei äußerlicher Anwendung kann es zu Hautreizungen kommen.

WACHSTUM UND VERMEHRUNG: Z 4; H 1,2 m; B unbestimmt. Sonne oder Halbschatten in nicht zu feuchtem Boden. Vermehrung durch Aussaat im Frühjahr oder durch Teilung des kriechenden Wurzelstocks im Frühjahr oder Herbst. Auf 60 cm vereinzeln; stark wuchernd.

Thymus-Arten

THYMIAN

Thymian wächst entweder als Halbstrauch (*T. vulgaris* Arten) mit holzigen oder kriechend mit wurzelschlagenden Stielen (*T. serpyllum* Arten). Alle Arten haben zahlreiche winzige Blätter und bieten eine ganze Palette an Düften, die von der traditionellen würzig-pfeffrigen Note des gewöhnlichen Thymians bis zu verschiedenen Schattierungen von Zitrone (*T. × citriodorus*), Kümmel (*T. herba-barona*) oder Kiefernharz (*T. azoricus*) bis zu fruchtig (*T. odoratissimus*) und süß (*T. ×* ›Fragrantissimus‹) reichen und den Unterton von Arznei besitzen, der dem Kraut denn auch seine antiseptischen Eigenschaften verleiht. Sehen Sie sich auch einmal die gold- und silbergesprenkelten Sorten, die wolligen, blauen und vielfach grün schattierten Varietäten und die Sorten mit weißen, rosa, lila bis purpurnen Blüten an.

VERWENDUNG: Der Legende zufolge begleitet Thymianduft Feenzauber und verwunschene Orte. Echter Thymian gehört ins Bouquet garni, verträgt auch lange Garzeiten, fördert die Verdauung und löst Blähungen. Geben Sie ihn in Eintöpfe, Füllungen und langsam in Wein geschmorte Braten. Zitronenthymian paßt zu Hähnchen, Fisch und Gemüse, Kümmelthymian würzt Rindfleisch, und Kiefernthymian ist eine Neuheit in der griechischen Küche. Die vielen Varietäten bieten genug Material für »Patchworkbeete«, duftende Gartenpolster und Wege und locken Schmetterlinge und Honigbienen an.

ÄTHERISCHES ÖL: *T. vulgaris*-Öl wird aus den Blättern und blühenden Zweigen wasser- oder dampfdestilliert. Das süße, krautig-pfeffrige Öl hat einen gewissen Arzneigeruch und wird als »Süßer Thymian« verkauft. Es besitzt stimulierende und belebende Wirkung und ist daher wichtiger Bestandteil vieler Parfüms. Wegen seiner antiseptischen Wirkung behandelt es in schwachen Dampfinhalationen oder Raumsprays Erkältungen, Halsentzündung und Infektionen der Atemwege, weil es die weißen Blutkörperchen, die Infektionen bekämpfen, stimuliert. Aromatherapeuten geben winzige Mengen in Aknecremes und Massageöle gegen Cellulitis, Arthritis, Rheuma oder Muskelschmerzen und niedrigen Blutdruck. Es kann mit Alkohol gemischt und zum Schutz vor Schimmel auf Papier und Herbarium-Exemplare gesprüht werden. Die Industrie verwendet das Öl und seine Extrakte für Mundwässer, Zahncremes, Wundverbände, Getränke, Reinigungs- und Lebensmittel.

THYMIAN (*T. Serpyllum*)

THYMIAN (*T. vulgaris*)

VORSICHT: Das Öl während der Schwangerschaft oder bei Bluthochdruck vermeiden. Nur stark verdünnt anwenden. Wird oft gefälscht, deshalb nur bei seriösen Händlern kaufen. Nur das Öl von *T. vulgaris* anwenden (s. Eintrag zu Oregano, *Origanum onites, O. vulgare*).

WACHSTUM UND VERMEHRUNG: Z 5–7; H 38 cm; B 50 cm. Sonne, leichter, gut durchlässiger, vorzugsweise alkalischer Boden. Vermehrung durch 5–8 cm lange Stecklinge in Frühjahr, Sommer oder Herbst. Wurzelteilung oder Absenkung der Zweige im Frühjahr oder Herbst. Aussaat von Arten-Samen im Frühjahr. Auf 25 cm Abstand vereinzeln. Im Sommer häufig zurückschneiden, in sehr kalten Regionen im Winter schützen.

Tilia-Arten

LINDE

Lindenbäume haben herzförmige, am Rand gesägte Blätter und bringen im Sommer zahlreiche kleine cremefarbene Blüten hervor, die eine ganze Straße in ihren Duft einhüllen können. Linden hybridisieren leicht, was ihre Bestimmung erschwert.

VERWENDUNG: Die Blüten der Holländischen Linde (*T. × vulgaris*, syn. *T. × europaea*), der Sommerlinde (*T. platyphyllos*) und der Winterlinde (*T. cordata*) ergeben einen beruhigenden, verdauungsfördernden Tee, der in Frankreich nach einem üppigen Mahl getrunken wird. Der Tee lindert Kopfschmerzen und Schlaflosigkeit, beruhigt widerspenstige Kinder, fördert Auswurf und wirkt schweißtreibend (und damit fiebersenkend) bei fieberhaften Erkältungen und Grippe. Er senkt außerdem den Blutdruck und unterstützt die Heilung von Gefäßwänden. Lindenblüten aromatisieren Honig, ergeben ein Hauttonikum bei Ausschlag und können Rheuma- und Entspannungsbädern hinzugefügt werden. Die Zweige werden für medizinische und künstlerische Zwecke und zum Räuchern von Lebensmitteln zu Holzkohle verkohlt. Vor dem klebrigen Saft, der von vielen Linden tropft, schützen Sie sich am einfachsten, indem Sie Sommer- oder Winterlinden pflanzen – diese Bäume sind für grüne Blattläuse, die diesen Saft abzapfen, uninteressant.

LINDENBLÜTEN

ÄTHERISCHES ÖL: Mit Lösungsmitteln extrahiert man aus den getrockneten Blüten ein Konkret mit einem krautigen, heuähnlichen Geruch und ein Absolue mit einem trockenen, grün-krautigen Duft, der näher an den der frischen Blüten herankommt. Das Öl behandelt Verdauungsbeschwerden, streßbedingte Nervenanspannung, Kopfschmerzen und Schlaflosigkeit und wird in einige Parfüms gemischt.

VORSICHT: Muffige oder leicht angeschimmelte Blüten können Symptome leichter »Vergiftungen« hervorrufen. Blütentee einiger Arten kann in größeren Mengen zu Übelkeit und Herzschädigungen führen – achten Sie unbedingt auf die richtige Lindenart. Über die Verträglichkeit des Öls gibt es derzeit keine gesicherten Daten. Es ist nur selten in unverfälschter Form erhältlich.

WACHSTUM UND VERMEHRUNG: Z 5–7 (Z 3 für *T. cordata*); H 40 m; B 20 m. Sonne oder Halbschatten in gut durchlässigem Boden. Samen im zeitigen Frühjahr ins Frühbeet säen, Schößlinge im Frühjahr pflanzen oder absenken. Mitte Herbst ins Anzuchtbeet setzen. 4 Jahre wachsen lassen, dann an den endgültigen Standort verpflanzen. Schößlinge sofort entfernen.

Tropaeolum majus
KAPUZINERKRESSE

Die fröhliche einjährige kletternde oder zwergwüchsige Pflanze hat runde Blätter mit einem gewellten Rand, große Samen und gespornte rote, orange oder gelbe Blüten, die leicht nach Pfeffer duften und in der Dämmerung an heißen Sommertagen manchmal Funken sprühen.

VERWENDUNG: Die Blätter schmecken nach Pfeffer und Kresse und verleihen Sommersalaten und Sandwiches Pep, während die milderen, vitaminreichen Blüten Salate, Fisch und Gurkensuppe fröhlich aussehen lassen und sogar in Teig ausgebacken werden können. Die unreifen Samen pflückt man, sobald die Blütenblätter abfallen, legt sie wie Kapern ein und hackt sie dann unter Mayonnaise oder Sauce Tatare. Da der Kapuzinerkresse verjüngende Wirkung zugeschrieben wird, gibt man sie in Pflegewasser für die Kopfhaut. Die Samen enthalten ein natürliches Antibiotikum und werden zusammen mit Blättern und Blüten bei Infektionen der Atemwege und des Urogenitalbereichs verschrieben, weil sie (im Gegensatz zu chemischen Antibiotika) unerwünschte Bakterien bekämpfen, ohne die Darmflora zu zerstören. Kapuzinerkresse wird um Obstbäume und Gemüsebeete gepflanzt, da sie die Schwebfliege anlockt, die sich von Blattläusen ernährt. In den Anden mischen Indianerfrauen ihren Männern die triebhemmende Mashua (*T. tuberosum*) ins Essen, bevor sie auf eine Reise gehen.

ÄTHERISCHES ÖL: Das stechende, würzige und zugleich blumige Öl ist in der Parfümerie unter dem Namen »Capucine« bekannt. Es gehört in moderne »Phantasiedüfte« und in schwüle, blumige Parfüms.

WACHSTUM UND VERMEHRUNG: Z 8; H 60 cm; B 30–200 cm. Sonne oder Halbschatten in gut durchlässigem, feuchtem, normalem bis kargem Boden. Samen im späten Frühjahr einzeln im Abstand von 20 cm aussäen. Karger Boden fördert die Blütenbildung.

Valeriana officinalis
BALDRIAN

Die gegenständigen Blätter des mehrjährigen Baldrians werden nach oben kleiner und haben einen grünen Erbsenduft. Im Sommer erscheinen Trugdolden aus kleinen lila-rosa Einzelblüten, die nach Honig duften. Blätter und Blüten besitzen einen Hauch des typischen Baldriangeruchs, für den die Wurzeln so bekannt sind.

KAPUZINERKRESSE

VERWENDUNG: Beim Trocknen entwickelt die Wurzel einen Duft, der von altem Leder zu animalischen, moschusartigen Schweißnoten übergeht und einen wunderbaren Köder für Nagetiere oder Wildkatzen abgibt (das soll auch das Erfolgsgeheimnis des Rattenfängers von Hameln gewesen sein). Im Garten nützt Baldrian Nachbarpflanzen und Boden, da er die Phosphorbildung anregt und Regenwürmer anlockt (dazu Blätter in Wasser ziehen lassen und auf die Erde streuen). Die mineralstoffreichen Blätter verbessern Komposthaufen. Die ungeschälten Wurzeln zwei Jahre alter Herbstpflanzen wurden im Ersten Weltkrieg bei Minenschock verabreicht, heute werden sie von Kräuterheilkundigen bei Beklemmungen, Schlaflosigkeit und Darmreizungen verschrieben. Eine Abkochung im Badewasser hilft bei nervöser Erschöp-

A–Z *Valeriana officinalis*

BALDRIAN

fung. Die Forschung vermutet, daß Baldrian das Wachstum von Tumoren hemmt. Die Wurzel der Indischen Narde (*V. jatamansi*) aus dem Himalaya sondert einen anhaltenden Duft nach Leder und Moschus ab, der in Indien als Opferrauch verwendet wurde. Maria Magdalena hat damit die Füße Jesu eingesalbt, weil es der teuerste damals erhältliche Riechstoff war.

ÄTHERISCHES ÖL: Das dampfdestillierte Wurzelöl besitzt einen warmen, holzig-ledrigen Moschusduft mit einer frischen grünen Kopfnote. Das mit Lösungsmitteln extrahierte Absolue riecht bitter-süß, holzig und ledrig. Beide Riechstoffe werden für Moos- und Walddüfte und einige Kräutertees verwendet. Das Öl wirkt entspannend und aromatisiert Lebensmittel, bestimmte Limonaden und Liköre und wird in der Aromatherapie zur Behandlung von Ruhelosigkeit, nervösen Spannungen und Schlaflosigkeit eingesetzt.

VORSICHT: Die Pflanze darf nur auf ärztlichen Rat hin innerlich angewendet werden. Nicht in größeren Mengen und über einen längeren Zeitraum oder bei Leberleiden einnehmen. Das Öl soll nur in maßvollen Mengen und nur äußerlich angewendet werden. Kann zu allergischen Reaktionen führen.

WACHSTUM UND VERMEHRUNG: Z 7; H 1,2 m; B unbestimmt. Sonne oder Halbschatten – bevorzugt kühle Wurzeln und warmes Laub – in schwerem, feuchtem Lehmboden. Samen im Frühjahr aussäen, andrücken, aber nicht mit Erde bedecken. Wurzeln im Frühjahr oder Herbst teilen. Pflanzabstand 60 cm. Den ganzen Wurzelstock im Spätherbst des zweiten Jahres ernten. Bleiche faserige Wurzeln entfernen, den Rest in Scheiben schneiden und trocknen.

Vanilla planifolia
VANILLE

Die Echte Vanille ist eine mehrjährige, fleischige Kletterorchidee. Sie bringt im Frühjahr wachsartige, helle, grünlich-gelbe Trompetenblüten und später lange, schmale Schoten hervor. Sie wächst an Bäumen oder Sträuchern empor, ist aber nicht parasitär.

VERWENDUNG: Selbst als Kulturpflanze wirkt Vanille exotisch (die Blüten werden in ihrer Heimat Mexiko von Kolibris oder von Hand bestäubt). Sie galt unter den Azteken als Luxusgewürz, mit dem man Trinkschokolade verfeinerte. Die unreifen Schoten werden fermentiert, damit sie ihr tiefsüßes cremiges Vanillearoma entwickeln. Sie aromatisieren Zucker, Saucen, Getränke und Potpourris und können gewaschen, getrocknet und wiederverwendet werden. Vanilleextrakt würzt Puddings, Eis, Konfekt und Liköre und ist in aphrodisischen Speisen beliebt. Das weitverbreitete, synthetische Vanillin besitzt ein ähnliches, aber nicht so feines Aroma. Im heißen Wasser einer Duftlampe verströmt eine Vanilleschote ein warmes, entspannendes und sinnliches Aroma. Vanilleschoten kann man in Trägeröl oder reinem Alkohol ziehen lassen und in Rezepturen als Grundzutat verwenden. Nicht bei empfindlicher Haut anwenden.

ÄTHERISCHES ÖL: Ein warmes, süßes und voll duftendes Resinoid aus den Schoten wird für Parfüms, einige Arznei- und Lebensmittel verwendet. Es wird gewöhnlich gestreckt und ist nur selten für den Hausgebrauch erhältlich. Da es zu Hautreizungen führen kann, nur stark verdünnt und niemals innerlich anwenden.

WACHSTUM UND VERMEHRUNG: Z 11; H 15 m; B Kletterpflanze. Zur Vermehrung Triebe an einem Knotenpunkt abschneiden, trocknen und in feuchtes Perlit mit 27 °C Bodenwärme stecken. Sobald sich dicke Wurzeln gebildet haben, in groben Orchideenkompost in Töpfe mit gutem Abfluß pflanzen. Mit einer bemoosten Rankhilfe stützen. Braucht viel Wasser und hohe Temperaturen.

VANILLESCHOTEN

Vetiveria zizanioides
VETIVERGRAS

Das mehrjährige, widerstandsfähige tropische Gras wächst in dichten Büscheln und hat ein faseriges Wurzelsystem mit einem frischen, holzigen Duft nach Myrrhe und Veilchen.

VERWENDUNG: Im tropischen Asien werden Vetiverwurzeln zu aromatischem Sonnenschutz und Fächer geflochten. Sprüht man Wasser auf die Vetivermatten, wird der beruhigende holzige Veilchenduft neubelebt und weht durch die gekühlte Luft der Veranden und Innenhöfe. Duftsäckchen mit den fein gehackten Wurzeln gibt man unter Wäsche und in Schränke, um Insekten (auch Kakerlaken) zu vertreiben. Das Gras mit dem dichten Wurzelsystem wird in Nepal und Indien zum Schutz vor Bodenerosion gepflanzt. Der süße balsamische Duft von Sudangras (*V. nigritana*) wird als Körper- und Wäscheparfüm eingesetzt.

ÄTHERISCHES ÖL: Aus den sauberen, getrockneten und gehackten Wurzeln gewinnt man mittels Dampfdestillation ein dunkelbraunes Öl mit einem schweren, erdig-holzigen Geruch nach süßer Melasse. Bourbonvetiver aus Réunion ist am wertvollsten, aber die Vorräte schwinden. In Sri Lanka »Öl der Ruhe« genannt, wirkt es entspannend und stimmungsaufhellend. Viele Menschen empfinden den Duft als sinnlich, so daß er in Aftershaves, Seifen und als Fixiermittel für Parfüms verwendet wird. In Asien würzt das Öl Sorbets und Süßigkeiten, während es im Westen ganz unerwartet als Konservierungsmittel für Spargel auftaucht. In Massage- und Badeöle gemischt, lindert es Muskelschmerzen und entspannt bei Schlaflosigkeit, Depression und anderen streßbedingten Leiden.

WACHSTUM UND VERMEHRUNG: Z 9; H 1,8 m; B unbestimmt. Empfindlich. Braucht sonnigen Standort, feuchtigkeitsspeichernden Kompost und mindestens 10 °C, mäßige

A–Z Zingiber officinale

VEILCHEN

Luftfeuchtigkeit und gute Luftzirkulation. Vermehrung durch Samen oder Teilung.

Viola odorata

VEILCHEN

Die zarten und hübschen lila oder weißen Blüten des mehrjährigen Duftveilchens besitzen einen starken süßen Geruch und erscheinen im Winter und Frühjahr inmitten der herzförmigen Blätter.

VERWENDUNG: Duft und Aussehen des Veilchens künden von süßer Unschuld und exotischer Rätselhaftigkeit, und genau darin liegt seine Faszination. Goethe liebte Veilchen so sehr, daß er bei seinen Waldspaziergängen Samen aussäte, während Napoleon seine Begeisterung für die Pflanze mit dem Spitznamen »Veilchenoffizier« bezahlen mußte. Man kann den Duft der Blüte nur wenige Sekunden lang wahrnehmen, bevor die Duftrezeptoren blockieren und erst wieder nach kurzer Zeit zu arbeiten beginnen. Die Blüten dienen zum Verfeinern von Likören, werden kistallisiert, zusammen mit jungen Blättern in Salate gemischt und ergeben einen Farbstoff. Einst zu Halspastillen verarbeitet, die König Karl II. schätzte, ist der Blütensirup in der Tat antiseptisch und dient auch als sanftes Abführmittel. Blüten und Blätter (die schmerzstillende Salicylsäure enthalten) behandeln Husten, Kopfschmerzen und Schlaflosigkeit. Die getrockneten oberirdischen Pflanzenteile lindern Ekzeme und Hautausschlag und sind ein Volksheilmittel gegen Brust- und Lungenkrebs. *V. striata* zeitigt im Laborversuch tatsächlich krebshemmende Wirkung.

ÄTHERISCHES ÖL: Veilchenparfüm war der Lieblingsduft der letzten Kaiserinwitwe von China. Die Blüten werden mit Lösungsmitteln extrahiert und ergeben ein Absolue mit dem süßen, beruhigenden und blumigen Duft der frischen Blüten, während die Blätter ein Absolue mit einem sauberen, tiefen, erdig-grünen Blattgeruch werden. Beide verwendet man in hochwertigen Parfüms. Veilchenblattöl wird in der Aromatherapie zur Verengung großer Poren, bei Besenreisern und Akne, zur Behandlung von Bronchien, Schlaflosigkeit und nervöser Erschöpfung angewendet.

WACHSTUM UND VERMEHRUNG: Z 8; H 15 cm; B 30 cm. Im Halbschatten mit Morgen- oder Abendsonne in schwerem, feuchtem Boden in 10 cm Abstand pflanzen. Mit Ausläufern leicht zu vermehren. Die Keimung der Samen ist dagegen nicht sehr zuverlässig, da viele frühe Blüten nicht bestäubt werden. Etablierte Pflanzen unmittelbar nach der Blüte teilen.

Zingiber officinale

INGWER

Die mehrjährige Tropenpflanze hat aufrechte Stengel mit schmalen Blättern, weiße, wohlriechende Blütenrispen und ein großes, knotiges und gelbliches Rhizom, das den typischen warmen, stechend-würzigen Ingwergeschmack besitzt.

VERWENDUNG: Triebe, Blätter und Blütenstengel sind eßbar, am wertvollsten ist jedoch die Wurzel. Frischer oder »grüner« Ingwer hat einen milderen und süßeren Geschmack als die reifen Wurzeln. Ingwer ist ein wichtiges Gewürz der chinesischen und indischen Küche und wird in England zu Relishes und Chutneys verarbeitet. Die verdauungsfördernden Eigenschaften des Ingwers machen scharfe Speisen und Knoblauch verträglicher, unterdrücken Reisekrankheit und morgendliche Übelkeit (kleine Mengen). Ingwer wird in Essig oder Sirup eingelegt, kristallisiert (nach Einweichen in Salzlake und Essig) oder getrocknet und, zu Gewürzpulver gemahlen, zum Backen verwendet. Ingwertee wird bei Erkältungen getrunken und ist ebenso wie Ingwerwein ein beliebtes, wärmendes Wintergetränk. Die Blüten werden in den Heimatländern des Ingwers ins Haar oder zu Girlanden geflochten. In Indien gibt es auch grüne Ingwersorten zum Kochen mit Mango- oder Kampfernoten.

ÄTHERISCHES ÖL: Ingweröl wird aus den ungeschälten getrockneten Wurzeln dampfdestilliert. Warm, frisch und würzig, wird es traditionsgemäß in männliche und orientalische Parfüms gemischt, aber auch als Zusatz in abenteuerlich parfümierten Kosmetik- und Badeprodukten immer beliebter. Es findet vielfach in der Lebensmittel- und Getränkeindustrie Verwendung und wird in verschiedene rezeptfreie Medikamente und Verdauungshilfen gemischt. Ein einziger Tropfen in Massageölen lindert Muskelschmerzen, Rheuma und Erschöpfung.

VORSICHT: Öl nur in winzigen Mengen anwenden, weil es sonst Hautreizungen hervorrufen kann.

WACHSTUM UND VERMEHRUNG: Z 10; H 1,5 m; B unbestimmt. Empfindlich. Mindesttemp. –1 °C. Im Frühjahr beim Gemüsehändler eine frische, pralle Ingwerwurzel kaufen und in durchlässigen, neutralen bis alkalischen, humusreichen Kompost pflanzen. Feucht halten, aber nicht übergießen. Die Zimmerpflanze braucht 10 Monate, um neue Wurzeln zu bilden, die man ausgraben kann, sobald Triebe erscheinen. Die Wurzel hält sich gereinigt und getrocknet 3 Monate an einem kühlen, trockenen Ort; dann in kleine Stücke teilen, trocknen und nach Bedarf mahlen.

INGWERWURZELN

Die sichere Anwendung ätherischer Öle

Ätherische Öle sind wirksame und wertvolle Substanzen, die wir verwenden dürfen. Weil sie so wirkungsvoll sind, können sie bei Mißbrauch auch gefährlich werden. Wir müssen uns daher mit den Sicherheitsaspekten ihrer Anwendung vertraut machen und andere dazu auffordern, dasselbe zu tun. Manche Industriezweige würden es vorziehen, wenn wir keinen Zugriff auf ätherische Öle hätten. Unfälle geben daher nur Wasser auf ihre Mühlen. Öle werden ständig untersucht und erforscht, und es ist nur klug, sich laufend mit den neuesten Informationen zu versorgen. Dann können Sie diese wunderbaren Geschenke der Natur vertrauensvoll anwenden.

Ätherische Öle kaufen und aufbewahren

Kaufen Sie ätherische Öle nur bei einem zuverlässigen Händler, der seine Öle auf Reinheit testet. Wählen Sie nach Möglichkeit Öle aus biologisch angebauten Pflanzen. Erbitten Sie von den zuständigen Verbänden Mitgliederadressen. Auf Flaschen und Verpackung sollte zu lesen stehen: der gewöhnliche und der lateinische Name der Pflanze; die verwendeten Pflanzenteile; der Reinheitsgrad (möglichst 100 %, sehr teure Öle wie Rosenöl sind manchmal auf 5 % verdünnt); Volumen.

Bedenken Sie, daß echte ätherische Öle gewaltige Preisunterschiede aufweisen: Rosenöl ist 40mal, Narzissenöl (das es nur vom Spezalisten gibt) 150mal so teuer wie das preiswerte Eukalyptusöl. Schwankungen der Ernteerträge können ebenfalls zu Preisunterschieden führen. Öle stets für Kinder und Haustiere unzugänglich in dunklen Glasflaschen mit dichtschließenden Verschlüssen und vor extremen Temperaturschwankungen geschützt aufbewahren. Die meisten Öle halten sich mehrere Jahre lang. Zitrusöle sollten Sie nach dem Öffnen innerhalb von sechs Monaten aufbrauchen.

Ätherische Öle verwenden

Treffen Sie bei der Verwendung von ätherischen Ölen stets die hier beschriebenen Sicherheitsvorkehrungen:

- Da ätherische Öle stark konzentriert sind, jeweils nur wenige Tropfen verwenden und verdünnen. Nur selten ist ein einzelner Tropfen reinen Öls – z. B. sanftes Lavendelöl – zu empfehlen. Kaufen Sie Flaschen mit Tropfenzähler oder nehmen Sie eine Pipette.
- Ätherische Öle niemals innerlich anwenden.
- Ätherische Öle nicht in die Augen bringen.
- Alle Verdünnungen und Mischungen mit Inhalt und Datum beschriften.
- Dasselbe Öl nicht über einen längeren Zeitraum anwenden.
- Einige Öle wie Pfefferminze und Kampfer vertragen sich nicht mit homöopathischen Medikamenten; fragen Sie deshalb vor der Anwendung Ihren Homöopathen.
- Wenn Sie schwanger sind, an bestimmten Beschwerden oder Krankheiten leiden oder die Öle bei Kindern anwenden wollen, sollten Sie sich an einen eingetragenen ärztlichen Aromatherapeuten werden. Aromatherapeuten, die in der Schönheits- und Freizeitindustrie arbeiten, können aufgrund ihrer Ausbildung keinen qualifizierten gesundheitlichen Rat erteilen.

Verträglichkeitstest

Wenn Sie ein ätherisches Öl zum erstenmal anwenden, sollten Sie einen Verträglichkeitstest machen. Verdünnen Sie das ätherische Öl in Trägeröl (beginnen Sie mit 1 %: 1 Tropfen auf 5 ml), geben Sie es auf die Armbeuge und lassen Sie es 12 Stunden einwirken. Wenn Sie empfindlich darauf reagieren, mit Mandelöl einreiben und dann mit kaltem Wasser abspülen. Eine Reaktion kann bedeuten, daß Sie gegen dieses bestimmte ätherische Öl allergisch sind. Wenden Sie sich auf jeden Fall an den Händler, da die Reaktion auch auf einem unreinen oder minderwertigen Öl beruhen kann.

Gefährliche Öle

Die folgenden Öle sollten im Handel nicht frei erhältlich sein und sind für den Hausgebrauch gefährlich. Versuchen Sie nicht, sie selbst zu destillieren oder in Öl ziehen zu lassen.

Alant *(Inula helenium)*, Alpenscharte *(Saussurea lappa)*, Anis, exotische Basilikumarten, Beifuß, Bitterer Fenchel, Bittermandel *(Prunus dulcis* var. *amara)*, Boldo *(Peumus boldus)*, Bohnenkraut (Winter und Sommer), Buchs, Duftraute *(Agathosma betulina)*, Gartenraute, Ginster, Heiligenkraut, Kalmus *(Acorus calamus)*, Kampfer (braun und gelb), Kampferbaum *(Cinammomum camphora)*, Kassia, Meerrettich, Oregano, Petersiliensamen, *Pilocarpus jaborandi*, Poleiminze, Rainfarn *(Tanacetum vulgare)*, Sadebaum *(Juniperus sabina)*, Sassafras *(Sassafras albidum)*, Scheinbeere *(Gaultheria procumbens)*, Senf, Thuje, ›Rote‹ Thymianarten, Tonka, Wurmsamenöl *(Chenopodium abrosioides)*, Wermut und Zimtrinde.

Öle, die Lichtempfindlichkeit hervorrufen

Ätherische Öle können die Haut lichtempfindlich machen. Daher nicht anwenden, bevor Sie in die Sonne gehen oder sich auf die Sonnenbank legen. Weit verbreitete Öle mit dieser Wirkung sind: Engelwurz, Zitrusöle (v. a. Bergamotte) und Tagetes. (Gartenrautenöl ist am gefährlichsten und daher nicht im Handel erhältlich. Die Pflanze nur mit Handschuhen pflücken!)

Öle, die Reizungen hervorrufen

Folgende Öle sind nicht für die Haut, für Inhalationen oder therapeutische Zwecke geeignet. Verwenden Sie sie nur als Raumerfrischer oder für Potpourris.
Basilikum, Benzoeharz, Bergkiefer *(Pinus mugo* var. *pumilio)*, Citronelle, Estragon, Kurkuma, Nelkenknospen (Blatt- und Stengelöle grundsätzlich meiden), Salbei, westindisches Sandelholz (Balsambaum, *Amyris balsamifera)*, Schafgarbe, Tagetes, ›wilder‹ Thymian *(Thymus serpyllum)*, texanischer und virginischer Wacholder *(Juniperus ashei* und *J. virginiana)*, Zimtblatt und Zitronenstrauch.

Medizinische Hinweise

Krankheiten und Beschwerden können vielerlei Ursachen haben, und jeder Mensch reagiert anders. Die folgenden Hinweise sind nur als allgemeine Richtlinien zu verstehen. Genauere Informationen erhalten Sie bei einem qualifizierten Aromatherapeuten.

EPILEPSIE: Fenchel (süß), Rosmarin, Salbei und Ysop meiden.

SCHWANGERSCHAFT: Alle Öle, die Reizungen hervorrufen sowie die folgenden Öle meiden: Cajeput, Engelwurz, Estragon, Fenchel, Jasmin, Liebstöckel, Lorbeer, Majoran, Muskat, Muskatellersalbei, Myrrhe, Petersilie, Rotzeder, Salbei, Sternanis, Spanischer Salbei *(S. lavandulifolia)*, Thymian, Wacholder, Ysop, Zedernholz, Zimt.
In den ersten drei Schwangerschaftsmonaten Fenchel (süß), Kamille, alle Minzesorten, Rose, Rosmarin und Weihrauch meiden und in der restlichen Zeit mit Vorsicht anwenden.

BLUTHOCHDRUCK: Rosmarin, Salbei, Thymian und Ysop sowie bei Kammerflattern Pfefferminze meiden.

Schlußbemerkung

Denken Sie sorgfältig darüber nach, was Sie von einem Produkt erwarten. Wenn Sie z. B. einen tollen Badeschaum wollen, der gut riecht, dann sind künstliche Duftstoffe durchaus akzeptabel. Für therapeutische Zwecke benötigen Sie allerdings die echten Kräuter und ätherischen Öle. Bedenken Sie, daß Wörter wie ›rein‹ und ›natürlich‹ sehr allgemein ausgelegt werden dürfen. ›Natürliche Aromastoffe‹ sind beispielsweise ›naturidentische‹ Aromastoffe. Der neue Fachbegriff der Parfümerie ›Kopfraum‹ bezeichnet das Einfangen des ›natürlichen‹ Dufts einer Blüte; dabei werden jedoch nur die Riechstoffe, die im Umkreis einer lebenden Pflanze an die Luft abgegeben werden, analysiert und dann im Labor nachgebildet.

Register

Kursiv gedruckte Zahlen beziehen sich auf Bildunterschriften.

Abenddüfte 182
Abendmeditation
  (Weihrauchmischung)
  191
Abies alba s. Weißtanne
Achillea millefolium s.
  Schafgarbe
Acorus calamus, A. gramineus s. Kalmus
Adlerholz 185, 190
Adventure (Duftwasser) 167
Affinity (Duftwasser) 167
Aftershave 39, 168
*Agastache foeniculum, A.
  mexicana* s. Anis-Ysop
Agastache rugosa s. Koreanische Minze
Ajuga s. Günsel
Akebie (*A. quinata, A. trifoliata*) 24, 88, 118, 205
Alant 52
Alant, Vermehrung 120
Alchemilla mollis s. Frauenmantel
Alfresco (Duftwasser) 167
Alkohol (für Parfümmischungen) 164
Allium sativum s. Knoblauch
Allium schoenoprasum
  s. Schnittlauch
Allium tuberosum
  s. Schnittknoblauch
Allium ursinum s. Bärlauch
Allium-Arten 205f.,
  s. Lauchgewächse
Aloe Vera 102, 120
Aloysia triphylla s. Zitronenstrauch
Alpträume 183, 192
Ameisenabwehr 52, 68
Ananas 137
Andalusia (Duftwasser) 167
Anetum graveolens s. Dill
Angelica archangelica s.
  Engelwurz
Angstzustände 86f., 89
Aniba rosaeodora
  s. Rosenholz
Anis 235f.
  Aniskekse 199
  Anissaat 130f.
  Sternanis *125*, 158, 223
  Vermehrung 120
Anis-Ysop 58, 91, 204
Anissamen 130, 131
Anregende Öle 51, 102
Anthriscus cerefolium
  s. Kerbel
Anthriscus sylvestris
  s. Wiesenkerbel
Antidepressiva 21, 22, 84,
  87, 89, 184
Antiseptika 20, 22f., s. auch
  Desinfektionsmittel
Apfel 19, *88*
  Apfelgelee mit Ananassalbei 77
  Apfel-Thymian-Granita
  197
  Tarte Tatin mit Äpfeln,
  Birnen und Lavendel
  144f.
Apfelminze 6, 18, *229*,
  s. auch Minze
Apfelsine, s. Orange
Aphrodisiakum 152, 154ff.,
  185

Apicius 115
Aprikosen
  Aprikosencreme mit
  Zitronenmelisse und
  Meringen 149
  Aprikosenkernöl 98
  Aprikosenkuchen mit
  Minze und Ysop 195
  Quark mit Aprikosen und
  Ingwer 42
Aquilaria s. Adlerholz
Arabesque (Duftwasser) 167
Arabischer Traum
  (Potpourri) 192
Armoracia rusticana
  s. Meerrettich
Aromatherapie 96
  Gärten 94f.
  Massageöle 96, 98f.
  Massage 100f.
  Trägeröle 98
Aromatische Kräuter 6, 58,
  90ff.,
  s. auch Aromatherapie,
  Geruchssinn 6ff.
Artabotys-Arten 211
Artemis tinctoria
  s. Färberkamille
Artemisia abrotanum
  s. Eberraute
Artemisia absinthium
  s. Wermut
Artemisia dracunculoides
  s. Russischer Estragon
Artemisia dracunculus
  s. Französischer
  Estragon
Artemisia vulgaris s. Beifuß
Artemisia-Arten 24, 208f.
Artischocke 56, 130
Arzneigärten 92
Aster für Schmetterlinge 58
Atemerfrischer 131, 206
Ätherische Öle s. Öle
Atlaszedernöl 211
Atriplex hortensis s. Gartenmelde
Aubergine
  Marinierte Auberginen
  vom Grill 136
Augenpflege 39, 102
Ausräuchern 52
Ausschlag 103
Austern mit Liebstöckel-
  Tabasco-Creme 175
Australischer Minzebusch
  19, 30, 116
Autofahrt 102
Avocado
  Avocadosuppe mit
  Rucola und Koriander
  79
  Kräutermischungen für
  130
  Trägeröl 98
Azadirachta indica 52
Azalee 50
Azulen 86, 212

Bad
  After-Sun-Bad 103
  belebend 36
  entspannend 89, 192
  Kamillenbad 19
  Lindenwasser 88
  Kiefernnadel 23
  Öle 36, 102, 168
  Schaumbad 168
  sinnlich 171
Baldrian 58, 71, 247f.
Balsampappel 237
Balsamstrauch 116
Bananen im Schlafrock mit
  Zimt-Basilikum-Creme
  137

Barbecue 134ff.
Basilikum 6, 24, *25*, 27ff.,
  158, 232f.
  Basilikumkartoffeln 109
  Bienenpflanze 58
  Konzentration 48, 50
  Kombinationen 56
  Küchenkraut 114
  Vanilleeis mit Basilikum
  177
  Vermehrung 120
Basilikumminze 18, 229
Bäume 22f.
Bayrum 235
Beeren, Sammeln 62
Beeteinfassungen 116, 122f.
Begleitpflanzen 55ff.
Beifuß 208f.
Beinwell 54, 120
Beklemmung 86f. 89
Benzoe 156, 185. 243
Benzol, Pflanzen zur
  Reduzierung 50
Bergamotte 21, 214f.
  Badeöl 36
  Körperpflege 36, 38
  Öle 21
  Raumerfrischer 68
  Shampoo 40
Beruhigungspotpourri 192
Besenginster 88, 243
Bibelblatt s. Marienblatt
Bibernelle 28f., 120
Bienen 54, 58
Birnen
  Birnenconfit mit
  Koriander 77
  Kräuter zu 57
  Tarte Tatin mit Äpfeln,
  Birnen und Lavendel
  144f.
Blätter
  Ernten 62
  Trocknen 62f.
Blattlaus 54f.
Blaugummibaum 19, 219
Blauregen 118, 161, 187
Blumenwasser 168
Blüten
  Ernten 62
  eßbar 212
  Kristallisieren 133
  Trocknen 63
Bluthochdruck 251
Bockshornklee 54
Bogenhanf 50
Bohnen und Kräuter 56, 130
Bohnenkraut
  Formschnitt 118
  für Bienen 58
  getrocknet 79
  Insektenschutz 55
  Kebabspießchen 129
  kriechend 242
  Nachbarschaftspflanzen
  57
  Sommer- 27f., 115, 242f.
  Vermehrung 120
  Winter- 32, 242f.
Bois de Rose 207f.
Borretsch (*Borago
  officinalis*) 24, *115*,
  183, 209f.
  für Bienen 58
  Nachbarschaftspflanzen
  56
  Küchenkraut 76
  Vermehrung 120
Boswellia carteri
  s. Weihrauchbaum
Braten-Kräuter 130
Brautmyrte (*Myrtus
  communis*) 24, 115f.,
  155, 23
Brautstrauß *172*
Brot 131, 105

Brunch 45
Bücherschutz 52
Buchs 32, 118ff.
Buddleia 58, 161, 187
Büroräume 48, 50f.
Büschelschön 55
Butter, aromatisiert 72
  Montpellierbutter 72,
  134
  Oreganobutter 72, 136
  Schnittlauchbutter 72

Cajeputöl 228
Calamondin 30
Calocedrus decurrens
  s. Flußzeder
Cananga odorata
  s. Ylang-Ylang
Canangaöl 211
Cardamine pratense
  s. Wiesenschaumkraut
Carthamus tinctorius
  s. Färberdistel
Carum carvi s. Kümmel
Cascade (Duftwasser) 167
Cassis 159, 238
Castaway (Duftwasser) 167
Cedronella canariensis
  s. Balsamstrauch
Cedrus libani s. Zeder
Cellulitisreduktion 20
Cereus uruguayanus 50
Chamaemelum nobile
  s. Kamille
Chèvrefeuille 227
Chinesischer Sternanis 223
Chlorophytum elatum
  s. Grünlilie
Choisya ternata s. Mexikanische Orangenblüte
Cholesterinsenkung 19f.
Chrysantheme
  eßbar 212f.
  Wild 213
Cinnamomum aromaticum
  s. Kassia
Cistus ladanifer s. Zistrose
Citrofortunella microcarpa
  30
Citronelle 218
Citrus aurantium s. Neroli,
  Petitgrain
Citrus-Arten 20f., 30, 116,
  213f.
  Nachbarschaftspflanzen
  56
  Vermehrung 120
Colchicum autumnale
  s. Krokus
Colognes
Commiphora mukul 215
Commiphora myrrha
  s. Myrrhe
Commiphora opobalsamum
  s. »Balm of Gilead«
Comptonia peregrina
  s. »Süßfarn«
Computerstrahlung 48, 50
Concubine (Duftwasser) 167
Constantinople (Duftwasser) 167
Consumed (Duftwasser) 167
Convallaria majalis s.
  Maiglöckchen
Crocus sativus s. Safran
Cumarin 218
Cupressus sempervirens
  s. Zypresse
Curcuma longa s. Gelbwurz
Curcuma zeodaria
  s. Zitwerwurzel
Currygewürze 115
Cymbopogon citratus
  s. Zitronengras

Dancing Till Dawn (Duftwasser) 167
Dendranthema indicum
  s. Wilde Chrysantheme

Depression s. Antidepressiva
Derrispulver 54
Desinfektionsmittel 20, 48,
  68, 70
Desserts und Süßigkeiten
  Aniskekse 199
  Apfel-Thymian-Granita
  197
  Aprikosencreme mit
  Zitronenmelisse und
  Meringen 149
  Bananen im Schlafrock
  mit Zimt-Basilikum-
  Creme 137
  Engelwurz-Vanille-Creme
  145
  Fruchtkompott mit
  Borretsch und Rum 76
  Käsekuchen mit
  Rosmarin 141
  Kräuter für 130f.
  Nektarinen mit Ingwerminze und Zitronenmelisse 194
  Orangenkuchen mit
  Zitronenstrauch 141
  Quark mit Aprikosen und
  Ingwer 42
  Rhabarbercreme mit
  Rainfarn und Orange
  194
  Schokotrüffeleier mit
  kristallisierten Blüten
  133
  Tarte Tatin mit Äpfeln,
  Birnen und Lavendel
  144f.
  Vanilleeis mit Basilikum
  177
Destillation (ätherischer
  Öle) 10
Dieffenbachia-Arten 50
Digitalis lutea s. Fingerhut
Dill 24, 28, *115*, 207
  biologischer Pflanzenschutz 55
  Dill-Senf-Dip 75
  Dillessig 72
  Dünger 54
  getrocknet 79
  Küchenkraut 72, 75, 105,
  114
  Nachbarschaftspflanzen
  56
  Vermehrung 120
Dinner for two 175ff.
Dipsacus fullonum
  s. Karde
Dipteryx odorata
  s. Tonkabohne
Distelln 58
Donnerbalsam (Potpourri)
  192
Drachenbaum (*Dracaena
  deremensis*) 50
Drei-Kräuter-Mundwasser
  38
Duftblüte (*Osmanthus
  fragrans*) 156
Duftkarte 171
Duftkissen 69, 129, 171,
  183
Duftkräuter s. aromatische
  Kräuter
Duftlampen *125*
Duftöle 124, 191
Duftsäckchen 40, 69f., 171,
  192f.
Duftwässer 165, 168
  erfrischend 36, 38
  für Körper und Geist 36,
  38
Düngemittel 54
Durchfall 102f.
Duschöle 36

Eau de Cologne 68, 165f.
Eau de Parfum 165
Eau de Toilette 165
Eau-de-cologne-Minze 18
Eberraute 48, 57, 91, 209
Efeu 29, 50, 58
Efeutute 50
Eichenmoos 159, 237f.
Eier
  Kräuter zu 130
  Schnittlauchbrouillade
  45
  Tomaten-Estragon-
  Omelette 45
Eingemachtes
  Apfelgelee mit
  Ananassalbei 77
  Birnenconfit mit
  Koriander 77
  Fruchtkompott mit
  Borretsch und Rum 76
  Marmelade von Roten
  Zwiebeln und Lorbeer
  76
Einladungen 172
Eiscreme 177
Eisschale 197
Elettaria cardamomum
  s. Kardamom
Energiespender
  Bäder 36, 38, 171
  Bäume 22f.
  Kräuter und Öle 18ff.
Enfleurage (ätherischer Öle)
  10
Engelwurz 24, 27, 161, 207
  Desinfektionsmittel 70
  Engelwurz-Vanille-Creme
  145
  Konzentration 48, 50
  Küchenkraut 115, 145
  Nachbarschaftspflanzen
  56
  Vermehrung 120
  Wurzelöl 159
English Lavender (Duftwasser) 167
Entspannung 84
  Aromagärten 84, 90ff.
  Aromatherapie-Massage
  96, 98, 100f.
  Kräuter und Öle 86ff.
Epilepsie 251
Eranthis-Arten 58
Erbsündebad 171
Erdbeeren *29*, 57, 220f.
Erkältung, Linderung 19,
  23, 103
Ernte 62
Erschöpfung, Öle gegen 51
Erste Hilfe, Kräuter für 103
Essig 72, 131
Estragon 27f., 208
  Estragonessig 72
Eucalyptus citriodora s.
  Zitroneneukalyptus
Eucalyptus dives s. Pfefferminzeukalyptus
Eucalyptus-Arten 19, 23,
  219
  Badeöl 36
  Desinfektionsmittel 70
  Öl, Konzentration 51
  Raumerfrischer 68
  Shampoo 40
Eupatorium cannabinum
  s. Wasserdost
Euphorbia pulcherrima
  s. Weihnachtsstern
Exotik 156f.

Fächer 129
Färberdistel 115, 216
Färberwaid 58, 120
Fascination (Duftwasser)
  167

Register

FCF-Öle 21
Feigenbaum
(*Ficus moraceae*) 50
Fenchel 24, *92*, 216, 220
für Bienen 58
Fenchelsauce 138
Insektenschutz 55
Nachbarschaftspflanze
56
Küchengewürz 108, 114,
138
Öl zur Konzentration
138
Tee 102
Verdauungshilfe 102,
131
Vermehrung 120
Ferula assa-foetida
s. Teufelsdreck
Ferula gumosa 220
Fettleibigkeit 20f.
Fichte 23
Filipendula ulmaria
s. Mädesüß
Fingerhut 55, 91, 180
Fingerschalen 129
Fisch
Koriandersardinen mit
Montpellierbutter 134
Kräuter für 130
Wok-geräucherte Forelle
138f.
Fixiermittel Potpourri 64, 66
Flechten 237f.
Fleisch 130
Flieder 156, 187, 244
Abendduft 182
für Schmetterlinge 58
Kaminfeuer *184*
Fliegenschutz 52, 70f.
Flohbekämpfung 52, 70
Flohhalsband 70
Flohkraut 52
Flugreisen 102
Flüssigkeitsverlust 103
Foeniculum vulgare
s. Fenchel
Forelle, wok-geräuchert
138f.
Formaldehyd, Pflanzen
gegen 50
Formschnitt 118f.
Fragaria vesca, s. Erdbeeren
Frauenmantel 29, 90
Free Spirit (Duftwasser) 167
Frischkäse mit Kerbel und
Schnittlauch 75
Fruchtsäure zur Haut-
behandlung 169
Fruchtpäckchen mit Minze
137
Frühstück 42f., 45
Füße
Fußbad 101
geschwollene 102
Rosenzehen 171

Gagel 230
Gamander 32, 118, 120
Gardenie (*Gardenia
augusta*) 156, 220
Garnelen mit Schnittlauch
und Ingwer 176
Garnierung *129*, 130
Gärten
Aromatherapie 94f.
Bienen 58
elisabethanisch 60f.
Geheim 162f.
Heilgarten 92
Kloster 92
Kräuter 32ff., 89
Meditation 188f.
Nutzgarten 121f.
romantisch 161f.
Schmetterlinge 58
Gartenmelde *27*

Gartenräume 30
Gartenraute (*Ruta graveo-
lens*) 120
Gasextraktion (ätherischer
Öle) 10
Gedächtnisfördernde Öle
51
Geflügel 130
Hähnchen im Nest 132
Geheimgarten 162f.
Geißblatt 24, 118, 156, 161,
187, 227
Gelbwurz 115, 218
Gemeine Quecke 55
Gemüse
Basilikumkartoffeln 109
Gebackener Kürbis mit
Lorbeer, Kapern und
Madeira 106
Gefüllte Pilze 50
Gemüsetian mit
Koriander 107
Glasierte Karotten und
weiße Rübchen mit
Thymian und Petersilie
132f.
Grünes Frikassee mit
Kräutersalsa 109
Kräuter für 55ff., 130
Mais mit Oreganobutter
136
Marinierte Auberginen
vom Grill 136
Möhren-Fenchel-Gratin
mit Pastinaken 108
Neue Kartoffeln in Folie
134
Pilzbrioche mit Kerbel 45
Pommes Lyonnaise 142
Salat von Spinat, Grape-
fruit und Brunnen-
kresse 148
Tomaten-Estragon-
Omelett 45
Zwiebelkuchen mit
Oregano 104
Genêt 243
Genista-Gattung 243
Geruchssinn 6ff.
Gesichtspflege
Aftershave 39
Erfrischende Gesichts-
maske 38
Erfrischende Melonen-
maske 38
Gesichtswasser 165, 168
Grapefruit-Gesichts-
wasser 39
Kräutermaske 38
Massage 39
Rasieröl 39
Getränke
für den späten Abend
198f.
Großmutters Minz-
Schokolade 198f.
Joghurtdrinks 42
Lover's Coupe 175
Tee für Hellseherische
Träume 192
Wein der Leidenschaft
171
Weinschalen 92, 131
s. auch Tee
Getrocknete Kräuter in der
Küche 79
Gewürzdüfte 157f.
Gewürze
Küche 115
Potpourris 66
Weihrauchmischungen
190
Zerstäuber 124
Gewürznelken 158, 244
Insektenschutz 52, 68
Öl, Konzentration 51

Gießen 27, 29
Girlanden 126, 193
Glecoma hederacea s. Efeu
Granita, Apfel-Thymian 197
Grapefruit 20, 213ff.
Badeöl 36
Gesichtswasser 39
Körpershampoo 36
Öl 20f. 51, 89
Salat von Spinat, rosa
Grapefruit und Brun-
nenkresse 114
Samenextrakt 20, 39
Greiskraut 58
Gremolata 74
Grün dünger 54
Grüne Minze s. Minze
Grünes Frikassee mit
Kräutersalsa 109
Grün ilie 50
Gummibäume s. Eukalyptus
Gummi 190, 243
Gundel 29
Gurke 36, 56
Guter Heinrich,
Vermehrung 120

Haarpflege
Duft 169
Essigspülung 40
Morgenshampoo 40
Tiefreinigendes
Fruchtsoda 40
Hagebutten 238
Hähnchen im Nest 132
Hamsterkäfige 71
Hängeampeln 24, 28f., 90
Harmony (Duftwasser) 167
Harze 180, 184, 185, 190
Haselnußöl 98
Haustiere 70f.
Hautpflege 20f., 36, 169
Hedera Felix s. Efeu
Heiligenkraut 23, 32, *53*,
242
Insektenschutz 48, 52
Formschnitt 118
Vermehrung 120
Heilkräuter 94f.
Helianthus annuus
s. Sonnenblume
Helichrysum italicum
s. Strohlume
Heliotrop 55
Hellseher-Tee 192
Henna 156, 226
Hesperis matronalis
s. Nachtviole
Heuschnupfen 86, 103
Hidden fire (Duftwasser)
167
Hierochloe odorata
s. Vanillegras
Himbeeren und Kräuter 57
Historische Düfte 8f.
Hitzepickel 103
Hochzeit
Brautstrauß *172*
Einladungen 172
Konfetti 172
Papier 172
Tinte 172
Holunder 102, 159, 241
Holundermilch (Bad) 192
Honeymoon (Duftwasser)
167
Hopfen 183, 222
Hotelhygiene 102f.
Hülsenfrüchte Kräuter für
130
Humulus lupulus s. Hopfen
Hundsveilchen für Bienen
58
Hyazinthe (*Hyacinthus
orientalis*) 157, 183, *192*
Hydrodiffusion 10

Illicium s. Sternanis
Immergrün 29
»Immortelle« 230
Indianernessel 19, 91, 229
Kräutersalsa 109
Vermehrung 120
Indische Narde 115, 248
Ingwer 158, 249
Bad 36
Öl für die Konzentration
51
Quark mit Aprikosen und
Ingwer 42
Ingwerminze 18, 140
Inhalationen 19, 22f.
Insektenabwehr 48, 52, 54f.
70, 103
Insektenbekämpfung,
biologisch 55
Insektenstiche 103
Inselmischung (Weihrauch)
191
Inspirierender Schlaf (Bad)
192
Intrigue (Duftwasser)
Iris 64, 223
Iris florentina, I. germanica,
s. Iris, Schwertlilie
Iris pallida 223
Isatis tinctoria s. Färberwaid

Jakobsleiter 58
Janapischer Sternanis 223
Japanisches Weihrauchspiel
129, 185
Jasmin (*Jasminum offici-
nale*) 24, 118, 152, 156,
224
für Schmetterlinge 58
Öl 89, 164
Jelängerjelieber
s. Geißblatt
Jetlag 102
Joghurtdrinks 42
Johannisbeere, schwarz
159, 238
Jojobaöl 98, 168
Juckreiz 103
Juniperus s. Wacholder
Juniperus virginiana
s. Rotzedernöl

Käfig, Reinigung 71
Kamille 19, 161, 212
biologischer Pflanzen-
schutz 55
Echte 86, 212
Entspannung 86f.
Färberkamille 212
Fliegenabwehr
für Bienen 58
für die Augen 39f., 102
Nachbarschaftspflanzen
55f.
Ormenis 86f., 212
Pflanzentonikum 55
Römische 24, 32, 188,
212
Shampoo 40
Tee 102, 183
Trocknen 63
Vermehrung 120
Kaminfeuer 180, *190*, 191
Kampferbaum 245
Kampferholz, als Insekten-
abwehr 52
Kampferöl 250
Kaninchenkäfige 71
Kapuzinerkresse 29f. 247
für Bienen 58
Pflanzenschutz 55
Vermehrung 120
Kardamom 152, 158, 219
Karde 58
Kartoffeln
Basilikumkartoffeln 109

Kartoffelhäppchen mit
Räucherlachs, Estragon
und Dill 105
Nachbarschaftspflanzen
55, 57, 130
Neue Kartoffeln in Folie
134
Pommes Lyonnaise 142f.
Käse, Kräuter für 130
Käsekuchen mit Rosmarin
141
Kassia 213
Katerstimmung 130
Katzen 70f.
Katzenminze 29, 56, 58,
70f., *90*, 91, 115, 232
Kekse, mit Anis 199
Kerbel 24, 27, 28, 208
Nachbarschaftspflanze
56
Küchenkraut 45, 75, 114
Vermehrung 120
Kerzen, duftend 127
Kewra-Wasser 115, 234
Kiefer (*Pinus*-Arten) 22f. 236
Kissen, duftend, 69, 129,
171, 183
Klee 58, 228
Klementinen 20
Kletterpflanzen 118
Klostergärten 92
Knoblauch 10, 114, 206
Flohabwehr 70
Insektenschutz 55
Knoblauch-Majoran-Öl
73
Knoblauchcreme 75
Kräuter für 58
Knöchel, geschwollen 102
Kohl, Kräuter für 130
Kohlgewächse und Kräuter
56
Kokosöl, fraktioniert 168
Kompost 27, 54
Konfetti 172
Königskerze 58
Konzentration, Kräuter und
Öle für 48, 50f.
Kopalharz 185
Kopfmassage 101
Kopfsalat 56
Kopfschmerzen 84, 86, 96,
182
Koreanische Minze 204
Koriander (*Coriandrum
sativum*) 24, 26ff. 216
Gemüsetian mit
Koriander 107
Koriandersardinen
mit Montpellierbutter
134
Küchenkraut 77, 79, 107,
134
Öl, Konzentration 51
Samen 131, 158
Körpershampoo, Grapefruit
36
Kränze 126
Kratzbaum f. Katzen 71
Kräuter 146f.
Kräutercremes 145
Kräutermix-Gesichtsmaske
38
Kräutersträußchen 128f.
Kreuzkümmel (*Cuminum
cyminum*) 120, 217
Kristallisierte Blüten 133
Krokus 58, 217
Kubebenpfeffer 236
Kübelpflanzen
Gießen 27, 29
im Freien 24f.
Pflege 27
Wintergarten 30f.
Zimmerpflanzen 26ff.,
116

s. auch Hängeampeln
Kuchen
Käsekuchen mit
Rosmarin 141
Orangenkuchen mit
Zitronenstrauch 141
Küchen
Kräuter und Gewürze
aufhängen 126
Küchenkräuter 114f.,
130f.
Küchengeruch *52*, 68
Potpourri 60, 129
Kümmel 211
Küchengewürz 114
Verdauungshilfe 131
Vermehrung 120
Kümmelthymian 52, 246
Kürbis 130
Kürbis mit Lorbeer,
Kapern und Madeira
106

Labkraut, Echtes 88
Lachs, geräuchert 105
Lachsrillettes mit Meer-
rettich 104
Lamm 130, 146f.
Laurus nobilis s. Lorbeer
Lavandinöl 226
Lavendel (*Lavandula*-Arten)
24, 27, 28f., 32, 50, 51,
87, 91, 116, *119*, 161,
225f.
Abendduft 182
Duftwasser 167
Entspannung 86, 96
Ernte 62
Formschnitt 118
für Schmetterlinge 58
Insektenschutz 52
Nachbarschaftspflanze
56
Küchenkraut 115, 144f.
Öl (Parfümmischungen)
164
Potpourri 64, 66, 192
Schlaf 182
Lawsonia inermis s. Henna
Lebensbaum 23
Lein, für Bienen 58
Levisticum officinale
s. Liebstöckel
Lichtempfindlichkeit 21,
251
Liebstöckel 24, 226
Liköre 20, 92
Lilien (*Lilium*) 152, 156, 223
Limette
(*Citrus aurantifolia*) 20,
214
Haarpflege 40
Öl 20, 51
Linde (*Tilia*) 246f.
Blüten 58, 88
Öl 51
Linum usitatissimum s. Lein
Lippia citriodora
s. Zitronenstrauch
Lippia dulcis 206
Lippia javanica 206
Liquidambar-Arten 243
Litsea cubeba Öl 206f.
Lonicera s. Geißblatt
Lorbeer 24, *26*, 27, 28, *30*,
116, 158, 160, 224f.
Lösungsmittel 10
Lover's Coupe 175
Lufterfrischer
Küche *52*, 68
Schuhe 40
s. auch Raumerfrischer
Lungenkraut, Vermehrung
120
Lysimachia nummularia
s. Pfennigkraut

253

Register

Macadamianußöl 98
Macis 158, 230
Mädesüß 88, 220f.
  für Bienen 58
  Vermehrung 120
Madonnenlilie 227
Magnetism (Duftwasser) 167
Mahlzeiten im Freien 10f., 104f., 129, 134ff.
Maiglöckchen (*Convallaria majalis*) 156, 183, 187, 216
Mais mit Oreganobutter 136
Maisöl, Trägeröl 98
Majoran 25, 27f. 62, 233
  für Bienen 58
  getrocknet
    krauser Goldmajoran *28*
  Nachbarschaftspflanzen 56
  Küchenkraut 73, 81, 114
  Vermehrung 120
Malva moschata alba
  s. Moschusmalve
Mandarinen 20f., 214
  Öl 21, 89
Mandelöl, Trägeröl 36, 98
Margosaöl 54
Marienblatt 19, 30, 115, 120, 245
Marmelade 20, 76
Marokkanischer Minzetee 18, 43
Massage 100f.
  After-Sun 103
  Fußmassage (Öl) 171
  Öle 96, 98f.
  Sicherheit 99
  Wannen 171
Matricaria recutita
  s. Kamille
Matsuba-yu 36
Mauerpfeffer 58
Mäuseabwehrmittel 52, 71
Meditationsgarten 188f.
Meerrettich 104, 115, 120
Mehltau 55
Melaleuca alternifolia
  s. Teebaum
Melaleuca cajeputi
  s. Cajeputöl
Melaleuca viridiflora
  s. Niauliöl
Melonen-Frucht-Becher mit Ingwerminze 140
Melting Moments (Duftwasser)
Mentha pulegium
  s. Poleiminze
Mentha-Arten s. Minze
Merk, Vermehrung 120
Mexikanische Orangenblüte 155
Mimose 157
Minz-Orangen-Mundwasser 38
Minze (*Mentha*-Arten) 6, 16, 18f., 24f. 27f. 228f.
  Apfel 6, 18, 229
  Augenmittel 39f.
  Basilikum 18, 229
  Eau-de-Cologne 229
  Fliegenschutz 52
  für Bienen 58
  Grüne 18, 229
  korsische 18, 24, 228
  Nachbarschaftspflanzen 56
  Küchenkraut 18f., 114, 137, 198f.
  marokkanische 18, 43
  Minzeduft in Kräutern 19
  Mundwasser 38

Öle 19
Pfefferminze s. Pfefferminze
  Red Raripila 18
  Shampoo 40
  Tees 18, 43
  Ungeziefer 55
  Vermehrung 120
  Wasserminze 18
  Zitronenminze 18, 22, 229
Mittsommernachtsfest 138ff.
Mizuna-Salat *27*
Mohn 55, 58, 120
Möhren
  Glasierte Karotten und weiße Rübchen 132f.
  Möhren-Fenchel-Gratin mit Pastinaken 108
  Möhrenfliege 55
Monarda didyma
  s. Indianernessel
Mondlichtgirlande 193
Montpellierbutter 72, 134
Moonshine (Duftwasser) 167
Moschus 159
Moschusmalve *34*, 91
Motten 52
Mountain Air (Duftwasser) 167
Mundwasser
  Drei-Kräuter 38
  Minze 38
Murraya koenigii
  s. Orangenraute
Muskat 158, 230
  Öl 51
Muskatellersalbei s. Salbei
Muskelschmerzen 84, 86
  s. Entspannung
Mutterkraut *25*, *28*, 30, 120
Myosotis sylvatica
  s. Vergißmeinnicht
Myrica cerifera
  s. Gagelstrauch
Myrica gale s. Gegelstrauch
Myristica fragrans s. Muskat
Myrrhe 215
  Öl 184
Myrrhis odorata
  s. Süßdolde

Nachtblumen 180, 187
Nachtfalter 58
Nachthyazinthe 157
Nachtkerze 6, 92, 183, 187, 233
Nachtviole 182, 187, 221
Narzisse 58, 231f.
Natterwurz, Vermehrung 120
Nektarinen, pochiert, mit Ingwerminze und Zitronenmelisse 194
Nelken 88, 91, 158
Nepeta cataria
  s. Katzenminze
Nepeta racemosa
  s. Katzenminze
Neroli (Orangenblütenöl) 10, *21*, 89, 155, 215
Nesseln, 54. 58
Niauliöl 228
Nicandra physaloides 52
Nimbaum 52, 54
Nutzgarten 121ff.

Obst
  Fruchtkompott mit Borretsch und Rum 76
  Fruchtpäckchen mit Minze 137
  Melonen-Frucht-Becher mit Ingwerminze 140

Salate 20, 42
  s. auch Äpfel, Aprikosen usw.
Obstbaumblüten für Bienen 58
Obstgärten 92
Ocimum basilicum
  s. Basilikum
Odermennig (*Agrimonia eupatoria*) 205
Oenothera biennis
  s. Nachtkerze
Oenothera speciosa 233
Öle mit Kräuteraroma 73
  Aromatherapie 96, 98f.
  Aufbewahrung *100*, 250
  Badeöle s. Bad
  Duftöle 124
  Extraktionsmethoden 10
  gedächtnisfördernd 48, 51
  gefährliche Öle 250f.
  Kaufen 51
  Konzentration 51
  Lichtempfindlichkeit 251
  Massage 96, 98
  Meditation 191
  Mischen s. Parfümherstellung
  Potpourris 66
  Raumerfrischer
    s. dort
  Reise 102
  Sicherheit 250
  Speiseöle 73, 131
  streßabbauend 86ff., 184f.
  Trägeröle 98
Öle, ätherisch 10, 13
Olibanum s. Weihrauch
Olivenöl 98
Orangen 20f., 213f.
  Minibäumchen 30
  Öle 10, 20f., 51
  Pomeranzen 30, 215
  Mundwasser 38
Orangenblüte 152
  Duft s. Neroli
Orangenkuchen mit Zitronenstrauch 141
Orangenraute (*Murraya koenigii*) 229
Oregano 48, 50, 233f.
  getrocknet 79
  Küchenkraut 72, 104, 114, 136
  Öl 73
  Oreganobutter 72
  Vermehrung 120
Origanum majorana
  s. Majoran
Origanum onites s. Majoran
Origanum vulgare
  s. Oregano
Ormenisöl 212
Ostereier 133
Ostermahl 132f.
Östliche Meditation (Weihrauchmischung) 191
Otaheita-Orange 30

Paeonia officinalis
  s. Pfingstrose
Pandanus odoratissimus
  s. Schraubenbaum
Papier 172
Pappel »Balm of Gilead« 211, 237
Pappel 211, 237
Paprika, Gewürz 114
Paprika 57
Parfüm
  auf Ölbasis 168
  Duftkategorien 165
  Herstellung 164, 166f.

Patschuli 159, 237
Peacock (Duftwasser) 167
Pelargonien (*Geranium*) 40, 91
  Badeöl 36
  Pflanzenschutz 55
  Shampoo 40
Pelargonium-Arten (Duftpelargonien) 19, 22, 28, 30, 40, 116, 234f.
  Badeöl 36
  Entspannung 87
  Küchenkraut 115
  Pflanzenschutz 55
  Vermehrung 120
Perfect Love (Cologne) 167
Pergola 186
Persillade 74
Peruanischer Kaktus 50
Pesto 75
Petersilie 24f., 27f., 91, 114, 122, 235
  Küchenkraut 74f., 114, 138
  Nachbarschaftspflanze 56
  Petersilien-Walnuß-Salsa 75, 138
  Pflanzenschutz 55
  Vermehrung 120
Petitgrainöl 10, *21*, 215
  Konzentration 51
  Shampoo 40
  Streßabbau 89
Petroselium crispum
  s. Petersilie
Pfeffer 158, 236f.
  Öl 51
Pfefferminze 6, 18, 161, 229, s. auch Minze
  Badeöl 36
  Fliegenabwehr 56
  Insekten- und Mäuseschutz 52
  Kissen 69
  Öl 19, 51, 250
  Talkumpuder 38
  Tee 102
Pfefferminzeukalyptus 219
Pfefferminzpelargonie 19, 22, 30
Pfennigkraut 29
Pferde 71
Pfingstrose (*Paeonia*-Arten) 91, 155, 183, 234
Pfirsiche, 56, 171
Pfirsichkernöl 98
Pflaumen 57
Pflaumenflechte
  s. Eichenmoos
Philadelphus
  s. Sommerjasmin
Philodendron 50
Phytonik 10
Picea abies s. Fichte
Pilaw 146
Pilzbefall 55
Pilze
  Pilzbrioche mit Kerbel 45
  Gefüllte Pilze 143
Piment 158, 235
Pimenta dioica s. Piment
Pimenta racemosa 235
Pimpinella anisum s. Anis
Pinienthymian 246
Piper nigrum s. Pfeffer
Pogostemon cablin
  s. Patschuli
Poleiminze 18, 24, *26*, 29, 229
  Insektenschutz 48, 52
  Reinigung 52
Polemonium caeruleum
  s. Jakobsleiter
Polianthes tuberosa
  s. Tuberose

Pomelos 20
Pomeranze s. Neroli
Pommes Lyonnaise 142f.
Populus balsamifera
  s. Pappel
Populus × candicans
  s. Papel
Portulak, Vermehrung 120
Potpourri 19, 64
  Arabischer Traum 192
  Begrüßungspotpourri 129
  Beruhigende Kräuter 192
  Donnerbalsam 192
  Englischer Garten 66
  Familienpotpourri 66
  Love is in the Air 169
  Minze und Zitrus 40
  Partymischung 129
  Reise ins Selbst 192
  Sunshine Mix 129
  Süßer Becher 66
  Süßer Schlummer 192
  Waldmischung 66
  Wiesenpotpourri 96
  Wintertrost 192
  Würziges Rosenpotpurri 66
Prämenstruelle Spannungen 89
Pressen (ätherischer Öle) 10
Primel 23, *34*
Prostanthera-Arten 19
Puder
  Körperpuder (Eau de Cologne) 38
  Exotischer Körperpuder 169
  Pfefferminz-Fußpuder 38
Pulicaria dysenterica 52
Pyrethrumpulver 52, 54

Radieschen 57
Rainfarn 55, 91, 245f.
  Dünger 54
  Insektenschutz 48, 52
  Nachbarschaftspflanze 57
  Vermehrung 120
Rasieröl 39
Rattenabwehr 104
Räucherstäbchen 184, 191
Raumduft 124, 171
Raumerfrischer, Raumsprays 48, 51, 68, 102f., 124, 171
Reise ins Selbst (Potpourri) 192
Reiseöle 102
Reizbarkeit 86f.
Reizhusten 96
Reseda 238
Reseda odorata
  s. Reseda
Rezepte (s. auch Desserts, Eingemachtes, Gemüse, Salate, Suppen)
  Austern mit Liebstöckel-Tabasco-Creme 175
  Frischkäse mit Kerbel und Schnittlauch 75
  Gremolada 74
  Grüner Spargel mit Parmaschinken und Petersilien-Walnuß–Salsa 138
  Kartoffelhäppchen mit Räucherlachs, Estrgon und Dill 105
  Koriandersardinen mit Montpellierbutter 134
  Lachsrillettes mit Meerrettich 104
  Pan Bagna mit Majoran 81

Persillade 74
Petersilien-Walnuß-Salsa 75, 138
Pfannengerührte Garnelen mit Schnittlauch und Ingwer 176
Provenzalisches Lammragout 146f.
  Scarborough Fair Pilaw 146
  Schnittlauchbrouillade 45
  Schweinebraten, gefüllt mit Salbei, Parmaschinken und Boursin 142
  Wok-geräucherte Forelle 138f.
Rhabarbercreme mit Rainfarn und Orange 194
Rhizome 62f.
Rhododendron indicum
  s. Azalee
Ribes nigrum s. Johannisbeere
Rindfleisch, Kräuter für 130
Ringelblume (*Calendula officinalis*) 25, 27, 30, 34, 210
Romantik
  Atmosphäre169, 171
  Bäder 171
  Gärten 161f.
  Körperpflege 169
  Wein 171
Rondeletia (Duftwasser) 167
Rose (*Rosa*-Arten) 24, *90*, 118, *125*, 152, 161, 154f., 238ff.
Rosenapfel 244
Rosenholz 185, 208
Rosenpelargonien 234f.
Rosenzehen 171
Rosmarin 24, 27ff. 32, 240
  Badeöl 36
  Beruhigendes Kräuterpotpourri 192
  Desinfektionsmittel 48, 70
  Formschnitt 118
  getrocknet 79, 192
  Käsekuchen 141
  Konzentration 48, 50f.
  Küchenkraut 114f., 141
  Nachbarschaftspflanzen 57
  Öl 51, 73
  Raumduft 124
  Raumerfrischer 51
  Shampoo 40
  Treibhaus-Ungeziefer 55
  Vermehrung 120
Rosmarinus officinalis
  s. Rosmarin
Rotzedernöl (*Juniperus virginiana*) 212, 224
Rucola 24
  Avocadosuppe mit Rucola und Koriander 79
  Vermehrung 120

Sadebaum 224
Safran 159, 216f.
  Färberdistel 216
  Küchengewürz 115
  »Safran des armen Mannes« 210
Salate *27*, 80, 130, *148*
  Salat von Spinat, rosa Grapefruit und Brunnenkresse 148
  Sommersalat 80f.
  Wintersalat 81
Salbei 25, 27f. 241

Register

Desinfektionsmittel 48, 70
Entspannung 87
für Bienen 58
kriechender 29
Küchenkraut 77, 114
lila 25, *52*
Mandarinensalbei 116
Muskatellersalbei 87, 91, 122, 182, 240f.
Nachbarschaftspflanzen 57
Öl 73
Treibhaus-Ungeziefer 55
Vermehrung 120
Salsa 109, 75, 138
Salvia-Arten s. Salbei
Sambucus nigra s. Holunder
Samen 62f., 131
Samenkapseln 128
Sandelholz 158, 241f.
Eier *98*
Insektenschutz 52
Öl 164, 184
Sandwiches 80f.
Sanguisorba minor s. Bibernelle
Sansevieria laurentii s. Bogenhanf
Santalum album s. Sandelholz
Saponaria officinalis s. Seifenkraut
Sardinen 134
Satsumas 20
Satureja s. Bohnenkraut
Sauerampfer 80f., 114f., 120, 148
Sauna 171
Scarborough Fair Pilaw 146
Schafgarbe 204
Kompostierhilfe 54
Dünger 54
Nachbarschaftspflanze 57
Pflanzenschutz 55
Schalottenconfit 75
Schals 40
Schaumbad 168
Schinken, Kräuter für 130
Schinus terebinthifolius 236
Schlaffördernde Mittel
Bäder 192
Kräuter und Öle 96, 182f.
Potpourris 192
Tee 192
Schlaflosigkeit s. Schlaffördernde Mittel
Schlafmohn, Vermehrung 120
Schlüsselblume *23*
Schmetterlinge
Schnittknoblauch 27, 206
Schnittlauch *25*, 27, 28, 114, 122, 205f.
Chinesischer (Schnittknoblauch) 27, 206
Küchenkraut 45, 72, 75, 114f.
Schnittlauchbrouillade 45
Schnittlauchbutter 72
Schnittlinge 120
Schnittwunden 103
Schokolade
Schokotrüffeleier mit kristallisierten Blüten 133
Großmutters Minzschokolade 198f.
Schopflavendelöl 226
Schraubenbaum 234

Schwangerschaft
gefährliche Kräuter 251
Massageöle 98
Schwebfliegenlarven 55
Schweinefleisch
Kräuter für 130
Schweinebraten gefüllt mit Salbei, Parmaschinken und Boursin 142
Scindapsus aureus s. Efeutute
Sedative Kräuter und Öle 86, 88, 183
Seife 168
Seifenkraut 242
Sellerie, wild 115, 120
Senfpflanze 58, 120
Serviettendekoration *129*
Shampoos
Körper 36
Haare 40
Smooth and Creamy (Duftwasser)
Sodabad 92
Sojaöl 98
Sommerjasmin *(Philadelphus)* 155, 187
Sonnenblume 34, 58
Sonnenbrand 102f.
Spargel
Grüner Spargel mit Parmaschinken und Petersilien-Walnuß–Salsa 138
Spartium junceum s. Besenginster
Spatiphyllum 50
Spiel, Japanisches
Weihrauchspiel 129, 185
Spinat 130
Salat 148
Stechmücken 103
Steinklee *(Melilotus officinalis)* 58, 88, 228
Sternanis 125, 152, 158, 223
Sternblumenöl 209
Stinkasant s. Teufelsdreck
Storax 143
Streßmindernde Mittel
Harze 184f.
Kräuter und Öle 20, 84, 86ff. 182f.
Strohblume 32, 229
Styrax benzoin s. Benzoeharz
Styrax officinalis 243
Sudangras 248
Sumach 115
Sun Drenched (Duftwasser) 167
Suppen 78f.
Süßdolde 26, 91, 230f.
Küchenkraut 115
Vermehrung 120
Süßer Schlummer (Potpourri) 192
Süßfarn *(Comptonis peregrina)* 215
Syringa vulgaris s. Flieder
Syzygium aromaticum s. Gewürznelken
Syzygium jambos s. Rosenapfel

Tagetes 55f., 245
Talkumpuder s. Puder
Tanacetum balsamita s. Marienblatt
Tanacetum cinerariifolium s. Pyrethrum

Tanacetum parthenium var. ›Aureum‹ s. Mutterkraut
Tanacetum vulgare s. Rainfarn
Tarator 78
Tee
Dünger 54
für die Reise 102
für hellseherische Träume 192
Hopfen 183
Kamille 183
Kiefernnadel 22
Lindenblüten 88
Majoran *103*
Marokkanische Minze 43
Zitronenstrauch 21
Teebaum 227f.
Teegebäck 141
Teilung (Vermehrung) 120
Teufelsdreck 115, 129, 219f.
Thuje s. Lebensbaum
Thymian *(Thymus*-Arten) *25*, 27f. 62, 91, 116. 183. 188, 246
Desinfektionsmittel 48, 70
Formschnitt 118
für Bienen 58
getrocknet 79
Insektenabwehr 52, 183
Kebabspießchen 129
kriechend 24, 29, 32
Küchenkraut 114
Nachbarschaftspflanze 57
Öl 51, 73
Shampoo 40
Thymianbrot 105
Treibhaus-Ungeziefer 55
Vermehrung 120
Zitronen- 22, 27, 29f. 246
Thymus capitatus 234
Tilia-Arten s. Linde
Tinte 172
Tischdekoration 128f.
Tischgarnitur 128f.
Tischschmuck 128
Toilettenwasser 165
Tomaten 55, 57, 130
Tomaten-Estragon-Omelett 45
Tonikum 55, s. auch Energiespender
Tonkabohne 218
Töpfe 24
Topfpflanzen s. Kübelpflanzen
Torf 27
Trägeröle 98
Trauben 56
Traubenkernöl 36, 98
Traumfänger 193
Traumfördernde Öle und Kräuter 182f. 193
Treibhaus-Ungeziefer 55
Trocknen von Kräutern 62f.
Tropaeolum majus s. Kapuzinerkresse
Tuberose 156, 237

Übelkeit 102
Uglifrucht 20
Umfallkrankheit 55
Umtopfen 27
Umweltverschmutzung 48, 50

Ungeziefer
biologischer Schutz 55
Nachbarschaftspflanzen 55f.
Pflanzenschutz 54f.
Treibhaus 55

Valeriana jatamansi s. Indische Narde
Valeriana officinalis s. Baldrian
Vanille *(Vanilla planifolia)* 248
Parfümöl 164
Schoten 156
Vanilleeis mit Basilikum 177
Vanillegras 6, 88, 188, 221f.
Veilchen *(Viola*-Arten) 29, 58, 120, 156, 182, 249
Venus Noir (Duftwasser) 167
Verbascum thapsus s. Königskerze
Verbrennungen 102
Verdauungshilfen 21, 131
Verdauungsprobleme s. Verdauungshilfen
Vergißmeinnicht 183
Vermehrung 120
Verträglichkeitstest 250
Vetiver 159, 248
Vetiveria nigritana s. Sudangras
Vetiveria zizanioides s. Vetiver
Vinca major s. Immergrün
Viola-Arten s. Veilchen
Vitality (Duftwasser) 167
Vorhangsäume 129

Wacholder *(Juniperus*-Arten) 23, 224
Desinfektionsmittel 70
Küchengewürz 115
Öl 51, 184, 224
Verbrennen 184
Wacholdernadelöl 224
Wacholderteeröl 224
Wald 92, 187
Waldmeister 52, 58, 88, 120
Wäsche 169
Wäscheduft 69f., 171
Wasserdost 52, 120
Wassermelonenmaske 38
Wassermine 18
Wege 32f.
Weihnachtsstern 50
Weihrauch 210
Mischungen 190f.
Weihrauchpflanze 116, *184*
Weihrauchzeder 188
Wein der Leidenschaft 171
Weinranken *30*
Weinschale 92, 131
Weißtanne 23
Wermut 52, 209
duftend 209
Insektenschutz 52
Möhrenfliege 55
Nachbarschaftspflanzen 56
Treibhaus-Ungeziefer 55
Vermehrung 120
Wespenabwehr 52
Wicken *91*, 161
Wiesenkerbel 91
Wiesenpotpourri 96
Wiesenschaumkraut, für Schmetterlinge 58
Wild, Kräuter für 130

Winterbohnenkraut s. Bohnenkraut
Wintergarten 30
Winterling 58
Wintermischung (Weihrauch) 191
Wintersalat 81
Wisteria s. Blauregen
Wok-geräucherte Forelle 138f.
Wurzeln 62f., 120, 190
Yin- und Yang-Bäder 36
Ylang-Ylang 89, 157, 211
Ysop *(Hysoppus officinalis)* 32, 222f.
Desinfektionsmittel 70
für Schmetterlinge 58
Kebabspießchen 129
Konzentration 48, 50
Nachbarschaftspflanzen 56
Treibhaus-Ungeziefer 55
Vermehrung 120
Zeder, Zedernholz 23, 158, *185*, 211f.
Insektenschutz 52
Öl 51, 184f. 224
Verbrennen 184
Zerstäuber 169
Zest (Duftwasser) 167
Zigarettenrauch, Sprays für 68
Zimmerpflanzen 26ff.
Zimt *(Cinnamomum verum)* 213
Zingiber officinale s. Ingwer
Zistrose 213
Zitrone 20, 214f.
Badeöl 36
Bäume *21*, 30
Haarpflege 40
Hautpflege 38
Insektenschutz 52
Öl 20, 51
Zitronenbasilikum 22, 27
Zitroneneukalyptus 22, 219
Zitronengras 22, 30, 218
Küchengewürz 115
Konzentration (Öl) 51
Zitronenmelisse *(Melissa officinalis)* 22, *25*f., 28, 228
Entspannung 87
für Bienen 58
Küchenkraut 114, 149
Nachbarschaftspflanzen 56
Öl 87, 228
Shampoo 40
Vermehrung 120
Zitronenminze 18, 22, 229
Zitronenpelargonie 30, 235
Zitronenstrauch 21, 24, 27f., 30, 116, 206f.
Orangenkuchen mit Zitronenstrauch 141
Zitronenthymian 22, 27, 29f., 246
Zitrusminze 18
Zitwerwurzel 218
Zucchini und Kräuter 56
Zwiebeln 206
Marmelade aus roten Zwiebeln und Lorbeer 76
Vermehrung 120
Zwiebelkuchen mit Oregano 104
Zypresse 217
Badeöl 36
Öl für Konzentration 51

255

Danksagung

Publishing Director:
Anne Furniss

Art Director:
Peter Windett

Design:
Paul Welti

**Photographic Art
Direction & Styling:** Margaret Caselton

Researcher:
Catriona MacFarlane

Illustrations:
David Atkinson

Herbal Arrangements:
Sandy James

Stylist:
Maya Babic

Food stylist:
Marie-Ange Lapierre

Copy Editors:
Sarah Widdicombe,
Lewis Esson

Editorial Assistant:
Katherine Seely

Typesetting:
Pete Howard

Production:
Vincent Smith,
Candida Lane

Übersetzung:
Susanne Bunzel-Harris

DANKSAGUNG DER AUTORIN

Ich möchte dieses Buch meinem Mann J. Roger Lowe und unseren vier wunderbaren Kameraden Toby, Rory, JJ und Cameron »Jedi Master« Lowe widmen. Möge ihre Zukunft von guten Düften begleitet sein.

Ein großer Dankesstrauß geht an den Verlag und sein talentiertes Team, das dieses wunderschöne Buch entstehen ließ, vor allem an Paul Welti (Design) und Sarah Widdicombe (englisches Lektorat). Auf den Weg meiner Assistentin Catriona MacFarlane werde ich Blüten streuen und mich auf diese Weise für ihre geistreichen Beiträge und ihre gut gelaunte Ausgewogenheit bedanken. Gärtnerische Pluspunkte gehen an Inka Hilgner und Clare Hogson, die unseren Kräutergarten sprießen ließen, therapeutischen Dank schulde ich Jane Mac Farlane für ihre zauberhafte Duftmassage, Charlotte Prud'homme für Yoga unter Bäumen und meiner Schwester Adrienne Bremness für die abschließenden Entspannungs-Wohltaten.

DANKSAGUNG VON CLAY PERRY

Ich möchte meiner Frau Maggie danken für ihre Unterstützung bei der Gestaltung und Vorbereitung der Pflanzen- und Gartenphotos. Christine und Trevor Forecast aus Congham Hall und ihrem Gärtner David Roberts schulde ich tiefen Dank. Sie ließen mich ohne Einschränkung ihren wunderbaren Garten plündern.

DANKSAGUNG DES VERLAGS

Aufrichtiger Dank geht an alle, die uns Pflanzen zur Verfügung gestellt oder Zutritt zu ihren Gärten gewährt haben: David Austin's Roses, Albrighton, Shropshire; Kate Cambell, Eye Abbey, Suffolk; Anthony Lynam Dixon, Arne Herbs, Bristol; Annie Huntington, Old Rectory, Sudborough, Northants; John & Leslie Jenkins, Wollerton Old Hall, Shropshire; Phillip Norman, Tradescan Museum of Garden History, London; Lyn Raynor, The Herb Garden, Hall View Cottage, Hardstoft, Chesterfield; Hexham Herbs, Northumberland; Geffrye Museum, Shoreditch, London; Mrs. Charles Kitchener, Croylands, Nr Romsey, Hants; Marylynn Abbott, West Green House, Hartley Wintney, Hants; Amanda & Chris Dennis, The Citrus Centre, Pulborough, Sussex; Chelsea Physic Garden; Hestercombe Gardens, Somerset; Caroli-

ne Pakenham; Monsieur Robert Carvallo, Château de Villandry; Mme Cargère, Bois des Montiers, Varengeville; The Romantic Nursery, Swannington, Norfolk; der Abt des Münsters auf der Insel Reichenau, Bodensee; Cressing Barns Museum Garden, Essex; Barry Ambrose, RHS Garden, Wisley, Surrey; The Church of St. Michael & St. Martin, Eastleach Martin, Glos; Lady Paget, Haygraff House, Taunton, Somerset; Sue Windett, Maggs Farm Nursery, Mountain Bower, Wilts; Wells Reclamation, Coxlex, Nr. Wells, Somerset.

Wir danken folgenden Institutionen für die Unterstützung der Aufnahmen: Avant Garden, 77 Ledbury Rod, London W11 2AG; Blake's Baskets, Holt, Norfolk; Damask, Unit 7, Sulivan Enterprise Centre, Sulivan Road, London SW6 3DJ; Descamps, 197 Sloane Street, London SW1X 9QX; Designers Guild, 267–271 Kings Road, London SW3 5EN; The General Trading Company, 144 Sloane Street, London SW1X 9BL; Thomas Goode, 19 South Audley Street, London W1Y 6BN; Lunn Antiques, 86 New Kings Road, London SW6 4LU; David Mellor, 4 Sloane Square, London SW1W 8EE.

John Evelyns Traum von einem wohlriechenden London

Das Zitat auf Seite 1 stammt aus seinem Werk *Fumifugiu oder die Vertreibung des Londoner Rauchs* von 1661, in dem er vorschlägt, wie man London in Wohlgeruch hüllen könnte. Er empfahl König Karl II., große Flächen (ca. 15–20 ha) mit allen möglichen duftenden Pflanzen zu bestellen. Die Beete und Rabatten könnte man, so Evelyn, »mit Nelken, Stockrosen, Levkojen, Primeln, Stiefmütterchen, Veilchen etc. füllen«. Evelyn plädierte außerdem dafür, die Zweige, die beim Zurückschneiden anfielen, zu verbrennen, »um die Stadt in einen angenehmeren Rauch zu hüllen«.